RENCONTRES
430

Série *Le Siècle classique*
dirigée par Alain Génetiot
14

Le Passé composé

Actes du colloque « Le passé composé. Mise en œuvre du passé dans l'écriture factuelle : histoire, mémoires, journaux et lettres (1550-1850) » organisé du 1er au 3 juin 2016 à l'université de Tours, publiés avec le soutien de l'université de Tours, ICD (Interactions culturelles et discursives), CIREM 16-18 et de l'université McGill

Le Passé composé

La mise en œuvre du passé dans la littérature factuelle (XVIe-XIXe siècles)

Sous la direction de Frédéric Charbonneau
et Marie-Paule de Weerdt-Pilorge

PARIS
CLASSIQUES GARNIER
2020

Frédéric Charbonneau, professeur à l'université McGill, consacre ses travaux à l'histoire littéraire des XVIIe et XVIIIe siècles dans trois domaines principaux : les Mémoires, l'histoire des idées sur la gastronomie et les rapports entre littérature et médecine. Il est l'auteur ou l'éditeur d'une dizaine d'ouvrages, notamment *L'École de la gourmandise* et *Les Silences de l'histoire*.

Marie-Paule de Weerdt-Pilorge, maître de conférences en littérature du XVIIIe siècle à l'université de Tours, travaille sur les Mémoires, a récemment publié *Tout Saint-Simon* avec Marc Hersant et François Raviez. Elle est porteur de projet d'un programme de recherche (2016-2020) sur les représentations de soi dans la littérature factuelle avec Malina Stefanovska (UCLA) financé par le PUF (fondation FACE).

ISBN 978-2-406-09719-8 (livre broché)
ISBN 978-2-406-09720-4 (livre relié)
ISSN 2103-5636

INTRODUCTION

Le fantasme d'une histoire universelle a vécu, et il n'est sans doute plus possible d'envisager sous une seule perspective unificatrice l'écriture du passé à l'époque moderne. Aussi les articles réunis ici ne prétendent-ils pas offrir une vue d'ensemble sur cette littérature factuelle qui va des écrits de soi à l'historiographie, mais ils proposent un dialogue entre ces différents genres, une mise en tension des passés proches ou lointains, du temps non vécu et du temps revécu, sans que l'on aboutisse à quelque opposition générique et frontale. Des lignes de force ne s'en dessinent pas moins, des « foyers de discussion » (Bertrand Binoche) méthodologiques, philosophiques ou critiques. Alors que l'écriture de l'histoire cherche peu à peu à se débarrasser des oripeaux de la fable, du mythe et de la poésie qui prennent en partie racine dans la rhétorique occidentale[1], l'écriture factuelle revendique sa part d'historicité, de subjectivité sans pour autant vouloir basculer dans la littérature. De ce point de vue, si le débat esthétique sur l'écriture de l'Histoire ne cesse d'évoluer à l'âge classique, la recherche la plus récente met en exergue la spécificité de la littérature factuelle à laquelle on ne peut adjoindre des critères fictionnels[2].

La relation de faits, dans les diverses formes qu'elle emprunte de la Renaissance à la fin du XVIIIe siècle et même un peu au-delà, repose encore principalement sur l'autorité de la mémoire, à laquelle la critique des sources lentement mise au point par l'érudition n'apporte au mieux d'abord que des précisions ancillaires[3]. Pendant cette longue première modernité, les genres de l'écriture factuelle sont avant tout le lieu

1 Béatrice Guion, *Du bon usage de l'histoire. Histoire, morale et politique à l'âge classique*, en particulier le chapitre II, « Relectures critiques de l'histoire », Paris, Honoré Champion, 2008.

2 On ne citera qu'un seul ouvrage récent sur la question : Françoise Lavocat, *Fait et fiction. Pour une frontière*, Paris, Seuil, 2016.

3 Krzysztof Pomian, « De l'histoire, partie de la mémoire, à la mémoire, objet d'histoire », *Sur l'histoire*, Paris, Gallimard, 1999, p. 263-342.

d'élaboration d'un passé *vu et constaté*, appartenant à la temporalité de témoins, avant de s'étirer puis de glisser dans le temps clos et défini de l'Histoire[4]. Ainsi le *passé composé*, tel en grammaire le parfait qui porte ce nom, « établit un lien vivant entre l'événement passé et le présent où son évocation trouve place[5] » : il est par prédilection le temps de la mémoire personnelle. Mais l'expression peut renvoyer aussi aux procédés de composition du passé par l'écriture, voire à ses reconfigurations distinctes ou successives dans les écritures de soi que sont les Mémoires. Au croisement de l'histoire des idées, de l'épistémologie de l'histoire et de l'analyse littéraire, cette élaboration du passé a fait l'objet du colloque dont les Actes forment le présent volume ; on s'y était donné pour mission de réfléchir aux fonctions assumées par le passé dans les récits et à ses types de manifestations, celles-ci étant souvent déterminées par celles-là.

Au cours de ces trois siècles, le rapport au passé s'est profondément transformé, favorisant par des bouleversements épistémologiques majeurs et croisés la transition de l'histoire du domaine des lettres à celui des sciences. Ainsi, la notion de temps reculés s'y est trouvée soumise à un éloignement considérable, à une remise en question de plus en plus insistante de la chronologie biblique par la critique des traditions, par l'étude des relevés astronomiques anciens ou par celle de la géologie[6] ; ainsi, le développement, au sein du Cabinet des Adelphes puis de l'Académie des Inscriptions et Belles-Lettres, d'une historiographie fondée sur une archive de nature différente – médailles, diplômes, vestiges archéologiques – a fini par transformer l'histoire en discipline savante, si ce n'est en savoir positif. L'écriture historiographique dans son ensemble témoigne par ailleurs du passage d'un humanisme privilégiant la geste militaire et politique des grands hommes, fondée sur l'autorité des modèles antiques, à une histoire de l'esprit humain, anthropologique et ouverte sur l'horizon du progrès ; elle suggère encore la mutation d'une temporalité à dominante cyclique, morale et chrétienne en une temporalité désormais linéaire, sociale et laïque. Mais ces tendances générales se révèlent, à l'étude des textes, nuancées par une multitude de pratiques discursives, par

4 Voir par exemple Philippe Ariès, *Le Temps de l'histoire*, Paris, Éditions du Seuil, 1986 [1954].

5 Émile Benveniste, *Problèmes de linguistique générale*, Paris, Gallimard, 1966, p. 244.

6 Claudine Poulouin, *Le Temps des origines. L'Éden, le Déluge et « les temps reculés » de Pascal à* L'Encyclopédie, Paris, Honoré Champion, 1998. Jacques Roger, *Buffon, « Les époques de la nature »*, éd. critique, Paris, Muséum, 1962.

un chatoiement de « régimes d'historicité[7] » divers et changeants, qui contrastent avec l'idéal d'une histoire accomplie et totalisante, comme l'ont rêvée l'historiographie royale et les auteurs de méthodes. Bertrand Binoche, dans l'article liminaire de ce volume, procède à la critique de ce qui serait, dans le cas des Lumières françaises, le schéma d'une historicité homogène fondée soit sur le modèle de l'*historia magistra vitæ*, soit sur la temporalité du progrès, soit même sur l'affranchissement du premier en faveur du second. Face à ces abstractions, il montre la multiplicité concrète et indéfinie des historicités mises en œuvre par les Philosophes, malgré leur exigence commune de rationalité et d'utilité.

Nous avons regroupé en deux parties les textes issus des communications présentées à Tours en juin 2016. Dans la première, *Les usages du passé : identité, autorité, utilité*, se trouvent celles dont la contribution portait avant tout sur la façon dont des secteurs définis du passé étaient explorés puis utilisés suivant des perspectives qui vont de la formation de l'esprit à la polémique religieuse ou politique. Ces recours illustrent la diversité que nous évoquons : d'un côté, le discours des origines est susceptible de conférer au présent une part de son identité, de lui fournir des modèles, de légitimer des pouvoirs, des institutions, des autorités, des pratiques ; de l'autre, la connaissance de l'histoire peut, dans le sillage d'un Fontenelle ou d'un Bayle, nourrir la critique, la pensée sceptique, déclassant à l'occasion le vrai en vraisemblable puis en invraisemblable. Béatrice Guion, réfléchissant au sens du passé à l'âge classique, s'efforce de dégager, dans un panorama général, ces diverses fonctions – normative et légitimante, critique et polémique –, soulignant du même coup que le passé n'est pas envisagé uniquement pour lui-même, mais instrumentalisé par rapport aux temps actuels ou à venir, ce que montre par exemple le rôle de plaidoyer assumé par les doctrines sur l'origine de la monarchie française – thèse germaniste de Boulainvilliers, thèse romaine de Dubos – dans les débats entre absolutistes et membres du parti nobiliaire. Cependant les usages de l'histoire les plus traditionnels, comme la pédagogie *ad usum delphini*, recèlent des surprises. Philippe Hourcade relève ainsi que Claude Fleury, dans son ouvrage sur *Les Mœurs des Israélites* (1681), écrit alors que prenait son essor une remarquable carrière de précepteur princier. Il ne s'y

7 Voir entre autres Bertrand Binoche, *Nommer l'histoire, parcours philosophique*, Paris, EHESS, 2018. Sur la notion de « régime d'historicité », voir l'essai fameux de François Hartog, *Régimes d'historicité. Présentisme et expérience du temps*, Paris, Seuil, 2003.

contente pas de puiser dans l'Ancien Testament, figure même de l'autorité historique, religieuse et morale, des modèles de vie frugale, mais porte en somme sur ces populations un regard curieux d'ethnographe étudiant une civilisation disparue. Il est évidemment des cas où la connaissance de l'histoire a vocation explicite à informer les actions à venir. Alicia Viaud s'est penchée sur *La Vraye et Entiere Histoire des troubles* de La Popelinière et a fait ressortir la remarquable neutralité politique et religieuse de l'auteur dans son récit de la mort de Condé, le rôle de l'historien n'étant pas selon lui de juger, mais de tirer de faits qu'il met en série, un idéal du prince et des enseignements tactiques pour l'action efficace. Pierre Bonnet de son côté analyse ce qui lie chez Mably l'histoire et la politique, la première apparaissant comme le préalable idéalisé de la seconde parce qu'elle seule fait connaître les « vertus mères » – tempérance, amour du travail, de la patrie, de la gloire et de l'humanité, enfin respect des dieux – et leurs applications, dans la perspective proprement politique de procurer aux hommes bonheur et liberté.

En miroir de cette forme constructive de critique, plusieurs historiens, notamment au Siècle des Lumières, pratiquent un pyrrhonisme plus ou moins polémique. Marc André Bernier explore l'œuvre historique de Madame d'Arconville, et notamment son *Parallèle*, demeuré inédit, de Charles Ier et de Louis XVI, ainsi que la méthode par laquelle cette sceptique veut échapper au doute et à l'*épochè* : recherche minutieuse des sources, recours aux archives, certes, mais aussi aux Mémoires, qui fournissent à la biographe une moisson de « petits faits vrais ». Cependant, par la multiplication des points de vue qui les caractérisent, les anecdotes puisées chez les témoins laissent au fond le passé indécidable et forment de la vérité une image kaléidoscopique, reconduisant ainsi le pyrrhonisme de l'historienne. C'est Lenglet Dufresnoy, un autre polygraphe, qui retient l'attention de Lucie Desjardins. Dans la longue préface à son *Recueil de dissertations, anciennes et nouvelles, sur les apparitions, les visions et les songes*, l'éditeur mettait en évidence sa lecture critique du passé, combinant la méthode dans l'établissement des sources, la rhétorique polémique contre les superstitions et la transformation du statut des récits, qui d'exemples véridiques deviennent des sortes de fables, au principe d'une transmission esthétique et culturelle du passé.

Les deux dernières contributions font ressortir la façon dont l'écriture du passé peut servir à la promotion personnelle ou au plaidoyer *pro domo sua*. Celle de Bruno Tolaïni, prend pour objet les Mémoires de Jean Choisnin, écrits au retour d'une négociation visant à faire élire Henri d'Anjou au trône de Pologne, afin de convaincre la reine mère de la valeur de son travail. L'article met en évidence la *recomposition* par Choisnin du sens qu'il fallait donner au passé récent de la Saint-Barthélémy à mesure que la terrible nouvelle en parvenait en Pologne et que des images en diffusaient l'horreur, nous faisant ainsi assister à la lutte entre deux discours antithétiques. Quant à Isabelle Trivisani, elle s'est intéressée à la façon dont les événements de la guerre des Cévennes ont été recomposés par différents mémorialistes dont les partis et les destinées furent divergentes : même les Camisards, Élie Marion et Jean Cavalier n'envisagent plus du tout les choses du même œil au moment de prendre la plume, tant diffèrent leurs situations, leurs projets et leurs stratégies éditoriales.

Toutefois, c'est dans la seconde partie sur *Les manifestations de la temporalité* que se trouvent la plupart des articles consacrés à la mémoire personnelle. La double temporalité des Mémoires, écartelés entre le temps de l'action et celui de la rédaction, est bien connue, mais son impact se décline de plusieurs manières qu'explorent les textes réunis ici. Ce n'est pourtant pas à dire que l'historiographie ne recèle pas de complexités à cet égard. Ainsi Hélène Michon s'est intéressée aux effets de rupture dans la durée du passé au sujet du salut des païens. La controverse qui opposa sur cette question Antoine Arnauld et La Mothe Le Vayer, tous deux se réclamant de saint Augustin, les réunit paradoxalement dans une même linéarité chronologique, scandée par les états successifs de l'homme de part et d'autres de lignes de faille – la Chute, la Loi, l'Incarnation –, alors qu'au contraire Augustin plaçait hors du temps de l'histoire l'interaction de Dieu avec les hommes. Chez une majorité d'auteurs en revanche, les strates temporelles sont moins tranchées, elles sont plutôt articulées les unes aux autres le long d'événements charnières qui ménagent à la fois la continuité du sujet et les changements du contexte. Le cas de Voltaire, qui a produit trois œuvres de type autobiographique – les lettres de l'affaire *Pamela*, les *Mémoires* et le *Commentaire historique sur l'auteur de la Henriade* –, étudiées ici par Marc Hersant, est instructif à cet égard, l'expérience douloureuse de sa relation avec Frédéric II de Prusse et le traumatisme de sa détention à Francfort ayant exigé ces réécritures, ces textes antidatés, ces mises à distance et ces recompositions de soi échelonnées sur une longue période. Cet autre grand détenu que fut l'Empereur à Sainte-Hélène ayant laissé à Las Cases le soin de témoigner pour lui, c'est dans le *Mémorial*, sorte de testament écrit pour l'Aiglon, que François Raviez a cherché les modalités de reconstruction du passé napoléonien, qui apparaît remarquablement discontinu, composite, greffant sur un journal de la vie à Longwood des entretiens, des lettres, l'évocation des *reliques* du grand homme, etc., ce qui peut-être est le lot d'une mémoire recomposée de l'extérieur. Saint-Simon, au contraire, a lissé dans ses *Mémoires* les variations de son existence, corroborant le mot fameux du Régent qui le disait « immuable comme Dieu ». Toutefois, l'affirmation de cet esprit de suite donne en contraste de ses points de vue successifs sur le protestantisme ou le jansénisme l'allure de contradictions inexplicables, dont Annabelle Bolot montre qu'elles sont la trace de la double temporalité, le mémorialiste faisant cohabiter ses interventions politiques anciennes et ses bilans historiques tardifs. Enfin autre exemple de la suture des temporalités, celui d'Antoine Godeau, dont Anne-Sophie Fournier-Plamondon scrute l'*Histoire de l'Église*. Cette œuvre à la fois érudite et littéraire articule en effet au passé de l'Église, de manière discrète sans doute mais significative, des allusions, des remarques et des développements qui participent, dans des perspectives tour à tour politique et apologétique, de son histoire personnelle et du passé immédiat de la rédaction, au temps de la Fronde.

Il arrive que le temps de la réaction, ou la connaissance des faits ultérieurs au récit, exerce sur la narration une influence spectaculaire. Casanova, dont Malina Stefanovska étudie l'épisode fameux de la fuite des Plombs dans l'*Histoire de ma vie*, cherche par divers moyens à faire oublier à son public cette connaissance, afin de recréer le suspense d'une entreprise hardie, écrasant le passé au profit d'un présent ouvert à tous les possibles : il se peint évaluant ses chances, comme aux jeux de hasard, et substitue au déroulement normal du temps ce qu'il est convenu d'appeler un « processus stationnaire ». Le volume se clôt sur deux contributions qui mettent en évidence le télescopage des temps, la brusque résurgence du passé au moment de la rédaction, son irruption actuelle dans la chronique rétrospective. Dans quelques Mémoires féminins écrits après la Révolution, Delphine Mouquin retrace l'expression « je vois encore », qui signale des souvenirs puissants et sensibles, opérant un bouleversement de la chronologie tout en exprimant la continuité de l'histoire personnelle. Damien Zanone enfin analyse le rôle des parcs et des jardins, véritables lieux de mémoire, dans la résurrection du passé chez Rousseau et Chateaubriand : par la mise en relation de l'espace et du temps, les jardins – les Charmettes pour le premier, Kensington pour le second – sont pour ces deux écrivains des reposoirs abritant les souvenirs d'autres jardins et d'autres temps, et qui annulent le passage des années en une manière de vertige. Ici encore, la transgression de la chronologie marque la persistance et l'unité du moi par delà les pertes et les césures de vies agitées.

Tous nos remerciements vont à ceux qui ont permis l'organisation et la publication de ce colloque : en France, l'université de Tours et particulièrement l'équipe (EA 6297) Interactions Culturelles et Discursives (ICD), ce colloque s'inscrivant dans son programme de recherche « Paradigmes de l'autorité » ; au Québec, le Centre Interuniversitaire de Recherche sur la première Modernité (CIREM 16-18).

Frédéric CHARBONNEAU
Université McGill

Marie-Paule DE WEERDT-PILORGE
Université de Tours

LES HISTORICITÉS DES LUMIÈRES

Compte tenu de l'intitulé sous lequel se rencontrent les contributions du présent volume, peut-être peut-on risquer, en guise d'introduction, la proposition générale suivante : le passé ne se compose jamais unilatéralement, mais toujours conflictuellement. Ou encore : le passé ne peut jamais faire l'objet que d'une re-composition polémique. Ou enfin : on ne peut jamais associer *une* historicité à *un* âge de la pensée, car toute réappropriation du passé s'opère en concurrence avec d'autres.

Cette thèse doit aussitôt s'accompagner d'une précaution : le concept d'« historicité » ne va nullement de soi. Bien au contraire : son évidence actuelle doit être suspecte et il convient aussi d'en montrer les limites. Ici, il sera employé pour désigner des récits dont la finalité est ouvertement spéculative et qui seront prélevés dans un corpus que l'on peut sans doute à bon droit qualifier de « philosophique ». Mais de tels récits ne peuvent pas être *a priori* distingués de récits proprement « littéraires » ou « historiens » sans anachronisme, dès lors qu'on travaille sur une période où philosophie, littérature et histoire ne constituent pas des « disciplines » étanches – *id est* des discours institutionnellement garantis, pourvus de règles spécifiques découlant de leurs supposées essences respectives.

La même thèse doit encore se voir adjoindre une précision : la période en question est celle que l'on désigne couramment, en français, par le syntagme familier « les Lumières » – par où il faudra entendre les Lumières au sens strict, c'est-à-dire les Lumières françaises. Cette désignation semble légitime pour autant qu'elle a été une *auto*-désignation : les Lumières se sont appelées elles-mêmes les Lumières. Et par là elles entendaient bien énoncer agressivement leur vocation : combattre par tous les moyens leur contraire, à savoir les « ténèbres », dont le vecteur se trouve dans le *préjugé* (que l'on ne confondra pas avec l'« erreur » de l'âge classique), lequel préjugé trouve son expression la plus redoutable dans la *superstition* : « Écrasez l'infâme » ! En cela, les Lumières constituent en effet un moment singulier, celui de la *critique*[1].

L'HISTORICITÉ AU PLURIEL

Posons donc la question – pour montrer qu'elle est mal posée : dans quel temps, au singulier, les Lumières se sont-elles inscrites ?

On sait comment il y fut longtemps répondu : par ce qu'on appelait alors « l'idée de progrès[2] » – c'était le temps de l'« histoire des idées » et le terme d'« historicité », issu de l'allemand « Geschichtlichkeit », était alors en France réservé au jargon philosophique. Il appartint à la fin du XIXe siècle d'assigner rétrospectivement au XVIIIe siècle l'affirmation triomphale de l'idée de progrès, identifiée sans vergogne à la « perfectibilité indéfinie ».

Pour rester en France, on voit en 1870 Émile Vacherot déclarer que c'est alors (au siècle précédent) que « se fait jour l'idée de la perfectibilité et du progrès universel[3] », suivi par bien d'autres, dont Brunetière qui décrira en 1893 « la formation de l'idée de progrès au XVIIIe siècle[4] » et Jean Delvaille qui publiera en 1910 sa thèse sous le titre *Essai sur l'histoire de l'idée de progrès jusqu'à la fin du* XVIII*^e^ siècle*[5]. *En évoquant ad nauseam* Turgot et Condorcet, on impute alors aux Lumières la découverte d'une prétendue « loi de l'histoire[6] » que deux guerres mondiales contraindront à requalifier péjorativement comme

1 Qu'il me soit permis de renvoyer ici à un article dont celui-ci s'efforce de tirer les conséquences concernant le problème de « l'historicité » : « L'efficace de la raison » dans Hans Adler et Rainer Godel (hrsg), *Formen des Nichtwissens der Aufklärung*, München, W. Fink, 2010, p. 83-95.

2 Que de travaux consacrés en anglais à *the Idea of Progress*, en allemand à *die Frage nach dem Fortchritt* !

3 Vacherot, Émile, *La science et la conscience*, Paris, 1870, chap. III, p. 105.

4 Brunetière, Ferdinand, *Études critiques sur l'histoire de la littérature française*, Paris, Hachette, 1893, p. 183-250.

5 Delvaille, Jean, *Essai sur l'histoire de l'idée de progrès jusqu'à la fin du* XVIII*e siècle*, Paris, Alcan, 1910.

6 Voir Lavollée, René, *La morale dans l'histoire. Étude sur les principaux systèmes de philosophie de l'histoire depuis l'Antiquité jusqu'à nos jours*, Paris, Plon, 1891, p. 378.

l'objet d'une « croyance » naïve dont nous serions enfin et heureusement débarrassés.

Si désuet qu'il paraisse aujourd'hui à un public éclairé, il faut avouer que ce leurre historiographique a la peau dure et on le retrouve encore aujourd'hui assez couramment dans les mauvais manuels ou dans les essais para-académiques[7]. C'est pourquoi il faut toujours se souvenir de ce qu'Auguste Comte, qui lui savait fort bien de quoi il parlait, déclarait en 1839 dans la 45e leçon du *Cours de philosophie positive* : « On peut remarquer en effet que les notions de progrès n'ont commencé à préoccuper vivement la raison publique que depuis que la métaphysique révolutionnaire a perdu son premier ascendant[8] ».

On ne doit certes pas négliger le contexte polémique de cette affirmation qui visait à dépouiller les Lumières du mérite d'avoir conçu « le Progrès », lequel mérite devait être exclusivement attribué à l'âge positif – et au fond à Comte lui-même, le premier à avoir fait du progrès un véritable concept en combinant la loi des trois états avec la loi encyclopédique. Mais ce contexte ne doit pas à son tour empêcher de rendre à César, en l'occurrence à Comte, ce qui lui revient. Et Comte avait raison.

En effet – et ici la démonstration de Koselleck est imparable[9] –, « l'idée de progrès », au XVIIIe siècle n'existe tout simplement pas. Ce qui s'y rencontre, et ce n'est pas du tout la même chose, c'est *le problème des progrès*, au pluriel. Le *pluriel* s'impose car il n'y a pas de progrès global, mais des progrès sectoriels qu'un génitif doit impérativement spécifier : le progrès « des sciences », les progrès « des mœurs », etc. Et ce pluriel est un *problème* parce que précisément il s'agit de savoir dans quelle mesure ces divers progrès vont de pair. Tel est le sens de la célèbre question à laquelle répond Rousseau dans son premier *Discours* en affirmant que « le sort des mœurs et de la probité » a toujours été « assujetti », c'est-à-dire en fait inversement proportionnel, « au progrès des sciences et des arts[10] ». C'est la même question qu'il relance dans le

7 Par exemple, Taguieff, Pierre-André, *Le Sens du Progrès. Une approche historique et philosophique*, Paris, Flammarion, 2004 ou plus récemment encore, Ariffin Yohann, *Généalogie de l'idée de progrès. Histoire d'une philosophie cruelle sous un nom consolant*, Paris, Éditions du Félin, 2012.

8 C'est-à-dire *après* les Lumières : voir Comte, Auguste, *Cours de philosophie positive*, XLV, Paris, Hermann, 1975, t. II, p. 71.

9 Voir l'article Koselleck, Reinhart, « Fortschritt » des *Geschichtliche Grundbegriffe*, t. II, Stuttgart, E. Klett, 1975, p. 384-390.

10 Rousseau, Jean-Jacques, *Œuvres complètes*, t. III, Paris, Gallimard, 1964, p. 10.

second *Discours* en reconstituant « l'origine et les progrès » de l'inégalité[11]. Et, à la fin du siècle, en plein cœur de la tourmente révolutionnaire, c'est ce même problème qu'entend bien résoudre, sur un mode autrement euphorique, Condorcet quand il retrace « les progrès [toujours au pluriel] de l'esprit humain[12] ».

Parce que « le progrès » n'existe donc qu'au pluriel, sans majuscule, il ne peut être identifié que fallacieusement à « la perfectibilité ». Celle-ci, telle que Rousseau l'introduit dans la terminologie philosophique, n'est pas le progrès, mais la condition des progrès, lesquels peuvent être, et ont été en effet, des régressions autant que des progrès – l'essor des vices autant que des vertus, des erreurs autant que des lumières[13]. Lorsque Condorcet la redéfinira, quarante ans plus tard, comme « perfectibilité *indéfinie* », elle signifiera alors la corrélation positive des progrès de l'esprit humain sans terme assignable.

Tout cela, on le voit, interdit les amalgames rétroactifs. Les Lumières ont vaillamment œuvré à la destruction des préjugés, mais elles ne l'ont pas fait sur le fond d'un optimisme intempérant et sont longtemps demeurées convaincues que des révolutions barbares auraient fatalement lieu, contre lesquelles il s'agissait précisément de se prémunir : en témoigne exemplairement l'article « Encyclopédie » de l'*Encyclopédie* : « On ne sait jusqu'où tel homme peut aller. On sait bien moins encore jusqu'où l'espèce humaine irait, ce dont elle serait capable, si elle n'était point arrêtée dans ses progrès. Mais les révolutions sont nécessaires ; il y en a toujours eu, et il y en aura toujours[14] [...] ». Si le mythe de l'idée de progrès n'était pas si tenace, cette mise au point aurait été inutile. De fait, les dix-huitièmistes s'en sont défait depuis déjà un moment. Et une autre réponse s'est assez largement répandue : la réponse par « le régime d'historicité ». Elle n'est pas plus satisfaisante.

En 1967, Reinhart Koselleck avait publié un article désormais célèbre[15] qui montrait comment la conception moderne de l'histoire comme

11 *Ibid.*, p. 162.

12 Condorcet, Nicolas de, *Tableau historique des progrès de l'esprit humain*, préambule, Paris, INED, 2004.

13 *Ibid.*, p. 142.

14 Diderot, Denis, *Œuvres complètes*, Paris, Hermann, t. VII, 1976, p. 186.

15 Koselleck, Reinhart, « "Historia magistra vitæ". De la dissolution du "topos" dans l'histoire moderne en mouvement », trad. J. et M.-C. Hook, dans *Le futur passé*, Paris, EHESS, 1990, part. I, chap. 2.

processus s'engendrant lui-même et faisant advenir sans cesse du nouveau avait rendu caduc le vieux thème de l'*historia magistra vitæ* : là où, par hypothèse, le nouveau advient sans cesse comme irréductible à l'ancien, il ne lui est plus superposable. Comme le déclare Hegel en 1822, « l'histoire et l'expérience enseignent que les peuples n'ont absolument rien appris de l'histoire[16] », par où il faut entendre que si l'histoire est appréhendée comme expérience, elle ne peut rien enseigner puisque ce qui arrive ne peut réitérer ce qui a déjà eu lieu. Bref, le passé ne pouvant, par hypothèse, se répéter, il n'est plus capitalisable sous la forme de l'expérience. L'analyse de Koselleck peut sans doute être raffinée car on peut, après tout, extrapoler une courbe et donc induire le nouveau à partir de l'ancien selon de nouvelles modalités – ainsi procède Condorcet. Mais cette analyse mettait assurément le doigt sur une mutation décisive dans le rapport au temps dont il a été tout récemment montré qu'il est possible de l'analyser comme la projection dans le temps historique du « régime de spatialité » propre aux grandes explorations de l'âge moderne : explorer, au sens fort du terme, c'est précisément s'attendre à l'imprévisible, présumer l'irréductibilité au déjà connu de ce qui reste à découvrir[17].

En 2003, dans un ouvrage qui connut un succès certain intitulé *Régimes d'historicité. Présentisme et expérience du temps*, François Hartog conféra à la thèse de Koselleck une envergure considérable. L'opposition du *topos* cicéronien au concept moderne d'histoire y devenait celle de deux « régimes d'historicité » successifs, l'un classique, l'autre moderne. L'*Essai sur les révolutions* de Chateaubriand (1797), ou plus précisément l'*Essai historique, politique et moral sur les révolutions anciennes et modernes considérées dans leurs rapports avec la Révolution française, dédié à tous les partis*, était pris à témoin pour attester l'irréversibilité de la rupture : Hartog le situait « entre les deux rives ou entre deux régimes d'historicité », ou encore, quelques pages plus loin, « entre deux siècles : entre les Anciens et les Modernes ou entre les deux rives des fleuves du temps[18]. » Avec Chateaubriand, on aurait franchi laborieusement le gué, et l'on serait passé

16 Hegel, Georg Wilhelm Friedrich, *La philosophie de l'histoire*, éd. M. Bienenstock, Paris, Librairie générale française, 2009, p. 119.

17 Voir la thèse de Gallegos Gabilondo, Simon, soutenue à l'université Paris-I en juin 2016 sous l'intitulé : *Les mondes du voyageur. Une épistémologie de l'exploration (XVIe-XVIIIe siècles).*

18 Hartog, François, *Régimes d'historicité. Présentisme et expérience du temps*, Paris, Seuil, 2003, p. 92 et 99.

d'une historicité classique, procédant par superposition des révolutions anciennes ou modernes, à une historicité moderne, affirmant l'originalité *sui generis* de la Révolution française, inexplicable par comparaison, excédant tout parallèle.

Revenons à notre problème : qu'en est-il alors de l'historicité des Lumières ? Faut-il l'inscrire dans le rapport classique au temps et la ramener à Cicéron ? Après tout pourrait-on observer, dans le texte cité plus haut, Diderot affirme que des révolutions, il y en eut et il y en aura toujours, indéfiniment semblables à elles-mêmes et analogues aux cycles des astres. C'est le cas de dire : rien de nouveau sous le soleil ! Ou faut-il, plus prudemment, discerner chez ceux qu'on appelait alors « les philosophes » la conscience timide que justement, sous le soleil, il peut survenir du nouveau ? Après tout pourrait-on ajouter, le même argument de Diderot justifie, par le retour périodique des révolutions, la nécessité de faire ce qui ne l'avait encore jamais été, à savoir l'*Encyclopédie* elle-même qui préservera des invasions à venir les trésors péniblement accumulés de nos connaissances : « Le moment le plus glorieux pour un ouvrage de cette nature, ce serait celui qui succéderait immédiatement à quelque grande révolution qui aurait suspendu les progrès des sciences, interrompu les travaux des arts, et replongé dans les ténèbres une portion de notre hémisphère[19] ». Aux Lumières, il faudrait donc assigner une historicité hésitante, hybride ou pour mieux dire peut-être transitoire, le sentiment confus que tout ne revient pas toujours à son point de départ et que l'on peut prévenir l'éternel retour des catastrophes.

Hartog ne disait pas cela. Toutefois, non seulement on pouvait l'inférer, mais même on ne pouvait pas ne pas l'inférer de sa lecture de Chateaubriand. Celle-ci posait, en effet, qu'à un régime classique d'historicité (la fameuse *historia magistra vitæ*, privilégiant le passé) aurait succédé un autre régime qualifié de moderne (le processus historique, privilégiant le futur) et destiné à se voir à son tour supplanté par notre rapport contemporain au temps, appelé le « présentisme » (comme son nom l'indique, privilégiant le présent). Hartog ne disait certes pas que les Lumières auraient continué de broder des variations sur le vieux thème de l'*historia magistra vitæ*, ni non plus qu'elles se seraient efforcées, plus ou moins lucidement, de s'en affranchir. Mais il le suggérait inévitablement, par l'effet de sa scansion générale. Aussi ne faut-il pas

19 Diderot, Denis, *loc. cit.*, p. 188.

s'étonner que beaucoup l'aient ainsi compris et répètent à l'envi qu'à la fin du XVIIIe siècle le nouveau régime d'historicité aurait éclipsé l'ancien.

Si Hartog ne disait pas clairement que les Lumières auraient manqué de clarté car elles se seraient tenues sur la frontière entre l'ancien et le moderne, c'est qu'il était trop bon historien pour ne pas voir que, de toute évidence, une telle proposition serait parfaitement indéfendable. À celui qui la soutiendrait, en effet, on ne prendrait pas la peine de répondre pour une raison très simple qui est de l'ordre du constat : l'alternative répétition/processus se trouve, de toute évidence, impuissante à subsumer les *multiples* historicités mise en œuvre par les « philosophes ». La vérité est que ceux-ci, pour raconter l'histoire, ont raconté bien des histoires, réciproquement incommensurables. Qu'on jette un simple coup d'œil sur les *Considérations* de Montesquieu, le second *Discours* de Rousseau, l'*Essai sur les mœurs* de Voltaire, les *Mélanges philosophiques* de Diderot et il saute aux yeux qu'on a affaire à des temps divers, hétérogènes mêmes, et irréductibles à l'antinomie régime classique *versus* régime moderne d'historicité. D'où il nous faut conclure : primo, que l'*historia magistra vitæ* comme « régime d'historicité » ne nous sera guère plus utile que « l'idée de progrès » ; secundo, que nous avons affaire à un matériel très riche qui contraint à demander selon quelles modalités *au pluriel* les Lumières ont pensé le temps historique.

LE PLURIEL AU CONCRET

Le problème est donc de traiter un divers. Si l'on se souvient de ce qui a été dit plus haut sur la nature essentiellement *polémique* des Lumières, on comprendra que ce divers, il ne faut pas chercher à le reconstruire sous la forme d'un système : il faut résister à la tentation doctrinale qui exerce sa puissance attractive dès qu'on parle de « la philosophie des Lumières ». En vérité, celle-ci est une pratique, mais elle n'a pas de contenu et Voltaire l'attestait fort lucidement en écrivant à d'Alembert le 5 janvier 1765 : « Mes philosophes sont des honnêtes gens qui n'ont point de principes fixes sur la nature des choses, qui ne savent point ce qui est, mais qui savent fort bien ce qui n'est pas ».

Ce qui n'est pas : *id est* les préjugés, et avant tout la superstition. C'est Diderot encore qui écrit dans l'article « Grecs » de l'*Encyclopédie* : « Le joug de la superstition fut le premier qu'on imposa[20] ». Or s'il n'existe pas de doctrine propre aux Lumières, il ne peut exister *a fortiori* de doctrine historiographique propre aux Lumières. Il est donc vain de vouloir lui assigner non seulement une historicité, mais même un ensemble articulé d'historicités.

Il existe d'abord, ce qui n'est pas la même chose, une *exigence* qui s'exprime dans les syntagmes récurrents d'« histoire raisonnée » ou d'« histoire philosophique » ou même, chez Voltaire, en 1765, de « philosophie de l'histoire » – on sait désormais que ce qu'il nomme ainsi n'a guère à voir avec ce que nous y entendons aujourd'hui, après Hegel ou Comte. Conformément à ce qui vient d'être dit, cette exigence est avant tout négative et signifie que l'histoire doit être écrite *sans* préjugés – et *contre* les préjugés qui ne l'encombrent déjà que trop. C'est ce que signifie Voltaire quand il écrit, à propos de Hume, qu'« il n'appartient qu'aux philosophes d'écrire l'histoire[21] ». Cela ne veut pas dire que les historiens seraient de simples manœuvriers à qui les philosophes devraient dicter le cadre dans lequel effectuer humblement leur tâche. Évitons l'anachronisme : il n'y a pas d'un côté l'historien, de l'autre le philosophe. Voltaire affirme qu'il faut écrire l'histoire en philosophe, c'est-à-dire en satisfaisant à quelques réquisits élémentaires qui ont pour point commun de viser la même cible : le préjugé. Ces réquisits peuvent être formulés simplement. L'histoire doit être :

(1) *Impartiale* – c'est-à-dire débarrassée des partis pris de corps ou de nations ; le philosophe écrit l'histoire en ami du genre humain, et non en magistrat ou en Anglais.

(2) *Vraie* – c'est-à-dire purgée de tous ces témoignages invraisemblables qui accréditent les fables au lieu de nous livrer des faits (et de ces fables, comme on sait, l'histoire sacrée regorge en abondance). En atteste *a contrario* Rousseau, lorsqu'il déclare au livre II d'*Émile*, avec son sens habituel du paradoxe, qu'il n'importe guère « qu'un fait fut vrai, pourvu qu'on en pût tirer une instruction utile[22] ».

20 *Ibid.*, p. 325.

21 Voltaire, *Réflexions sur l'histoire*, dans *Œuvres complètes*, Paris, Baudoin Frères, t. XXXVI, 1827, p. 428.

22 Rousseau, Jean-Jacques, *Œuvres complètes*, *op. cit.*, t. IV, 1969, p. 215, note.

(3) *Utile* – c'est-à-dire instructive de ce qui favorise le bonheur du genre humain et méprisant aussi bien les fastidieuses histoires dynastiques et militaires que les mesquines chroniques des courtisans, voire les histoires anciennes qui n'ont pas grand-chose à nous apprendre. Les triomphes commerciaux des Hollandais, le parlementarisme anglais, le formidable volontarisme de Pierre Ier créant Saint-Pétersbourg *ex nihilo*, voilà ce qui peut nous aider à gouverner.

Or ces trois grands impératifs, sans doute très formels, sont *de facto* investis dans le traitement des différents matériaux « historiques » que rencontrent les Lumières. Il s'agit alors d'identifier ces champs : où et comment les « philosophes » ont-ils concrètement mis en œuvre l'exigence d'une écriture raisonnée de l'histoire ?

Pour clarifier les choses, nous avons intérêt à écarter d'entrée de jeu l'*historia magistra vitæ*. Il faut en effet distinguer entre les usages argumentatifs qui peuvent être faits du matériel historique et les objectivations de ce même matériel. C'est une chose de recourir à l'histoire pour établir une thèse dans le contexte d'un ouvrage dont l'histoire n'est pas l'objet. C'est autre chose d'écrire une histoire, et de prétendre l'écrire « en philosophe ». L'*historia magistra vitæ* est sans doute présente partout au XVIIIe siècle – et voici quelques exemples du recours à l'exemple :

(1) Montesquieu évoque « l'expérience de tous les temps et de tous les pays » pour justifier que les gouvernements démocratiques soient odieux aux peuples qu'ils conquièrent[23] – ici, l'exemple est si massif qu'il est inutile de le détailler. Mais un peu plus loin, Charles XII eut tort de prendre pour modèle Alexandre, au lieu de se régler sur « la disposition actuelle des choses[24] » – et cette fois l'exemple, très machiavélien, s'avère trompeur.

(2) Voltaire se réfère au passé *à rebours* quand il déclare : « Anéantissez l'étude de l'histoire, vous verrez peut-être des Saint-Barthélemy en France, et des Cromwell en Angleterre[25] » – l'exemple est alors instructif pour qu'on ne le répète pas.

(3) Au livre IV du *Contrat social*, Rousseau mobilise l'exemple *inductif* (c'est-à-dire la répétition des cas semblables, en l'occurrence Sparte, Rome et Venise) pour justifier la nécessité de réduire le pouvoir du Tribunat ;

---

23 Montesquieu, Charles Louis de, *De l'esprit des lois*, X, 7.

24 *Ibid.*, X, 13.

25 Voltaire, *Fragments sur l'histoire*, dans *Œuvres complètes*, *op. cit.*, t. XXXVII, p. 400.

mais parfois aussi il prend appui sur l'exemple *exceptionnel* (quand il loue l'admirable institution romaine des patrons et des clients (exceptionnel, c'est-à-dire d'autant plus remarquable qu'au contraire, écrit-il, il « n'a jamais été suivi[26] »).

(4) Condorcet enfin, contrairement à ce qu'on aurait pu croire, ne rejettera pas sans appel les ressources de l'expérience historique : « La philosophie a dû proscrire sans doute cette superstition qui croyait presque ne pouvoir trouver des règles de conduite que dans l'histoire des siècles passés et des vérités que dans l'étude des opinions anciennes. Mais ne doit-elle pas comprendre dans la même proscription le préjugé qui rejetterait avec orgueil les leçons de l'expérience[27] ? »

C'était dire que l'*historia magistra vitæ* ne présupposait pas une historicité univoque : non seulement on y recourt sans cesse, mais on y recourt très diversement. Le problème, considérable, est ici de savoir en quoi l'expérience passée se trouve mobilisable. Mais c'est là un problème de *prudence politique*, pas d'historien proprement dit.

Or c'est ici l'historien qui nous intéresse. La question est bien de savoir comment il objective les matériaux qu'il retient sous la triple contrainte de l'impartialité, de la vérité et de l'utilité. Il paraît ici possible de retenir trois grands foyers de discussion.

(1) Le premier est celui de *l'histoire hypothétique* : c'est la même expression que nous rencontrons sous la plume de Rousseau qui entreprend d'écrire « l'histoire hypothétique des gouvernements[28] », et de Diderot qui se demande comment écrire l'histoire d'un art et soutient qu'il faudrait, quand on ne dispose pas des archives requises, « substituer la conjecture et l'histoire hypothétique à l'histoire réelle[29] ». Dans le principe, que nous pouvons sans doute faire remonter à Hobbes, l'histoire hypothétique procède d'une *analyse* – on décompose le tout *hic et nunc* observable en ses éléments qui définissent alors l'état originaire de la question et c'est la recomposition abstraite de ceux-ci qui fait l'objet du récit. À quoi s'oppose une telle histoire ? Par définition, à « l'histoire réelle », c'est-à-dire à l'histoire des historiens qui s'écrit dans l'espace des mappemondes et dans la succession des chronologies.

26 Rousseau, Jean-Jacques, *Du contrat social*, IV, 4, dans *Œuvres complètes*, *op. cit.*, t. III, p. 452 et 450.

27 Condorcet, Nicolas de, *op. cit.*, p. 243.

28 Rousseau, Jean-Jacques, *Discours sur l'origine et les fondements de l'inégalité*, préface, *Œuvres complètes*, *op. cit.*, t. III, p. 127.

29 Diderot, Denis, *loc. cit.*, p. 250.

Soit, mais on se demande aussitôt : pourquoi *doubler* l'histoire réelle d'une autre histoire dont le coefficient d'empiricité semble bien mince ? En fait, les avantages de l'histoire hypothétique ne manquent pas car celle-ci se présente avant tout comme toujours *disponible* : on peut toujours analyser un tout donné, alors qu'on ne peut pas toujours – peut-être même peut-on rarement, peut-être même jamais – régresser à l'origine factuelle des gouvernements, des langues ou des arts. En outre, une telle histoire est plus *rationnelle* : la recomposition abstraite exhibe la nécessité nue de l'agencement des parties dans le tout, au lieu de se perdre dans les hasards des circonstances. Enfin, elle est opportunément *économique* : en effet, un dispositif de ce genre permet de court-circuiter le récit biblique en formant, comme l'écrit clairement Rousseau, « des conjectures tirées *de la seule nature* de l'homme et des êtres qui l'environnent, sur ce qu'aurait pu devenir le genre humain s'il fût resté abandonné à lui-même[30] ». Ainsi nie-t-on de fait l'histoire sacrée sans la nier en droit.

Mais précisément Rousseau va compromettre la légitimité du dispositif en radicalisant ses potentialités critiques. Le second *Discours* entend, pour la première fois, aller au bout, tout au bout, de l'analyse et décomposer la société civile en ses unités les plus élémentaires : l'homme n'est *pas du tout* un animal politique, c'est-à-dire qu'il n'est aucunement sociable – c'est un animal « dispersé[31] » parmi les autres animaux ; seules des circonstances contingentes ont pu le conduire à acquérir la raison en établissant des relations régulières avec ses congénères, et ces circonstances ont été désastreuses. La sombre morale de cette histoire, c'est que nous sommes aujourd'hui contraints d'être méchants par les rapports sociaux dans lesquels nous nous trouvons irréversiblement pris.

Or personne ne suivra Rousseau jusqu'à de tels abîmes et la description de l'origine apparaîtra dès lors comme une conjecture exorbitante et fantaisiste que rien, dans l'expérience, ne peut étayer : témoigne-t-elle d'autre chose, que de la mélancolie hargneuse de son auteur ? À partir de là, l'histoire hypothétique perdra son évidence. Mais ce sera pour s'en voir substituer une autre dont les Écossais seront les grands théoriciens : « histoire théorique ou conjecturale » dira Dugald Stewart en 1793[32], après que Millar aura parlé, en 1771, « d'histoire naturelle

30 Rousseau, Jean-Jacques, *Discours sur l'origine*, préface, *op. cit.*, p. 127.

31 Le terme est significativement utilisé à deux reprises : *ibid.*, part. I, p. 135 et 136.

32 Stewart, Dugald, « L'histoire naturelle de l'humanité », *Philosophie*, n° 50, juin 1996, p. 7.

de l'humanité[33] » et que Ferguson aura violemment récusé, en 1767, la pratique rousseauiste de la conjecture[34]. C'est qu'il y a hypothèse et hypothèse. Cette histoire-là est « conjecturale » en un nouveau sens. Elle ne régresse pas analytiquement aux éléments du tout qu'elle prétend rendre intelligible ; elle superpose les histoires réelles disponibles, de manière à en induire une trajectoire moyenne, ordinaire, typique. Et cette courbe nous indique comment toute nation, en principe, si les circonstances ne l'en empêchent pas, se civilise. Naturellement, toute histoire empirique donnée ne peut correspondre que plus ou moins approximativement à cette abstraction. C'est précisément ce modèle que réinvestira Diderot au cours des années 1770, dans les *Mélanges* pour Catherine II, justement destinés à civiliser la Russie : aussi n'est-ce pas un hasard si, au feuillet 28, il y oppose explicitement une rêverie sur l'origine des sociétés à une autre – « Puisque chacun rêve à sa manière sur ce sujet, il me sera bien permis de rêver aussi[35] ». Sans aucun doute, le problème était bien ici celui du statut de la *conjecture*.

(2) Mais en traitant ainsi l'histoire des nations, les Écossais entendaient bien intervenir simultanément sur un autre front que nous pouvons désigner comme celui de *l'histoire universelle*. Ce syntagme a une vieille histoire qui remonte, semble-t-il, à 1304[36] et dont la dernière grande orchestration chrétienne est celle de Bossuet en 1681.

On vient de montrer comment l'on pouvait combattre celle-ci en la redoublant par une autre histoire dite « hypothétique ». Mais on peut aussi la combattre *sur son propre terrain* – à savoir celui de « l'histoire réelle » (à l'extérieur duquel Rousseau s'est d'ailleurs singulièrement tenu). C'est une autre stratégie pour écraser l'infâme dans le champ historiographique. De ce point de vue, le problème devient : comment réécrire l'histoire universelle en la soustrayant à l'Église, c'est-à-dire en la purgeant de toute finalité providentielle ? Ou encore : comment rationaliser non téléologiquement le champ constitué par ce qu'on appelle alors « les histoires anciennes et modernes » ou encore « les histoires de toutes les nations » ? Celui qui y parviendra est attendu par tout le XVIIIe siècle comme le Newton du monde moral.

---

33 Millar, John, *The Origin of the Distinction of Ranks*, introduction, Bâle, Tourneisen, 1793, p. 11.

34 Dans le premier chapitre de l'*Essai sur l'histoire de la société civile*.

35 Diderot, Denis, *Mémoires pour Catherine II*, XXVIII, Paris, Garnier, 1966, p. 174.

36 Voir l'article « Histoire universelle » du *Vocabulaire européen des philosophies*, dir. B. Cassin, Paris, Seuil, 2004, p. 566.

Or si l'on prend les choses du point de vue le plus formel, on peut dire que les très nombreuses tentatives effectuées en ce sens se distribuèrent fort logiquement sur trois grands axes que l'on peut présenter par ordre de radicalité décroissante.

La première option est celle dont Voltaire est sans doute le meilleur représentant : pour refuser tout ordre providentiel, on refuse tout ordre *tout court*. L'histoire est alors « une vaste scène de brigandage abandonnée à la fortune » ou encore « un chaos d'événements, de factions, de révolutions et de crimes[37] ». Certes, depuis ce qu'on appelle alors « le rétablissement des arts et des lettres », l'horizon s'éclaircit, mais cela ne permet pas d'ordonner le monde moral à des principes stables et le meilleur démenti (le meilleur, *id est* le plus radical) qu'on puisse apporter à l'histoire superstitieuse, c'est le désordre irréductible du monde.

La seconde option est celle dont Montesquieu est le premier grand représentant avant les théoriciens écossais de la civilisation qui s'en réclameront d'ailleurs avec insistance : on ne jette pas le bébé avec l'eau du bain –, c'est-à-dire qu'on ne refuse pas toute rationalité au monde moral sous prétexte qu'on refuse d'en assujettir le cours à la Providence[38]. Si *L'esprit des lois* s'ouvre sur ce cri de triomphe, à vrai dire plus souvent cité que réellement commenté : « J'ai posé les principes, et j'ai vu les cas particuliers s'y plier comme d'eux-mêmes, les histoires de toutes les nations n'en être que les suites [...] » – si *L'esprit des lois* s'ouvre ainsi, c'est bien qu'il prétend être de fait parvenu à ordonner le monde historique. Toutes les histoires – car l'« histoire » n'est ici qu'un nom commun, l'ensemble des histoires anciennes et modernes, européennes et extra-européennes – trouvent leur raison dans le jeu de diverses instances de détermination (les « principes », c'est-à-dire le gouvernement, le climat, la religion...) qui s'agencent en autant de configurations rationnelles – soit ce qu'on appelle « l'esprit général de la nation[39] ».

On ne peut s'arrêter ici sur la troisième option car elle déborde le corpus retenu. C'est celle d'une certaine *Aufklärung* dont le célèbre opuscule de Kant en 1784, l'*Idée d'une histoire universelle d'un point de vue cosmopolitique*,

37 Voltaire, *Essai sur les mœurs*, Paris, Garnier, 1963, t. II, p. 757 et 905.

38 Il faut dire que c'est là un point qui avait été très justement mis en valeur par Bernard Groethuysen dans son ouvrage inachevé sur Montesquieu : voir Groethuysen, Bernard, *Philosophie de la Révolution française, précédé de Montesquieu*, Paris, Gallimard, 1956, p. 37-38.

39 Montesquieu, Charles Louis de, *De l'esprit des lois*, *op. cit.*, XIX, 4.

est la réflexion la plus synthétique possible : cette fois, on admet que l'histoire non seulement est ordonnée, mais encore qu'elle est ordonnée téléologiquement et tout l'effort porte alors sur la « sécularisation » de cette téléologie. Autrement dit, la Providence devient immanente, endogène au cours naturel des choses. Il ne faut pas la chercher dans une volonté extérieure à l'histoire (éternelle au sens propre), mais *dans* l'histoire elle-même qui développe inexorablement les germes qu'elle a pour destination de faire éclore. C'est alors précisément cette nécessité interne qui fait la consistance de l'histoire ou, si l'on préfère, qui en fait un objet philosophique. Cela étant dit, dans tous les cas, on voit bien que le point litigieux est ici celui de la *finalité* historique.

(3) Mais écrire l'histoire en philosophe et rejeter l'histoire chrétienne, ce peut être encore écrire une histoire qui n'est pas universelle du tout, une histoire *régionale* – une histoire de… : de Rome ou de Sparte, de France ou d'Angleterre, de Pierre Ier ou de Charles XII, des mœurs des Germains ou de la navigation chez les Anciens – etc. À vrai dire, tout est dans le « etc. » : car le litige porte alors précisément sur *l'objet*. De quoi l'historien doit-il écrire l'histoire s'il ne veut pas se perdre dans l'universel, catholique ou non ? Faut-il, comme Montesquieu en 1734, réécrire l'histoire de Rome « indépendamment des voies secrètes que Dieu employa et que lui seul connaît » et en la référant à « des causes générales, soit morales, soit physiques » auxquelles sont assujettis « tous les accidents particuliers[40] » ? Ou faut-il au contraire, déclare très polémiquement Voltaire en 1742, s'en tenir aux temps modernes, commencer « vers la fin du XVe siècle » car c'est là seulement que « l'étude de l'histoire devient véritablement intéressante[41] » ? Faut-il écrire l'histoire des règnes et des batailles, ou des gouvernements (c'est-à-dire des usurpations, comme Boulainvilliers, Dubos, Mably), ou des nations (et s'attacher au commerce, à la population, aux mœurs et aux manières) ? Faut-il s'attacher à des monarques (Pierre Ier) ou à des époques (le siècle de Louis XIV) ? Bien sûr, le problème, celui de l'objet qu'il faut privilégier, est constitutif de toute histoire, mais ce qui caractérise les Lumières est sans doute la démultiplication de ces objets dont un classement raisonné pourrait sans doute, dans un autre contexte, être envisageable.

---

40 Montesquieu, Charles Louis de, *Considérations sur les causes de la grandeur des Romains…*, chap. 16 et 18, *Œuvres complètes*, Oxford, Voltaire Foundation, t. II, 2000, p. 215 et 235.

41 Voltaire, *Remarques sur l'histoire*, *Œuvres historiques*, Paris, Gallimard, 1957, p. 44.

La présente analyse s'était donné pour objet « Les historicités des Lumières ». On aura compris que son but n'était pas seulement d'établir une évidence, même s'il n'était sans doute pas tout à fait inutile de la rappeler – à savoir qu'il n'existe pas, au singulier, d'historicité propre aux lumières – pas plus le progrès que l'*historia magistra vitæ*. Il en existe à vrai dire une multiplicité indéfinie de sorte que toute tentative d'énumération exhaustive semble vaine – c'est une sorte d'*apeiron*. L'objectif poursuivi était plutôt de comprendre ce qui a commandé ce foisonnement, de circonscrire la matrice autorisant l'émergence de cette diversité. Ou encore, si l'on préfère, de comprendre la conjoncture dans laquelle les philosophes des Lumières avaient entrepris de recomposer le passé – tout le passé.

Or il apparaît que cette conjoncture pouvait correctement se décrire comme la rencontre d'une exigence à la fois très contraignante et très indéterminée – écrire l'histoire philosophiquement, c'est-à-dire sans préjugés, en la purifiant de toute superstition – et de champs préexistants – histoire hypothétique, histoire universelle, histoires sectorielles. De cette rencontre ont résulté trois grands foyers de discussion historiographique. Ce que les Lumières ont appelé « histoire philosophique » ou « raisonnée », *ce n'est rien d'autre que l'ensemble des options prises à l'occasion de ce triple litige.*

En 1932, Cassirer écrivait : « la vision de l'histoire du XVIIIe siècle est moins un édifice achevé, aux contours bien délimités, qu'une force agissant en tous sens[42] ». Sans doute avait-il raison en ce sens qu'il n'a pas existé de doctrine historiographique des Lumières, au singulier. Mais cela n'autorise pas à s'en tenir à une simple juxtaposition de doctrines, au pluriel. Car on ne peut se contenter de dire que les philosophes des Lumières « s'agitèrent » en tous sens : ils mirent en œuvre conflictuellement des impératifs communs dans les champs qui leur étaient imposés par leur propre histoire.

Bertrand BINOCHE
Université Paris-I /
Panthéon-Sorbonne

42 Cassirer, Ernst, *La philosophie des Lumières*, chap. 5, trad. P. Quillet, Brionne, Gérard Montfort, 1982, p. 208.

PREMIÈRE PARTIE

LES USAGES DU PASSÉ

IDENTITÉ, AUTORITÉ, UTILITÉ

LE SENS DU PASSÉ À L'ÂGE CLASSIQUE

Dans les *Leçons d'histoire* qu'il prononce en 1795, Volney dénonce sévèrement « l'influence de l'histoire » et « l'abus de ses comparaisons », s'en prenant à « cette manie de citations et d'imitations grecques et romaines qui, dans ces derniers temps, nous ont comme frappés de vertiges. » : « Noms, surnoms, vêtements, usages, lois, tout a voulu être spartiate ou romain[1] ». Agrippa d'Aubigné, déjà, reprochait à l'*Histoire* de La Popelinière « trop de conference des choses anciennes aux presentes[2] ». De fait, celui-ci revendiquait la comparaison « des plus braves traits guerriers[3] » des anciens et des modernes, au nom de l'édification morale. Le débat tant sur la possibilité que sur la légitimité de rapprocher le présent de l'Antiquité traverse tout l'âge classique. Il engage, à un double titre, la question du sens du passé : il pose celle de la valeur axiologique des temps anciens comme celle du sens de la temporalité.

Le sens du passé à l'âge classique excède toutefois celui de sa fonction normative : le passé, au sens d'ancienneté, est requis à titre de preuve dans des écrits qui s'appuient sur l'histoire pour étayer leur thèse dans des querelles aussi bien politiques que confessionnelles, – les deux aspects étant parfois imbriqués –, au plan intérieur et/ou européen, par exemple dans les conflits qui ont opposé la monarchie française à la papauté ou au Saint Empire romain germanique

1 Volney, *Leçons d'histoire prononcées à l'École Normale*, Sixième séance, dans *Œuvres*, Paris, Fayard, « Corpus des œuvres de philosophie en langue française », 1989, 2 vol., t. I, p. 601-602.

2 Aubigné, Théodore Agrippa d', *Histoire universelle*, Préface, Paris-Genève, Droz, « Textes littéraires français », édité avec une introduction et des notes par André Thierry, 1981-2000 [1618-1620], 11 vol., t. I, p. 5.

3 La Popelinière, Lancelot du Voisin de, *La Vraye et Entiere Histoire de ces derniers troubles ; advenus, tant en France, qu'en Flandres, & pays circonvoisins*, Cologne, Arnould Birckman, 1571, « À la noblesse de France », f. *5 v°. Voir également l'édition critique procurée sous la direction de Denise Turrel (*L'Histoire de France*, Genève, Droz, 2011-2016, 2 vol., ici t. I, p. 552).

C'est donc sur les diverses utilisations faites du passé à l'âge classique que nous nous pencherons ici : fonction de norme, fonction critique, fonction de légitimation, fonction polémique – qui sont loin d'être toujours indépendantes les unes des autres.

LE PASSÉ COMME NORME : ANCIENS ET MODERNES

Un certain nombre de récits factuels d'Ancien Régime confèrent au passé une fonction de norme, qui peut concerner la morale, la politique et/ou la religion. C'est de façon privilégiée, pour ne pas dire exclusive, au passé reculé, païen ou chrétien, qu'est dévolu ce rôle.

La conception exemplariste de l'histoire (*historia magistra vitæ*), qui demeure prégnante du XVIe au XVIIIe siècle, voit dans l'Antiquité païenne, et en particulier romaine, une réserve d'*exempla* héroïques devant inciter à l'imitation. Cette finalité, que nombre d'historiens antiques se sont assignés à eux-mêmes, est reprise à leur compte par ceux qui à l'âge classique écrivent l'histoire de l'Antiquité, notamment dans une visée pédagogique. Rollin, qui estimait que manquait « une histoire ancienne composée en français[4] » à l'usage des jeunes gens, vante dans la préface de sa propre *Histoire romaine* les « prodiges de courage, de fermeté, de sagesse, de désintéressement, et surtout d'amour de la patrie[5] » que recèle le second âge de Rome, et ne manque pas de louer dans le corps de son texte les héros de la République, tel Cincinnatus : « Heureux temps ! simplicité admirable ! La pauvreté pour lors n'était pas pratiquée généralement, mais elle était estimée, elle était en honneur, et ne paraissait point un obstacle aux premières dignités de l'État. La conduite que Quintius gardera pendant son consulat, nous fera bientôt voir quelle noblesse, quelle fermeté, quelle grandeur d'âme

4 Rollin, Charles, *De la manière d'enseigner et d'étudier les belles lettres, Par rapport à l'esprit & au cœur*, troisième édition, revue & corrigée, Paris, Jacques Estienne, 1730-1731 [1726-1728], 4 vol., t. III, « De l'histoire », Avertissement, f. ã4 v°-ã5 r°.

5 Rollin, Charles, *Histoire romaine depuis la fondation de Rome jusqu'à la bataille d'Actium : C'est-à-dire jusqu'à la fin de la République*, commencée par M. Rollin, & continuée par M. Crevier, Préface, Paris, chez la veuve Estienne & Fils, et Desaint & Saillant, 1752 [1738], 8 vol., t. I, p. XXIX.

étaient cachées dans une vile et pauvre cabane[6] ». On retrouve ce lieu commun dans l'*Histoire des révolutions* de Vertot : « tant que cette liberté si précieuse aux premiers Romains, avait été sous la garde de la pauvreté et de la tempérance, l'amour de la patrie, la valeur, le courage, et toutes les vertus civiles et militaires, en avaient été inséparables[7] ».

Le passé antique païen peut être élevé au rang de norme morale au sein même d'une pensée chrétienne : ainsi Catrou et Rouillé font-ils valoir que Dieu a voulu « que l'héroïsme des vertus romaines servît de modèle à toutes les nations, et que, dans la véritable religion même, on en fît usage[8] ». De façon plus modérée, Claude Fleury reconnaît que « [l]a discipline militaire des Romains », qui « consistait principalement dans la frugalité, le travail, l'obéissance et la patience », reposait sur des vertus « fort à l'usage des chrétiens[9] ». Bossuet dans le *Discours sur l'histoire universelle* fait l'éloge de l'Égypte ancienne comme de la Rome républicaine[10]. Plus généralement, ce qu'il est convenu d'appeler le primitivisme chrétien le conduit à privilégier les temps reculés : « Les mœurs antiques » qu'Homère et Hésiode « nous représentent, et les vestiges qu'ils gardent encore, avec beaucoup de grandeur de l'ancienne simplicité, ne servent pas peu à nous faire entendre [...] la divine simplicité de l'Écriture[11]. »

Aux peuples païens, les Romains, les Grecs, les Égyptiens et les « autres peuples de l'antiquité que nous estimons le plus[12] », Claude Fleury, dans les *Mœurs des Israélites* parues en 1681, préfère les Juifs des premiers temps, qui ont l'avantage d'avoir connu « la vraie religion, qui est le fondement de la morale[13] », et qu'il présente comme « un excellent modèle de la vie humaine la plus conforme à la nature[14] ». C'est aux premiers siècles du

6 *Ibid.*, livre IV, § II, t. I, p. 371.

7 Vertot, René Aubert de, *Histoire des révolutions arrivées dans le gouvernement de la République romaine*, « Discours préliminaire », Paris, la veuve Didot *et alii*, 1752 [1719], 3 vol., t. I, p. XXXIJ.

8 Catrou, François, Rouillé, Pierre Julien, *Histoire romaine, depuis la fondation de Rome*, Préface, Paris, Jacques Rollin, Jean-Baptiste Delespine et Jean-Baptiste Coignard, t. I, 1725, p. XXXV.

9 Fleury, Claude, *Les Mœurs des chrestiens*, § VII, Paris, chez la veuve Gervais Clouzier, 1682, p. 51.

10 Bossuet, Jacques Bénigne, *Discours sur l'histoire universelle* [1681], troisième partie, chap. III, dans *Œuvres*, textes établis et annotés par l'abbé Velat et Yvonne Champailler, Paris, Gallimard, « Bibliothèque de la Pléiade », 1961, p. 956-971 pour l'éloge de l'ancienne Égypte ; troisième partie, chap. VI, p. 990-1013 pour celui de Rome.

11 *Ibid.*, première partie, sixième époque, p. 681-682.

12 Fleury, Claude, *Les Mœurs des Israélites*, « Dessein de ce traité », Paris, chez la veuve Gervais Clouzier, 1681, p. 5.

13 *Ibid.*

14 *Ibid.*, p. 1-2.

christianisme, et plus précisément au IVe, que les Messieurs de Port-Royal accordent quant à eux le statut de norme morale et religieuse. Godefroy Hermant, qui affirme aux premières lignes de sa *Vie de saint Jean Chrysostome* (1664) qu'« [i]l n'y eut jamais un siècle plus fleurissant en doctrine et en sainteté, que celui qui lui donna la naissance, savoir le quatrième[15] », le redit à l'ouverture des *Vies* de Basile et de Grégoire, publiées dix ans plus tard : « le quatrième siècle est estimé avec raison le plus heureux temps de l'Église[16] ». Le Nain de Tillemont, disciple de Godefroy Hermant, partage cette prédilection, qu'il exprime en des termes identiques : « le quatrième siècle est estimé le plus heureux temps de l'Église[17] ». C'est une conviction propre aux port-royalistes : Claude Fleury considère au contraire que les premières causes du « relâchement » se manifestèrent dès le IVe siècle[18].

Conférer au passé une fonction de norme, c'est, par là même, attribuer à l'écriture de l'histoire une finalité édifiante. Claude Fleury la revendique, estimant que ses contemporains ont des leçons à puiser dans l'histoire du peuple juif : « Nous voyons dans ses mœurs les manières les plus raisonnables de subsister, de s'occuper, de vivre en société : nous y pouvons apprendre non seulement la morale ; mais encore l'économique et la politique[19] ». Godefroy Hermant se donne également pour but « l'édification du lecteur[20] » dans l'Avertissement de la première des Vies qu'il publie, celle de Jean Chrysostome ; de même recommande-t-il celle d'Ambroise comme « édifiante[21] ». En termes plus précis, il

15 Hermant, Godefroy, La Vie de saint Jean Chrysostome *patriarche de Constantinople, et docteur de l'Église*, livre I, chap. I, Paris, Charles Savreux, 1664, p. 1.

16 Hermant, Godefroy, *La Vie de saint Basile le Grand archevêque de Césarée en Cappadoce, et celle de saint Grégoire de Naziance archevêque de Constantinople*, livre I, chap. I, Paris, Jean Du Puis, 1674, 2 vol., t. I, p. 2.

17 Le Nain de Tillemont, Sébastien, « S. Grégoire de Naziance, surnommé le théologien, archevêque de Constantinople, et confesseur », art. premier, *Mémoires pour servir à l'histoire ecclésiastique des six premiers siècles*, t. IX, Paris, Charles Robustel, 1703, p. 305. Sur la prédilection de Tillemont et pour le IVe siècle, et pour les Pères cappadociens, voir Monique Alexandre, « Les Pères cappadociens chez Le Nain de Tillemont », dans *Le Nain de Tillemont et l'historiographie de l'Antiquité romaine*, textes réunis par Stan-Michel Pellistrandi avec le concours de Gesche Landais et Christine Pellistrandi, Paris, Honoré Champion, « Colloques, congrès et conférences sur le Classicisme », 2002, p. 361-394. Voir également l'étude classique de Bruno Neveu, *Un historien à l'école de Port-Royal : Sébastien Le Nain de Tillemont (1637-1698)*, La Haye, Nijhoff, 1966.

18 Fleury, Claude, *Les Mœurs des chrétiens*, § XLIV, *op. cit.*, p. 378.

19 Fleury, Claude, *Les Mœurs des Israélites*, « Dessein de ce traité », *op. cit.*, p. 2.

20 Hermant, Godefroy, *La Vie de saint Jean Chrysostome [...]*, Avertissement, *op. cit.*, f. ã2 v°.

21 Hermant, Godefroy, *La Vie de S. Ambroise archevesque de Milan, docteur de l'Église et confesseur*, Avertissement, Paris, chez la veuve Jean Du Puis, 1678, f. e2 v°.

présente la *Vie de saint Athanase* comme « un travail qui peut contribuer non seulement à affermir les catholiques dans la véritable créance de nos mystères, mais aussi à établir les chrétiens dans les maximes d'une solide piété, et d'une entière soumission aux ordres de la providence[22] ».

Par-delà la finalité édifiante, faire du passé une norme peut constituer une critique, plus ou moins explicite, du présent. Agrippa d'Aubigné reproche à « ce siecle degeneré » d'ignorer « la brillante vertu de nos devanciers » ainsi que les « excellents traicts et perfaictes beautez de nos ayeuls[23] ». Rollin formule le même regret : « L'antiquité avait grand soin de faire valoir ces actions véritablement estimables, et d'en perpétuer la mémoire. Il n'en est pas ainsi parmi nous, et souvent les faits les plus mémorables demeurent enfouis dans l'obscurité[24] ». Il n'est pas anodin que la remarque porte sur la frugalité – des Romains de la République en l'occurrence : c'est là, en effet, un point que soulignent volontiers les Anciens, et plus spécifiquement les auteurs religieux. Chez Claude Fleury, l'éloge des anciens juifs « chez qui l'argent était de si peu d'usage, et les grandes fortunes si rares », se double d'une peinture négative de la société contemporaine, dans laquelle il fustige « cette grande inégalité de conditions, ce mépris du travail, cet amour du jeu, cette autorité des femmes et des jeunes gens, cette aversion de la vie simple et frugale qui nous rend si différents des anciens[25]. » Dans *Les Mœurs des chrétiens*, la description des pratiques anciennes, qu'elles soient antiques ou médiévales, peut être lue comme un blâme voilé de celles de son temps : ainsi lorsqu'il loue les « saints évêques des premiers siècles » d'avoir su « bannir » des offices « le faste séculier, le luxe efféminé[26] », ou « saint Pierre Damien et la plupart des saints de ce temps-là » d'avoir joint « aux vertus intérieures des mortifications extérieures, dont la délicatesse de nos mœurs a peine à s'accommoder[27]. » Il en va de même dans les écrits historiques des Messieurs de Port-Royal : exalter la pureté du IVe siècle, en ce qui concerne tant la foi que la discipline, c'est, aussi, critiquer l'état actuel du catholicisme.

---

22 Hermant, Godefroy, *La Vie de S. Athanase patriarche d'Alexandrie*, Avertissement, Paris, Jean Du Puis, 1671, 2 vol., t. I, f. i1 r°.

23 Aubigné, Théodore Agrippa d', *Histoire universelle*, *op. cit.*, t. VI, p. 316.

24 Rollin, Charles, *Histoire romaine depuis la fondation de Rome jusqu'à la bataille d'Actium [...]*, livre X, § IV, *op. cit.*, t. II, p. 422.

25 Fleury, Claude, *Les Mœurs des Israélites*, « Dessein de ce traité », *op. cit.*, respectivement p. 7 et p. 6.

26 Fleury, Claude, *Les Mœurs des chrestiens*, § XXIX, *op. cit.*, p. 244-245.

27 *Ibid.*, § LI, p. 457.

Le passé opposé à un présent ressenti comme une dégradation est érigé en modèle auquel on invite à revenir – que ce soit au plan moral, au plan religieux ou au plan politique. Une telle perception du passé peut engager une part d'idéalisation : idéalisation des premiers siècles chrétiens dans les travaux de Port-Royal, idéalisation d'une guerre chevaleresque chez Brantôme, chez qui transparaît la nostalgie du temps des chevaliers, du code d'honneur, de la guerre entre gentilhommes[28], ou encore idéalisation du règne de Louis XIII dans les *Mémoires* de Saint-Simon.

Que la fonction normative assignée au passé constitue une critique du présent, c'est ce que refuse Voltaire. Dans une attitude assumée de Moderne, il affirme fermement la valeur de son temps : « La comparaison de ces siècles [les XIIIe et XIVe] avec le nôtre [...] doit nous faire sentir notre bonheur, malgré ce penchant presque invincible que nous avons à louer le passé aux dépens du présent[29] ». Ce n'est pas seulement au Moyen Âge, dans lequel il déplore une emprise excessive du catholicisme, mais aussi à l'antiquité païenne que Voltaire oppose la supériorité de l'époque contemporaine. Rappelant qu'« [o]n a comparé le siècle de Louis XIV à celui d'Auguste », il récuse ce lieu commun, en niant la possibilité même de la comparaison : « Ce n'est pas que la puissance et les événements personnels soient comparables. [...] il n'y a rien aujourd'hui dans le monde tel que l'ancienne Rome et Auguste[30] ». S'appuyant sur une conception du temps qui souligne l'hétérogénéité entre passé et présent, et qui fait du changement l'essence de la temporalité, il juge intrinsèquement vouée à l'échec toute tentative de vouloir faire du passé un modèle : « Ainsi tout change. [...] C'est donc une idée bien vaine, un travail bien ingrat, de vouloir tout rappeler aux usages antiques, et de vouloir fixer cette roue que le temps fait tourner d'un mouvement irrésistible[31] ». La négation, si constante et si nette, chez Voltaire, de l'exemplarité des temps passés, l'affirmation, tout aussi constante, de la valeur propre du présent, peuvent être rapportées à la querelle des Anciens et des Modernes, et sans doute même à son dernier soubresaut, la querelle du luxe. Inversement un Ancien tel que Claude

28 lazard, Madeleine, *Pierre de Bourdeille, seigneur de Brantôme*, Paris, Fayard, 1995, p. 14-18.

29 Voltaire, *Essai sur les mœurs et l'esprit des nations* [1756], éd. de René Pomeau, Paris, Garnier, 1963, 2 vol., chap. LXXXII, t. I, p. 773.

30 Voltaire, *Le Siècle de Louis XIV*, chap. XXIX, dans *Œuvres historiques*, éd. de René Pomeau, Paris, Gallimard, « Bibliothèque de la Pléiade », 1957, p. 982-983.

31 Voltaire, Essai sur les mœurs et l'esprit des nations, chap. LXXXV, *op. cit.*, t. I, p. 790.

Fleury dénonce, en 1681, « un préjugé confus, que ce qui est le plus ancien est toujours le plus imparfait[32] ». Il faut toutefois préciser que Voltaire est loin de voir dans le développement chronologique un progrès continu. Les moments d'apogée sont rares, et le pessimisme prédomine, comme en témoigne la conclusion de l'*Essai sur les mœurs* : « Il faut donc, encore une fois, avouer qu'en général toute cette histoire est un ramas de crimes, de folies, et de malheurs, parmi lesquels nous avons vu quelques vertus, quelques temps heureux, comme on découvre des habitations répandues, çà et là dans des déserts sauvages[33] ». Il importe tout autant de souligner que l'on peut reconnaître la valeur du temps présent sans renoncer à demander des enseignements au passé. Ainsi Bodin, qui invite à noter « tout ce qui, dans la lecture des histoires, nous aura paru digne de mémoire[34] », fait valoir les accomplissements de son époque au plan technique : « Et si l'on y regarde de plus près, il n'est pas douteux que nos découvertes n'égalent et souvent ne surpassent celles des anciens[35] », comme aux plans moral et intellectuel : « Ce ne sont pas seulement les vertus, mais le savoir de nos contemporains qui brille d'un éclat égal à celui de l'antiquité[36]. »

La question du rapport au passé antique ne se pose pas uniquement au point de vue moral, mais aussi politique : les diverses histoires de France écrites à l'âge classique prétendent montrer que le passé français n'est pas moins glorieux que celui de Rome. Le père Daniel le déclare ouvertement : « Le règne de Clovis et celui de ses enfants ne cèdent en rien sur cet article à celui de Romulus, et à tous ceux de ses successeurs, ou plutôt ils les surpassent infiniment, et ouvrent une carrière beaucoup plus belle[37] ». Mézeray affirme pareillement aux premières lignes de son *Histoire de France* qu'« [i]l n'est point de nation au monde plus illustre que celle des Français[38] ».

32 Fleury, Claude, *Les Mœurs des Israélites*, « Dessein de ce traité », *op. cit.*, p. 3.

33 Voltaire, Essai sur les mœurs et l'esprit des nations, chap. CXCVII, *op. cit.*, t. II, p. 804.

34 *Méthode pour faciliter la connaissance de l'histoire* [1566], traduction de Pierre Mesnard, dans *Œuvres philosophiques*, Paris, PUF, 1951, chap. III, p. 291a.

35 *Ibid.*, chap. VII, p. 430a.

36 *Ibid.*, p. 429b.

37 Daniel, le père Gabriel, *Histoire de France, depuis l'établissement de la monarchie françoise dans les Gaules, dédiée au Roy*, Préface, Paris, Denys Mariette, Jean-Baptiste Delespine et Jean-Baptiste Coignard, 1722 [1696], 7 vol., t. I, p. XL.

38 Mézeray, François Eudes de, *Histoire de France, depuis Faramond jusqu'à maintenant*, Paris, Mathieu Guillemot, 1643-1651, 3 vol., livre premier « Faramond, roi I », t. I, f. 1 r°.

LE PASSÉ COMME PREUVE

Dans l'histoire de France telle que l'écrivent les historiographes royaux, et les érudits gallicans, le passé se voit assigner une fonction de légitimation : il permet d'appuyer les revendications de la couronne, tant contre les pays voisins que contre la papauté, et d'établir l'existence d'une identité propre de la France. Cette visée est essentielle, des *Grandes Chroniques de France*[39], imprimées en 1476, à l'*Histoire de France* du père Daniel : « Je me suis regardé comme Français, comme enfant de l'Église, et comme historien. Comme Français, j'ai établi dans les occasions qui s'en sont présentées, les droits légitimes de nos rois ; je me suis bien gardé d'y donner la moindre atteinte, et d'autoriser en aucune manière les prétentions de quelques papes sur le temporel des souverains[40] ».

La fonction de légitimation conférée au passé n'est pas indépendante d'enjeux polémiques, qu'il s'agisse d'une polémique au long cours, comme celle que mènent les érudits gallicans contre la papauté et les humanistes italiens, ou de polémiques ponctuelles, à l'occasion de crises diplomatiques et de guerres – de la guerre de Cent Ans à celle de Trente Ans ou celle de la succession d'Espagne.

Le but de l'une des premières histoires de France écrites sur le modèle humaniste, le *Compendium de origine et gestis Francorum*, de Gaguin, publié en 1495, est d'établir que le passé français ne le cède ni en antiquité ni en dignité au passé romain[41]. C'est une semblable volonté de légitimation nationale qui guide les recherches sur les Gaulois, particulièrement vivaces à la Renaissance[42] : ainsi Guillaume Postel conclut-il son *Histoire mémorable des expéditions depuis le déluge faites par les Gaulois ou Français* par

39 Voir Philippe Ariès, *Le Temps de l'histoire*, Paris, Éditions du Seuil, 1986 [1954], p. 127.

40 Daniel, le père Gabriel, *Histoire de France [...]*, *op. cit.*, t. I, p. XXVIIJ-XXIX.

41 Voir Philippe Desan, « Nationalism and History in France During the Renaissance », *Rinascimento*, Firenze, Olschki, vol. XXIV, 1984, p. 261-288 (repris dans *Penser l'histoire à la Renaissance*, Caen, Paradigme, 1993, chap. I, en particulier p. 39-41).

42 Voir Claude-Gilbert Dubois, *Celtes et Gaulois au XVIe siècle. Le développement littéraire d'un mythe nationaliste*, Paris, Vrin, 1972 ; Philippe Desan, « La platonisation des Gaulois ou l'histoire de France selon La Ramée », dans *Penser l'histoire à la Renaissance*, *op. cit.*, p. 79-99. Sur le cas des *Illustrations de Gaule et singularitez de Troye* de Jean Lemaire de Belges, singulier tant en raison de son caractère générique incertain que du flottement entre deux dédicataires, Marguerite d'Autriche et Louis XII, voir Jacques Abélard, « *Les*

une *Apologie de la Gaule* dans laquelle il défend « les très anciens droits du peuple gallique, et de ses princes[43] ». Les travaux historiques des érudits gallicans, qui se multiplient dans la seconde moitié du XVIe siècle, s'emploient à établir l'existence d'une tradition française, aux plans politique, juridique, linguistique et culturel, son caractère autochtone, qui ne devrait rien, ou peu, à l'influence romaine, et enfin son égale dignité en face de l'Italie[44]. C'est la finalité de l'une des œuvres les plus marquantes issue de ce milieu, *Les Recherches de la France*, qu'Étienne Pasquier revendique dans le corps même de son texte : « Et toutesfois qui avecques la Fortune voudra considerer la police, et bonne conduite de nos Roys, je m'assure qu'il la trouvera n'avoir cedé à la Romaine[45]. » La polémique avec les auteurs italiens affleure dès le premier livre : « Je ne puis quelques-fois, qu'à juste occasion je ne me rie de la pluspart de nos modernes Italiens, lesquels se pensent avantager grandement en reputation envers toutes autres contrées, lors que faisans mention des guerres que nous avons euës contr'eux, ils nous appellent Barbares[46] ». Dans un ouvrage qui s'assigne pour objet propre « les anciennetez de la France[47] » – le terme, au singulier ou au pluriel, est récurrent –, « monstrer quelle fut l'ancienneté de nostre France[48] » vaut démonstration : établir l'antiquité des institutions comme de la culture françaises, c'est pour Pasquier prouver leur égale dignité en face des réalisations romaines puis italiennes. Ainsi l'enquête historique est-elle utilisée comme légitimation. L'écriture du passé prend, par là, une signification politique, qu'il

---

Illustrations de Gaule de Jean Lemaire de Belges », *Cahiers de l'association internationale des études françaises*, vol. 33, 1981, p. 111-128.

43 POSTEL, Guillaume, Paris, Sebastian Nivelle, 1552 (page de titre). Le titre est plus précis dans le corps du texte : Apologie contre les detracteurs de la Gaule, & des previleges & Droictz d'icelle, avec supplement des histoires malignement par plusieurs scripteurs obmises (p. 57).

44 Voir Donald R. Kelley, *Foundations of Modern Historical Scholarship. Language, Law, and History in the French Renaissance*, New-York and London, Columbia University Press, 1970. Sur la dimension polémique de l'histoire écrite alors par les historiens français voir Arlette Jouanna, « Histoire et polémique en France dans la deuxième moitié du XVIe siècle », *Storia della Storiografia*, 2, 1982, p. 57-76.

45 Pasquier, Étienne, *Les Recherches de la France*, éd. critique sous la direction de Marie-Madeleine Fragonard et François Roudaut, Paris, Honoré Champion, 1996, 3 vol., livre II, chap. I, t. I, p. 323.

46 *Ibid.*, livre I, chap. II, t. I, p. 258.

47 *Ibid.*, livre I, chap. I, t. I, p. 257.

48 *Ibid.*, livre I, t. I, p. 253.

s'agisse de l'histoire des parlements retracée au livre II, ou de celle des institutions ecclésiastiques françaises menée dans le livre III, qui permet d'appuyer les thèses gallicanes. Les livres consacrés à « l'ancienneté [...] de nostre Poësie Françoise[49] » et à celle de l'étude des lettres[50], sont investis du même rôle, démonstratif et polémique.

Cette fonction de légitimation concerne également l'histoire religieuse, où elle revêt plus nettement encore une valeur polémique : les méthodes et les outils de la recherche historique sont sollicités dans la controverse confessionnelle. Ce sont les réformés qui y recourent les premiers avec l'*Ecclesiastica Historia* (1559-1574), plus connue sous le titre de *Centuries de Magdebourg* : Flacius Illyricus et ses collaborateurs entendent démontrer que l'Église catholique a dégénéré au cours des siècles en s'écartant de la perfection des origines. Si la première réponse d'envergure du côté catholique, les *Annales ecclesiastici* de Baronius, est publiée à partir de 1588, en France c'est surtout dans la seconde moitié du XVIIe siècle que se développe la théologie positive en langue vernaculaire, qui s'appuie sur l'histoire factuelle afin d'établir que ce sont les protestants qui se sont écartés de l'orthodoxie originelle, ainsi que le montrent les titres mêmes de deux œuvres emblématiques de ce courant, *La Perpétuité de la foi de l'Église catholique touchant l'Eucharistie* d'Arnauld et Nicole (1669-1674) et l'*Histoire des variations des Églises protestantes* de Bossuet (1688)[51].

C'est guidé à la fois par une volonté édifiante et par une intention polémique que Bossuet a entrepris d'écrire l'histoire. Les deux se mêlent dans le *Discours sur l'histoire universelle* : conçu au départ comme un abrégé d'histoire universelle à l'intention du dauphin, il a pris, au fil du temps, une dimension apologétique de plus en plus marquée. Dans la première édition, publiée après la fin du préceptorat (1681), Bossuet a

---

49 *Ibid.*, livre VII, chap. III, t. II, p. 1379.

50 « Que la Gaule depuis appelée la France, de toute ancienneté a esté studieuse des bonnes lettres », livre IX, chap. I (titre), *ibid.*, t. III, p. 1709. Sur l'utilisation du passé comme légitimation, et sur l'imbrication entre légitimation et polémique dans *Les Recherches de la France*, voir Béatrice Sayhi-Périgot, « À l'arrière-plan des *Recherches* I et II : le *Pourparler du prince* », *Étienne Pasquier et ses* Recherches de la France, *Cahiers V. L. Saulnier*, Paris, Presses de l'École Normale Supérieure, n° 8, 1991, p. 61-77, et plus particulièrement p. 73-76.

51 Voir Bruno Neveu, *Érudition et religion aux XVIIe et XVIIIe siècles*, Paris, Albin Michel, 1994. Voir également, pour le XVIe siècle, Pontien Polman, *L'Élément historique dans la controverse religieuse du XVIe siècle*, Gembloux, J. Duculot, 1932 ; pour le XVIIe siècle, Nicolas Piqué, *De la tradition à l'histoire. Éléments pour une généalogie du concept d'histoire à partir des controverses religieuses en France (1669-1704)*, Paris, Honoré Champion, 2009.

ajouté des réflexions pour montrer « la suite de la religion[52] ». La troisième et dernière édition parue de son vivant, en 1700, compte d'importantes additions sur la chronologie biblique et l'authenticité des livres saints : l'ouvrage participe alors à la controverse anti-libertine.

On retrouve une semblable visée polémique, mais dirigée cette fois contre le christianisme, dans les écrits historiques des philosophes des Lumières, qui dénoncent tant la conception providentialiste de l'histoire que les prétentions temporelles de la papauté ainsi que le danger de la *rabies theologica*. La conclusion du chapitre que Montesquieu consacre aux « Désordres de l'empire d'Orient » dans les *Considérations sur les causes de la grandeur des Romains et de leur décadence*, invite, par-delà le constat apparemment factuel, à séparer les pouvoirs ecclésiastique et séculier : « La source la plus empoisonnée de tous les malheurs des Grecs, c'est qu'ils ne connurent jamais la nature ni les bornes de la puissance ecclésiastique et de la séculière[53] ». Cette confusion est une cible constante de Voltaire, dans tous ses écrits historiques : « La cour de Rome, qui a toujours songé à augmenter son pouvoir temporel à la faveur du spirituel, avait depuis très longtemps établi en Pologne une espèce de juridiction, à la tête de laquelle est le nonce du pape[54] ». Il le redit avec force dans la conclusion de l'*Essai sur les mœurs* : « Vous avez vu, aux XIIe et XIIIe siècles, les moines devenir princes, ainsi que les évêques ; ces évêques et ces moines, partout à la tête du gouvernement féodal. Ils établirent des coutumes ridicules, aussi grossières que leurs mœurs [...][55] ». Voltaire incrimine encore les désordres politiques et les guerres suscités par la religion : « Une autre source qui a fait couler tant de sang a été la fureur dogmatique ; elle a bouleversé plus d'un État, depuis les massacres des Albigeois au XIIIe siècle, jusqu'à la petite guerre des Cévennes au commencement du XVIIIe[56] ». Il leur impute « les barbaries sanglantes des guerres de religion[57] » comme le retour de « la

52 Ainsi qu'il l'indique dans une lettre au pape, dans laquelle il expose les principes qui ont guidé son œuvre de précepteur (lettre à Innocent XI [1679], § XII, *Correspondance*, éd. de Charles Urbain et Eugène Levesque, Paris, Hachette, 1909-1925, 15 vol., t. II, p. 158).

53 Montesquieu, Charles-Louis de Secondat, baron de, *Considérations sur les causes de la grandeur des Romains et de leur décadence* [1734], chap. XXII, dans *Œuvres complètes*, éd. de Roger Caillois, Paris, Gallimard, « Bibliothèque de la Pléiade », t. II, 1951, p. 203.

54 Voltaire, Histoire de Charles XII, livre III, dans Œuvres historiques, *op. cit.*, p. 119.

55 Voltaire, Essai sur les mœurs et l'esprit des nations, chap. CXCVII, *op. cit.*, t. II, p. 803.

56 *Ibid.*, p. 804.

57 *Ibid.*, p. 803.

barbarie[58] » dans l'Angleterre du premier XVIIe siècle. La condamnation, loin d'être portée par la seule narration des événements, est fréquemment explicitée dans les remarques à portée générale auxquelles elle donne lieu : « Ce prince [Pierre le Grand] comprit combien il importe de ne point consacrer à l'oisiveté des sujets qui peuvent être utiles, et de ne point permettre qu'on dispose à jamais de sa liberté, dans un âge où l'on ne peut disposer de la moindre partie de sa fortune. Cependant l'industrie des moines élude tous les jours cette loi, faite pour le bien de l'humanité ; comme si les moines gagnaient en effet à peupler les cloîtres aux dépens de la patrie[59] ». Le récit de la conjuration des poudres se conclut sur une observation générale, qui dépasse le cas particulier de l'Angleterre : « Tel était l'esprit du temps dans tous les pays où les querelles de la religion aveuglaient et pervertissaient les hommes[60]. » Ainsi Voltaire s'en prend-il au christianisme dans ses écrits historiques comme dans le reste de son œuvre : il n'y a pas, à cet égard du moins, de spécificité de ces derniers, qui luttent contre les mêmes adversaires.

Ses textes historiques sont engagés dans des combats non seulement religieux, mais aussi politiques. Il a utilisé l'histoire pour prendre position dans des débats contemporains[61], comme en témoigne exemplairement son *Histoire du Parlement de Paris* (1769). Montesquieu ne procède pas autrement, dans les fragments sur l'histoire de France contenus dans les *Pensées* comme dans *De l'esprit des lois*. Si l'ouvrage ne peut être tenu pour un récit factuel, il n'en repose pas moins sur une méthode et des recherches qui relèvent en partie de l'histoire, plus particulièrement dans les derniers livres : Montesquieu soutient qu'« [i]l faut éclairer l'histoire par les lois, et les lois par l'histoire[62]. »

Tout aussi indécis est le genre de la *Franco-Gallia* du juriste François Hotman, l'un des textes qui au XVIe siècle a affirmé avec le plus d'éclat la thèse germaniste. Au XVIIIe siècle toutefois, lorsque rebondit cette querelle, c'est de façon privilégiée sur le terrain de l'écriture du passé que

58 « Les disputes du clergé, et les animosités entre le parti royal et le parlement, ramenèrent la barbarie. » (*ibid.*, chap. CLXXIX, t. II, p. 654).

59 Voltaire, Histoire de Charles XII, livre premier, dans Œuvres historiques, *op. cit.*, p. 72.

60 Voltaire, Essai sur les mœurs et l'esprit des nations, chap. CLXXIX, *op. cit.*, t. II, p. 652.

61 Voir Myrtille Méricam-Bourdet, *Voltaire et l'écriture de l'histoire : un enjeu politique*, Oxford, Voltaire Foundation, 2012.

62 Montesquieu, Charles-Louis de Secondat, baron de, *De l'esprit des lois*, XXXI, 2, Paris, Garnier, éd. de Robert Derathé, 1973 [1748], 2 vol., t. II, p. 358.

choisissent de se placer les tenants des deux camps, alors que les enjeux sont prioritairement d'ordre politique, et que les arguments relèvent, pour partie, du droit. Tant Boulainvilliers que Dubos présentent leurs ouvrages respectifs comme des histoires : l'*Histoire de l'ancien gouvernement de la France. Avec XIV. Lettres Historiques sur les Parlemens ou Etats-Generaux* (1727), l'*Histoire critique de l'établissement de la monarchie françoise dans les Gaules* (1734). Dubos, qui avait entrepris ses recherches dès 1718, pour un traité relatif à la succession dynastique, reprend la thèse, soutenue depuis le Moyen Âge par les juristes de la couronne, qui fait des rois français les dépositaires légitimes du pouvoir détenu par les empereurs romains, qui ont d'abord délégué puis transféré leur autorité aux rois mérovingiens. Il recourt à l'histoire pour nier les faits sur lesquels s'appuient les germanistes : la conquête franque, l'élection des rois par l'assemblée de la noblesse, la hiérarchie sociale entre les Francs vainqueurs et les Gaulois vaincus, maintenus dans un état de servage.

À la différence du XVIe siècle, où la thèse germaniste était utilisée pour étayer les prétentions françaises aussi bien contre Rome que contre le Saint Empire romain germanique, l'aspect intérieur prédomine désormais. L'enquête historique sur les commencements constitue un enjeu particulièrement sensible, comme en témoigne l'embastillement qu'a valu à Fréret le mémoire sur l'origine des Francs qu'il lut en 1714 à l'Académie des Inscriptions et Belles-Lettres. Le débat est en effet lourd d'implications politiques immédiatement contemporaines : l'histoire telle que l'écrit Dubos est dirigée contre le parti nobiliaire, tandis que les partisans de la thèse germaniste sont hostiles à l'absolutisme. En avançant, comme leurs prédécesseurs du XVIe siècle, qu'originairement la noblesse était associée à l'exercice du pouvoir, et que le roi n'était qu'un *primus inter pares*, ils font du passé franc une norme, un modèle à retrouver par-delà une évolution perçue comme une dégradation au fur et à mesure que l'autorité royale s'est consolidée : tant Montesquieu que Boulainvilliers font remonter ce qu'ils présentent comme une décadence de la monarchie au règne de Louis XI[63].

63 Montesquieu : « La mort de Charles VII fut le dernier jour de la liberté française. » (*Pensées. Le Spicilège*, éd. de Louis Desgraves, Paris, Robert Laffont, « Bouquins », 1991, P. 1302 « Morceaux de ce que je voulais écrire sur l'histoire de France », p. 440). Voir également Boulainvilliers, *Histoire de l'ancien gouvernement de la France. Avec XIV. Lettres Historiques sur les Parlemens ou États-Generaux*, « XIV. Lettre », La Haye et Amsterdam, Aux dépens de la Compagnie, 1727, 3 vol., t. III, p. 186.

Qu'il entre une dimension militante dans l'écriture de l'histoire, on le constate également lorsqu'il s'agit d'écrire le passé récent. Ainsi les guerres de religion ont-elles fait, très rapidement, l'objet de nombreux récits factuels qui, pour la majorité d'entre eux, constituent un récit orienté – l'exception la plus notable étant *La vraye et entière histoire de ces derniers troubles* de La Popelinière[64] – : protestants et catholiques ne donnent pas la même vision du passé récent. Cet aspect partisan ne marque pas seulement les Mémoires, qui se présentent ouvertement comme le témoignage d'un acteur engagé, mais aussi les Histoires : Pierre Matthieu est un ancien Ligueur rallié au pouvoir royal, tout comme Palma Cayet après son abjuration. Les historiens des guerres de religion doivent encore affronter la question du changement de dynastie : écrire l'histoire malheureuse des derniers rois Valois, c'est une manière de légitimer la dynastie Bourbon[65]. La narration historique fonctionne alors comme justification d'une cause, confessionnelle et/ou politique : on voit comment, dans le cas des guerres de religion, enjeux politiques et enjeux confessionnels s'imbriquent. On observe une semblable imbrication chez les historiens port-royalistes.

DIRE LE PRÉSENT EN ÉCRIVANT LE PASSÉ : LES ÉCRITS HISTORIQUES DE PORT-ROYAL

Les écrits historiques des Messieurs sont caractérisés non seulement par l'idéalisation du passé et le sentiment d'une dégradation due au temps, mais aussi par des échos au présent de l'écriture. Cela transparaît en particulier dans le récit qu'ils donnent de la crise arienne, dans les différentes *Vies* que Godefroy Hermant consacre aux Pères du IVe siècle comme dans le tome IX des *Mémoires pour servir à l'histoire ecclésiastique* de Tillemont.

Si les port-royalistes ne sont pas les seuls, au XVIIe siècle, à recourir au terme de « solitaires » pour désigner les ermites des premiers

64 Voir la préface de *L'Histoire de France*, *op. cit.*, t. I, p. 7-8.

65 Voir Denis Crouzet, *Dieu en ses royaumes. Une histoire des guerres de religion*, Seyssel, Champ Vallon, 2015 [2008], p. 471-477.

siècles – le mot est chez Fleury[66] –, toutefois les mentions aussi fréquentes qu'élogieuses sous leur plume ne peuvent manquer d'évoquer les Messieurs, surtout lorsqu'il est question de « solitaires » en butte aux pouvoirs, civil et ecclésiastique : « Les solitaires en qui le peuple avait beaucoup de créance à cause de la sainteté de leur vie, n'augmentaient pas peu l'aversion que l'on avait de son gouvernement tyrannique [...][67]. Le peuple qui avait une grande estime de la vertu et de la sainteté de ces solitaires, ne pouvait se persuader que leurs sentimens ne fussent conformes à la vérité : et il conçut une extrême horreur pour ceux qui s'écartaient de leurs sentiments[68] ».

On ne peut pas, non plus, ne pas songer aux Solitaires de Port-Royal, et au premier d'entre eux, lorsque Tillemont évoque la conversion du frère de Basile de Césarée, qui le conduisit à quitter le monde et le « vain éclat du barreau » : « Étant âgé de 22 ans, [...] il fut touché par une conduite particulière de Dieu d'un mouvement si violent, que méprisant tous les avantages temporels qui s'offraient à lui, il embrassa une vie pauvre et solitaire [...] il s'y arrêta pour y vivre loin du bruit de la guerre, du tumulte des villes, des agitations de la cour, et des inquiétudes, aussi bien que du vain éclat du barreau[69] ». Plus précisément, il est aisé de lire des allusions à la situation de Port-Royal dans toutes les remarques sur la persécution : « Comme Valens ne persécuta pas moins, autant qu'on en peut juger, tous les solitaires de son Empire que ceux d'Égypte, [il est difficile de dire à qui s'adresse la lettre 303, que saint Basile écrit à des moines tourmentés par les ariens]. Il y a de fort belles choses pour la consolation de ceux qui sont persécutés par des chrétiens, et qui ont contre eux le plus grand nombre[70] ». Godefroy Hermant invite, lui aussi, à puiser dans le récit des événements passés une « consolation » : « Ce qui doit servir d'une puissante consolation à ceux qui étant obligés de se reconnaître fort éloignés du rang et de la sainteté de saint Athanase, ne laissent pas d'être en butte aux traits envenimés de la calomnie. Son exemple leur enseigne à

66 Fleury, Claude, *Les Mœurs des chrétiens*, § XLI, *op. cit.*, p. 344.

67 Hermant, Godefroy, *La Vie de S. Athanase patriarche d'Alexandrie*, livre VII, chap. XXIII, *op. cit.*, t. II, p 110 (il s'agit de l'archevêque arien Georges de Cappadoce).

68 Le Nain de Tillemont, Sébastien, « Saint Basile le Grand, archevêque de Césarée en Cappadoce, et confesseur », art. XXIV, *Mémoires pour servir à l'histoire ecclésiastique des six premiers siècles*, t. IX, *op. cit.*, p. 54.

69 *Ibid.*, art. XV, p. 33.

70 *Ibid.*, art. CXXI, p. 260. Le Nain de Tillemont place entre crochets les remarques qu'il ajoute à ses sources.

n'attendre leur justification que de Dieu seul ; et en attendant sa protection, chercher leur gloire dans le témoignage de leur propre conscience[71] ». Si la *Vie d'Athanase* n'est publiée qu'en 1671, pendant la paix de l'Église, elle a pour l'essentiel été composée au début des années 1660, au moment de la crise du formulaire : elle peut donc être lue comme une exhortation à la constance pour les port-royalistes. C'est l'interprétation qu'en donne Adrien Baillet, qui indique que Hermant l'avait écrite « dans le fort des persécutions que l'on suscitait aux quatre évêques, pour leur représenter le modèle de leur courage et de leur patience dans la défense de la vérité[72]. » On peut faire une interprétation similaire de ce passage de la *Vie* de Chrysostome, publiée en 1664, qui soutient qu'« un vrai évêque [...] doit toujours être préparé au martyre[73] ». C'est encore aux religieuses et aux prélats favorables à Port-Royal que fait penser cette observation :

> [...] la faiblesse de tant d'évêques catholiques, qui reconnurent par leur chute combien il y a de différence entre les plus grandes violences contre lesquelles ils s'étaient fortifiés, et les persécutions lentes dont la longueur ruine souvent les plus constantes résolutions. Il est vraisemblable que ces évêques auraient plutôt souffert la dureté de l'exil si on les eût relégués d'abord, que cet état de suspension et d'inquiétude où on affecta de les laisser si longtemps pour les obliger de céder enfin aux mouvements de la cour[74].

Godefroy Hermant dans la *Vie d'Athanase* n'hésite pas à employer le mot de « formulaire[75] » pour désigner la confession de foi exigée par l'empereur ; de même parle-t-il de « signature forcée[76] » : sans qu'aucune

71 Hermant, Godefroy, *La Vie de S. Athanase patriarche d'Alexandrie*, livre III, chap. XIV, *op. cit.*, t. I, p. 264.

72 Baillet, Adrien, *La Vie de Godefroy Hermant docteur de la Maison & Société de Sorbonne, chanoine de l'Église de Beauvais*, Amsterdam, Pierre Mortier, 1717, p. 100-101. Baillet assigne la même finalité à la composition de la *Vie* de Chrysostome : « Ce fut dans ces conjonctures que M. Hermant cherchant à se consoler dans l'exemple de Jésus-Christ maltraité des prêtres et des pharisiens, et dans celui des saints que la persécution des faux frères avaient sanctifié, rencontra ce qu'il cherchait dans saint Chrysostome. La persécution que ce saint docteur avait soufferte de la part d'une impératrice prévenue par les intrigues criminelles de ses confrères, lui parut si convenable pour servir de leçon à ceux qui souffraient avec lui, qu'il entreprit dès lors de faire la vie de ce saint, pour leur instruction et celle du public. » (*ibid.*, p. 68-69).

73 Hermant, Godefroy, *La Vie de saint Jean Chrysostome [...]*, livre I, chap. I, *op. cit.*, p. 2.

74 Hermant, Godefroy, *La Vie de S. Athanase patriarche d'Alexandrie*, livre VIII, chap. XXI, *op. cit.*, t. II, p 249.

75 *Ibid.*, livre VIII, chap. XV, t. II, p 222-223.

76 *Ibid.*, livre VIII, chap. X, t. II, p 197.

allusion explicite soit faite, les termes choisis pour rendre compte de la situation des athanasiens établissent clairement un parallèle avec celle de Port-Royal ; il revient au lecteur d'en tirer la conclusion qu'aujourd'hui comme autrefois, ce sont des catholiques insoupçonnables qui sont (injustement) persécutés.

Le parallèle implicite tissé avec le présent est renforcé par les remarques sentencieuses – plus nombreuses chez Godefroy Hermant que chez Tillemont. Nombre d'entre elles apparaissent comme un commentaire de la situation de Port-Royal :

> Car les saints évêques savent honorer la piété en quelque part qu'elle se trouve ; et leurs confrères leur sont encore plus vénérables quand ils sont bannis pour la foi, que quand ils sont considérés comme ils le doivent être dans la cour des plus grands princes. Dieu rend de sa part avec usure aux hommes apostoliques ce que leurs ennemis entreprennent de leur ôter ; et il ne permet qu'ils soient relégués jusques aux extrémités du monde, que pour soutenir ses droits au péril de leur liberté et de leur vie. En même temps que leurs persécuteurs les déshonorent et les flétrissent par des cabales de cour, il prend lui-même le soin de donner un nouvel éclat à leur réputation ; et en attendant qu'il leur fasse remporter en l'autre monde les couronnes de la vie éternelle, il leur fait recevoir dès ici-bas le centuple qu'il leur a promis dans l'Évangile[77].

Godefroy Hermant n'est pas avare de considérations générales sur la condition des princes, ou sur les rapports entre l'Église et l'État qui, par-delà leur caractère apparemment intemporel, s'appliquent parfaitement à la situation contemporaine :

> Mais nous allons voir ce que peut la préoccupation sur l'esprit des meilleurs princes, et il faut nous disposer par avance à déplorer leur condition, qui les expose aux choses du monde les plus injustes et les plus irrégulières, quand leurs esprits ont donné la moindre entrée à la calomnie. Cela montre que comme les plus beaux visages ont des taches, les plus grands princes ont des défauts[78].

> Les princes les plus éclairés se peuvent abuser en plusieurs manières, ou en prenant le vice pour la vertu et la vertu pour le vice, ce qui est une corruption de jugement ; ou en prenant les innocents pour coupables, et les coupables pour innocents ; ce qui est une ignorance pardonnable et une infirmité attachée à notre misérable nature[79].

---

77 *Ibid.*, livre IV, chap. XVI, t. I, p. 357-358.
78 *Ibid.*, livre III, chap. XVI, t. I, p. 276-277.
79 *Ibid.*, livre IV, chap. XVI, t. I, p. 355.

> [...] les princes les mieux intentionnés ont besoin d'une grâce particulière de Dieu pour n'être point prévenus par ceux qu'ils honorent de leur confiance dans les affaires de l'Église, puisque leur piété même les expose d'autant plus à être trompés, qu'elle leur représente les évêques comme incapables de vouloir tromper les autres[80].

Ainsi le récit du passé est-il empli d'allusions aux combats du présent[81]. S'il peut être lu, à usage interne, comme une « consolation » et une invitation à la constance, qui vaut autant pour la décennie 1660, lorsque Godefroy Hermant écrit ses premières *Vies*, que pour le tournant du siècle, où paraissent les *Mémoires* de Tillemont, on peut y voir, aussi, une tentative d'établir la justesse de la cause de Port-Royal.

L'insistance sur la crise arienne n'est pas sans signification. On retrouve la comparaison, explicite cette fois car faite à partir du présent, dans les *Mémoires* de Nicolas Fontaine, lorsqu'il rend compte des années qui ont suivi la condamnation d'Arnauld par la Sorbonne : « On vit renaître des Ursaces, des Valens, et des Acaces ; mais on vit aussi renaître des Athanases : on vit paraître un M. Arnauld comme un jeune lionceau, qui, voyant ces guerres se soulever, résolut aussitôt de s'y opposer[82] ». De fait, la référence à Athanase est récurrente sous la plume des Messieurs. Arnauld y recourt dans son *Apologie pour les religieuses de Port-Royal* : « Qu'allègue-t-on maintenant contre les défenseurs de Jansénius, qu'on ne pût alléguer contre cet homme de Dieu [Eusèbe], défenseur de saint Athanase ? On leur reproche sans cesse qu'ils ne sont qu'une *poignée de gens* qui résistent à toute l'Église. C'est ce qu'on disait des défenseurs de saint Athanase, qui étaient en fort petit nombre, comme remarque Sévère Sulpice[83] ».

Pascal reprend la comparaison, à laquelle il assigne le même rôle de preuve :

> Ce qui nous gâte pour comparer ce qui s'est passé autrefois dans l'Église à ce qui s'y voit maintenant est qu'ordinairement on regarde saint Athanase,

80 *Ibid.*, livre I, chap. XVII, t. I, p. 80.

81 Sur la présence des combats contemporains dans les écrits historiques de Port-Royal, voir Jean-Louis Quantin, *Le Catholicisme classique et les Pères de l'Église. Un retour aux sources (1669-1713)*, Paris, Institut d'Études augustiniennes, 1999, p. 208-220 sur Godefroy Hermant et p. 229-231 sur Tillemont ; « Port-Royal et l'histoire », *Littératures classiques*, n° 30, 1997, p. 21-32.

82 Fontaine, Nicolas, *Mémoires ou histoire des Solitaires de Port-Royal*, éd. critique par Pascale Thouvenin, Paris, Honoré Champion, « Sources classiques », 2001 [1736], p. 622-623.

83 Arnauld, Antoine, *Apologie pour les religieuses de Port-Royal*, quatrième partie, chap. X, dans *Œuvres*, Paris/Lausanne, Sigismond d'Arnay et Cie, t. XXIII, 1779, p. 603.

sainte Thérèse et les autres comme couronnés de gloire [...]. À présent que le temps a éclairci les choses, cela paraît ainsi. Mais au temps où on le persécutait, ce grand saint était un homme, qui s'appelait Athanase [...]. Que se passait-il donc alors ? Saint Athanase était un homme appelé Athanase, accusé de plusieurs crimes, condamné en tel et tel concile pour tel et tel crime : tous les évêques y consentent, et le pape enfin. Que dit-on à ceux qui y résistent ? Qu'ils troublent la paix, qu'ils font schisme, etc.

Zèle, lumière. Quatre sortes de personnes : zèle sans science, science sans zèle, ni science ni zèle, et zèle et science.

Les trois premiers le condamnent, les derniers l'absolvent et sont excommuniés de l'Église, et sauvent néanmoins l'Église[84].

Dans ce cas précis, l'écriture du passé ne fait que suggérer ce qui constitue un argument constant dans les écrits polémiques : l'accusation d'hérésie est aussi infondée contre Port-Royal qu'elle l'était contre les partisans d'Athanase. Plus largement, il est frappant de retrouver dans les écrits historiques consacrés au IVe siècle les arguments théoriques majeurs forgés par les Messieurs au moment de la crise du formulaire, à commencer par celui du témoignage de la conscience[85].

Cette utilisation tactique du passé n'a pas échappé aux contemporains, et en particulier aux adversaires de Port-Royal. Maimbourg réplique avec les mêmes armes dans son *Histoire de l'arianisme*. Il attaque les port-royalistes en les assimilant aux ariens hérétiques, comme le relève Madame de Sévigné, qui parle de « l'envie qu'il a de faire des applications des ariens aux jansénistes[86] », et qui observe qu'« il veut toujours pincer quelqu'un et comparer Arius et une princesse et un certain courtisan à M. Arnauld, Mme de Longueville et Tréville[87] ». Ainsi les ouvrages de Godefroy Hermant et de Maimbourg contribuent-ils, sous couvert de l'écriture du passé, à alimenter un combat doctrinal qui porte sur le présent le plus immédiat : la polémique entre Port-Royal et ses adversaires passe, aussi, par l'écriture de l'histoire. C'est pourquoi la distinction qu'établit Godefroy Hermant entre « histoire édifiante » et « ouvrage de controverse » apparaît singulièrement fragile : « je n'ai pas

84 Pascal, *Pensées*, S. 495, éd. de Philippe Sellier, Paris, Bordas, « Classiques Garnier », 1991, p. 384-385.

85 Hermant, Godefroy, *La Vie de S. Athanase patriarche d'Alexandrie*, livre III, chap. XIV, *op. cit.*, t. I, p. 264. Voir *supra* la citation n. 71 p. 48.

86 Lettre à Madame de Grignan du 28 juillet 1680, *Correspondance*, éd. de Roger Duchêne, Paris, Gallimard, « Bibliothèque de la Pléiade », 1972-1978, 3 vol., t. II, p. 1029.

87 Lettre à Madame de Grignan du 23 novembre 1689, *ibid.*, t. III, p. 762.

eu dessein de faire de cette Vie un ouvrage de controverse, mais une Histoire édifiante[88] ».

Ce constat ne vaut pas seulement pour les écrits port-royalistes, ni pour les Histoires concernant la religion : si les historiens – à la différence des mémorialistes – déclarent souscrire à l'impartialité requise par tous les *artes historicæ*, rares toutefois sont, à l'âge classique, les ouvrages historiques qui n'investissent pas l'enquête factuelle d'une dimension idéologique : les (divers) usages qu'ils font du passé ne sont pas neutres.

Le récit des faits passés est chargé d'une fonction de démonstration et d'argumentation : démonstration de l'ancienneté de la France, et de certaines de ses institutions, les Parlements en particulier ; démonstration de l'intervention de la Providence dans le cours des événements humains ou, à l'inverse, des effets néfastes qu'entraîne la confusion entre pouvoir temporel et pouvoir spirituel ; démonstration, dans la controverse confessionnelle, que c'est l'autre camp qui s'est éloigné de l'orthodoxie originelle. Les méthodes de la recherche historique sont sollicitées pour établir la justesse d'une cause, politique et/ou religieuse.

Dans chacun de ces cas, le passé n'est pas envisagé uniquement pour lui-même, mais aussi par rapport au présent, voire au futur proche. L'écriture du passé n'est pas indépendante d'enjeux liés à l'actualité : le passé fait sens, aussi, par rapport au présent, et du scripteur, et des lecteurs.

Par là, l'écriture du passé, – qu'il s'agisse du passé ancien ou récent, français ou étranger – est souvent une réponse, et une réponse polémique, à des contemporains, ou à des prédécesseurs immédiats : les auteurs d'Histoires de France avouent sans fard vouloir restituer à leur nation un lustre que leur dénient les Italiens, le jésuite Maimbourg réplique au port-royaliste Godefroy Hermant, Voltaire écrit contre Bossuet, contre Montesquieu, contre le parti nobiliaire.

Une telle utilisation du passé nourrit ce qu'il est convenu d'appeler le pyrrhonisme historique : La Mothe Le Vayer et Bayle estiment que les historiens ne s'en tiennent jamais à la simple reconstitution des faits du passé, mais se livrent à une reconstruction qu'ils font servir à la défense d'une thèse – il n'est pas anodin que les textes dans lesquels Bayle se montre le plus sévère à l'encontre des historiens concernent ceux des guerres de religion.

88 Hermant, Godefroy, *La Vie de saint Jean Chrysostome [...]*, Avertissement, *op. cit.*, f. ã3 v°.

Ce n'est pas toutefois le pyrrhonisme qui l'emporte – chez Bayle le premier, qui ne renonce pas à composer un *Dictionnaire* historique *et critique* – : on observe, à l'âge classique, le recours grandissant aux méthodes de l'histoire, dans la théorie politique comme dans la controverse confessionnelle. En dépit des multiples écrits théoriques qui la mettent en cause, au plan épistémologique et au plan moral, force est de constater que l'écriture du passé tend à s'imposer en tant que moyen démonstratif efficace. De la confiance qui lui est faite témoigne, aussi, l'ambiguïté générique de nombre d'œuvres majeures qui, sans être *stricto sensu* des récits factuels, relèvent, pour une plus ou moins grande partie, de l'histoire, du *Discours sur l'histoire universelle* de Bossuet aux *Réflexions* de Montesquieu *sur les causes de la grandeur et de la décadence des Romains* et à *De l'esprit des lois*, ou encore aux *Observations* de Mably *sur l'histoire de France.*

Béatrice GUION
Université de Strasbourg (EA 1337)

LES MŒURS DES ISRAÉLITES

Une lecture ethnographique de l'Ancien Testament par Claude Fleury en 1681

À la fin de l'année 1680, Claude Fleury s'apprêtait à produire au jour un ouvrage intitulé *Les Mœurs des Israélites*. Il importe d'en préciser les circonstances[1]. Le temps s'était bien écoulé pour lui des études et de l'exercice du droit, particulièrement la jurisprudence. En 1669, il était entré dans la prêtrise, était depuis devenu familier de Bossuet, plus tard, de Fénelon. Une carrière d'instituteur des enfants des grands de ce monde s'ouvrit alors pour lui, auprès des deux fils du défunt prince de Conty et neveux du Grand Condé, auprès du comte de Vermandois, fils légitimé de Louis XIV et de mademoiselle de La Vallière, en attendant les Enfants de France, ducs de Bourgogne, d'Anjou et de Berry, dont les naissances s'échelonnèrent à partir de 1682. Cette remarquable ascension d'ordre intellectuel et moral devait lui conférer une autorité, et explique sans doute la parution, en 1686, de son *Traité du choix et de la méthode des Études*, probablement médité et travaillé de longue main[2]. On peut donc admettre que *Les Mœurs des Israélites* datant de la même époque, sont à inscrire dans un projet d'éducation, ainsi que *Les Mœurs des Chrétiens*, livre paru l'année suivante[3].

1 Fleury, Claude, *Les Mœurs des Israélites*, Paris, veuve de Gervais Clousier, 1681. Les rééditions furent nombreuses. À partir de 1720, on y joignit *Les Mœurs des Chrétiens* de 1682. Les références proviennent ici de l'édition 1739 de Gabriel Martin, Jean Baptiste Coignard, Pierre Jean Mariette et Hyppolite Louis Guérin, avec précision de la partie et du chapitre. On consultera, bien sûr, Cuche François Xavier, *Une pensée sociale catholique. Fleury, La Bruyère et Fénelon*, préface de Jacques Truchet, Paris, Les Éditions du Cerf, « Histoire », 1991, particulièrement p. 266-271 et *passim*.

2 Fleury, Claude, *Traité du choix et de la méthode des Études*, Paris, Pierre Auboin, Pierre Emery, Charles Clousier, 1686, lequel livre se trouvait dans la bibliothèque parisienne du vidame de Chartres à la mort de son père le duc de Saint-Simon en 1693 (éd. Ph. Hourcade 2010 de la Bibliothèque de Saint-Simon, A 101).

3 Fleury, Claude, *Mœurs des Chrétiens*, Paris, veuve de Gervais Clouzier, 1682. Entendons là les premiers Chrétiens.

Le 16 novembre 1680, le syndic de la Sorbonne, Edme Pirot, chargé d'examiner *Les Mœurs des Israélites*, déclara n'y avoir rien trouvé à redire. Le 13 janvier de l'année suivante, Bossuet y donna une chaleureuse approbation, le privilège royal ayant déjà été accordé le 2 précédent, enregistré le 25 avril. L'ouvrage sortit le 9 juin des presses de chez la veuve de Gervais Clousier, sans épître dédicatoire ni préface. À considérer l'objet pris en main, son format in-12 et son peu d'épaisseur font penser à un livre de poche avant la lettre, facile au maniement et au rangement. L'intérieur se révèle commode pour s'y retrouver, grâce à une Table des titres annonçant ou rappelant la disposition du texte : *Dessein du Traité* en tête, que suivent trois parties de très inégales longueurs, abordant tour à tour les *Patriarches* (chapitres II à IV), les *Israélites* (chapitres V à XXVIII), les *Juifs* (chapitres XXIX à XXXVIII), dont la progression suggère une chronologie suivie en bonne et due forme. On revoit ces titres de parties et de chapitres en marge et tout au long du texte, de même qu'on y remarque les références abrégées des sources textuelles, et même, plus rarement, de très brèves citations. Ce sont là, sans surprise, les preuves ostensibles de sérieux et d'authenticité. Un simple parcours du texte permet d'en éprouver la facilité de lecture, car il s'agit bien d'un ouvrage de vulgarisation. Sa tournure, nous y reviendrons, se révèle majoritairement descriptive.

Le même premier coup d'œil permet également de constater la brièveté de la première partie, la matière des *Patriarches* faisant probablement un peu défaut : il y est en gros question de leurs lignées généalogiques à l'abri de toute intrusion extérieure, de leurs possessions de toutes sortes, de leurs occupations quotidiennes, et surtout de leur frugalité. La matière fournie par les *Israélites* est autrement riche, et donne lieu, en outre des *Patriarches*, à des descriptions commentées de leurs arts et métiers, de leurs coutumes vestimentaires, sédentaires et alimentaires, de leurs rites matrimoniaux et funéraires, de la condition des femmes, de la politique où les anciens dominent, de la guerre, du droit, et on en passe. Quant aux *Juifs*, eux aussi assez brièvement traités, c'est essentiellement à travers leur situation historique qu'ils sont observés : pendant et après la captivité à Babylone, sous la domination des Perses, sous les Macédoniens, Fleury s'attardant alors sur l'efflorescence des sectes : Sadducéens, Pharisiens, Esséniens, et sur la prolifération des superstitions lui paraissant caractériser cette phase de l'histoire du judaïsme.

Revoyons le livre d'un peu plus près encore et retenons le premier paragraphe du *Dessein* initial, affichant, non sans quelque solennité, un projet d'enseignement et d'édification d'un lecteur chrétien : « Le peuple que Dieu avait choisi pour conserver la véritable religion jusques à la prédication de l'Évangile, est un excellent modèle de la vie humaine la plus conforme à la nature. Nous voyons dans ses mœurs les manières les plus raisonnables de subsister, de s'occuper, de vivre en société : nous y pouvons apprendre non seulement la morale, mais encore l'économie et la politique[4] ». Et de fait, une mise en rapport implicite d'ordre critique va être tout au long du discours établie entre ce passé exemplaire, image intemporelle de la Révélation, et un présent, celui du lecteur, censé être en quête d'amélioration morale, voire de perfection. Elle va s'enrichir d'une réflexion savante ou édifiante mettant en perspective les mœurs judaïques d'antan, les réhabilitant même aux dépens de celles des contemporains du lecteur. Un état d'esprit relativiste va inspirer les propos de l'auteur s'appliquant préalablement à débarrasser le lecteur de ses réactions spontanées de dépaysement, d'incompréhension, de répulsion qu'ont pu susciter en lui dans l'Ancien Testament les passages qui faisaient allusion aux mœurs du peuple élu, comme par exemple, les « distinctions de viande et d'animaux mondes et immondes », les (trop) « fréquentes purifications », les « sacrifices sanglants », « l'idolâtrie[5] » enfin. Une vision téléologique de l'histoire ancienne et moderne va s'établir : abolir l'éloignement des temps considéré comme non décisif, dessiner une évolution générale pour le moins contrastée. Elle se fonde sur l'idée suivante que, si le christianisme d'aujourd'hui a répandu ses lumières, la corruption de nos mœurs est à corriger, qui nous a rendu incompréhensible le peuple juif des temps reculés, et qui a beaucoup à nous apprendre. Et nous allons voir que le processus de comparaison va à la fois se compliquer et s'enrichir avec l'évocation récurrente des anciens Romains, Grecs et même Égyptiens. Émane, par conséquent, de tout le livre une conception mouvante et relativiste de la marche de l'histoire (ainsi de l'Italie qui au cours des civilisations qui y ont régné, a eu ses hauts et ses bas), laquelle conception n'empêche nullement d'en distinguer une autre, plus traditionnellement cyclique, des civilisations envisagées une par une. Cela ne va pas sans quelque confusion, et

4 Fleury, Claude, *Mœurs des Israélites*, éd. de 1739, *Dessein de ce Traité*, p. 1.

5 Fleury, Claude, *Dessein de ce Traité*, *op. cit.*, p. 1-2.

l'auteur d'asséner une formule sans surprise et familière, que s'évertue à pérenniser son utilisation du temps présent : « Les nations ont leur âge à proportion comme les hommes. L'état le plus florissant des Grecs est sous Alexandre, des Romains sous Auguste, des Israélites sous Salomon[6] ». Ainsi retrouvons-nous la division tripartite annoncée du livre, répondant à la nécessité de distinguer dans l'histoire de chaque peuple et successivement « ses commencements, sa plus grande prospérité, et son déclin », envisagée sur une période estimée alors à plus de deux mille ans, « depuis la vocation d'Abraham, jusqu'à la dernière ruine de Jérusalem[7] ». On conçoit mieux, dans ces conditions, le pourquoi de ces changements de vocables : *Patriarches, Israélites, Juifs.*

Ces principes ainsi éclaircis, nous pouvons nous replonger dans le livre. On n'en finirait pas de scruter dans le détail toutes ces descriptions denses, concrètes, pittoresques même dans leur exotisme involontaire, assorties de réflexions savantes ou édifiantes : cela déborderait le cadre du sujet annoncé de cette étude. Dans l'image que donne Claude Fleury de l'ancien judaïsme, les idées en cours dans l'entourage de Bossuet (le « petit Concile », voyez les travaux de François Xavier Cuche à ce sujet[8]) peuvent y être perçues, de même que d'autres, plus conventionnelles. Les jugements proférés y sont tantôt contradictoires, tantôt habiles. Bornons-nous à quelques exemples ayant trait à l'exercice de comparaison déjà évoqué entre les mœurs des nations. Ainsi cette distance affichée dès le début à l'égard des préjugés culturels du lecteur n'empêche pas les analogies tenues pour évidentes ni les amalgames faciles. Le tableau de la vie des Patriarches, leur errance pastorale, leur frugalité, cela vous a un air d'âge d'or préfigurant Salente. Plus anachronique, l'éloge appuyé de leur longévité généalogique réputée sans mélange et sans mésalliance, relève du préjugé nobiliaire. Et lorsque l'auteur s'évertue à justifier les mœurs polygamiques aussi bien chez les *Patriarches* que plus tard chez les *Israélites*, on frôle le jésuitisme ! Il arrive aussi que l'évocation du climat de l'Orient fournisse une explication censée relever de l'évidence à laquelle apparemment le texte biblique ne songe pas. Cela nous donne ces deux passages : « Il faut beaucoup moins de meubles dans les pays chauds que dans les nôtres, et la simplicité des Israélites dans tout le reste, donne

6 Fleury, Claude, *Dessein de ce Traité*, *ibid.*, p. 5.
7 Fleury, Claude, *ibid.*
8 Cuche, François Xavier, *Une pensée sociale catholique*, *op. cit.*

sujet de croire qu'ils n'en avaient pas[9] ». Ou encore : « Quand Samuel déclara à Saül que Dieu l'avait choisi pour roi, il le fit coucher la nuit sur le toit, ce qui est encore ordinaire dans les pays chauds[10] ». À lire la deuxième partie, on constate que l'auteur décrit la civilisation *israélite* comme plus organisée, plus compliquée, plus avancée que la précédente. Il la gratifie également d'éloges, s'agissant d'une sorte d'apogée dans l'évolution générale, et cela ne va pas sans interprétations plus morales que scientifiques. C'est ainsi que la loi mosaïque de la distinction entre les viandes est assimilée à une coutume hygiéniste, les fréquentes ablutions signifient d'incontestables vertus intérieures, la séparation d'avec les étrangers est admise comme nécessaire à la préservation des bonnes mœurs, où seuls les prosélytes non circoncis sont tolérés. Quant à la description des *Juifs*, dont l'auteur rappelle les persécutions et les humiliations dont ils ont fait l'objet, du tableau des sectes qui les divisent, seuls les Esséniens s'en tirent honorablement, mais dans l'ensemble, ce sont gens qui ont oublié leur langue d'origine, sont plutôt superstitieux, ont abandonné les nobles travaux de leurs ancêtres, pour le trafic et l'usure, etc. On sent poindre non seulement l'image d'une civilisation déclinante après avoir connu son apogée, mais encore celle du Juif, stéréotypée et dégradante, et appelée à durer. Claude Fleury prend soin cependant de faire émerger de la foule à la dérive les Zacharie, Élisabeth, Joseph, Siméon, Nathaniel et autres Gamaliel, vrais *Israélites* qui ont conservé les vertus, « circoncis de cœur, aussi bien que de corps », écrit-il paraphrasant saint Paul, et qui ont mérité de devenir de bons chrétiens. Une phase de l'histoire s'achève, qui s'enchaîne à une autre que le livre suivant va aborder. À en lire tout le dernier paragraphe, on comprend mieux le choix des désignations différenciées de peuples : *Patriarches, Israélites, Juifs* signifiant l'évolution de toute une civilisation.

Le discours de Claude Fleury sur le monde juif antique n'a été, jusqu'à présent, qu'effleuré. Or il ne m'a pas autant intéressé que sa mise en œuvre préparatoire et méthodique dans certains de ses passages et dans le choix des références disséminées en marge le long du texte. Au premier plan de ces références se place naturellement l'Ancien Testament sur lequel nous reviendrons. Cette source majeure est loin d'être la seule, l'on en trouve bien d'autres qui devraient nous étonner. Au sujet des *Patriarches*, c'est,

9 Fleury, Claude, *Mœurs des Israélites*, Première partie, XI, *leurs meubles et leurs maisons*, p. 44.
10 Fleury, Claude, *op. cit.*, Première partie, XI, p. 46.

sans surprise pour nous, que l'auteur emprunte à la Genèse son éloge de la vie pastorale, évoquant tour à tour Abel et les enfants de Jacob en Égypte, mais c'est pour enchaîner avec le *De Re rustica* dont on peut se demander ce qu'il vient faire là : « [La vie pastorale] a quelque chose de plus simple et de plus noble, elle est moins pénible, elle attache moins à la terre, et toutefois elle est d'un plus grand profit. Le vieux Caton mettait la nourriture, même médiocre, avant le labourage qu'il préférait aux autres moyens de s'enrichir[11] ». Cet emprunt d'explication à l'Antiquité païenne, nous la retrouvons à propos des Israélites, à l'endroit où sont décrits les arts et métiers exercés chez eux : voilà que notre auteur tire de l'*Odyssée* et convoque dans sa démonstration la figure d'Eumée, le gardien de chèvres fabriquant ses sandales, puis celle d'Ulysse bâtissant sa maison, construisant son navire. Il s'en explique : « Et c'est ce qu'Homère appelle le plus souvent science et sagesse. Or l'autorité d'Homère (car il faut le dire une fois) me paraît très grande en tout ceci. Il vivait du temps du prophète Élie vers la côte de l'Asie mineure, et tout ce qu'il décrit des mœurs des Grecs et des Troyens, a un rapport merveilleux avec ce que l'Écriture nous apprend des mœurs des Hébreux et des autres Orientaux, sinon que les Grecs comme moins anciens, étaient moins polis[12]. » Autrement dit, une Antiquité sert d'éclaircissement à une autre jugée contemporaine, ce qui n'empêche pas une légère dépréciation finale : la religion païenne est, comme il se doit, inférieure à la judaïque, et même lui est redevable. Cette infériorité des Grecs et des Romains est aussi évoquée quand il est question de l'éloquence, inventée par les *Israélites* bien avant eux, ou encore parce qu'ils ont été idolâtres. D'où l'absence de toute spiritualité chez eux : « Qu'on lise tant que l'on voudra Homère le grand théologien et le grand prophète des Grecs, on n'y trouvera pas le moindre mot pour conjecturer qu'il pense à quelque chose de spirituel et d'incorporel[13] ». Et il arrive aussi à Fleury d'évoquer les anciens Égyptiens. Lorsque enfin il aborde les Juifs de la troisième partie, lesquels historiquement débordent le temps de l'Ancien Testament, notre auteur est bien obligé d'avoir recours à d'autres sources, particulièrement au Nouveau Testament, mais aussi à Flavius Josèphe, à Strabon, à Eusèbe de Césarée, et à Johann Buxtorf entre autres.

11 Fleury, Claude, *op. cit.*, Première partie, III, *leurs biens et leurs occupations*, p. 10.

12 Fleury, Claude, *op. cit.*, Deuxième partie, IX, *Arts et métiers*, p. 37.

13 Fleury, Claude, *op. cit.*, Deuxième partie, XII, *Idolâtrie*, p. 100.

Toutes ces sources, y compris les littéraires, lui ont servi indifféremment à dresser des descriptions et des commentaires, et la principale d'entre elles, Ancien (comme Nouveau) Testament, n'a certes pas échappé à ce traitement. Rien qui doive ici étonner. Voici deux passages touchant la condition féminine chez les Israélites : « On voit en plusieurs endroits de l'Écriture comment les femmes s'habillaient et se paraient », et non loin : « Quand Judith se para pour aller trouver Holopherne, il est dit qu'elle se lava et s'oignit, qu'elle arrangea ses cheveux, qu'elle se mit une mitre sur sa tête, qu'elle mit ses habits de joie, chaussa des sandales, et s'orna de bracelets, de pendants d'oreilles et de bagues[14] ». Une précision d'ordre philologique s'impose ici : cette utilisation de l'imparfait, puis du passé simple quand Fleury rapporte les faits bibliques, désigne en son esprit non pas une fiction, mais une réalité historiquement avérée, et la mention du Livre de Judith en marge de son texte est censée en faire foi. De nos jours, le monde des archéologues et des spécialistes de toutes autres disciplines a coutume de distinguer soigneusement (et prudemment) texte biblique et histoire judaïque (pour ne mentionner que cette dernière). En revanche, il n'en était pas de même du temps de Claude Fleury, et quand lui-même parle ailleurs de son *Traité des mœurs des Israélites* « comme un commentaire général, qui lève plusieurs difficultés littérales », cela signifie qu'il confère à la Bible, et comme allant de soi, une autorité absolue en matière d'érudition historique et philologique[15].

C'est peut-être ici le lieu de replacer l'ouvrage de Fleury en regard des pratiques de lectures bibliques du temps. Dans une certaine mesure, il établissait un lien avec la fréquentation de ce qu'il est convenu d'appeler les textes sacrés. Cela n'allait pas de soi : dans la France catholique de Louis XIV, l'accès n'en était pas interdit, contrairement à l'Espagne, par exemple. Or la parution en librairie des deux livres sur les Israélites et les Chrétiens se situe entre celle de la traduction des *Douze petits Prophètes* (d'*Osée* à *Malachie*) en 1679 et de celle de l'*Exode*, du *Lévitique* et de la *Genèse* en 1682, dans le cadre de la grande entreprise de Le Maistre de Sacy et de ses collaborateurs de Port-Royal. Malgré tout, la lecture, même en langue vernaculaire, posait problème à qui n'en était pas familier.

14 Fleury, Claude, *op. cit.*, X, *Leurs habits*, p. 44.

15 Fleury, Claude, *Traité du choix et de la méthode des Études*, *op. cit.*, p. 172. En ces temps-là, la lecture *littérale* s'opposait résolument à la lecture *allégorique* chère à MM. de Port-Royal.

Une Madame Palatine, belle-sœur du Roi, et demeurée luthérienne de cœur, pouvait seule se permettre d'écrire à sa tante l'Électrice : « Je ne manque jamais de lire la Bible. Hier j'ai lu les psaumes LIV et LV, le quatorzième et le quinzième chapitres de l'évangile de saint Mathieu, le troisième et quatrième de saint Jean, parce qu'il m'a fallu lire aujourd'hui et demain, ce matin je n'aurais pas pu m'en acquitter, vu que nous avons été courre le cerf[16] ». La princesse savait reconnaître et utiliser la diversité générique des textes bibliques : poèmes méditatifs et récits édifiants. À rebours, la tendance éditoriale contemporaine consista à privilégier tout ce qui relevait du narratif. Le principe de l'*Histoire sainte* ou Bible de Royaumont, parue dès 1673, alla dans ce sens, qui consista, à développer un récit et un commentaire à partir d'estampes représentant un fait ou une scène de l'Ancien ou du Nouveau Testament. L'ouvrage fut, ce n'est pas un hasard, dédié au Dauphin âgé de treize ans. Ce souci d'accommoder la lecture de la Bible au confort d'une lecture cursive, nous la trouvons également chez l'abbé de Choisy, auteur d'une *Vie de David*, lequel a fort bien décrit dans son *Avertissement* comment il s'y est pris :

> Il est bien vrai que pour connaître ce grand homme, il n'y qu'à lire l'Écriture sainte, où toutes ses actions sont rapportées avec une naïveté toute divine. Mais tout le monde ne se veut pas donner la peine d'aller chercher en différents endroits de l'Écriture les différentes circonstances d'une vie particulière, on en veut voir le tissu en ordre et tout de suite. C'est ce que j'ai tâché de faire en ramassant ce que j'ai trouvé des principales actions de David dans les Livres des Rois et dans les Parali-pomènes. J'ai même emprunté quelques faits de l'histoire de Josèphe, dont l'autorité me paraît grande en cette occasion[17].

Réunir ce qui est dispersé, fondre ce qui peut faire obstacle dans un suivi narratif sans accident dérangeant, c'est l'idéal d'une poétique narrative classique et bien connue, celle de l'histoire ou du roman, s'imposant au risque d'ignorer du texte biblique les autres genres d'écriture qui participent de l'ensemble et les manières de lectures qu'ils impliquent et requièrent.

---

16 *Lettres de Madame, duchesse d'Orléans, née princesse palatine*, éd. Olivier Amiel, préface de Pierre Gascar, Paris, Mercure de France, « Le Temps retrouvé XXXII », 1981, Marly, le 18 avril 1705, p. 205.

17 Choisy, abbé de, *Histoire de la vie de David* (1686), Amsterdam, David Mortier, 1715, *Avertissement*, non paginé.

La procédure est semblable chez Fleury quand il s'évertue à déployer un tableau détaillé des mœurs du judaïsme antique, prélevant d'abord çà et là au long de ses lectures, puis réunissant méthodiquement ses informations. Ainsi développe-t-il la question de la puissance domestique et des conditions de l'esclavage chez les Israélites, s'appuyant tour à tour sur le *Lévitique*, sur l'*Exode* et sur le livre IV des *Rois*. L'emplacement très dispersé de ces sources clairement indiquées dans la marge, rend d'ailleurs sa tâche plus délicate et plus méritoire que celle de son collègue Choisy :

> Leur liberté réduite à ses justes bornes, consistait à pouvoir faire tout ce que la loi de Dieu ne défendait pas, et à n'être qu'obligés à faire ce qu'elle commandait, sans être sujets à la volonté d'aucun homme particulier. Mais la puissance domestique des pères de famille était grande sur leurs esclaves et sur leurs enfants. Il y avait des Hébreux esclaves de leurs frères, et la loi marque deux causes qui pouvaient les mettre en cet état : la pauvreté qui les contraignait de se vendre, ou le délit du larron qui n'avait pas de quoi payer. Il semble que cette dernière cause s'étendait aux autres dettes, par exemple de la veuve dont Élisée multiplia l'huile, afin qu'elle eût de quoi payer ses créanciers et garantir ses enfants de l'esclavage. Il est vrai que ces esclaves Hébreux pouvaient devenir libres après six ans, c'est-à dire à l'année sabbatique, et s'ils ne voulaient pas user de ce privilège, ils avaient celui du Jubilé pour être libres du moins après cinquante ans, et conserver à leurs enfants la liberté. Il était recommandé de les traiter doucement, et de se servir plutôt d'esclaves étrangers[18].

La citation est longue, mais l'exposé d'une démarche qui s'est voulue minutieuse et exhaustive où l'on retrouve l'ancien juriste, m'y autorisait. Le paragraphe s'achève en évoquant et en citant le début du psaume CXXII explicité et commenté, où l'on remarque une fois de plus l'emploi du temps présent, tantôt pour éclairer le lecteur sur la démarche même de l'historien et exégète, tantôt pour souligner le caractère pérenne des vérités puisées dans les saintes écritures, et alors c'est le prédicateur qui s'exprime : « On voit comment leurs esclaves leur étaient soumis par ces paroles du psaume : *Comme les yeux du serviteur sont sur les mains de son maître, ainsi mes yeux sont au Seigneur.* C'est-à-dire qu'ils commandaient souvent par signes, et que les serviteurs devaient être attentifs à leurs moindres gestes[19] ». On est à même de constater

18 Fleury, Claude, *op. cit.*, p. 108-109. La vérification de ces références s'est révélée exacte.
19 Fleury, Claude, *op. cit.*, p. 109.

dans l'ensemble du texte la suprématie de l'imparfait qui tend à donner à tout le livre sa tonalité globale. Certes, il arrive que de place en place, pointe le passé simple ou historique, quand il est question, en un autre endroit, de la liberté du mariage chez les Israélites, à partir des *Nombres* et du livre II des *Rois*, un événement est évoqué, alléguant un exemple venu de haut, ayant valeur d'autorité : « Cette loi était particulière aux filles qui étaient héritières, pour ne pas confondre les partages. Au reste, David épousa Michol fille de Saül de la tribu de Benjamin, et une autre de ses femmes était Achinoam de Jezraël, ville de la tribu d'Ephraïm[20] ». La mise face à face du passé antique et du présent chrétien, le passage fréquent de la représentation du fait à son commentaire requiert de la souplesse dans les modulations du verbe, et l'imparfait dominant doit être combiné à d'autres temps grammaticaux si nécessaire. Autre exemple, l'évocation de la fécondité chez les Israélites, tenue par eux comme un honneur, donne d'abord lieu à une description à l'imparfait. S'ensuit l'énoncé au présent d'une vérité tirée des *Proverbes* pour retourner au descriptif du passé simple et de l'imparfait alléguant des faits peut-être plus incongrus qu'édifiants pour un lecteur doué de sens critique : *« La couronne des vieillards*, dit l'Écriture, *sont les enfants de leurs enfants*, et quand elle remarque le nombre des enfants, c'est d'ordinaire pour louer leurs pères comme ces deux Juges d'Israël dont l'un avait trente filles et l'autre quarante avec trente petits-fils, comme David dont on nomme dix-neuf fils sans ceux des concubines, Roboam qui eut vingt-huit fils et soixante filles, et Abia qui eut vingt-deux fils et seize filles[21]. » Et voici qu'intervient un passé composé évoquant un point d'analogie emprunté à l'autre Antiquité, celle de la Grèce. La civilisation comparée revient, comme elle le fait souvent dans tout le livre :

> C'est ainsi que les poètes ont vanté les cinquante fils de Priam, car les Grecs n'estimaient pas moins la fécondité. La virginité, considérée comme une vertu, était encore peu connue. On n'y regardait que la stérilité, et l'on estimait malheureuses les filles qui mouraient sans être mariées. Électre s'en plaint expressément dans Sophocle, et ce fut le sujet des regrets de la fille de Jephté. De là vient que c'était une opprobre à une femme mariée d'être stérile. Comme l'on voit en la mère de Samuel et en tant d'autres : on regardait ce malheur comme une malédiction de Dieu[22].

20 Fleury, Claude, *op. cit.*, p. 56.
21 Fleury, Claude, *op. cit.*, p. 60. La traduction est-elle de l'auteur ?
22 Fleury, Claude, *op. cit.*, p. 60-61.

Homogénéité (relative, certes) du monde antique, hétérogénéité des sources judaïques et païennes, dont Fleury ne paraît pas s'être embarrassé. S'y retrouvera qui pourra.

Dans cette fresque des civilisations judaïques successives, la description des mœurs est donc essentielle, où l'emploi majeur de l'imparfait tend à immobiliser la marche même des siècles. Voilà donc décrit un passé biblique, considéré comme absolument historique. De grands noms connus y sont convoqués : Abraham, Moïse, David ou Salomon, mais ce sont les groupes et les sociétés envisagés globalement qui sont ici les principaux acteurs. L'événementiel n'y disparaît pas totalement, mais est fort réduit à l'état d'accident, d'anecdote : relevant plutôt de l'humble vie quotidienne que de la grande histoire. De ce constat, je me permets d'avancer l'impression que sans le vouloir et sans le savoir, l'abbé Fleury avait réalisé là les souhaits d'un contemporain qu'on n'attendrait pas ici, à savoir, Fontenelle. En effet, à une date qui nous est mal connue, le neveu des Corneille, qui n'était encore que le collaborateur du *Mercure galant*, poète à la mode, qui travaillait peut-être déjà à l'*Histoire des Oracles* et aux *Nouveaux Dialogues des Morts*, rédigea un court essai intitulé *Sur l'Histoire*[23]. Dans ce discours, Fontenelle s'en prenait aux certitudes fallacieuses de cette discipline, à son habitude d'entasser dates et faits au risque d'encombrer la mémoire sans éclairer l'intellect, de s'en tenir aux événements militaires, diplomatiques, politiques n'intéressant que les rois et les grands de ce monde. En revanche, il appelait de ses vœux une histoire des civilisations, des mœurs collectives au fur et à mesure de l'écoulement des temps. Il ne paraît pas que *Sur l'Histoire* ait attiré l'intérêt des lecteurs. Claude Fleury n'en a probablement pas pris connaissance ces années-là, ni plus tard lorsque l'essai fut enfin publié. De son côté, Fontenelle, si jamais il tomba sur les deux ouvrages sur les Israélites et sur les premiers chrétiens, le projet d'édification morale et religieuse a pu lui sauter aux yeux, et la prise au sérieux des écrits bibliques le faire sourire. En 1701 (en fait, dès le 9 janvier 1697), sa nomination au secrétariat de l'Académie royale des Sciences changea la nature et le centre d'intérêt de ses travaux, tout en l'éloignant de l'histoire. Ses idées en la matière, on

23 Hourcade, Philippe, « Les choix historiographiques de Fontenelle vers 1683 et 1686 », *Fontenelle*, dir. Alain Niderst, préface de Jean Mesnard, Paris, Presses universitaires de France, 1989, p. 645-656 et « Jet de plume ou projet : *Sur l'Histoire* de Fontenelle », *Les philosophies de Fontenelle*, dir. Alain Niderst, *Corpus, revue de philosophie*, 44, 2003, p. 17-33.

le sait, devaient être appliquées dans *Le Siècle de Louis XIV* et plus encore dans l'*Essai sur les Mœurs* de Voltaire. Rien donc ne devrait permettre de rapprocher Fontenelle et Fleury. Cependant, ce dernier nous suggère une possible source d'inspiration parvenue d'ailleurs pour nous éclairer sur son procédé d'histoire, quand il écrit en passant : « Au reste, je ne prétends point ici faire un panégyrique, mais une relation toute simple, comme celles des voyageurs, qui ont vu des pays fort éloignés[24] ». Il est bien clair que son intention est ici d'insister sur l'impartialité de ses descriptions morales, mais à rebours c'est la comparaison qui m'intéresse au premier chef, avec la littérature contemporaine des voyages. Tout se serait passé comme si l'abbé Fleury avait rapporté des témoignages sur les Patriarches, les Israélites et les Juifs qu'il aurait visités comme on visitait alors des Turcs, des Persans, des Mogols, des Moscovites, ou des Américains de son temps, mais avec cette notable différence que ce sont des écrits de papier, non l'observation *in vivo*, qui ont fourni les sources de son savoir. Seul l'exotisme (involontaire) en demeure le point commun. Telle est la raison pour laquelle j'ai cru pouvoir parler dès le début de cette étude d'une approche ethnographique du monde biblique, toute intention d'anachronisme mise à part. Et c'est bien ce qui m'a frappé d'abord : la démarche de Fleury m'a paru insolite. Puis un doute m'est venu à l'esprit : la lecture de la Bible est-elle faite pour cela ? Certes, l'empathie de Claude Fleury à l'égard de son sujet de réflexion est patente, et à ses yeux apparemment, la connaissance des us et coutumes des Israélites devait servir à proposer des modèles de vie trop négligés, fondés sur la simplicité, sur la frugalité. Rien donc que de très moral et de très sage. Très rationnel, aussi, au risque toutefois de réduire le monde biblique à sa seule humanité et la vie religieuse à des pratiques souvent pittoresques. Enfonçons le clou : lit-on la Bible pour l'exotisme du peuple qu'elle raconte ? Sans être escamotée, l'intervention divine se fait tout de même trop peu fréquente, la transcendance peu sensible, la spiritualité quasi nulle. C'est d'une histoire du peuple élu et de l'accomplissement de la volonté divine qu'il est question, tout de même, or ni Pirot ni Bossuet n'ont été choqués de cette humanisation confinant au prosaïsme.

Mais faut-il poursuivre cet examen critique, qui pêche peut-être par anachronisme ? Après tout, l'auteur, ses lecteurs ne se seraient-ils

24 Fleury, Claude, *op. cit.*, p. 3.

pas étonnés de nos remarques ? Les deux ouvrages : *Mœurs des Israélites* et *Mœurs des Chrétiens* vont faire l'objet de beaucoup de rééditions sans apparemment susciter de polémiques. Non seulement, l'abbé Claude Fleury fut toujours bien en cour : il fut bien plus tard encore nommé précepteur du tout jeune Louis XV, mais ses deux livres eurent du succès, tout comme son *Catéchisme historique*, puis son *Histoire ecclésiastique*, monumentale à souhait. Par ailleurs, dans la France de l'Ancien Régime, avec ses ghettos rares et dispersés, la conscience collective n'était pas obsédée par une quelconque figure d'un Juif rejeté et haï. En 1724, le P. Berruyer publia une *Histoire du peuple de Dieu*, réécriture diffuse qui devait provoquer les sarcasmes de Voltaire, ce grand lecteur de la Bible. Des *Histoires des Juifs* parurent, traduites de Flavius Josèphe ou rédigées par Jacques Basnage et Louis Ellies du Pin, sans oublier le non moins monumental *Commentaire littéral* de Dom Calmet et force *Éclaircissements* et *Analyses*. Il suffit de parcourir la bibliothèque de Saint-Simon pour se rendre compte à quel point l'époque fut curieuse non seulement de connaître, mais de comprendre à fond les textes sacrés comme l'histoire du judaïsme, et le XVIIe siècle vit la naissance et l'essor de toute une littérature de vulgarisation où les deux ouvrages de Fleury ont eu leur place, qui révèlent des procédés particuliers de réécritures où il fit preuve d'un savoir-faire incontestable dont j'ai cru devoir parler en ce colloque.

Philippe HOURCADE
Université de Limoges

LA MORT DU PRINCE DE CONDÉ DANS *LA VRAYE ET ENTIERE HISTOIRE DES TROUBLES* DE LA POPELINIÈRE

Composer les passés pour penser la guerre

La mort de Louis Ier de Bourbon-Condé constitue l'un des événements marquants de la troisième guerre de Religion. Né en 1530, Louis Ier de Bourbon-Condé est le frère d'Antoine de Bourbon, roi de Navarre, et donc l'oncle du futur Henri IV. Il se convertit au calvinisme en 1558 et devient rapidement le chef de file du parti protestant[1]. En 1567, il organise la « surprise de Meaux », qui est une tentative d'enlèvement du jeune Charles IX, puis il occupe plusieurs villes autour de Paris jusqu'à sa défaite à la bataille de Saint-Denis. Suite à ces événements, le prince apparaît aux yeux du pouvoir royal comme « un criminel de lèse-majesté inexcusable[2] ». En 1569, le duc d'Anjou, futur Henri III, devenu lieutenant général du royaume, se dirige vers le sud-ouest à la tête de l'armée royale. Le 13 mars, il oblige au combat les troupes protestantes dispersées[3], qui sont défaites en Charente, près de Jarnac[4]. Au terme de la bataille, le prince de Condé est abattu d'un coup de pistolet, alors qu'il venait de demander à être constitué prisonnier.

Ariane Boltanski explique avec justesse que l'événement de la mort du prince de Condé a d'emblée connu des usages idéologiques complexes, dans le camp catholique comme dans le camp protestant[5]. Les catholiques

1 Voir Le Roux, Nicolas *Les guerres de Religion (1559-1629)*, Paris, Belin, 2009, p. 36.

2 *Ibid.*, p. 102.

3 Voir Cocula, Anne-Marie, « Dreux, Jarnac, Coutras : le rebondissement de la vendetta des Grands », *Quatrième centenaire de la bataille de Coutras*, Pau, J. et D. Éd., 1988, p. 17.

4 Pour un récit précis du déroulement de la bataille, voir Chevallier, Pierre, *Henri III, roi shakespearien*, Paris, Fayard, 1985, p. 113-120. Ce dernier s'appuie sur le récit fait par Agrippa d'Aubigné dans son *Histoire universelle* (éd. A. Thierry, Genève, Droz, 1985, t. III, p. 58-61).

5 Boltanski, Ariane, « "Dans cette bataille, tomba et fut écrasée la tête du serpent". Les usages idéologiques de la mort du prince de Condé dans le camp catholique », *La*

se sont rapidement réjouis de la mort de celui que Claude Haton a pu qualifier de « prince [...] des huguenotz et hereticques de France[6] ». Les protestants, quant à eux, ont très vite dénoncé l'« inhumanité du meurtre[7] ». Par la suite, la bataille a été représentée par Tortorel et Perissin[8], et de nombreux historiens et mémorialistes, comme Agrippa d'Aubigné, François de La Noue, Brantôme ou Jacques-Auguste de Thou, ont relaté l'épisode qui est devenu l'un des nombreux « lieux de mémoire » des guerres de Religion. La Popelinière, historien protestant, relate cet épisode au livre V de *La Vraye et Entiere Histoire des troubles*[9]. L'ouvrage, publié pour la première fois en 1571, retrace les « calamitez passees[10] » qui viennent tout juste d'avoir lieu. La mort du prince de Condé est traitée en deux temps par La Popelinière : elle fait d'abord l'objet d'un récit, puis elle est l'occasion d'une digression à portée didactique, que vient refermer la phrase « mais revenons à la journee de Bassac ».

La Popelinière s'approprie, comme l'a montré Béatrice Guion, le modèle de l'*historia magistra vitæ*, qui fonde la confiance des humanistes en l'utilité de l'histoire[11]. L'*historia magistra vitæ* repose « à la fois sur une

bataille. Du fait d'armes au combat idéologique, XIe-XIXe siècle, dir. A. Boltanski, Y. Lagadec et F. Mercier, Rennes, PUR, 2015, p. 123.

6 Haton, Claude, *Mémoires*, t. II, éd. L. Bourquin, Paris, Comité des travaux historiques et scientifiques, 2003, p. 270. Cité par Crouzet, Denis, *La Nuit de le Saint-Barthélemy, un rêve perdu de la Renaissance*, Paris, Fayard, 1994, p. 482.

7 *Nouvelle protestation faite par les Princes, Seigneurs, Gentilshommes, Capitaines et soldats de l'armée des fideles : avec deux lettres de Messieurs d'Anjou, et Prince de Navarre, et un petit poesme fait sur icelles, imprimé nouvellement*, s. l., 1569, Lb33 267, B_1. Cité par Crouzet, Denis, *op. cit.*, p. 482.

8 Tortorel, Jacques et Perissin, Jean, « La rencontre des deux armées Françoises entre Cognac et Chasteauneuf, le 13 Mars 1569 », *Premier volume : contenant quarante tableaux...*, 1569-1570. Voir *Les grandes scènes historiques du XVIe siècle : reproduction en fac-similé du recueil de J. Tortorel et J. Perrissin*, dir. M. Alfred Franklin, Paris, Fischbacher, 1886, gravure XXXV.

9 La Popelinière, Lancelot du Voisin de, *La Vraye et Entiere Histoire des troubles et choses mémorables avenues tant en France qu'en Flandres, et pays circonvoisins depuis l'an 1562*, Bâle [Caen], pour P. Davantès [Pierre Le Chandelier], 1572, f. 190 r° – 191 r°.

10 *Ibid.*, f. 2 v°.

11 La Popelinière, *L'Idée de l'histoire accomplie* dans *L'Histoire des histoires, avec L'Idée de l'histoire accomplie*, t. II, éd. P. Desan, Paris, Fayard, 1989, p. 35 : l'historien « comprent et fait cognoistre à chacun, par une seule Histoire, tous les accidens des siecles passez, present et advenir : Car l'Histoire d'un temps, est κτῆμα ἐς ἀιεὶ συγκείμενον trésor et l'image de toutes choses, se conformant à tout le passé. Pource que les choses ne changent, ains les personnes seules. La nature des hommes a été, est et sera toujours semblable, bien qu'il semble à plusieurs, qu'elle s'empire et diminue de jour en jour. Chacun accident passé retourne. Les motifs et occasions sont pareils : les fautes et imperfections des hommes,

conception cyclique du temps, pour laquelle les événements du passé se répètent dans le futur, et sur la croyance en l'immutabilité de la nature humaine. Elle est an-historique, au sens où elle présuppose une similitude entre passé et présent, niant par là une spécificité propre aux différentes époques[12]. » La connaissance du passé qu'offre l'histoire n'est pas une fin en soi : en l'occurrence, *La Vraye et Entiere Histoire des troubles* doit permettre de se prémunir d'une nouvelle guerre civile[13], mais doit aussi et surtout enseigner « les moyens de bien faire la guerre[14] ». Des digressions similaires à celle occasionnée par le récit de la mort du prince de Condé sont assez fréquentes dans *La Vraye et Entiere Histoire des troubles*. La Popelinière cherche d'abord à « particulariser » les événements des guerres de Religion, à en offrir un récit détaillé. Mais ponctuellement, il formule également un discours « à part, et hors le narré[15] ». Dans *L'Idée de l'histoire accomplie*, il énonce que l'historien doit savoir interrompre son récit pour mieux en éclairer le sens. Dans le cadre de ces « advis » qu'il donne aux lecteurs, l'historien associe parfois l'épisode des guerres de Religion qu'il vient de raconter à des exemples historiques antérieurs, qu'il emprunte à l'Antiquité ou à une histoire plus récente[16].

---

ne croissent ni diminuent. » La formule en grec est empruntée à Thucydide, *La Guerre du Péloponnèse*, I, 22, 4.

12 Guion, Béatrice, *Du bon usage de l'histoire. Histoire, morale et politique à l'âge classique*, Paris, Champion, 2008, p. 76.

13 La Popelinière, *La Vraye et Entiere Histoire des troubles*, *op. cit.*, « Épistre à la noblesse », f. *** v° : « A vray dire, la memoire de ces troubles perdue par l'injure des temps, ou malice des hommes, on ne mettroit jamais peine de chasser et divertir les occasions, si elles se presentoyent une autre fois : et moins sauroit-on subtiliser pareils, ou meilleurs remedes, pour garentir un Royaume ou autre Republique, ne tels orages domestics. »

14 *Ibid.*, f. 3 v°.

15 La Popelinière, *L'Idée de l'histoire accomplie*, *op. cit.*, p. 234-235 : « D'autre-part il y a infinité d'accidens, dont le motif, progrez et yssues, ne se peuvent bien esclarcir par l'ordre et suitte du discours. Si qu'il est souvent besoing que l'autheur en die quelque chose à part, et hors le narré : s'il ne veut laisser son Histoire manque et confuse en plusieurs endroits. Ce qui semble estre de sonde voir s'il veut bien assaisonner son œuvre. Pource que l'advis de l'Historien est la vraye et seule clef des secrets et riches thresors de l'Histoire. Laquelle autrement restera comme une devise ou corps sans ame : qui despourveu de langue ne vous peut donner à cognoistre les choses les plus notables qu'il porte. »

16 La Popelinière, *La Vraye et Entiere Histoire des troubles*, *op. cit.*, « Épistre à la noblesse », f. *** ii v° : « [...] j'ay fort soigneusement, et en peu de termes, approprié les plus notables exemples des plus braves tracits guerriers des anciens, et modernes Chefs, à chacun fait d'armes qui s'est passé en ces troubles : et si à propos accomodé, que l'heureuse experience des armes anciennes, rapportee à la pratique des Capitaines de ce temps, moyennera un merveilleux profit, et non moindre contentement à tous les vrais, et legitimes enfans de

Cette « conference des choses anciennes aux presentes[17] », qui vaut à La Popelinière la critique d'Agrippa d'Aubigné, permet à l'historien de penser la guerre. Le traitement de la mort du prince de Condé nous permettra d'en appréhender les modalités et la portée.

LE RÉCIT DE L'ASSASSINAT DE CONDÉ : UNE DIMENSION POLÉMIQUE CONTENUE

Le prince de Condé et sa cavalerie lourde sont appelés en renfort par l'amiral de Coligny alors que les troupes protestantes sont déjà en déroute. Dans son récit, La Popelinière met en valeur la rapidité et la violence de la charge. Le prince est guidé par son courage mais aussi par la déception et par la colère, dont l'intensité suscite un engagement physique brutal. Le mouvement de progression de l'ennemi paraît interrompu grâce à sa seule intervention : Condé « renversa et fist reculer tous ceux qui l'oserent attendre[18] ». Mais l'élan du prince est brisé par la blessure de son cheval et l'armée catholique, dont le récit souligne la puissance, décime finalement une bonne partie des troupes protestantes. La Popelinière insiste sur le fait que Condé, privé de sa monture et incapable de se relever, est brutalement réduit à l'impuissance. La chute entraîne une dangereuse position de faiblesse physique, sous le cheval blessé. Elle conduit également à une confusion du prince avec les autres hommes à terre, comme le souligne l'adverbe « mesmement[19] ». Condé est alors menacé par le « furieux peslemele[20] » au même titre que n'importe quel soldat.

C'est parce qu'il se trouve dans cette périlleuse situation que le prince décide d'interpeller deux seigneurs catholiques, d'Argence et Saint Jean.

Mars, qui forcez par l'influence de leur constellation, ja se sont vouez à la suite d'une si excellente profession qu'est la discipline militaire. »

17 Aubigné, Agrippa, d', *Histoire universelle*, *op. cit.*, t. I, p. 5 : « *il estoit de grande lecture, l'abondance de laquelle l'a porté à trop de conference des choses anciennes aux presentes.* » Cité et analysé par Guion, Béatrice, *op. cit.*, p. 74.

18 La Popelinière, *La Vraye et Entiere Histoire des troubles*, *op. cit.*, f. 190 r°.

19 *Ibid.*

20 *Ibid.*

« Céder » à l'ennemi revient à réclamer une reddition à merci, un « rite de régulation[21] » qui doit mettre un terme à la violence du combat et qui participe à l'idéal de la « bonne guerre ». Comme l'explique Benjamin Deruelle, la reddition à merci « s'organise en deux temps : le cri, la remise des armes et de la foi du captif, suivie de la promesse du capteur de le recevoir. Cet échange de promesses accorde au captif le statut de prisonnier de guerre et crée entre les deux hommes un véritable système d'obligations réciproques[22]. » La reddition à merci est accordée à Condé mais elle est immédiatement annulée par le geste de Montesquiou, qui abat le prince d'un coup de pistolet. L'acte, dénoncé comme un « malheur » par La Popelinière, est donné à voir dans toute son horreur : le prince protestant « fut occis par Monstesquiou [...] qui luy outreperça la teste d'une pistolade mortelle[23]. » Deux perceptions du prince de Condé s'opposent sur le champ de bataille : d'Argence et Saint Jean ont fait prisonnier un prince et un chevalier qu'ils considèrent comme un *alter ego*, Montesquiou met à mort un hérétique et un criminel de lèse-majesté.

La dénonciation de Montesquiou, sous-lieutenant de sa compagnie d'ordonnances du duc d'Anjou, est fréquente à partir de 1569 dans les publications protestantes. Des catholiques attribuent également le coup de feu à Montesquiou, notamment Brantôme. Certains Mémoires catholiques présentent toutefois l'auteur de la « pistolade » comme un soldat inconnu[24]. La Popelinière signale, par la parenthèse « (comme aucuns disent)[25] », qu'il s'approprie ici une identification convenue mais incertaine, et qui n'emporte pas l'unanimité. Dans son *Histoire de France*, publiée pour la première fois en 1581, il supprime le nom de Montesquiou et désigne l'assassin comme un « Quidam[26] ». Cette modification a pu être motivée par le manque de certitude quant à l'identité de l'assassin ou par le souci de ne pas associer à la mise à mort de Condé le duc d'Anjou, devenu roi de France. L'identification de l'assassin à Montesquiou laisse

21 Deruelle, Benjamin, « "Faire bonne guerre". Idéal chevaleresque, comportements guerriers et régulation sociale dans la bataille de Dreux (1562) », *La bataille. Du fait d'armes au combat idéologique,* XIe-XIXe *siècle, op. cit.*, p. 114.

22 *Ibid.*, p. 115.

23 La Popelinière, *La Vraye et Entiere Histoire des troubles, op. cit.*, f. 190 r°.

24 Voir Boltanski, Ariane, *loc. cit.*, p. 127-128 notamment.

25 La Popelinière, *La Vraye et Entiere Histoire des troubles, op. cit.*, f. 190 r°.

26 La Popelinière, *L'Histoire de France*, t. I, s. l. [La Rochelle], Abraham H. [Pierre Haultin], 1581, f. 84 r°.

en effet entendre que l'exécution du prince protestant n'est pas seulement un geste exécuté en un instant, dans la furie de la bataille, mais un ordre formulé en amont par le duc d'Anjou[27].

En présentant la mise à mort de Condé comme un « malheur[28] » qui empêche le bon déroulement de la reddition à merci et en nommant l'assassin, l'historien dénonce le geste catholique. Mais le récit de La Popelinière est bien moins pathétique que celui d'Agrippa d'Aubigné, qui rapporte une blessure à la jambe antérieure à la bataille et qui prête à Condé des paroles qui font de lui un combattant du Christ[29]. La Popelinière ne rapporte pas non plus le fait que le corps du prince a été transporté à dos d'ânesse et exposé dans l'habitation du duc d'Anjou, « rituel de dégradation symbolique[30] » que décrivent à la fois d'Aubigné et Brantôme[31]. Plus largement, La Popelinière ne fait pas de ce récit l'occasion d'une dénonciation explicite de la transgression par les catholiques d'un idéal à la fois militaire et moral. Il n'accuse pas Montesquiou, et à travers lui le duc d'Anjou, d'avoir violé le cadre de la « bonne guerre » ou de ne pas avoir fait preuve d'un comportement

27 Nicolas Le Roux considère qu'« il est probable que Monsieur ait décidé de cette mise à mort, car il considérait Condé comme un traître et espérait que le parti huguenot ne se remettrait pas de la disparition de son chef. Cette mise à mort était une forme de coup de majesté, une application de la puissance absolue du souverain en matière de justice » (*op. cit.*, p. 110). Anne-Marie Cocula ajoute à ces deux motifs la haine personnelle du duc d'Anjou pour le prince de Condé, à qui il s'était opposé, « en juin 1567, pour obtenir l'un et l'autre la lieutenance générale du royaume » (*loc. cit.*, p. 31).

28 La Popelinière, *La Vraye et Entiere Histoire des troubles*, *op. cit.*, f. 190 r°.

29 Aubigné, Agrippa d', *Histoire universelle*, *op. cit.*, t. III, p. 58 : « Il arriva que ce Prince mettant son casque, un coursier du Comte de la Rochefoucaut lui met l'os de la jambe en pieces, qui perçoit la botte ; il monstre ce spectacle aux plus proches, et leur ayant dit, *Voici, Noblesse vrayement Françoise, ce que nous avons tant desiré : Allons achever ce que les premieres charges ont commencé ; et vous souvenez en quel estat Louys de Bourbon entre au combat pour Christ et sa patrie* [...]. »

30 Boltanski, Ariane, *loc. cit.*, p. 137. Voir plus largement son analyse fort éclairante du rituel, *ibid.*, p. 134-139. Avant elle, Denis Crouzet a considéré qu'il s'agissait de la mise en scène d'un « sacre à l'envers », permettant aux catholiques de dénoncer Condé comme un potentiel usurpateur du pouvoir et un « faux messie » (*op. cit.*, p. 482-483).

31 Voir Brantôme, Pierre de Bourdeille, dit, *Vies des grands capitaines français*, *Œuvres complètes*, éd. L. Lalanne, t. IV, Paris, Vve J. Renouard, 1868, p. 348 : « Pour tourner à M. le Prince, estant mort, Monsieur n'en fut nullement marry, mais très-joyeux, car il avoit opinion qu'il luy en eust faict faire de mesmes : car, d'ennemy à grand ennemy, il n'y a que se garder. Monsieur le voulut voir après la bataille achevée ; son corps fut chargé sur une vieille asnesse qui se trouva là à propos, plus par desrision que pour autre subject ; et fut porté ainsi, bras et jambes pendantes, à Jarnac, en une salle basse, soubz celle de Monsieur, et sa chambre, où ledict prince le jour avant avoit logé. Quel changement ! »

chevaleresque[32]. L'historien insiste en revanche sur la défaillance de l'entourage du prince de Condé, qui n'a pas été capable de lui apporter un second cheval : c'est « pour n'avoir esté suyvi des siens, qui le devoyent rafraischir d'un second cheval : tout secours luy defaillant pour luy aider à se relever, [que Condé] fut contraint de ceder à la force, et au grand nombre des Catholiques [...][33]. » Dans *L'Idée de l'histoire accomplie*, La Popelinière, qui se veut « franc de toute passion qui peut destourner de la verité[34] », affirme un refus de l'histoire partisane : « s'il veut condamner ou justifier un party, une religion, un massacre, un vol, adultere, et tels autres actes bons ou mauvais qu'ils soient en soy, ce n'est à luy, et sort du devoir d'Historiographe. Car il n'est appelé pour en juger[35]. » L'historien ne doit s'intéresser qu'à l'enseignement tactique qui peut être tiré de l'événement qu'il rapporte et juger les décisions militaires à l'aune de leur efficacité, non à l'aune de leur valeur morale.

32 Philippe Contamine explique que le concept de bonne guerre « commence à être formulé, à se répandre et à s'imposer à partir de la seconde moitié du XVe siècle. La "bonne guerre", entre autres, c'est celle où l'on épargne les populations civiles et leurs biens, celle on l'on ne tue pas ceux qui se rendent » (« Un contrôle étatique croissant. Les usages de la guerre du XIVe au XVIIe siècle : rançons et butins », *Guerre et concurrence entre les États européens du XIVe au XVIIe siècle*, dir. P. Contamine, Paris, PUF, 1998, p. 227). Pour Benjamin Deruelle, « elle forme un ensemble de principes codifiés, qui deviennent, au XVIe siècle, une norme pour juger de la violence inacceptable et pour penser un état légal et légitime de la guerre » (*loc. cit.*, p. 113). Pour de plus amples détails, voir Deruelle, Benjamin, « L'idéal de "bonne guerre" », *De papier, de fer et de sang. Chevaliers et chevalerie à l'épreuve du XVIe siècle (ca 1460 – ca 1620)*, Paris, Publications de la Sorbonne, 2015, p. 513-552.

33 La Popelinière, *La Vraye et Entiere Histoire des troubles*, *op. cit.*, f. 190 r°. L'historien adresse également des reproches aux troupes protestantes lorsqu'au livre IX il relate la bataille de Moncontour (octobre 1569), au cours de laquelle l'amiral de Coligny, à la tête de l'armée réformée, est blessé « entre le nez et la jouë : faute que les compagnies que l'on luy avoit ordonnees pour le couvrir, et combatre devant luy, avoyent prins la charge plustost qu'ils ne devoyent [...]. » (*Ibid.*, f. 317 v°).

34 La Popelinière, *La Vraye et Entiere Histoire des troubles*, *op. cit.*, f. ** ix v°.

35 La Popelinière, *L'Idée de l'histoire accomplie*, *op. cit.*, p. 247.

LE « NAIF MIROUER DES BEAUX EXEMPLES DES INCONVENIENS D'AUTRUI » Refonder la distinction sur le champ de bataille

À la suite du récit, La Popelinière déploie ce qu'il nomme dans *L'Idée de l'histoire accomplie* « le naif mirouer des beaux exemples et des inconveniens d'autruy[36] ». La digression à portée didactique débute par une brève prolepse : La Popelinière rapporte un échange qu'aurait eu Condé, avant la charge, avec un soldat dont on ignore le nom et le rang. Ce dernier lui aurait conseillé, sans succès, de battre en retraite. La Popelinière fait ensuite entrer en « conférence » l'épisode de la mort du prince de Condé avec deux anecdotes historiques : la défaite de Curion, lieutenant de Jules César, face à l'armée de Juba Ier en 49 av. J.-C. et la défaite de Ludovic de Lodron, capitaine de Ferdinand de Hongrie, face à l'armée ottomane en 1537. Toutes deux sont évoquées brièvement et ne font pas l'objet d'une contextualisation précise. L'historien choisit de mettre en valeur des similitudes de comportement dans des situations présentées comme comparables, ou plutôt de décrire le retour d'un même type de comportement à travers les époques[37]. Curion et Lodron incarnent deux chefs militaires qui choisissent de s'exposer à la mort au combat contre les conseils de leur entourage. Il s'agit d'un choix conscient, guidé par le courage, vertu chevaleresque par excellence, comme le soulignent les adverbes « vaillamment » et « généreusement[38] ». Condé, Curion et Lodron souhaitent éviter une retraite jugée dégradante et préfèrent risquer une belle mort au combat. Tous trois sont également mus par un idéal d'égalité face au danger, un refus de la distinction entre le chef et le simple soldat, qui, notamment parce qu'il est moins bien entraîné et moins bien équipé, est toujours plus exposé que son supérieur dans la hiérarchie militaire.

36 *Ibid.*, p. 38.

37 Voir Guion, Béatrice, *op. cit.*, p. 77 : « Que la conception exemplaire constitue une négation de l'histoire en tant que temporalité, on en a encore la preuve dans l'habitude de classer les faits historiques en des rubriques thématiques, qui négligent la chronologie : les événements et les actions y sont regroupés en fonction de leur ressemblance, détachés de leur contexte temporel. »

38 La Popelinière, *La Vraye et Entiere Histoire des troubles*, *op. cit.*, f. 190 r°.

Mais « tout exemple cloche[39] », comme on le constate si l'on lit d'autres versions des deux brèves anecdotes convoquées par La Popelinière. Sous la plume de César, Curion est présenté comme un chef courageux mais mal informé et trop confiant[40], qui prend de mauvaises décisions[41]. Au moment où il constate que tout est perdu, le général romain préfère mourir plutôt que de rendre des comptes à César et son geste peut être assimilé à un suicide visant à fuir son propre échec[42]. Le cas de Lodron se distingue plus clairement encore de celui du prince de Condé. Lodron a lui-même tué son cheval pour se mettre à la hauteur de ses soldats. Il est un simple capitaine subitement élu général après la défection de plusieurs hommes du commandement. D'après Brantôme, sa position à cheval est contestée par un de ses hommes, parce qu'elle pourrait faciliter sa fuite du champ de bataille[43]. Lodron accepte de tuer sa monture pour obtenir la confiance de ses troupes. D'après César et d'après Brantôme, Curion et Lodron décident donc de s'exposer davantage que ne le fait

39 Montaigne, Michel de, *Les Essais*, « De l'expérience », éd. J. Balsamo, M. Magnien et C. Magnien-Simonin, Paris, Gallimard, 2007, p. 1116.

40 César, *Commentaires sur la guerre civile*, II, 38, trad. P. Fabre, Paris, Les Belles Lettres, 1972, p 102 : « Il ajoute foi à ces affirmations avec trop de légèreté, change de plan, et décide de risquer le combat. À cette décision contribuent largement sa jeunesse, son grand cœur, ses précédents succès, la confiance dans la victoire. »

41 Voir Le Bohec, Yann, « L'expédition de Curion en Afrique : étude d'histoire militaire », *L'Africa romana. Ai confini dell'Impero : contatti, scambi conflitti. Atti del XV convegno di studio. Tozeur, 11-15 dicembre 2002*, dir. M. Khanoussi, P. Ruggeri, C. Vismara, Roma, Carocci editore, 2004, III, p. 1614 : « Curion avait commis deux erreurs : il avait mené au combat des hommes fatigués et il n'avait pas assez bien fait fonctionner son service de renseignements. »

42 César, *Commentaires sur la guerre civile*, II, 42, *op. cit.*, p. 105-106 : « Cn. Domitius, commandant la cavalerie, qui entourait Curion avec quelques cavaliers, le conjure de chercher son salut dans la fuite et de s'efforcer de gagner le camp, assurant qu'il ne le quittera pas. Mais Curion déclare que jamais, après avoir perdu l'armée qui lui a été confiée par César, il ne se présentera devant lui, et il périt ainsi en combattant. »

43 Brantôme, Pierre de Bourdeille, dit, *Vies des grands capitaines étrangers, Œuvres complètes*, éd. L. Lalanne, t. I, Paris, Vve J. Renouard, 1864, p. 344 : « Et ainsy qu'il harangoit ses gens à bien faire, il y eut un vieux routier, soldat allemand, qui s'advança à lui dire : "Cela est bon, brave capitaine Lodron, à dire à vous qui estes monté à l'advenant sur un bon cheval, et semble desjà vous advisez à vous sauver". A quoy Lodron aussi tost y pourveut ; et, ayant mis pied à terre, tira son espée et couppa les jarrets de son cheval. [...] Alors Lodron, cela faict, s'escria assez hault : "Aujourd'huy, compaignons, dict-il, vous m'aurez donc pour capitaine et soldat ensemble à combattre à pied avecques vous en mesme fortune : et, pour vous, faictes si bien que vous soyez victorieux, ou mettez fin à vostre service de guerre par une mort honnorable avecques moy, non sans vous en vanger bien auparavant." »

Condé, et ne le font pas pour les mêmes raisons : le premier cherche à se supprimer parce qu'il sait la défaite certaine, l'autre cherche à acquérir une légitimité qui lui fait défaut. La Popelinière, lui, fait converger les trois comportements.

La première manchette de la digression, formulée au présent, présente le geste du prince de Condé comme un trait à retenir et à admirer : « Le Prince de Condé aime mieux mourir avec les siens, que se retirer de ceste bataille[44]. » Mais si La Popelinière a dit ne vouloir « particulariser que les plus braves traicts de guerre, pour les rendre imitables à la posterité[45] », il ne souhaite pas que ce trait précis suscite l'émulation. À la première manchette descriptive, répond une seconde manchette prescriptive qui rend explicite l'enseignement à tirer du récit. La règle de tactique militaire proposée est précisément une interdiction que La Popelinière énonce sous une forme restrictive : « Le General d'une armee ne doit combatre que forcé par son ennemy à ce faire[46]. » L'engagement du chef sur le champ de bataille ne doit donc se faire que par défaut, face à une attaque imprévue et à laquelle il est impossible de se soustraire. C'est un précepte auquel l'historien accorde une importance certaine et qu'il répètera notamment lors du récit de la bataille de Moncontour[47].

La Popelinière entend d'abord démontrer la pertinence de cette règle tactique à partir de l'exemple de la mort du prince de Condé, qui passe du statut de bel exemple à celui de contre-exemple. Il suggère à son lecteur d'envisager la valeur de Condé et la valeur du service qu'il aurait pu rendre au pouvoir royal. Certainement La Popelinière nourrissait-il l'espoir d'une réconciliation par les armes des catholiques et des protestants face à un ennemi commun, comme lors du siège du Havre, mené en 1563 par le prince de Condé et par le connétable de Montmorency contre l'occupant anglais[48]. La Popelinière engage ensuite à songer à ce

44 La Popelinière, *La Vraye et Entiere Histoire des troubles*, *op. cit.*, f. 190 r°.

45 *Ibid.*, f. *** iiii v°.

46 *Ibid.*, f. 190 v°.

47 Au récit de la blessure de l'amiral de Coligny, La Popelinière associe le titre suivant : « Ne faut hazarder le General : et le moyen de s'asseurer de luy » (*ibid.*, f. 317 v°). L'historien s'alarme tout particulièrement du comportement du duc d'Anjou, nous l'évoquerons ci-dessous.

48 Voir Le Roux, Nicolas, *op. cit.*, p. 84 : « La réconciliation entre catholiques et huguenots fut scellée par les armes lors de la campagne menée contre Le Havre. Adversaires la vieille encore, Condé et le connétable menèrent le combat contre un ennemi commun : l'Anglais. Le comte de Warwick, chef du corps expéditionnaire envoyé par la reine Elisabeth, finit par déposer les armes en juillet, après que son armée eut été décimée par la peste. »

qui s'est passé sur le champ de bataille de Jarnac après la « pistolade mortelle[49] » et qu'il n'a pas encore relaté. L'impact de la mort du prince, le « merveilleux effroy[50] » des soldats sur lequel il reviendra bientôt, est une source de désorganisation et de défaite. L'interdiction énoncée par La Popelinière prend ainsi acte du coût collectif de la démonstration de bravoure du chef de l'armée. L'historien prévient pour finir un contre-argument. Le prince de Condé n'est certes que le second général ; c'est Henri de Navarre qui occupe le sommet de la hiérarchie militaire, parce qu'il est premier prince du sang. Mais ce dernier n'étant âgé que de seize ans, le rôle du prince de Condé est décisif.

La Popelinière ajoute à cette analyse deux exemples historiques de déroutes causées par la mort d'un chef militaire. L'exemple de la mort du prince de Condé ne semble pas suffire à la démonstration du précepte et la série d'exemples paraît plus efficace que l'exemple isolé : elle permet de frapper l'imaginaire par la répétition d'un même phénomène, d'un même échec dû aux mêmes causes. Le premier exemple fait allusion à une révolte chiite conduite en 1511 au sein de l'empire ottoman par Shahkulu Baba Tekeli, « Teclel Celbas[51] » sous la plume de La Popelinière. Bajazeth II envoie son fils, le prince Sehzade Ahmet, ainsi que son grand vizir, Hadim Ali Pacha, appelé « Haly Bascha[52] » par l'historien, mater les rebelles. Le même épisode est relaté par Don Juan de Perse, iranien installé en Espagne et converti au catholicisme, dans ses *Relaciones*[53]. La Popelinière évoque un retournement de situation causé par la mort d'Ali Pacha – « ne fut plustost occis à la suite de la Victoire, que toute son armee perdit cœur[54] » –, alors que Don Juan de Perse présente les rebelles en position de force dès le début du combat. La Popelinière ne précise pas, en outre, que l'intervention du prince Ahmet permet finalement de repousser les rebelles chiites, comme le rapporte Don Juan de Perse.

49 La Popelinière, *La Vraye et Entiere Histoire des troubles*, *op. cit.*, f. 190 v°.

50 *Ibid.*, f. 190 v°.

51 *Ibid.*

52 *Ibid.*

53 Don Juan de Persia, *Relaciones*, Valladolid, J. de Bostillo, 1604, t. II, f. 52 r° – 52 v° : « *Techelle* [...] *marchò con los cavallos, y adelantandose con ocho mil, le alcanço en el monte Oliga delante de Angory, que fue antes Anzyria, y ayudandose de los arcabuzes a cavallo, Techelle, arma con que pelean los Persianos a cavallo, desbaratò a Haly, el qual por meterse mucho cayò muerto. Animaronse con esto los Persianos, pero llegò a Comat [Ahmet] con el resto del exercito, y obligole a proseguir su huyda, trasponiendo el monte Oliga, y passo el rio Halys, y retirose à Tassia* [...]. »

54 La Popelinière, *La Vraye et Entiere Histoire des troubles*, *op. cit.*, f. 190 v°.

Le second exemple est emprunté à l'histoire des guerres d'Italie. Thomas de Foix, seigneur de Lescun, rejoint François Ier dans sa conquête de la péninsule en 1515 et est nommé lieutenant général du duché de Milan. La Popelinière laisse penser qu'il est seul à détenir le pouvoir alors que le Milanais est en fait placé sous l'autorité de son frère le maréchal de France Odet de Foix, vicomte de Lautrec[55]. L'historien semble également confondre Thomas de Foix avec son frère et lui prêter ses mérites, comme le suggère l'allusion à la bataille de Ravenne, au cours de laquelle Odet de Foix s'est illustré et à laquelle Thomas de Foix n'a pas participé[56]. Plus encore, La Popelinière amplifie l'impact de la mort de Thomas de Foix qu'il présente comme seule responsable de la défaite de Pavie et de la perte des conquêtes françaises en Italie : « aussi tost (par maniere de dire) qu'il fut mort, le Roy François premier : avec la vie, et service de ce Lieutenant, perdit toutes ses conquestes d'Italie, et fut à recommencer[57]. » La parenthèse laisse entendre que l'historien est conscient de cette aggravation. La Popelinière modifie enfin la date et le lieu du décès, puisque le jeune maréchal de France n'est pas mort au combat mais plusieurs jours après la défaite[58]. En passant sous silence ou en infléchissant certains aspects des exemples historiques qu'il choisit, La Popelinière fait en sorte d'offrir des retournements de situation brutaux et spectaculaires, d'abord à l'échelle de la bataille, puis à l'échelle de toute une guerre. La série d'exemples est donc construite en crescendo,

55 Voir Le Roux, Nicolas, *Le crépuscule de la chevalerie. Noblesse et guerre au siècle de la Renaissance*, Ceyzérieu, Champ Vallon, 2015, p. 285 : « Son frère, Thomas de Foix, seigneur de Lescun, le secondait comme lieutenant général [...]. »

56 D'après Nicolas Le Roux, Odet de Foix combat en 1512 à Ravenne, « où il reçoit de multiples blessures » (*ibid.*, p. 284). Les notices biographiques s'accordent en revanche à considérer que Thomas de Foix a rallié l'Italie en 1515 : « nous le quittons évêque de Tarbes en août 1514, et un an après, au mois d'août 1515, nous le retrouvons à Turin, parmi les gentilshommes, accompagnant François Ier dans son expédition d'Italie » (Deville, Louis-Joseph, « Thomas de Foix Lescun, évêque de Tarbes, et son successeur Manaud. Épitaphe de ce dernier », *Revue d'Aquitaine*, 7e année, t. VII, 1863, p. 568).

57 La Popelinière, *La Vraye et Entiere Histoire des troubles*, *op. cit.*, f. 190 v°.

58 Voir notamment Brantôme, Pierre de Bourdeille, dit, *Vies des grands capitaines français*, éd. L. Lalanne, t. III, Paris, Vve J. Renouard, 1867, p. 52 : Thomas de Foix « combattist très vaillament, selon sa coustume, et eut une grande harquebusade dans le bras, qui lui fracassa tout, et fut porté dans Pavie, où mourut au bout de neuf jours. » Cité par Hélène Germa-Romann, qui envisage la mort de Thomas de Foix comme une mort « ignoble ». Le blessé n'a en effet pas l'honneur de mourir sur le champ de bataille et souffre longuement des blessures impossibles à guérir (*Du « bel mourir » au « bien mourir »*, Genève, Droz, 2001, p. 257).

comme la précédente : à la blessure du cheval du chef par l'ennemi a succédé la mise à mort du cheval par le chef lui-même, à l'aggravation d'une déroute par la mort d'un chef succède l'annulation des bénéfices de toute une guerre de conquête.

La Popelinière juxtapose à ces deux exemples de déroute deux « traicts[59] » qu'il emprunte à l'histoire romaine. Il rapporte d'abord une anecdote sur Scipion l'Africain[60]. Aux reproches qui lui sont faits de ne pas être le premier à monter à l'assaut, le général romain répond en affirmant une différence entre les *imperatores* et les *bellatores*, différence voulue par la nature qui, dès la naissance, sépare et hiérarchise les hommes : « Ma mere (dit-il) ma fait naistre pour commander, et non pour obeir comme un simple soldat[61]. » L'acte de bravoure est au fondement de l'idéal chevaleresque et de l'identité nobiliaire qui s'en réclame. Ainsi que l'explique très justement Benjamin Deruelle, « dans la littérature du XVIe siècle, la prouesse [...] demeure une de ces "marques extérieures" de la vertu recherchées pour rendre visible la "distance symbolique" séparant la noblesse militaire des autres corps sociaux[62]. » La Popelinière a toutefois constaté que la prouesse, censée être un élément essentiel de distinction sociale, menace cette dernière en suspendant la hiérarchie militaire. Il paraît donc nécessaire de refonder la distinction en insistant sur l'autre caractéristique de la noblesse : la naissance. Le chef, né pour commander, fera alors la démonstration de sa valeur dans cette seule fonction, sans mettre en péril son intégrité physique. Fonder la distinction sur la naissance davantage que sur la vertu permet ainsi de réduire la tension entre acte de bravoure du chef et issue collective du conflit.

La Popelinière pense pour finir les conditions dans lesquelles le chef doit aller au combat s'il y est contraint. Il invite ce dernier à imiter le geste de Tarquin l'Ancien, c'est-à-dire à s'entourer d'hommes compétents, en politique comme à la guerre. Le souverain légendaire incarne le type du roi guerrier, victorieux à de nombreuses reprises. Denys d'Halicarnasse raconte que Tarquin reçut de la part des Tyrrhéniens douze haches en signe de soumission et que dès lors, « lorsqu'il rendait la justice ou qu'il

59 La Popelinière, *La Vraye et Entiere Histoire des troubles*, *op. cit.*, f. 191 r°.

60 Sur la source de cette anecdote, voir *infra*, p. 84, n. 77.

61 La Popelinière, *La Vraye et Entiere Histoire des troubles*, *op. cit.*, f. 190 v° – 191 r°.

62 Deruelle, Benjamin, *De papier, de fer et de sang*, *op. cit.*, p. 126.

marchait par la ville, il était précédé de douze licteurs [...][63]. » L'attitude de Scipion l'Africain et celle de Tarquin sont offertes en modèle. L'histoire enseigne ainsi la prudence et s'adresse en particulier aux grands, plus encore au roi Charles IX à qui *La Vraye et Entiere Histoire des troubles* est dédiée[64]. L'historien incarne un conseiller sûr, capable d'offrir des leçons pour agir efficacement. Il se distingue de l'entourage militaire du prince de Condé, incapable de dissuader ce dernier de s'exposer au danger ; ou plutôt est-ce le roi qui doit se distinguer de Condé et savoir prêter une oreille attentive à ceux qui le conseillent. L'historien s'apparente aux « plus resolus » qui devraient « assister[65] » un roi attentif, et à ce titre bénéficier d'une reconnaissance royale.

On soulignera que cette incitation à ne pas se « hazarder » sur le champ de bataille est cohérente avec l'« évolution interne de la fonction royale privilégiant la science aux dépens de l'action[66] » sous l'impulsion d'une conception néoplatonicienne du pouvoir. Denis Crouzet considère que la « surprise de Meaux » marque un tournant dans le rapport de Charles IX à la guerre. Face aux protestants, le jeune roi se serait emparé d'une épée mais le connétable de Montmorency l'aurait dissuadé d'aller combattre en des termes que rapporte le duc de Bouillon : « Sire, ce n'est pas ainsi que vostre Majesté hasarde sa personne ; elle nous est trop chère pour la commettre à moindre troupe pour vous accompagner que dix mille chevaux françois[67]. » L'« escapade[68] » royale et le « désir sacrificiel[69] » qu'elle manifeste sont ainsi interrompus. Adressée à Charles IX, la « maxime de guerre[70] » défendue par La Popelinière s'inscrit donc pleinement dans le « processus de démilitarisation de la

63 Denys d'Halicarnasse, *Les Antiquités romaines*, III, 18, 10.

64 Guion, Béatrice, *op. cit.*, p. 130 : « L'histoire est donc considérée comme la science des rois en tant qu'elle constitue une connaissance expérimentale permettant d'acquérir la vertu pratique de prudence. Les *exempla* qu'elle offre à la méditation et, surtout, à l'imitation, sont estimés d'autant plus appropriés pour le prince que son contenu est centré sur les événements politiques et militaires. Enfin, elle est jugée utile en ce qu'elle tient un discours de vérité, quand les Grands sont exposés aux flatteurs. »

65 La Popelinière, *La Vraye et Entiere Histoire des troubles*, *op. cit.*, f. 191 r°.

66 Crouzet, Denis, *op. cit.*, p. 297.

67 La Tour d'Auvergne, Henri de, duc de Bouillon, *Mémoires*, éd. Michaud et Poujoulat, t. XI, Paris, 1838, p. 3-4. Cité par Crouzet, Denis, *op. cit.*, p. 296.

68 *Ibid.*

69 *Ibid.*

70 Expression employée par La Popelinière, *La Vraye et Entiere Histoire des troubles*, *op. cit.*, f. 314 v°.

personne royale[71] ». À son frère, le duc d'Anjou, futur Henri III, qui porte, lui, les armes et a pu notamment s'exposer au danger lors de la bataille de Moncontour, elle rappelle que les grands princes doivent « avoir en plus singuliere recommandation, l'honneur et seureté de leur Royaume[72] » en une période troublée. Leur mort ne représente en effet pas seulement le risque d'une déroute militaire mais celui « d'un malheureux changement[73] » pour l'ensemble du pays.

DEUX RÉGIMES COMPLÉMENTAIRES D'ÉCRITURE DE L'HISTOIRE

Le traitement de la mort du prince de Condé permet d'identifier deux régimes d'écriture de l'histoire que La Popelinière distingue pour mieux les associer : « historier les actes passez » et « monstrer les preceptes de la guerre[74] ». « Historier » revient dans notre extrait à dire le désordre : La Popelinière prend soin de donner à voir l'élan du prince de Condé, la violence du choc des troupes ennemies, la confusion du chef au milieu des autres soldats, la déroute qu'accentue sa mise à mort. Si le récit est déjà porteur d'un blâme, il est le lieu de la représentation plutôt que de la réflexion. La digression convoque le second régime d'écriture. La Popelinière suspend le temps de l'histoire qu'il raconte pour réfléchir sur les causes du désordre qu'il a rapporté et pour proposer un moyen de l'éviter à l'avenir.

Il est intéressant de mentionner que la phrase prêtée à Scipion se trouve dans la traduction que La Popelinière donne en 1571, sous le titre *Des entreprises et ruses de guerre*, du traité militaire de Bernardino Rocca[75]. L'ouvrage, qui relate les aventures d'un capitaine de fiction, Pandolfe

71 Crouzet, Denis, « Désir de mort et puissance absolue de Charles VIII à Henri IV », *Revue de synthèse*, n° 3-4, 1991, p. 439.

72 La Popelinière, *La Vraye et Entiere Histoire des troubles*, *op. cit.*, f. 319 r°.

73 *Ibid.*

74 *Ibid.*, « Épistre à la noblesse », f. *** iii v°.

75 *Des entreprises et ruses de guerre : et des fautes qui parfois surviennent és progrez et execution d'icelles ou Le vray pourtrait d'un parfait general d'armee*, Paris, Nicolas Chesneau, 1571. L'ouvrage de Bernardino Rocca, *Imprese, stratagemi et errori militari* est publié pour la première fois à Venise en 1566 chez G. Giolito de Ferrari.

Daufin, s'organise en chapitres traitant de divers enjeux tactiques. La troisième entreprise du livre II, intitulée « Que le Sage et bien advisé Capitaine, ne doit jamais rien hazarder, si la necessité ne le contraint », met à l'honneur la ruse de Pandolfe, qui attire sur la terre ferme des pirates et permet aux paysans menacés de les attaquer. Comme au terme de chaque chapitre, une analyse des « fautes commises » est proposée. Des reproches sont formulés par certains à l'encontre de Pandolfe qui ne s'est pas « mis en si grand hazard comme ceux qui avoyent combatu les premiers[76] » : le capitaine s'approprie pour leur répondre la phrase de Scipion qui distingue chef et soldat[77]. La Popelinière reprend cette réplique dans la démonstration qui nous intéresse, qui est ainsi passée de la fiction au récit historique. Plus encore, le bon mot de Scipion se trouve intégré, dans *La Vraye et Entiere Histoire*, à une digression à valeur didactique pris dans le *continuum* du « narré », tandis qu'elle constitue, dans *Des entreprises et ruses de guerre*, le point d'aboutissement d'une réflexion distincte de la narration, qui vient clore le chapitre.

Si raconter et enseigner sont ainsi étroitement associés dans l'évocation de la mort du prince de Condé, la rupture entre les deux régimes d'écriture demeure sensible. « Historier » implique de respecter la linéarité du temps et la succession des événements alors que « monstrer les preceptes de la guerre » repose ici sur la constitution de séries d'exemples historiques. L'histoire immédiate de la guerre civile est de ce fait mise à distance parce qu'elle est mise en perspective avec d'autres histoires : elle devient pleinement l'occasion de penser la guerre, plutôt que de poursuivre la polémique. Sur un plan militaire, le comportement du prince constitue un cas problématique, parce qu'il obéit à un idéal chevaleresque particulièrement valorisé par la noblesse mais met en péril la victoire. Le récit précis d'un événement n'est peut-être jamais parfaitement réductible à l'exemplarité requise par une histoire à portée didactique. C'est alors la

76 *Des entreprises et ruses de guerre*, trad. La Popelinière, *op. cit.*, f. 60 v° : « Pandolfe ne leur respondoit autre chose, que ce que disoit Scipion à ceux qui le mesprisoyent de ce qu'il n'entroit gueres souvent en combat. *Imperatorem me mater, non bellatorem genuit.* »

77 B. Rocca lui-même a peut-être trouvé la phrase chez Érasme, *Apophthegma*, Bâles, J. Froben, 1532, V, p. 231 : « *Scipio Africanus quibusdam calumniantibus, quod parum strennuus pugnator esset, Imperatorem, inquit, me mater non bellatorem genuit. Significans in Imperatorem plus habere momenti solertiam ac prudentiam in consiliis, quam uires in prœliis.* » L'anecdote se trouve d'abord dans les *Strategemata* de Frontin, IV, 7, 4 : « *Scipio Africanus fertur dixisse, cum eum parum quidam pugnacem dicerent : "imperatorem me mater, non bellatorem peperit".* »

« contemporanéité idéale[78] » des passés qui permet à La Popelinière de dépasser les contradictions du récit de l'événement. Dans le cadre de cette « conférence » des passés, l'historien fait converger le sens des exemples historiques : il peut proposer un idéal du commandement qui modère les ardeurs du comportement chevaleresque, en combinant modèles antiques de l'*imperator* ou du roi guerrier et réalités contemporaines du conseil au prince ou de la garde royale[79]. « Les preceptes de la guerre » qu'expose La Popelinière ont ainsi des implications militaires mais également politiques et sociales. Les rapports que l'historien entretient aux passés proches et lointains qu'il convoque et qu'il s'approprie sont guidés à la fois par une quête de l'efficacité tactique mais aussi par un souci de définition de l'identité nobiliaire et par un espoir de réconciliation autour de la personne du roi. « Empruntés au passé, c'est [bel et bien] vers l'avenir que les exemples historiques se tournent[80] ».

Alicia VIAUD
Université Sorbonne Nouvelle – Paris 3

78 Minerbi Belgrado, Anna, *L'avènement du passé. La Réforme et l'histoire*, Paris, Champion, 2004, p. 57.

79 Voir Deruelle, Benjamin, *De papier, de fer et de sang*, *op. cit.*, p. 91 : « L'idéal médiéval se combine avec les réflexions de l'humanisme militaire et du néostoïcisme dans un système culturel original et cohérent. Celui-ci véhicule une exemplarité qui, tout en se revendiquant de la chevalerie, n'est déjà plus celle du chevalier médiéval, sans être encore celle du soldat professionnel. Son idéal ne s'ancre, par conséquent, pas moins dans l'image des chevaleries antique et médiévale que dans les notions de rationalité et d'efficacité, chère à la période moderne. Dans ce sens, la culture chevaleresque subit une véritable acculturation à la première modernité, faisant du XVIe siècle une période de transition où germe la culture militaire des XVIIe et XVIIIe siècles. »

80 Paissa, Paola, « Introduction : l'exemple historique dans le discours – enjeux actuels d'un procédé classique », *Argumentation et Analyse du Discours* [en ligne], n° 16, 2016.

DE L'ÉCRITURE ET DE L'ÉTUDE DE L'HISTOIRE COMME PRÉALABLES À LA PHILOSOPHIE POLITIQUE DE MABLY (1709-1785)

Gabriel Bonnot de Mably précède une bonne partie de la seconde génération philosophique des années 1710-1720 et lui survit, puisqu'il meurt en 1785. Fréquentant à la fin des années 1730 la « ménagerie » de madame de Tencin, à laquelle le lient ses origines grenobloises et familiales, il y rencontre la première génération des Lumières, Fontenelle, Montesquieu, Bolingbroke, l'abbé de Saint-Pierre. La baronne l'introduit auprès du cardinal de Tencin, son frère, ministre des affaires étrangères dans le gouvernement Fleury qui l'engage comme secrétaire en 1742. Il entame une carrière diplomatique courte mais décisive pour l'orientation de sa pensée. Il va en effet très vite abandonner cette voie pour se consacrer à l'écriture. Il met d'abord à profit son expérience de diplomate pour jeter les bases d'un droit public européen fondé sur l'histoire des traités et énoncer les principes d'un art de négocier[1]. Mais son sens de l'histoire longue et globale, sa propension à penser en terme macro-politique, lui donnent l'ambition de rivaliser avec Montesquieu (il ajoute ainsi à ses *Observations sur les Grecs*, en 1749, ses *Observations sur les Romains*, 1751), mais aussi avec Boulainvilliers et l'abbé du Bos (*Observations sur l'histoire de France*[2], 1765). Il y conteste les thèses systématiques et racialistes des

1 Sur l'œuvre primaire de Mably, consacrée aux principes d'un droit public européen, voir les travaux de Marc Bélissa. Nous ne renvoyons pas aux éditions originales et séparées des œuvres mais, par commodité et souci d'unité, à la *Collection complète des œuvres de l'abbé de Mably*, À Paris, chez Charles Desbrière, 1794-1795, publiée en 15 volumes, réputée la plus complète, la plus aboutie. Elle est signalée par l'abréviation *COC*.

2 Mably, et l'abbé Brizard, le préfacier de la *COC*, s'expliquent sur le choix du titre d'« Observations », préféré à celui d'« Histoire » : il s'agirait d'une simple clause de modestie. Mais une autre raison peut expliquer ce choix. L'abbé Brizard insiste sur le souci de précision, la circonspection, l'esprit d'examen, qui président à la conception mablyenne de l'histoire et Mably, dans l'avertissement de ses *Observations sur l'histoire*

deux historiens, par une observation plus attentive du droit public, et égratigne quelque peu les préjugés nobiliaires de Montesquieu[3].

C'est cependant à partir des années 1760 que Mably, soucieux de prendre un virage politique, sans doute de rivaliser avec Rousseau, de régler son compte avec le despotisme éclairé, d'en découdre avec les physiocrates, donne la pleine mesure de sa pensée républicaine, de plus en plus affirmée : *Les Entretiens de Phocion sur le rapport de la morale avec la politique* (1764) déconcerte le cynique persuadé que la politique est une pratique du pouvoir, en la présentant comme une science visant à promouvoir les qualités sociales et morales des individus ; *Doutes proposés aux philosophes économistes sur l'ordre naturel et essentiel des sociétés politiques* (1768), déconstruit l'idée pré-libérale qu'il existe un ordre naturel, une évidence des sociétés politiques, comme de la propriété foncière et mobilière ; *De la législation ou principes des lois* (1776) resserre encore les liens que Mably établit entre les lois et les mœurs ; *Des droits et des devoirs des citoyens* (prétendument écrit en 1758, mais publié en 1789), véritable catéchisme du citoyen et manifeste de la liberté républicaine, théorisant le droit de résistance, enterrant la monarchie et appelant au rétablissement des états-généraux, semble une sorte de préface à 89.

La proximité de Mably avec Rousseau est évidente (le caractère non-originel et non-essentiel de la propriété, la condamnation du luxe, l'idéalisation du modèle spartiate et de la république romaine, un

de France, prétend dépasser les « annalistes anciens » et les « historiens modernes » pour aller puiser, en digne héritier de Mabillon, à ces sources diplomatiques que sont les lois, les capitulaires, les chartes, les traités (voir *COC*, t. I, p. 121-128). Il s'agit bien pour lui d'appliquer à l'histoire une méthode empirique, analogue à celle de son frère Condillac dans les domaines de la sensation et de la cognition. L'histoire n'est pas pour Mably une simple narration, ni une collection d'*exempla*, mais un champ d'expériences et de tensions, où s'opposent des forces et des contre-forces, un affrontement où se mêlent les passions et l'exigence de liberté des peuples, dont l'archétype récurrent est le long conflit entre le patriciat romain et la plèbe. Mably, par le rôle qu'il accorde aux passions, aux tensions civiles et politiques, introduit dans le champ historique les ébauches d'une sociologie, voire d'une psychologie sociale.

3 Voir Mably, Gabriel Bonnot de, *Remarques et preuves des Observations de l'histoire de France*, *COC*, t. I, p. 320-492. De même que Mably débusque derrière les thèses de Montesquieu un conservatisme aristocratique rétrograde, de même il ne partage pas, comme Condorcet et beaucoup de penseurs « progressistes » à la veille de la Révolution, l'admiration du baron de La Brède pour le régime politique anglais, à cause des prérogatives qu'il accorde au roi et de la prééminence dont jouit l'aristocratie dans la chambre haute : *cf.* Mably, Gabriel Bonnot de, *Des droits et des devoirs du citoyen*, *COC*, t. XI. Voir à ce propos : Goyard-Fabre, Simone, *Éléments de philosophie politique*, Paris, Armand Colin, 1996, p. 74-75.

volontarisme politique hostile à toute forme de « laissez faire », plus largement, un ordre social irréductible à une simple forme juridico-politique, mais impliquant une prise en compte des passions, une évaluation et une valorisation des qualités morales des individus). Mais contrairement à Rousseau, Mably est fondamentalement historien. C'est l'histoire qui nourrit sa philosophie politique, non la fiction euristique et anhistorique du contrat. Le républicanisme de Mably, qui s'exprime essentiellement dans ces dernières œuvres, mais aussi ses études historiques qui lui servent de terreau, ont une influence considérable sur le spectre le plus large des acteurs idéologiques de la Révolution : des idéologues modérés et opportunistes, comme Sieyès, qui lui empruntera largement son intuition d'un « art social » ou le girondin Garat, qui rêve de promouvoir dans un journal une tribune politique citoyenne et des principes moraux d'utilité publique, jusqu'à Babeuf ou Sylvain Maréchal dont il est la première référence, en passant par Robespierre[4].

Notre ambition n'est pas de démontrer que l'écriture factuelle du Mably historien reflète ou anticipe sa philosophie politique, mais plus modestement, que son historiographie, sa conception de l'histoire lui sert de préalable. À travers *De la manière d'écrire de l'histoire* (1783), l'on montre que le travail même de l'historien, dans sa manière et sa matière, ses modalités et ses finalités, relève déjà pour lui d'une intention philosophique. Dans un deuxième temps, on verra comment cette histoire philosophique lui inspire, dans *De l'étude de l'histoire* (1775), les principes de gouvernement qu'il inculque au jeune duc de Parme, mais surtout informe toute son anthropologie politique et morale. Nous ne ferons qu'esquisser le troisième temps de notre réflexion : comment, par ce double ancrage dans une histoire et dans une anthropologie morale et politique, le système de Mably échappe en partie au procès d'utopisme, qu'on lui intente parfois.

4 Le rigorisme moral et la vertu érigés en fondements nécessaires, sinon suffisants, de la politique (voir les *Entretiens de Phocion sur le rapport de la morale avec la politique*, *COC*, t. X) et la philosophie de l'Être suprême, dont la présence est discrète mais prégnante, et comme la clé de voûte, le « ciel étoilé » du système politico-moral de Mably (voir le dernier livre de *Des droits et des devoirs du citoyen*, *COC*, t. XI), semblent indiquer que Robespierre lui est sans doute aussi redevable qu'il l'est à Rousseau.

POUR UNE HISTOIRE PHILOSOPHIQUE : *DE LA MANIÈRE D'ÉCRIRE L'HISTOIRE*

L'histoire générale, celle qui s'intéresse au génie, aux institutions et aux révolutions des peuples, a toutes les faveurs de Mably. Elle suppose des études préparatoires, dont il s'agit de prendre la mesure : c'est toute la généalogie politique et juridique de chaque peuple qu'il s'agit de ressaisir dans le temps afin de la juger à l'aune de la justice et de l'injustice[5]. Ces études préparatoires nécessaires à l'historien reposent sur quatre piliers, qui correspondent strictement aux quatre pôles de référence de Mably : politique de la nature ou droit naturel, origine et partage de la puissance publique, droits et devoirs des citoyens, droits et devoirs des nations entre elles. Mais la connaissance des attendus du droit naturel et de la superstructure politique ne suffisent pas à l'historien, il lui faut ajouter ce que Mably appelle l'étude de l'autre politique : « L'autre politique est l'ouvrage des passions qui ont égaré notre raison, et ne produit que quelques avantages passagers et sujets aux plus fâcheux retours[6]. »

C'est cette juste appréciation de ce qui revient à la raison et aux passions dans l'histoire qui fait que l'historien doit être un philosophe, du moins que son étude présuppose la connaissance des philosophes. Mais c'est aussi qu'il doit connaître, ne jamais perdre de vue les fins que la politique peut et doit se proposer. Après les philosophes du droit Grotius et Buchanan, c'est donc la lecture des philosophes jugés à tort les plus utopistes, Platon et Thomas More, dont Mably recommande la lecture, « des rêveurs qui ne parlent que d'une politique qui n'a peut-être jamais été connue », s'exclame Théodon, le contradicteur de Mably. Et Mably répond : « Je n'exige pas seulement que l'Historien connaisse ce que vous appelez des rêveries ; je le condamne à les méditer assez pour qu'elles lui paraissent autant de vérités incontestables[7]. »

L'histoire est un fil tendu, ou spiralé si l'on tient compte des passions qui en perturbent le cours, entre deux exigences : une science

---

5 Mably, Gabriel Bonnot de, *De la manière d'écrire l'histoire*, *COC*, t. XII, p. 367-571.

6 *Ibid.*, p. 379.

7 *Ibid.*, p. 380.

généalogique et historique des institutions politiques jugées à la lumière du droit naturel et une science prédictive et prescriptive des fins que la politique doit se proposer pour cible. Cette métaphore du fil tendu et que l'historien ne doit pas perdre revient sans cesse : « Dès que l'historien se sera instruit de cette politique de la nature, il aura un fil pour conduire sa marche et l'empêcher de s'égarer. Sans crainte de se tromper, il jugera de la fortune des États, en comptant et en mesurant les distances par lesquelles ils se sont ou plus rapprochés ou plus éloignés des vues de la nature[8]. » Ainsi Salluste, par son sens de l'anticipation, a-t-il vu dans la prospérité de Rome la menace qu'elle ne se vende, aliène sa richesse et sa puissance, germes, signes avant-coureurs de sa décadence[9]. L'historien est donc bien un philosophe dans la mesure où son travail consiste à dégager pour chaque État tous les écarts à une norme morale et politique qui menace sa conservation et sa pérennité. Il est philosophe dans le sens où il juge du devenir historique à l'aune d'une science des valeurs morales et politiques qui définit pour lui les fins de la politique, c'est-à-dire le bonheur des peuples.

On voit ainsi comment Mably glisse de la dimension explicative de l'histoire à sa dimension prédictive, et de là, à sa dimension didactique et prescriptive. La phrase suivante est symptomatique du glissement de l'explicatif au prédictif : Mably appelle de ses vœux « une histoire qui m'instruit, étend ma raison et qui m'apprend à juger ce qui se passe sous mes yeux, et à prévoir la fortune du peuple où je vis par celle des étrangers[10] ». Mais il passe aussitôt du plan prédictif au plan axiologique des valeurs que l'historien doit mettre à jour, comme étant celles qui ont assuré l'élévation et la grandeur des États. Ainsi, Tite-Live, historien exemplaire pour Mably, ne retrace pas les longs conflits entre les patriciens et la plèbe pour lui complaire, en agitant devant lui le spectre de la guerre civile, comme le ferait un historien médiocre :

> [mais] me montrant au contraire que la liberté est le fruit de ces dissensions, que la liberté produira l'égalité, et que sans cette égalité, mille citoyens qui ont été l'honneur et l'ornement de Rome, n'auraient été que de vils esclaves, j'aperçois sur quels fondements s'élève la grandeur romaine. J'acquiers sans efforts les lumières utiles à un citoyen. Je compare malgré moi les divers

8 *Ibid.*, p. 384.
9 *Ibid.*, p. 385.
10 *Ibid.* p. 385.

> gouvernements. Dès qu'on m'a prouvé que la liberté et l'égalité élèvent les âmes et nous rapprochent heureusement des vues de la nature, je dois me dire que le gouvernement qui les proscrit, nous en éloigne ; je dois en conclure qu'il ne tolérera que des vertus obscures, et sera même assez stupide pour gêner les talents dont il a le plus besoin[11].

L'historien doit donc exercer « une sorte de Magistrature ». Une magistrature intellectuelle, jugeant du rôle de la raison politique dans l'histoire, c'est-à-dire de la conformité de la politique aux fins objectives de la nature. Mais il exerce aussi, *ipso facto*, une magistrature morale, puisqu'il mesure étroitement l'élévation politique des États à l'élévation morale de ses citoyens, dans un discours qui ne peut être seulement descriptif, mais est nécessairement prescriptif. Ce rôle qui incombe à l'historien dans l'ordre moral, pratique, au sens kantien, nécessite également qu'il prenne aussi toute la mesure de l'envers, du revers de cette raison politique à l'œuvre dans l'histoire, c'est-à-dire « la politique des passions » :

> Puisque les passions ont renversé toutes les barrières que leur avaient opposées les sages Législateurs, puisqu'elles sont même parvenues à donner des lois aux sociétés dégénérées, c'est-à-dire à gouverner le monde, il faut connaître les ruses, l'artifice et, si je puis parler ainsi, la politique par laquelle elles affirment leur despotisme. Si l'Historien ne l'étudie pas, il se bornera, comme le peuple, à des espérances, des craintes et des peurs insensées. N'ayant point appris à se défier des promesses des passions, il en sera la dupe. Il louera des lois ou des établissements qui procureront un bien passager, sans s'apercevoir que ce sont les germes d'une longue suite de calamités[12].

Cette exigence de l'historien qui juge des efforts de la raison politique confrontée à la violence des passions, à la lumière, à l'horizon d'un règne des fins, c'est-à-dire d'un idéal, mais d'un idéal pratique, puisque l'enjeu est la conquête de la liberté par des citoyens, a des accents pré-kantiens. Et la vision de l'historien comme celui qui met au jour le travail de la raison *dans* l'histoire et qui est lui-même la meilleure expression, le phare, la vigie, de cette raison *de* l'histoire, a des accents hégéliens. Quoi qu'il en soit, le pauvre Théodon à qui le narrateur donne tous ces conseils s'affole : l'historien doit-il être un philosophe ? Le narrateur s'en défend : l'historien doit « être en état de faire un traité de morale, de politique et de droit naturel » mais, ajoute-t-il, « je ne veux pas qu'il le fasse ».

11 *Ibid.*, p. 386.
12 *Ibid.*, p. 387.

Il doit simplement, selon lui, en fournir les matériaux[13]. Il n'empêche, pour le narrateur comme pour Mably, l'historien est bien un philosophe en puissance, et peut-être même en acte, comme on va le voir dans *De l'étude de l'histoire à Monseigneur le Prince de Parme.*

On ne comprend pas cependant l'enjeu de *De la manière d'écrire l'histoire*, tout cet arsenal discursif et conceptuel déployé par Mably pour dresser ce portrait de l'historien idéal, si on ignore qu'il vise ici de façon extrêmement polémique Voltaire, l'historiographie voltairienne. En exigeant de l'historien, qu'il soit un jurisconsulte doublé d'un philosophe politique, c'est-à-dire au fait des constitutions et des lois des États, du droit naturel et des fins de la politique, en exigeant qu'il soit aussi un philosophe moral avec une connaissance approfondie du cœur humain et de la nature des passions, Mably pointe par anticipation tout ce que Voltaire n'est pas à ses yeux.

En effet, Voltaire méconnaît la logique des passions, se montre piètre philosophe moral, quand il prétend que « l'Europe ne serait qu'un vaste cimetière si la Philosophie n'avait étouffé le fanatisme et l'enthousiasme[14] » : car il ignore que le fanatisme s'use avec le temps, que les passions se combattent et se modèrent les unes les autres. Bien plus, il manque du sens psychologique le plus élémentaire quand il s'offusque de ce « que les chrétiens se livrèrent à la vengeance, lors même que leur triomphe sous Constantin devait leur inspirer l'esprit de paix ». Cidamon, l'interlocuteur du narrateur et de Théodon, raille : comment Voltaire peut-il ignorer que la prospérité accroît les espérances, les capacités de vengeance, et ne met pas fin aux ressentiments, mais leur donne plus d'assurance et de force[15] ? Sur le plan plus rationnel de la causalité historique, il se montre piètre analyste politique quand il ne tient pas compte du contexte socio-politique qui entoure l'avènement de Charles XII : du fait que le pouvoir despotique de son père n'avait pas réussi à étouffer l'élévation et la grandeur d'âme des règnes précédents[16]. Plus largement, Mably lui reproche de ne pas avoir le sens de la longue durée, dans sa continuité, sa complexité : son histoire, prête à tout sacrifier à une plaisanterie bouffonne, à une anecdote piquante et scandaleuse, n'a pas assez d'étendue ; sans arrêt interrompue par des détails, des railleries, une érudition gratuite et ridicule, elle ne

13 *Ibid.*, p. 388-389.
14 *Ibid.*, p. 394-395.
15 *Ibid.*, p. 390.
16 *Ibid.*, p. 501-503.

ressaisit pas la chaîne des événements ; elle n'est pas ce fil tendu qui relie les événements particuliers à une trame générale qui leur donne sens, valeur, portée politique et morale ; il n'a pas ce don de seconde vue de l'historien qui peut anticiper l'avenir à partir du présent et mettre en rapport la situation des peuples et des États avec la fin que la nature leur assigne[17].

Passons sur les règlements de compte de Mably contre Voltaire et d'autres. On retient que l'histoire ne peut être pour lui purement descriptive, immanente à son objet. Elle n'est pleinement objective, dans son examen attentif de la marche des passions et du principe de causalité, que si elle est porteuse d'un sens qui la dépasse, c'est-à-dire si elle comporte une vérité morale et politique qui nous élève au-dessus de nous-mêmes. L'histoire a pour charge de donner au citoyen du tempérament, du caractère, de l'inciter à la grandeur (la référence obligée à Plutarque). L'histoire n'a donc pas sa finalité en elle, n'est pas à elle-même son propre objet, elle conquiert sa pleine légitimité par les effets positifs, politiques et moraux, qu'elle doit produire. On ne peut étudier l'histoire humaine sans se poser la question de la raison à l'œuvre dans l'histoire et de la destination de l'homme. D'une certaine manière, on ne peut écrire l'histoire, sans vouloir la faire, comme va le montrer *De l'étude de l'histoire*[18].

DE L'ÉTUDE DE L'HISTOIRE COMME ÉCOLE DE MORALE ET DE POLITIQUE : DE L'HISTOIRE VERS UNE PHILOSOPHIE DU GOUVERNEMENT

L'autre ouvrage méta-historique de Mably, *De l'étude de l'histoire à Monseigneur le Prince de Parme*[19], semble d'emblée se présenter comme un manuel destiné à donner au prince des éléments d'épistémologie

17 *Ibid.*, p. 543-544.

18 L'historien modèle est donc celui qui sait ressaisir les causes, retracer les enchaînements des événements, mais aussi anticiper les développements possibles des nations et de leur gouvernement. Le prince qui doit s'élever à une connaissance équivalente à celle de l'historien, engager des réformes et avoir, bien plus que lui, un sens visionnaire, est d'une certaine manière un historien *en acte* : c'est ce que Mably tend à montrer dans *De l'étude de l'histoire*.

19 Voir *COC*, t. XII.

ou de méthodologie concernant l'étude de l'histoire universelle. Une sorte de complément pratique de *De la manière d'écrire l'histoire* à l'usage d'un prince qui se piquerait sinon d'en écrire, du moins d'en lire. Par son titre d'abord et aussi par celui de son second chapitre « Des vérités fondamentales auxquelles il faut s'attacher en étudiant l'histoire ». Mais il n'en est rien. Mably est repris par son tropisme irrépressible d'une histoire qui doit *faire sens*, qui doit avoir des « applications », sur le plan politique et moral. L'ouvrage tourne presque immédiatement, en effet, au bréviaire d'éducation politique et morale *ad usum delphini*. Le titre du premier chapitre en annonce d'ailleurs la couleur et le programme : « Que l'histoire doit être une école de morale et de politique ». On ne glosera pas sur les liens indissociables qu'il établit entre la politique et la morale : l'on renvoie aux *Entretiens de Phocion sur le rapport de la morale avec la politique*[20]. En fait, Mably bat en brèche la séparation machiavélienne des deux sphères, refusant ce qu'elle sous-entend : l'idée que la politique serait l'affaire exclusive des princes et que la morale ne serait qu'un conte à l'usage des peuples qu'ils voudraient soumettre[21]. Rétablir les droits de la morale dans la politique, c'est bien pour Mably restaurer les droits du peuple face au prince et à ses magistrats. Car c'est faire coïncider le champ de la politique avec celui de la morale sociale, des mœurs, c'est-à-dire avec la totalité des individus et l'ensemble de la nation[22].

---

20 Voir *COC*, t. X.

21 C'est l'idée que l'on trouve jusque chez Henri de Rohan, dans l'entourage des doctrinaires de la raison d'État, à travers sa maxime célèbre qui ouvre *De l'Intérêt des Princes et des États de la Chrétienté* (1634) et lui sert de thèse : « Les princes commandent aux peuples et l'intérêt commande aux princes. La connaissance de cet intérêt est d'autant plus relevée par dessus celle des actions des princes qu'eux-mêmes le sont par-dessus les peuples », autrement dit l'idée que les règles et les impératifs de la politique, qui incombent aux princes et aux grands, sont distinctes, voire exclusives, des lois de la morale et de l'obéissance, réservées aux peuples, car d'une tout autre nature. Mais il faut prêter attention au fait que cette « morale » commune que prône Mably n'est pas une morale purement individuelle, car sa philosophie n'est pas une philosophie du sujet : c'est une morale sociale, collective, qui s'apparente nettement dans les *Entretiens de Phocion* à un « règlement des mœurs ». En cela, elle est une transaction entre les impératifs de la politique et les exigences d'une morale personnelle (voir la note 24 de la page suivante). Toutefois, pour Mably, cette « morale » concerne effectivement autant, sinon bien davantage, les princes que les peuples (voir *De l'étude de l'histoire*, *COC*, t. XII).

22 Il y a sans doute chez Mably la claire conscience que la sécularisation de la sphère politico-sociale et la crise du sens et des valeurs de la monarchie absolutiste rendent nécessaire l'avènement d'une morale civile de substitution.

La morale, ou plutôt les mœurs sont premières, primordiales : l'idée du bien et du mal a nécessairement précédé l'établissement de la société et sans elle les hommes n'auraient pas imaginé de faire des lois[23], et dans l'état civil, certaines vertus demeurent « les fondements de la société et les principes du bon ordre[24] ». L'histoire est donc d'abord une « école de morale ». Dans le *Phocion*, Mably tire de son observation de l'histoire un certain nombre de principes moraux qui, à ses yeux, ont été les ferments des sociétés les plus prospères et les plus pérennes. Il les appelle les « vertus mères », comme pour souligner leur caractère constitutif, matriciel pour toute société : tempérance, amour du travail, amour de la gloire, amour de la patrie, mais transcendé par celui de l'humanité, enfin respect des dieux[25]. Ce mélange curieux, Mably le déduit non seulement de son observation de l'histoire mais d'une synthèse historique étonnante, mêlant éthique puritaine et esprit évangélique à un héroïsme antique stoïcien et cicéronien[26].

De l'étude de l'histoire part aussi de ce postulat que l'histoire est une école de morale. Mais comme il s'agit de donner des principes de gouvernement à un jeune prince, Mably insiste davantage sur les implications pratiques des vertus mères. L'histoire est une école de morale, mais aussi, indissociablement, une école de politique. Les exemples sont canoniques. Mably rappelle au prince « les institutions rigides de Lycurgue et la sagesse des Spartiates[27] ». Il lui met sous les yeux l'exemple de la Grèce : « Si vous avez vu avec plaisir la vengeance, le faste et toutes les forces de Xerxès venir se briser contre le courage, la discipline et la liberté des

23 Mably, Gabriel Bonnot de, *Des droits et des devoirs du citoyen*, *COC*, t. XI, p. 270.

24 Mably, Gabriel Bonnot de, *Entretiens de Phocion sur le rapport de la morale avec la politique*, *COC*, t. X, p. 144.

25 L'énoncé de ces « vertus mères » confirme que la « morale » dont traite Mably ne se pense pas uniquement sur un plan strictement individuel, mais coïncide avec un ordre social et implique une vision politique.

26 Dans cette synthèse historique curieuse – entre stoïcisme antique, héroïsme aristocratique, patriotisme républicain, le tout enveloppé dans un souci philanthropique et universaliste propre aux Lumières – « l'amour » et « la tempérance » semblent se mêler intimement, témoignant que, dans la vision de Mably, la politique des passions interfère avec celle de la raison : c'est d'ailleurs sur une certaine réhabilitation des passions mises au service de la raison politique que s'achève le *Phocion*.

27 Mably, Gabriel Bonnot de, *De l'étude de l'histoire*, *op. cit.*, p. 4-5. La vision édulcorée, idéalisée, de la « sagesse » des Spartiates s'accorde mal avec ce que les historiens nous ont appris de la dureté de la société lacédémonienne, impitoyable, eugéniste, oppressive et guerrière.

Spartiates et des Athéniens, vous serez certainement un grand prince[28]. » L'exemple romain, toujours moins percutant, fait cependant mieux sentir, dans la longue durée, la façon dont les mœurs et les institutions politiques progressent réciproquement :

> D'une foule de brigands ou d'esclaves fugitifs à qui Romulus avait ouvert un asile, vous voyez naître les maîtres du monde [...] Ils prennent peu à peu des mœurs, et en s'accoutumant à obéir aux lois religieuses de Numa, ils échappent à la ruine dont ils étaient menacés [...] La haine que leur inspire la tyrannie de Tarquin leur a donné la force de secouer le joug, et les prépare à prendre toutes les vertus qui accompagnent la liberté [...] Si l'orgueil et l'avidité des patriciens menacent encore la république d'une nouvelle servitude, on ne leur donne pas le temps d'affermir leur puissance ; bientôt des tribuns font connaître au peuple sa dignité, forcent peu à peu ses ennemis à fléchir sous les lois de l'égalité[29].

Des lois religieuses et des mœurs, puis des vertus et des lois civiles, dans un processus qui met aux prises les patriciens et les plébéiens, dont la cause finale est l'aspiration à la liberté, et l'enjeu l'égalité : tout Mably se trouve résumé dans cet exemple topique chez lui, d'une histoire idéalisée et réduite à ses linéaments, mais qui informe une bonne partie de sa philosophie politique. Les lois et les institutions ne sont rien sans les mœurs, mais des lois impartiales sont le soutien nécessaire de la raison, c'est-à-dire de la morale, contre les passions. Mably, toujours dans *De l'étude de l'histoire*, ajoute qu'il ne suffit pas d'être « vertueux », il s'agit aussi d'être « utile ». Il va donc énoncer pour le prince un certain nombre de principes de législation et de gouvernement. Là encore, le recours à l'histoire est massif[30].

---

28 *Ibid.*, p. 5. Sans doute faut-il entendre : « la discipline des Spartiates » et « la liberté des Athéniens ». La discipline et la liberté sont les deux critères qui servent respectivement de bornes à ces deux écueils que sont l'anarchie et le despotisme pour tout régime politique. Ces deux écueils constituent un lieu commun de la pensée politique, mais prennent un relief particulier dans l'œuvre de Mably, où ils sont comme les deux repoussoirs extrêmes de son système (*ibid.*, p. 81, p. 98, etc.).

29 *Ibid.*, p. 6.

30 La première partie, rappelant l'importance respective des trois éléments constitutifs des sociétés politiques (les lois, les magistrats, les citoyens), cerne tout ce qui assure et a pu assurer dans le passé la prospérité et la pérennité des nations et de leur gouvernement : la justesse des lois, le partage équilibré de la puissance publique entre le pouvoir législatif et le pouvoir exécutif, la façon dont les États se précautionnent contre les vices qui les menacent à l'intérieur, essentiellement pour Mably l'*avarice* et l'*ambition* ; la seconde partie recherche dans l'histoire ancienne et moderne et au regard de ces principes, des applications plus ou moins abouties ou viciées, des modèles plus ou moins imparfaits,

Mably déduit donc sa philosophie politique de ses « observations » de l'histoire, pas d'une fiction jusnaturaliste anhistorique. Il la tire de la démonstration que les États et les nations ont dû leur grandeur à une savante ingénierie morale, sociale et politique et ont décliné en y renonçant. Il ne nie pas la légitimité du droit naturel. Il se garde bien cependant de blâmer et d'idéaliser l'état de nature. Car si le sentiment du bien et du mal, du juste et de l'injuste ont préexisté à l'établissement de la société, l'état de nature n'avait pas le perfectionnement que les lois et « la machine du gouvernement politique » lui ont procuré pour « venir au secours de notre raison presque toujours impuissante contre nos passions[31] ». La politique est une construction, un processus renouvelé, continu, graduel, au fil de l'histoire : c'est ce que l'on peut appeler le constructivisme ou le volontarisme politique de Mably.

Les lois générales et impartiales sont au droit positif ce que l'égalité fondamentale des hommes est au droit naturel. Le législateur ou le prince doivent faire tendre autant que possible les lois et les institutions « à cette égalité pour laquelle la nature a fait les hommes[32] ». La politique telle que la conçoit Mably, cette savante ingénierie institutionnelle qui partage et pondère la puissance publique entre ses différents acteurs, est une *mimèsis* des rapports que le droit naturel a établis entre les hommes. Comme les lois impartiales sont les soutiens de la raison, et donc de la morale, contre les passions, la législation est la science de la régulation des passions. Et comme pour Mably « ce sont les passions, non pas l'évidence, qui gouvernent le monde[33] », cela donne la mesure du rôle insigne, ambitieux qu'il accorde à la science politique, et du coup à l'histoire qui en est comme la somme encyclopédique et didactique, le système presque unique de référence. Les deux passions primordiales auxquelles la science politique s'affronte, qu'elle doit réguler dans le monde comme dans son propre champ d'action, sont l'avarice et l'ambition[34]. Ce sont elles qui menacent, corrompent, détruisent la prospérité et la pérennité des

d'organisation juridico-politique ; la dernière évalue dans quelle mesure les principaux gouvernements de l'Europe ancienne et moderne, ont pu ou peuvent se réformer dans le sens d'une organisation d'équilibre des pouvoirs et d'égalité civile des citoyens.

31 Mably, Gabriel Bonnot de, *Des droits et des devoirs du citoyen*, *op. cit.*, p. 270-271.

32 Mably, Gabriel Bonnot de, *De l'étude de l'histoire*, *op. cit.*, p. 356.

33 Mably, Gabriel Bonnot de, *Doutes proposés aux philosophes économistes sur l'ordre naturel et essentiel des sociétés politiques*, *COC*, t. XI, p. 149.

34 C'est un leitmotiv de Mably : de larges sections sont consacrées au sujet dans la *Collection complète des œuvres*, en particulier dans *De la législation ou principes des lois*, *COC*, t. IX,

États ; elles qui, au sein même de leur plus grande prospérité, énervent, amollissent les vertus civiques des citoyens et détendent les ressorts de l'État. L'effondrement du modèle spartiate contaminé par les vices des autres Grecs après les guerres du Péloponnèse, l'esprit de démesure de Cyrus et des Perses accablés sous le poids de leur fortune, l'Athènes hellénistique de Phocion humiliée par Philippe et Alexandre, la chute de Carthage annoncée bien avant Capoue et puisant dans sa prospérité un orgueil démesuré, la lente décomposition de l'Empire romain par la tyrannie des empereurs, l'afflux du numéraire et les brigues des prétoriens. L'avarice est à prendre au sens fort de l'*avaritia* : elle subsume le goût du luxe, du faste, les dépenses somptuaires, la perversion d'une économie vouée aux arts inutiles ; l'ambition est aussi à prendre au sens originel de l'étymon *ambitus* : l'esprit d'intrigue, de parti, le cumul des charges, l'esprit de conquête. Les deux concepts se rejoignent : des magistrats devenus trop puissants, forment une aristocratie, et par la vénalité des charges et l'accumulation des richesses, une ploutocratie. Les deux concepts stigmatisent la logique d'accumulation primitive qui caractérisait déjà les États anciens, mais peut-être plus encore les États modernes, voués au commerce, à l'agiotage, à l'accaparement des richesses par les fermiers et les traitants.

On comprend que Mably doute fortement à la fois des vertus de la propriété foncière individuelle et du libre-échange, du « laissez passer, laissez faire » prôné par les physiocrates[35]. Dans *Doutes proposés aux philosophes économistes sur l'ordre naturel et essentiel des sociétés politiques* (1768), il dénonce la thèse de Le Mercier de la Rivière, selon laquelle il existerait un ordre naturel et essentiel des sociétés politiques marqué du sceau de « l'évidence » et dont la Chine représenterait le modèle : un despote suffisamment éclairé pour autoréguler naturellement sa puissance exécutrice tout en gardant la prérogative dans le domaine législatif, s'appuyant sur une classe instruite de magistrats et de fonctionnaires, interprète fidèle de son évidence, et une masse ignorante à qui on inculquerait la foi dans l'évidence de ce pouvoir autorégulé[36].

p. 92-239, aussi bien que dans les *Entretiens de Phocion sur le rapport de la morale avec la politique*, t. X, ou dans *De l'étude de l'histoire*, t. XII.

35 Voir, sur cette dernière question, l'opuscule posthume *Du commerce des grains*, *COC*, t. XIII, p. 242-298.

36 Mably, Gabriel Bonnot de, *Doutes proposés aux philosophes économistes sur l'ordre naturel et essentiel des sociétés politiques*, *COC*, t. XI, p. 58.

Mably ne condamne pas seulement un ordre qui dépossède les citoyens de leur capacité politique, avec un pouvoir législatif aux ordres d'un despote. Plus largement, il craint les conséquences d'une dissolution, d'une entropie du politique : un système qui dissoudrait le lien politique et social dans l'intérêt privé, les passions individuelles et dépolitiserait une société vouée à la poursuite des plaisirs matériels et immédiats. La hantise de Mably, c'est la dépolitisation, la désertion de la société hors du politique. Plus profondément, il dénonce une anthropologie où les hommes sont traités comme des entités physiques gouvernées par les lois constantes et immuables d'une évidence qui les dominerait et auxquels ils seraient soumis. Comme si une sorte de main invisible, dispensatrice d'un ordre naturel et essentiel, apolitique et anhistorique, les gouvernait. Contre cette vision, Mably ne va cesser d'historiciser son discours, en montrant comment l'histoire est un théâtre mouvementé où les « qualités sociales » des hommes combattent, essentiellement par des lois impartiales, la force et l'aveuglement de leurs passions, ainsi que les dérives despotiques de leurs souverains.

Après des lois impartiales, pour Mably, la principale parade constitutionnelle pour réguler ces passions délétères pour l'ordre politique, que sont l'avarice et l'ambition, c'est le partage de l'autorité, de la puissance publique. Une grande partie des maux de l'histoire politique provient des efforts continuels de la puissance exécutrice, pour s'emparer de la puissance législative. La grande affaire de la politique est donc de tenir la puissance exécutrice distincte, quoique sous la dépendance de la puissance législative[37]. Les magistrats ne doivent avoir aucune part à la puissance législative, ils doivent répondre de leur conduite devant elle, et le peuple, à travers les États généraux, doit veiller constamment à ne

37 *Ibid.*, p. 133-153. La puissance législative doit diriger et contrôler la puissance exécutrice, car si c'est l'inverse, si l'exécutif est au-dessus des lois, on aboutit au « despotisme arbitraire ». Pour autant, la puissance exécutrice ne peut être totalement inféodée à la puissance législative au point de se confondre avec elle et d'en revêtir toute la force, sinon elles se confondent, et l'on tend alors à ce que Mably appelle le « despotisme légal » – despotisme légal qu'il identifie constamment à la monarchie constitutionnelle anglaise et qu'il ne cesse de critiquer, s'opposant sur ce point à Montesquieu. Mably plaide donc pour une nette distinction des pouvoirs, dans le cadre d'un « gouvernement mixte » (la puissance législative confiée au corps entier de la nation, contrôlant une puissance exécutrice répartie entre différents magistrats), associant les avantages du gouvernement populaire et ceux de l'aristocratie, mais où la pluralité des citoyens législateurs tient en lisière une pluralité de magistrats exécutants aux attributions bien définies. Voir également Mably, Gabriel Bonnot de, *De l'étude de l'histoire*, *op. cit.*, p. 46-62.

pas en être dépouillé par eux. Il convient donc de partager également la puissance exécutrice. Il faut des magistrats peu puissants individuellement, du moins en dehors de leur stricte attribution. Il faut donc qu'ils aient des départements séparés, des attributions distinctes. Il les faut nombreux et multiples, qu'ils soient cependant dans une dépendance réciproque. Il convient aussi que leurs mandats soient électifs et de courte durée, etc. Là encore, l'histoire ancienne présente un modèle canonique, celui de la république romaine avec ses magistratures nombreuses[38]. Et pour l'histoire moderne, Mably incline naturellement vers tous les modèles fédéraux, collégiaux, électifs de gouvernement (cantons suisses, Provinces-Unies, république de Venise…), modèles plus ou moins aboutis, mais qui mettent en œuvre le processus qui tend à la liberté et à l'égalité civile.

L'ANTHROPOLOGIE MORALE ET POLITIQUE DE MABLY : ENTRE VISION IDÉALISÉE ET RÉALISME HISTORIQUE

La vertu paradoxale de l'histoire est de montrer vers quoi l'on peut tendre (et cette tension est importante, car elle est le « ressort » même de l'histoire) et ce qui n'est pas pour le moment réalisable (cette inertie qui rend le changement historique, la réforme nécessaire). Il y a donc une tension dans la réflexion de Mably appliquée à l'histoire, entre la réalité historique et ses acteurs réels d'une part, l'idéalité philosophique d'une histoire projetée d'autre part.

Le temps long esquisse pour chaque nation et chaque peuple un horizon des possibles. Cet horizon, Mably le situe entre d'une part, leur situation de départ, héritage d'un passé, d'une tradition politique, d'autre part, tout ce qui peut amender, réformer leur gouvernement dans le sens des fins que la nature assigne à l'action politique : la liberté

38 *Ibid.*, p. 61. On retrouvera ailleurs, et de plus en plus, cette idée d'une nécessaire division de la puissance : voir, par exemple, Mably, Gabriel Bonnot de, *Des droits et des devoirs du citoyen*, *op. cit.*, p. 460-503, en particulier la section finale, « Du partage de la puissance exécutrice en différentes branches ».

des acteurs politiques, institutions et individus. L'histoire le démontre : tous aspirent à une plus grande liberté, y tendent plus ou moins nécessairement, avec plus ou moins de bonheur. C'est sans doute l'aspect le plus idéaliste de la pensée constructiviste de Mably, bien qu'il tâche toujours de s'appuyer sur l'histoire[39].

La pensée de Mably oscille donc entre l'idéalisation d'une histoire qui traduit l'aspiration des peuples à la liberté, et une prise en compte réaliste, plus ou moins déceptive, d'une histoire freinée, entravée par la lourdeur, l'inertie de traditions politiques fortement différenciées. On objectera que quiconque réfléchit à cette totalité humaine qu'est l'histoire est forcé de lui trouver à la fois un sens, un mouvement, une intentionnalité et des formes d'anomie liées au hasard ou à la force d'inertie des choses et des êtres. Mais chez Mably, la juxtaposition de l'idéalisation, de la projection visionnaire et celle de l'examen objectif, réaliste, parfois pessimiste, des conditions particulières des princes et des États sont frappantes et retiennent de le considérer unilatéralement comme un utopiste.

On pourrait prendre des dizaines d'exemples de l'oscillation de Mably entre une tentation de repli pragmatique ou sceptique, et une posture philosophique volontariste, laquelle l'emporte, mais au prix d'une sorte de confrontation dialectique qui les dépasse (d'où la forme dialogique et didactique de ses œuvres[40]).

Le système monarchique ou le principat, dans leurs formes plus ou moins modérées, restent le point aveugle, l'axiomatique, à partir duquel les penseurs, même de la seconde moitié du XVIIIe siècle, sont obligés de penser la réforme politique. Ainsi, quand Mably inculque au petit duc de Parme des principes de politique et lui inspire à travers l'histoire des différents gouvernements en Europe, un esprit de réforme, il ne peut exiger de lui qu'il accomplisse une table rase : il peut l'inciter à établir

39 Pour Mably, les progrès de la liberté politique, entraînent, conditionnent ceux de l'égalité civile. Il n'y a pas d'antinomie entre la liberté et l'égalité, car il n'y a de liberté que réciproque, dans la réciprocité des droits et des devoirs des citoyens. Voir l'introduction de Marc Belissa à Mably, Gabriel Bonnot de, *Du gouvernement et des lois de la Pologne*, Paris, Kimé, 2008 : « la réciprocité de la liberté entre les citoyens fonde l'égalité politique », p. 94.

40 Il y aurait lieu de s'interroger sur la façon dont la forme dialogique, qui domine les deux tiers de l'œuvre de Mably et qui peut prendre, ou même superposer, différentes formes (entretiens, lettres, cours, réfutations, etc.), participe de cette volonté d'élargissement et d'objectivation de la réflexion historique et philosophique.

l'égalité civile entre les citoyens, mais non pas une égalité des fortunes et des conditions, une suppression de tous les ordres et privilèges, un corps législatif tout puissant dont il ne serait que le garant et l'administrateur, une dissolution de sa cour et de sa maison[41]. Bien que foncièrement hostile au despotisme légal à l'anglaise et au despotisme éclairé, contrairement à Voltaire et même à Diderot, Mably continue de ne penser la réforme qu'à partir de l'autorité souveraine d'un prince législateur. La décision politique ne peut se passer d'une théologie politique, d'un premier moteur, d'un souverain législateur qui donne l'impulsion et montre la voie. Mably loue les figures de monarques réformateurs – Charlemagne, Charles-Quint, Pierre le Grand, Gustave Adolphe de Suède – même si aucun ne trouve totalement grâce à ses yeux[42]. Il ne cesse, à tout le moins, d'invoquer les jurisconsultes antiques, Lycurgue, Solon, Clisthène et autre Phocion. C'est donc à partir de figures individuelles qu'il initie sa volonté de réforme. En même temps, comme Diderot, il se pose aussi la question et doute de la conservation, de la pérennité des réformes engagées par un prince éclairé : un tel prince peut engager des réformes considérables, changer la face des choses, mais qu'en sera-t-il de son successeur, de sa postérité ? Et c'est par ce biais que Mably réaffirme, légitime au fond son constructivisme politique, son républicanisme, sa conviction qu'un État gouverné selon des lois impartiales et un partage équilibré de la puissance publique peut durer éternellement, contestant l'idée de Rousseau selon laquelle les civilisations sont mortelles, comme le sont les hommes[43].

Il est une autre perspective par laquelle Mably compense son idéalisation apparente par un réalisme politique insoupçonné. La morale sociale qu'il appelle de ses vœux et dont il fait le fondement des lois et des institutions semble décliner les principes d'une sorte de catéchisme républicain bien-disant et irénique, à travers ce qu'il appelle les « vertus mères » : tempérance, amour de travail, amour de la gloire, amour de la patrie subsumé par l'amour de l'humanité, enfin respect des dieux.

41 Mably, gage de son réalisme historique, a un sens aigu de ce que l'on appellerait aujourd'hui la transition républicaine et démocratique, dont il tente de donner les clés, au sein des « monarchies » mêmes, comme dans les États prétendument « libres ». En dehors de *De l'étude de l'histoire*, voir *Des droits et des devoirs du citoyen*, *op. cit.*, notamment les Lettres 5 et 6, p. 388-459.

42 On se reportera aux éloges qu'il adresse à ces souverains dans *De l'étude de l'histoire*, *op. cit.*

43 *Ibid.*, p. 77-78.

Mais ce vertueux programme, mêlant stoïcisme cicéronien et puritanisme chrétien laïcisé, vaut moins par ses détails que par l'intention qu'il manifeste. Mably esquisse le programme d'un « art social », dont l'idée sera reprise par Sieyès[44], mais aussi par des idéologues comme Garat[45]. En jugeant de l'efficacité des lois par les mœurs et les vertus qui les sous-tendent, Mably oriente nos esprits vers les liens entre éthique et politique : entre d'une part, la « puissance » politique, d'autre part l'organisation éthique, les « qualités sociales » des individus. Il préfigure ainsi ce que la sociologie appelle, depuis Max Weber, un « individualisme méthodologique » dans l'approche des sociétés politiques[46]. L'art social de Mably, peut être vu comme une anticipation d'une forme de proto-sociologie, au fond assez réaliste, d'autant plus qu'elle fonde sa légitimité sur ses « observations » de l'histoire.

Toute la pensée de Mably est sous-tendue par la conviction que l'histoire passive, objective a un sens qui renouvelle d'âge en âge, et actualise toujours davantage, l'exigence de liberté des peuples. Mably pense donc, à plus forte raison, que le rôle d'une histoire active, en tant que discipline, est de connaître, d'avoir en ligne de mire, « la fin que la politique doit se proposer », c'est-à-dire le bonheur auquel la nature destine l'homme, cette aspiration à la liberté qui est sa promesse. L'historien doit donc chercher dans quelle mesure les princes et les peuples se rapprochent ou s'écartent de cette fin, de ce but que la nature leur assigne. Pour cela, il doit bien connaître le sens de leur organisation politique, de leur constitution, de leur législation, mais il doit prendre en compte

---

44 L'influence de Mably sur Sieyès est connue. Voir Charles Philippe Dijon de Monteton, « Der lange Schatten des Abbé Bonnot de Mably. Divergenzen und Analogien seines Denkens in der Politischen Theorie des Grafen Sieyès » dans *Volkssouveränität und Freiheitsrechte. Emmanuel Joseph Sieyes' Staatsverständnis*, dir. U. Thiele, Baden-Baden, Nomos, 2009, p. 43-110.

45 Voir, par exemple, le préambule du projet de journal de Garat, *Journal politique et philosophique ou considérations périodiques sur les rapports des événements du temps avec les principes de l'art social* (février-avril 1795), qu'il présente comme un organe civique de participation politique citoyenne et un instrument d'édification morale et sociale, dans le contexte de normalisation qui suit le 9 Thermidor. Il est clair que Garat, dans ce contexte, puise dans l'histoire immédiate, non pas dans l'histoire longue, comme Mably, ses principes d'une sociologie appliquée et prescriptive.

46 C'est naturellement à Max Weber que l'on pense quand il est question du lien entre l'éthique, les normes morales, sociales, et les systèmes d'organisation idéologico-politiques qu'elles favorisent.

aussi les mœurs, le cœur humain, les passions. L'histoire a un sens et l'historien doit le déceler, démêler la part de raison politique, de vertus civiques et de passions nécessaires ou délétères qui animent un État. Parce que l'histoire a un sens, il n'y a d'histoire que philosophique. Et parce que l'histoire a un sens, Mably refuse le fatalisme, le lieu commun d'une histoire cyclique qui ferait et déferait les empires, la « fatalité aveugle » qui les vouerait au déclin et à une mort certaine[47]. En cela, il se différencie nettement de Rousseau[48]. Mais parce qu'il pense aussi que la fin de la politique passe nécessairement par l'établissement de lois justes, générales et impartiales, l'équilibre entre un pouvoir législatif suffisamment fort et un pouvoir exécutif suffisamment efficace, mais qui lui serait subordonné, bref un droit positif universalisable, Mably se montre également hostile au relativisme, au polythéisme des valeurs, à l'abandon de ce qu'il pense être les fondements moraux, nécessaires et incontournables de la politique[49]. C'est par ce fondamentalisme moral, la conviction raisonnée que le gouvernement et les lois ne sont

47 Mably, Gabriel Bonnot de, *De l'étude de l'histoire*, *COC*, t. XII, p. 16-17 : « Perses, Égyptiens, Grecs, Macédoniens, Carthaginois, Romains, tous ces peuples sont détruits. Leurs prospérités, leurs disgrâces, leurs révolutions, leur ruine ne devraient-elles être considérées que comme les jeux d'une fatalité aveugle ? Ne rapporterons-nous de leur histoire, monseigneur, que la triste et fausse conviction que tout est fragile, que tout cède au coup du temps, que tout meurt, que les états ont un terme fatal, et quand il approche, qu'il n'y a plus ni sagesse, ni prudence, ni courage, qui puissent les sauver ? Non. Chaque nation a eu le sort qu'elle devait avoir : et quoique chaque état meure, chaque état peut et doit aspirer à l'immortalité [...]. Aucun état florissant n'est déchu qu'après avoir abandonné les institutions qui l'avaient fait fait fleurir ; aucun état n'est devenu heureux qu'en réparant ses fautes et corrigeant ses abus. La fortune n'est rien, la sagesse est tout ; et ces grands événements rapportés dans l'histoire ancienne et moderne, et qui nous effraient, seront autant de leçons salutaires si nous savons en profiter ».

48 Rappelons que les doutes de Rousseau sur la pérennité des États, *dans l'histoire*, ne sont pas étrangers à sa conception de l'histoire, *en tant que discipline*, empreinte de scepticisme. Voir Rousseau, Jean-Jacques, *Émile ou de l'éducation* (1762), liv. IV, Paris, Garnier Flammarion, p. 309-310 : Rousseau y présente sa vision d'une histoire toujours partiale et partielle, trop sélective et subjective, n'envisageant que le travail du négatif et les crises, incapable de ressaisir la multiplicité des causes dans le flux des événements. Ce n'est évidemment pas le point de vue de Mably qui fait de l'étude de l'histoire, informée par la connaissance du droit naturel, une école de morale et de politique.

49 On le voit récuser aussi nettement la « théorie des climats » de Montesquieu, non pas dans son aspect descriptif, lié aux variations des passions – car Mably reconnaît qu'elles peuvent effectivement différer d'une région du monde à une autre – mais dans ses implications politiques : l'élaboration d'un droit positif universalisable peut et doit, pour Mably, transcender ces variations. Voir Mably, Gabriel Bonnot de, *De l'étude de l'histoire*, *op. cit.*, chap. 7, p. 96-97.

rien sans les mœurs, que Mably échappe paradoxalement au reproche d'idéalisme puisque les vertus politiques se mesurent alors à l'aune des mœurs domestiques, des qualités particulières des individus, et que les individus constituent effectivement l'unité élémentaire et objective du corps social, surtout s'ils sont des citoyens de droit[50]. S'il y a une idéalisation chez Mably, elle est dans l'aspiration et l'appel à un rigorisme moral, et non dans le lien nécessaire qu'il établit entre d'un côté, une éthique morale et sociale et de l'autre, une science politique et juridique[51]. Mais pour Mably, l'historien doit justement contribuer à l'élévation du sens moral, en montrant le rôle de la raison politique et des « vertus mères » dans la prospérité et la conservation des États.

Pierre BONNET
Université de Tours (ICD)

50 Voir Mably, Gabriel Bonnot de, *Des droits et des devoirs du citoyen*, *COC*, t. XI.

51 Sur le versant juridique de ce lien, voir Mably, Gabriel Bonnot de, *De la législation ou principes des lois*, *COC*, t. IX ; sur son versant politique, voir les *Entretiens de Phocion*, *COC*, t. X.

DE L'ANECDOTE HISTORIQUE À L'ÉCRITURE BIOGRAPHIQUE CHEZ MADAME D'ARCONVILLE

Née en 1720 à Paris et morte en 1805 au terme d'une très longue vie, Marie Geneviève Charlotte Thiroux d'Arconville est une auteure polygraphe dont les ouvrages se seront succédé pendant près d'un demi-siècle au gré d'une activité aussi foisonnante qu'éclectique. « Science, histoire, morale, littérature, tout était de son ressort », comme le souligne en 1820 une *Biographie nouvelle des contemporains*[1]. Femme de sciences, elle se signale ainsi par la publication d'un *Essai pour servir à l'histoire de la putréfaction*, cet imposant cahier de laboratoire attestant d'autant plus de ses qualités de chimiste que ses expériences la conduisent à formuler une hypothèse promise à un brillant avenir, celle suivant laquelle la décomposition des matières organiques résulte du « contact avec l'air extérieur[2] ». Femme de lettres, elle cultive presque tous les genres, depuis la poésie et le théâtre jusqu'au roman[3], et publie notamment

1 Arnault, Antoine Vincent, *et al.*, *Biographie nouvelle des contemporains, ou Dictionnaire historique et raisonné de tous les hommes qui, depuis la Révolution française, ont acquis de la célébrité par leurs actions, leurs écrits, leurs erreurs ou leurs crimes, soit en France, soit dans les pays étrangers*, Paris, Librairie historique, 1820, vol. 1, p. 234.

2 Arconville, Marie Geneviève Charlotte, Thiroux d', *Essai pour servir à l'histoire de la putréfaction*, Paris, Didot le Jeune, 1766, p. 546. Sur cet ouvrage, voir, en particulier, Élisabeth Bardez, « Madame d'Arconville a-t-elle sa place dans la chimie du XVIIIe siècle ? », *Madame d'Arconville, moraliste et chimiste au siècle des Lumières. Édition critique*, éd. M. A. Bernier et M.-L. Girou Swiderski, Oxford, Voltaire Foundation, « Oxford University Studies in the Enlightenment », 2016, p. 161-182.

3 Arconville, Marie Geneviève Charlotte, Thiroux d', *L'Amour éprouvé par la mort ou Lettres de deux amants de vieille roche*, Paris, Jean-Baptiste-Guillaume Musier (1763), *Mémoires de Mademoiselle de Valcourt*, Paris, Lacombe (1767), titres auxquels s'ajoutent ses très nombreuses traductions d'œuvres romanesques, telles les *Lettres d'un Persan en Angleterre, ou Nouvelles lettres persanes* de George Lyttelton (trad. M. G. C. Thiroux d'Arconville, Londres, Costard, 1770) ou encore dramatiques, telles le célèbre *Opéra des gueux* de John Gay (trad. M. G. C. Thiroux d'Arconville, Londres, John Nourse, 1767), sans compter plusieurs petites pièces restées inédites.

plusieurs essais où se perpétue l'esprit des moralistes du XVIIe siècle, qu'il s'agisse d'ouvrages comme *De l'amitié* (1761), ou encore *Des passions* (1764). Historienne, enfin, elle fait paraître trois biographies : une *Vie du cardinal d'Ossat* en 1771, une *Vie de Marie de Médicis* en 1774 et une *Histoire de François II* en 1783[4].

À l'occasion de chacun de ces trois livres, la méthode à laquelle recourt Madame d'Arconville se fonde sur une thèse majeure, celle du pyrrhonisme historique, qu'elle justifie en ces termes dans sa préface à l'*Histoire de François II* : « En effet, nous voyons sous nos yeux les événements les plus importants être racontés d'une manière différente par les personnes mêmes qui en ont été les témoins : il n'est pas possible que cette contradiction dans les récits de faits arrivés de nos jours ne nous porte à douter de ceux qui ne nous sont transmis qu'au bout de plusieurs siècles, et qu'il nous est impossible de vérifier[5] ». Si cette observation « entraîne nécessairement dans le pyrrhonisme[6] », c'est aussi dans la mesure où l'écriture de l'histoire exige un sens du discernement critique qu'éveille et éclaire le souvenir des moralistes classiques. Chez Madame d'Arconville, tout témoin est d'abord et avant tout un homme, c'est-à-dire un être qu'aveuglent des passions égoïstes et dont les intérêts se dissimulent sous des discours apprêtés. Ceux « qui ont la faveur du maître ou de ses ministres » ne sont-ils pas toujours « les apologistes du gouvernement[7] » ? À l'inverse, le « mécontentement rend misanthrope et nous porte à blâmer tout ce qui s'oppose à nos projets[8] ». Au reste, pareil scepticisme est l'une des attitudes les mieux partagées de l'historiographie des Lumières. Comme l'a déjà relevé Bertrand Binoche, Pierre Bayle ne considérait-il pas que l'histoire était surtout utile en tant que « gros recueil de faussetés historiques bien avérées[9] » ? Et Voltaire,

---

4 Arconville, *Vie du cardinal d'Ossat*, Paris, Herissant le fils, 1771 ; *Vie de Marie de Médicis*, Paris, Ruault, 1774 ; *Histoire de François II*, Paris, Belin, 1783. Sur cette œuvre d'historienne, voir Nicole Pellegrin, « "Ce génie observateur". Remarques sur trois ouvrages historiques de Madame Thiroux d'Arconville », *Madame d'Arconville. Une femme de lettres et de sciences au siècle des Lumières*, éd. P. Bret et B. Van Tiggelen, Paris, 2011, p. 135-146.

5 Arconville, Marie Geneviève Charlotte, Thiroux d', *Histoire de François II*, Paris, Belin, 1783, p. XIV-XV.

6 *Ibid.*, p. XIV.

7 *Ibid.*

8 *Ibid.*

9 Bayle, Pierre, « Projet d'un dictionnaire critique (1692) », *Dictionnaire historique et critique*, 5e éd., Amsterdam, Cie des Libraires, 1734, t. 5., p. 711 ; cité par Binoche, Bertrand,

dans l'article « Histoire » de l'*Encyclopédie*, ne s'écriait-il pas : « [D]ans les faits les plus reçus, que de raisons de douter[10] » ?

En même temps, ce pyrrhonisme historique s'affirme, pour l'essentiel, tel un scepticisme méthodologique. À ce titre, il invite moins Madame d'Arconville, comme elle l'écrit dans son *Histoire de François II*, à « ranger l'histoire dans la classe des romans » qu'à travailler avec toute la rigueur possible à l'établissement des faits, en interrogeant notamment des documents « qu'on ne puisse révoquer en doute », c'est-à-dire « les pièces mêmes conservées dans les archives ou dans les bibliothèques[11] ». Si pareille démarche exprime un sens éminemment moderne de la critique des sources, l'enquête historique ne saurait pourtant se borner aux seules archives, dans la mesure où « tous les événements ne s'y trouvent pas[12] ». Aussi l'historien doit-il également recourir, soutient encore Madame d'Arconville, « aux Mémoires particuliers », s'il veut s'instruire de « ces détails, minutieux en apparence, de la conduite des Princes dans leur vie privée, [...] cause souvent primordiale des événements les plus importants[13] ». De fait, c'est dans ces Mémoires que « nous voyons [...] *les Grands en bonnet de nuit*, toutes leurs petites intrigues pour les plus minces objets, qui cependant les occupent sérieusement, les misères les plus puériles dont ils devraient rougir, en un mot, ce qui nous peint l'homme dans toute sa nudité[14] ».

Or, comme l'a montré Karine Abiven dans un ouvrage récent, pareil souci du vrai s'illustre en particulier dans l'anecdote, qui est l'une des modalités par excellence de l'écriture mémorialiste, dans la mesure

« Montesquieu et la crise de la rationalité historique », *Revue germanique internationale*, Paris, 1/1995, p. 37.

10 Voltaire, art. « Histoire », *Encyclopédie, ou Dictionnaire raisonné des arts, des sciences et des métiers*, éd. D'Alembert et Diderot, Neuchâtel, Samuel Faulche et compagnie, 1765, t. 8, p. 224.

11 Arconville, *Histoire de François II*, *op. cit.*, p. XV.

12 *Ibid.*, p. XV.

13 Arconville, Marie Geneviève Charlotte, Thiroux d', « Des caractères » (vol. 7, p. 36-79), « Des souvenirs » (vol. 7, p. 334-350), « Mes souvenirs » (vol. 9, p. 327-366), « Parallèle entre Charles Ier, roi d'Angleterre, et Louis XVI, roi de France » (vol. 12, p. 158-279), « Sur différents caractères » (vol. 9, p. 312-327), « Sur la mélancolie » (vol. 1, p. 97-109), « Sur la reconnaissance et l'ingratitude » (vol. 1, p. 79-83), « Sur le caractère » (vol. 4, p. 78-90), « Sur les caractères » (vol. 11, p. 260-283), « Sur l'histoire » (vol. 1, p. 224-236), « Sur ma mélancolie » (vol. 6, p. 3-18), *Pensées, réflexions et anecdotes*, Ottawa, Bibliothèque de l'université d'Ottawa, Archives et collections spéciales, collection Charles-Le Blanc, 1801-1805, 12 vol. manuscrits. Vol. 1, p. 230-231.

14 *Ibid.*, p. 232-233 ; c'est l'auteure qui souligne.

où la valeur que revendique ce bref « récit [...] de quelque trait ou fait particulier[15] » tient également à l'authenticité et à la véridicité dont se réclament justement les Mémoires. Aussi souhaiterais-je examiner à mon tour la manière dont cette « fabrique du petit fait vrai[16] » s'intègre à l'écriture historique et biographique, mais afin d'insister surtout sur l'extrême complexité des rapports qu'entretiennent recours à l'anecdote et recherche de la vérité. Voilà, en effet, l'une des questions fondamentales que pose, comme on le verra, l'un des grands textes que Madame d'Arconville a consacrés à la Révolution française et dont le titre annonce déjà le programme : « Parallèle entre Charles Ier, roi d'Angleterre, et Louis XVI, roi de France[17] »

PARALLÈLE HISTORIQUE ET ART DE L'ANECDOTE

Ce parallèle entre Charles Ier et Louis XVI figure, rappelons-le brièvement, dans le douzième volume des manuscrits inédits que Madame d'Arconville a rédigés au cours des quatre dernières années de sa vie. Considérés « comme perdus[18] » par la critique universitaire du XXe siècle, ces textes forment un imposant massif qui, sous le titre de *Pensées, réflexions et anecdotes*, regroupe plus de deux cents essais appartenant aux genres les plus divers, depuis la critique littéraire et le récit autobiographique jusqu'à l'essai de morale et, bien sûr, l'anecdote historique. Émaillée de nombreuses péripéties assurément dignes de toutes les histoires de manuscrits trouvés que chérissait tant le XVIIIe siècle, la redécouverte – récente et improbable – de ces écrits aura permis à ma collègue Marie-Laure Girou Swiderski et à moi-même de publier un premier volume de textes choisis en 2016. Dans un second volume, le lecteur découvrira,

15 Académie française, *Dictionnaire*, 6e éd., Paris, Firmin Didot, 1835, t. 1, p. 74.

16 Abiven, Karine, *L'anecdote ou la fabrique du petit fait vrai, Un genre de récit miniature, de Tallemant des Réaux à Voltaire (1650-1756)*, Paris, Classiques Garnier, 2015.

17 Arconville, *Pensées, réflexions et anecdotes*, *op. cit.*, vol. 12, p. 158-279.

18 Grente, George, « Arconville, Marie Geneviève Charlotte d'Arlus, Thiroux d' », *Dictionnaire des lettres françaises. Le XVIIIe siècle*, éd. F. Moureau, Paris, Fayard et Librairie générale française, 1995, p. 81.

entre autres curiosités, un parallèle entre Charles Ier et Louis XVI, dont l'intérêt éminent tient pour une bonne part au fait que, bien malgré elle, Madame d'Arconville se sera retrouvée au cœur de la dynamique révolutionnaire. C'est ainsi que l'un de ses fils est lieutenant-général de police de Paris au moment de la prise de la Bastille ; que Malesherbes, alors qu'il assurait la défense du roi pendant son procès, « venait tous les soirs, en sortant du Temple, chez [la sœur de Madame d'Arconville] qui était son amie intime depuis longtemps, pour y décharger son cœur[19] » ; que Madame d'Arconville elle-même sera incarcérée à Picpus pendant la Terreur, etc.

À l'évidence, voilà une historienne du temps présent qui aura été un témoin privilégié de l'événement. Aussi son parallèle, en faisant partout entendre les accents de la mémorialiste qui se souvient, s'écrit-il souvent dans l'oubli de quelques-unes des dimensions constitutives du modèle rhétorique présidant à l'écriture de ce genre depuis les *Vies parallèles* de Plutarque. Suivant cette tradition, l'écriture biographique et, plus généralement, historique se donnait pour tâche de démêler les mérites d'un personnage à la faveur d'une comparaison systématique invitant à considérer la ressemblance par-delà la différence et la différence par-delà la ressemblance. À ce titre, le parallèle s'affirme comme un genre qui est fondé sur une logique du rapprochement analogique et dont la fonction est, le plus souvent, épidictique. Par exemple, lorsqu'au début du XVIIe siècle, le duc de Sully publie ses *Parallèles de César et de Henry le Grand*, il s'agit de faire paraître le roi sous la figure d'un nouveau César, afin de tirer de cette comparaison flatteuse le sens historique d'un règne où aura triomphé, contre les dissensions qu'avaient suscitées les guerres civiles, la cause de l'État monarchique. Cinq ans après le régicide commis par Ravaillac, Sully y adopte les accents d'un éloge funèbre où la référence césarienne s'épanouit même dans un plus vaste récit mettant en parallèle le destin de Rome et celui de la France, comme en témoignent ces vers sur lesquels se conclut le poème :

> César laissa Auguste en sa minorité,
> Qui eut tant de courage et d'autorité,
> Qu'il fit périr de fer, de rage et de misère,
> Ceux qui s'étaient mêlés du meurtre de son père.

---

19 Arconville, *Pensées, réflexions et anecdotes*, *op. cit.*, vol. 12, p. 270.

> [...]
> Henry nous a laissé son fils encor mineur
> Lequel tout plein d'esprit, de vertu, de bonheur,
> [...]
> Rétablira les siens, les armes et les lois,
> Et l'antique grandeur de l'empire françois :
> Si qu'unissant en lui la gloire et la clémence,
> Le siècle d'or prendra sous son règne naissance[20].

Au couple que formaient Henri IV et César succède donc celui que formeront Louis XIII et Auguste. À la faveur de ce prolongement augustéen, promis à une éclatante fortune sous Louis XIV et qui invite à relire l'histoire de la monarchie française à la lumière de la référence antique, romaine et impériale, tout l'art du parallèle consiste à faire en sorte que l'épidictique se déploie dans le narratif, comme l'a déjà observé Louis Marin[21] à propos des termes dans lesquels le problème de l'écriture de l'histoire se pose à l'historiographe du roi. En regard de ce récit se trouvent dès lors mis en parallèle un passé magnifié et un présent qui s'emploie à imiter sa gloire, cette logique du rapprochement analogique constituant, pendant tout l'âge classique, une sorte de mode fondamental du régime de narrativité qui orchestre la mise en scène du pouvoir.

Chez Madame d'Arconville, le parallèle, pourtant, n'a guère vocation à la célébration du pouvoir et répond plutôt à la difficulté de comprendre un événement sans précédent. Dans ce contexte où le choix d'un genre tel celui du parallèle semble d'abord commandé par une crise de la conscience historique, le régime de narrativité que privilégie Madame d'Arconville se détourne pourtant d'une écriture de la comparaison suivie et néglige ainsi les possibilités heuristiques de l'analogie, comme le montre le fait qu'elle ne consacre à l'histoire de Charles Ier que vingt pages à peine sur un grand total de quelque cent vingt. Certes, elle

---

20 Sully, Maximilien de Béthune, duc de, *Parallèles de César et de Henry le Grand*, Paris, Toussaint Du Bray, 1615, dans Petitot, M., *Collection des Mémoires relatifs à l'histoire de France*, Paris, Foucault, 1821, t. 8, p. 451-452. Les *Parallèles* de Sully s'inspirent d'un ouvrage de Jean Baudoin (1584-1650), paru sous le pseudonyme d'Antoine de Bandole et sous le titre de *Parallèles de César et d'Henri IV* (Paris, Richer, 1600). Sur ces textes, voir Jochen Schlobach, *Zyklentheorie und Epochenmetaphorik. Studien zur bildlichen Sprache der Geschichtsreflexion in Frankreich von der Renaissance bis zur Frühaufklärung*, Munich, Wilhelm Fink Verlag, 1980, p. 231-232 et, en particulier, n. 21.

21 Marin, Louis, « Le récit du roi ou comment écrire l'histoire », *Le portrait du roi*, Paris, Éditions de Minuit, « Le sens commun », 1980, p. 49-107.

écrit sans doute : « Les circonstances qui ont préparé et accompagné la chute de ces deux monarques, ont tant de rapport entre elles qu'on croirait presque qu'elles ont eu leur source dans la même cause[22] ». Cette remarque sur laquelle se conclut le texte ne survient pourtant qu'à la suite d'un parallèle que trois pages auront suffi à esquisser et dont ces trois observations résument la substance : « les fautes qu'a commises Charles Ier sont en plus grand nombre que celles de Louis XVI[23] » ; ces deux monarques étaient « également gouvernés par les reines[24] » ; et, enfin, si « Charles Ier eut [...] assez d'énergie pour se mettre à la tête de ses troupes et chercher à faire rentrer ses sujets dans l'ordre par la force des armes », Louis XVI, au contraire, « qui avait le sang en horreur, a toujours craint de recourir aux mesures violentes[25] ». L'indigence de ces conclusions tient sans doute à l'importante disparité qui existe entre la brièveté d'un premier récit consacré à Charles Ier et l'ampleur d'un second où sont longuement évoqués les principaux épisodes de la Révolution française. À cette première explication s'ajoute également la manière toute différente dont est conduit chacun des deux récits. C'est ainsi que la première partie du parallèle évoque la Révolution anglaise et la figure de Charles Ier sur un ton très factuel, le récit résumant à larges traits les travaux des historiens et s'inspirant sans doute de l'*Histoire d'Angleterre* de David Hume. Voilà, du moins, ce qu'invite à envisager le jugement très favorable que Madame d'Arconville porte sur le comte de Strafford, cet « homme magnanime, supérieur à tous les autres[26] », et où se fait probablement entendre, comme en écho, celui de l'historien écossais qui, pour sa part, le considérait déjà comme « un des plus grands personnages que l'Angleterre ait jamais produit[27] ».

En revanche, lorsqu'il est question de la Révolution française et de Louis XVI, on n'a plus affaire à l'historienne qui compile ses sources afin de mettre en balance le destin de deux princes également malheureux, mais à la mémorialiste, qu'habite toujours le souvenir encore vivace de l'événement. Dans ces pages, Madame d'Arconville ne semble même

22 Arconville, *Pensées, réflexions et anecdotes*, *op. cit.*, vol. 12, p. 279.

23 *Ibid.*, p. 277.

24 *Ibid.*

25 *Ibid.*, p. 278-279.

26 *Ibid.*, p. 168.

27 David, Hume, *Histoire de la maison de Stuart sur le trône d'Angleterre*, Londres, s. l., 1760, t. 1, p. 385.

retenir de la tradition du parallèle que la seule pratique de l'anecdote, qu'accueillait déjà favorablement le genre depuis Plutarque et que cultivait, au surplus, l'écriture mémorialiste des Modernes. Pour s'en convaincre, relisons, par exemple, le passage sur lequel s'ouvre la seconde partie de son parallèle, consacrée à Louis XVI :

> Quoique les malheurs de Louis XVI n'aient pas commencé d'aussi bonne heure que ceux de Charles Ier et qu'il n'ait même pas annoncé, par sa manière d'être, qu'il fut destiné à jouer un rôle très brillant, quoique bien de figure, il avait très mauvaise grâce, un mauvais ton, qui allait même quelquefois jusqu'à la grossièreté, qui semblait faire croire qu'il manquait d'éducation. Il n'avait pas le talent de dire jamais rien d'agréable à personne. Je me rappelle qu'un garde du corps de ma connaissance, se trouvant auprès de lui dans une partie de chasse, il lui prit un besoin pressant, et après l'avoir satisfait, il lui en barbouilla le visage. Toutes ses plaisanteries étaient de ce genre[28].

Ce texte évoque rapidement Charles Ier, puis brosse un portrait de Louis XVI, qu'illustre enfin une anecdote où se donne non seulement à lire un goût manifeste pour le petit fait vrai – et, en l'occurrence, carnavalesque ! –, mais qui s'affirme encore, comme l'écrit si bien Karine Abiven, tel un « micro-récit centré sur un individu » dont un détail de l'existence « exprime le tout d'un caractère[29] ». « Une telle caractérisation indirecte est évidemment un des rôles majeurs » de l'anecdote, puisque celle-ci « se comprend alors comme le point de départ inférentiel d'un signe vers une structure du comportement, et au-delà, une donnée morale – les "mœurs" de la personne en question[30] ». En l'occurrence, si l'anecdote montre à quel point Louis XVI a mauvaise grâce, elle donne surtout à penser qu'il s'agit d'un roi de saturnales qu'amusent des jeux scatologiques, signe indubitable d'une bassesse qui, le jour venu, devait rendre ce prince incapable de se hisser jusqu'à la hauteur de l'événement révolutionnaire.

Or, c'est justement cette fonction synecdotique de l'anecdote dont la réflexion historiographique du XVIIIe siècle avait déjà consacré l'importance en l'associant à la fulgurance d'un trait exemplaire où se révèle une vérité humaine. Songeons, par exemple, à Rousseau qui, dans l'*Émile*,

28 Arconville, *Pensées, réflexions et anecdotes*, *op. cit.*, vol. 12, p. 177-178.

29 Abiven, Karine, « L'*exemplum* : un modèle opératoire dans la lettre familière ? », *Exercices de rhétorique. Sur l'épistolaire*, n° 6, 2016, mis en ligne le 10 février 2016, consulté le 13 mai 2016. URL : http://rhetorique.revues.org/431 ; DOI : 10.4000/rhetorique.431.

30 *Ibid.*

écrit : « La physionomie ne se montre pas dans les grands traits, ni le caractère dans les grandes actions ; c'est dans les bagatelles que le naturel se découvre[31] ». Aussi déplore-t-il la timidité des historiens modernes qui proscrivent de leurs récits « les détails familiers et bas, mais vrais et caractéristiques », alors que Plutarque, poursuit-il, « excelle par ces mêmes détails dans lesquels nous n'osons plus entrer », peignant toujours avec « une grâce inimitable [...] les grands hommes dans les petites choses[32] ». Il en va de même chez Madame d'Arconville qui, dans un essai consacré à l'écriture de l'histoire, célèbre les auteurs qui savent instruire leurs lecteurs de « tous ces intéressants détails » qui offrent un « tableau naïf et fidèle des faiblesses humaines[33] ». Bref, dans tous les cas, l'anecdote historique tire sa valeur de sa capacité à dévoiler une vérité morale d'importance à la faveur du récit d'une simple bagatelle.

ANECDOTE HISTORIQUE ET POÉTIQUE DE L'EXPOSITION

Toutefois, la première anecdote que rapporte Madame d'Arconville à propos de Louis XVI ne dit pas tout de la personnalité du roi. Elle ne semble même en laisser apercevoir qu'une vérité partielle et fragmentaire, puisque, dans la suite du texte, d'autres anecdotes scanderont bientôt le récit, de manière à complexifier un portrait où Louis XVI paraît successivement sous au moins quatre autres grandes figures. Il y aura, bien sûr, celle du souverain faible et indécis, mais aussi celle du roi de bonté, du martyr chrétien, ou encore du prince courageux dont le drame révolutionnaire révèle la grandeur insoupçonnée, comme l'atteste, par exemple, cette autre anecdote que raconte Madame d'Arconville :

> Au mois de juin 1792, une horde de brigands, prise parmi tout ce que la canaille de Paris pouvait avoir de plus dégoûtant, se porta au château des Tuileries, [...] pénétra jusque dans l'intérieur des appartements, où étaient

31 Rousseau, Jean-Jacques, *Émile, ou De l'éducation*, éd. A. Charrak, Paris, Éditions Flammarion, 2009, liv. IV, p. 348.

32 *Ibid.*, p. 347.

33 Arconville, *Pensées, réflexions et anecdotes*, *op. cit.*, vol. 1, p. 233.

> le roi et sa famille, et se livra envers leurs personnes aux insultes les plus violentes. Plusieurs de ces brigands ayant entouré le roi, le forcèrent à boire à la même bouteille qu'eux et lui posèrent sur la tête un bonnet rouge, qui était devenu depuis peu le signe de ralliement de ces scélérats. Le roi dans cette occasion montra un courage étonnant ; car un de ces brigands l'ayant apostrophé de la manière la plus insultante, en lui reprochant qu'il avait peur, le roi prit la main de cet homme, la mit sur son cœur et lui dit avec le plus grand sang-froid : « Voyez s'il bat plus fort qu'à l'ordinaire[34] ».

En se concluant sur un geste et une parole sublimes dignes de l'une de ces chroniques fameuses que les Anciens collectionnaient avec passion, cette anecdote donne à voir un roi de tragédie, transformé par le malheur et s'élevant à la grandeur d'un héros cornélien. Ce mot devait d'ailleurs rester fameux. Par exemple, sous un médaillon de Louis XVI surmontant sa « pierre sépulcrale » et « gravé d'après le portrait si ressemblant de B. L. Henriquez », l'artiste a retranscrit ces mêmes « paroles du roi dans la journée du 20 juin : "Celui qui a la conscience pure ne craint rien… Mettez la main sur mon cœur, et voyez s'il bat plus fort qu'à l'ordinaire, s'il a la moindre frayeur"[35] ». En cette circonstance, en somme, Louis XVI n'est plus le roitelet de saturnales que dépeignait la première anecdote que rapportait Madame d'Arconville, il acquiert désormais une gloire qui en fait un nouvel Alexandre ou un nouveau César ; et, de fait, comme celle-ci l'écrit plus loin, le roi « n'était plus le même homme depuis qu'il était prisonnier », il était devenu « plus grand […] que les César et les Alexandre[36] ». Enfin, à ce souvenir antique s'ajoute, comme on pouvait s'y attendre, la référence chrétienne, la dernière anecdote de cette vie de Louis XVI appartenant au confesseur du roi, qui s'écrie à l'instant suprême : « Fils de saint Louis, allez au ciel[37] ! ».

À la lecture de ce dernier mot si mémorable, on s'aperçoit que le recours aux diverses anecdotes qui émaillent le récit n'a pas pour fonction de dévoiler la vérité d'un *caractère*, du moins si l'on entend par là

34 Arconville, *Pensées, réflexions et anecdotes*, *op. cit.*, vol. 12, p. 262-263.

35 Dugour, Antoine Jeudy, *Collections des meilleurs ouvrages qui ont été publiés pour la défense de Louis XVI, roi des Français*, Paris, F. Dufart, 1793, t. 2, p. 389.

36 Arconville, *Pensées, réflexions et anecdotes*, *op. cit.*, vol. 12, p. 272-273.

37 *Ibid.*, p. 276. Voici le récit complet de cette anecdote célèbre : « Son confesseur, qui n'avait cessé de lui réciter des prières tout le long du chemin, ainsi que celles des agonisants, lui dit avec un ton courageux, lorsqu'il monta sur l'échafaud : "Fils de saint Louis, allez au ciel !" Cet ecclésiastique partit ensuite, et personne ne cherchât à l'arrêter, et il alla pleurer un aussi grand saint que Louis XVI ».

une forme invariable du moi, dont les marques aisément reconnaissables permettaient à l'anthropologie classique d'établir une typologie des comportements moraux. En regard de cette entreprise qu'avait inaugurée Théophraste chez les Anciens et prolongée La Bruyère chez les Modernes, le travail du moraliste consistait à répertorier des marques distinctives à partir desquelles on répartissait les hommes et les femmes en familles et en espèces, tout comme le faisait Molière en représentant tantôt Harpagon sous la figure d'un avare, tantôt Tartuffe sous celle d'un hypocrite. Dans ce contexte, le caractère était, comme l'écrit Louis Van Delft, « cette sorte de poinçon » que l'on appliquait sur les individus et qui les rendait « à jamais identifiables, déchiffrables, *lisibles*[38] ».

Les divers portraits que Madame d'Arconville propose de Louis XVI en témoignent : elle n'envisage guère les individus en fonction de ces identités immuables que recensait la caractérologie classique. Dans son « Parallèle entre Charles Ier [...] et Louis XVI » tout comme dans l'ensemble de son œuvre, le caractère renvoie, bien au contraire, à une réalité instable dont la forme changeante et mouvante reste insaisissable[39]. Dès 1760, dans son tout premier essai de réflexion morale, on la voit ainsi observer tantôt que le « hasard décide souvent de nos vertus et de nos vices », de sorte que Lucrèce aurait peut-être été « une femme galante, si son mari lui eût déplu et qu'elle fût née avec un goût violent pour les hommes » ; tantôt à quel point « peu de gens ont un caractère », ne serait-ce que dans la mesure où « il n'y a presque personne qui ait un sentiment à soi indépendant des circonstances[40] ».

Cette conception dynamique de l'identité manifeste, à l'évidence, un sentiment aigu de la complexité des êtres. Si attentive au rôle déterminant que jouent les circonstances, cette « pensée morale de la transformation[41] »

38 Van Delft, Louis, *Littérature et anthropologie. Nature humaine et caractère à l'âge classique*, Paris, PUF, 1993, p. 42.

39 Sur cette question, je me permets de renvoyer à M. A. Bernier et M.-L. Girou Swiderski, (éd.), *Madame d'Arconville, moraliste et chimiste au siècle des Lumières. op. cit.*, p. 1-30, et en particulier p. 16-24.

40 Arconville Marie Geneviève Charlotte, Thiroux d', *Pensées et réflexions morales sur divers sujets*, Avignon, s. l., 1760, p. 115, p. 158 et p. 183. On retrouve la même idée exprimée dès l'*incipit* de l'un de ses romans : « Les circonstances où nous nous trouvons influent si fort sur nos vertus et sur nos vices qu'on est peut-être aussi injuste, soit qu'on loue, soit qu'on blâme » (Arconville, Marie Geneviève Charlotte, Thiroux d', *L'Amour éprouvé par la mort, op. cit.*, p. 1-2).

41 Benharrech, Sarah, *Marivaux et la science du caractère*, Oxford, Voltaire Foundation, « Studies on Voltaire and the Eighteenth Century », 2013, p. 286.

éclaire encore et surtout le parti que tire Madame d'Arconville de l'anecdote. Chez elle, le récit historique s'en empare, afin d'illustrer une identité dont la vérité est celle d'un moi ondoyant qui s'offre au regard sous une multiplicité d'aspects chatoyants dont les contours restent, au final, indécis. Qui était donc Louis XVI ? Un roitelet de saturnales ? Un nouveau César ? Un fils de saint Louis montant au ciel en martyr chrétien ? Le portrait du roi, on le voit, se dessine au gré d'une multitude d'anecdotes où se retrace une identité fluctuante qui se forge à la faveur des circonstances. Il tient déjà, en ce sens, de la *biographie* au sens moderne du mot, dans la mesure où il raconte l'histoire d'une personnalité qui s'est inventée au sein d'une temporalité du devenir et dont chaque anecdote permet de construire la figure complexe à partir d'une pluralité de points de vue différents.

Ajoutons à ces considérations particulières une remarque dont la portée est plus générale. En son temps, Madame d'Arconville n'est pas seule à vouloir rendre compte de la complexité des êtres et des choses en cherchant à faire apercevoir un même objet à partir de différents points de vue, voire de témoignages et d'opinions radicalement hétérogènes. Dès 1704, dans un dialogue qu'il intitule *Examen des préjugés vulgaires*, le jésuite Claude Buffier défendait également la thèse suivant laquelle « deux partis peuvent se contredire et contester sur un même sujet, et avoir tous deux également raison[42] ». Ce paradoxe, toutefois, n'est pas sans présenter quelques difficultés, comme le rappelle l'un des participants à ce dialogue, qui réaffirme d'emblée l'opinion la plus généralement reçue : « La raison n'est autre chose que la vérité, [et] quand elle est d'un côté, il est impossible qu'elle se trouve de l'autre ; cependant, à vous entendre, il faudrait qu'elle se multipliât. » Or, lui oppose son adversaire, ne voit-on pas « [...] de ces perspectives que l'on montre par rareté en certains endroits ? Vous approchez du tableau en face et en ligne directe : c'est un certain objet qui est représenté ; on vous fait aller du côté droit, alors le même tableau représente un objet tout autre. [...] où est alors la vérité ? N'est-elle pas multipliée dans un seul et même objet[43] ? » Autrement dit, on ne connaît du monde qu'une représentation,

42 Buffier, Claude, *Cours de sciences sur des principes nouveaux et simples, pour former le langage, l'esprit et le cœur dans l'usage ordinaire de la vie*, Paris, Guillaume Cavelier et Pierre-François Giffart, 1732, p. 937.

43 *Ibid.*, p. 940.

si bien que même les vérités qu'un géomètre dérive de ses définitions, comme l'écrit encore Buffier dans son *Traité des premières vérités* (1724), n'ont « pour fondement que des natures idéales de ce qu'on s'est mis arbitrairement dans l'esprit, sans que cela montre ou enseigne rien de la nature existante et réelle des choses[44] ». Dans tous les cas, la pensée et les concepts eux-mêmes se trouvent liés à l'expérience extrêmement complexe que chacun fait du monde et, plus précisément, à un point de vue partiel sur les choses, duquel dérivent de simples impressions de vérité. Dans la suite de son œuvre, Buffier associera même cette thèse à un dispositif discursif : celui de l'« exposition », terme qui, dans son *Traité philosophique et pratique d'éloquence* (1728), désigne justement cette capacité rhétorique qu'a le discours « à faire voir une même chose par ses diverses faces, c'est-à-dire par ses divers jours et ses divers côtés, [...] par les circonstances et ses particularités différentes[45] ».

Madame d'Arconville appartient à cette même mouvance du catholicisme des Lumières, que caractérise, suivant la belle expression de Louise Marcil-Lacoste, un « rationalisme du relatif[46] », lequel participe d'un scepticisme méthodologique rejetant préjugés et dogmatisme au nom de la complexité du réel. Qu'on en juge par ce dernier exemple. Dans un traité intitulé *De l'amitié*, Madame d'Arconville soutient, malgré l'opinion généralement admise, qu'il n'est pas « dans la nature d'aimer ceux dont nous avons reçu des services importants[47] ». Puis, à la manière d'un La Rochefoucauld, elle conclut sur un paradoxe de la désillusion, qu'elle prête en l'occurrence à un homme qui, étonné d'avoir eu des amis reconnaissants, s'exclame : « Je les ai comblés de biens, et cependant ils m'aiment encore[48]... ». Ces remarques ne procèdent certes pas

44 Buffier, Claude, *Traité des premières vérités*, dans *Cours de sciences*, *op. cit.*, p. 627.

45 Buffier, Claude, *Traité philosophique et pratique d'éloquence*, dans *Cours de sciences*, *op. cit.*, p. 339. Sur ce *Traité*, je me permets de renvoyer à Marc André Bernier, « De l'expression des passions à celle d'une "impression de sentiment" : la rhétorique du siècle des Lumières à l'école de la philosophie sensualiste », *Penser les passions à l'âge classique*, éd. L. Desjardins et D. Dumouchel, Paris, Éditions Hermann, 2012, p. 213-231 ; sur l'œuvre de Buffier, voir également Marc André Bernier, « Buffier, Claude », *Dictionnaire des anti-Lumières et des antiphilosophes (France, 1715-1815)*, éd. D. Masseau, Paris, Éditions Champion, 2017, p. 265-270.

46 Marcil-Lacoste, Louise, « La logique du paradoxe du père Claude Buffier », *Dix-Huitième siècle*, vol. 8, nº 1, 1976, p. 123.

47 Arconville, Marie Geneviève Charlotte, Thiroux d', *De l'amitié*, Amsterdam et Paris, Desaint et Saillant, 1761, p. 155-156.

48 *Ibid.*, p. 156.

d'une philosophie morale qui apercevrait dans la sensibilité humaine la promesse d'une société des cœurs. Elles prétendent, bien au contraire, arracher le masque des vertus feintes, afin de dévoiler la nature dans toute sa vérité ou, si l'on préfère, dans toute son épouvantable horreur. Toutefois, dans un second essai inédit, qui figure dans le premier volume des manuscrits de fin de vie et qu'elle intitulé « Sur la reconnaissance et l'ingratitude », voici maintenant la thèse – toute rousseauiste ! – que défend Madame d'Arconville : « La reconnaissance est un sentiment qui est tellement inspiré par la nature qu'il existe même dans les animaux[49] ». Cette fois, en naturalisant le sentiment de la reconnaissance, la voilà qui illustre désormais la cause d'une anthropologie optimiste pour laquelle l'activité spontanée de la sensibilité humaine renferme le principe de la moralité[50].

Qu'en conclure ? Faut-il apercevoir dans les vertus un masque aussi enchanteur que trompeur, comme le pensait La Rochefoucauld, ou bien, à la manière d'un Rousseau, l'expression d'une nature bienfaisante ? Madame d'Arconville laisse la question en suspens, soutient même l'une ou l'autre thèse au gré de ses différents essais, considérant sans doute, comme le pensait déjà Buffier avant elle, que « deux partis peuvent se contredire et contester sur un même sujet, et avoir tous deux également raison[51] ». Pareille hypothèse semble d'autant plus séduisante qu'au fil des douze volumes formant ses manuscrits de fin de vie, la multiplication des essais portant sur un même thème, mais faisant apercevoir chaque fois des points de vue différents, voire contradictoires, constitue un véritable principe d'écriture. On y retrouve ainsi quatre essais portant sur la notion de « caractère[52] », puis deux autres sur celle de « mélancolie », avec comme titre « Sur *la* mélancolie » et « Sur *ma* mélancolie[53] »,

49 Arconville, *Pensées, réflexions et anecdotes*, *op. cit.*, vol. 1, p. 79-83.

50 Pour une étude plus approfondie des deux textes que Madame d'Arconville a consacrés à la question de la reconnaissance, on me permettra de référer le lecteur à Marc André Bernier, « Les deux discours sur la reconnaissance, ou les ambiguïtés de Charlotte juge de Jean-Jacques », *Hommage à Raymond Trousson et Roland Mortier*, éd. J. De Decker, D. Droixhe et J. Lemaire, Paris, Éditions Hermann, 2016, p. 93-104.

51 Buffier, Claude, *Cours de sciences sur des principes nouveaux et simples*, *op. cit.*, p. 937.

52 Arconville, « Sur le caractère », « Des caractères », « Sur différents caractères », « Sur les caractères », *Pensées, réflexions et anecdotes*, *op. cit.*, vol. 4, p. 78-90, vol. 7, p. 36-79, vol. 9, p. 312-327 et vol. 11, p. 260-283.

53 Arconville, « Sur la mélancolie », « Sur ma mélancolie », *Pensées, réflexions et anecdotes*, *op. cit.*, vol. 1, p. 97-109 et vol. 6, p. 3-18. C'est moi qui souligne.

ou encore deux textes intitulés pour le premier « *Des* souvenirs » et, pour le second, « *Mes* souvenirs[54] ». À eux seuls, les diverses inflexions qu'indiquent ces titres annoncent le principe d'une écriture procédant par variation à partir d'un même thème. Il en résulte, pour reprendre l'expression de Buffier, une sorte de *poétique de l'exposition*, dans la mesure où il s'y exprime une attitude qui, soucieuse de rendre la diversité des manières de voir, oppose au « mirage de l'identité comme forme unique de vérité[55] » une multiplication de points de vue toujours partiels sur les êtres et les choses. En regard des enjeux que comporte la mise en œuvre du passé dans l'écriture factuelle, cette poétique qu'illustre si bien l'usage que fait Madame d'Arconville de l'anecdote dans son « Parallèle entre Charles Ier et Louis XVI » justifierait sans doute à elle seule qu'on offre enfin de ce texte une édition au public.

Marc André BERNIER
Université du Québec
à Trois-Rivières

54 Arconville, « Des souvenirs », « Mes souvenirs », *Pensées, réflexions et anecdotes*, *op. cit.*, vol. 7, p. 334-350 et vol. 9, p. 327-366. C'est moi qui souligne.

55 Marcil-Lacoste, Louise, *loc. cit.*, p. 128.

DE LA CROYANCE À LA LITTÉRATURE

La réappropriation du passé chez Nicolas Lenglet Dufresnoy

En 1751, l'abbé Nicolas Lenglet Dufresnoy[1] fait paraître un ouvrage en quatre volumes intitulé *Recueil de dissertations, anciennes et nouvelles, sur les apparitions, les visions et les songes*[2], qui propose une compilation de plus d'une quarantaine de textes reliés aux apparitions. Surtout célèbre pour son ouvrage *De l'usage des romans*[3] paru en 1734, dans lequel il en vient à affirmer la supériorité du roman sur l'histoire, cet auteur s'est pourtant intéressé à de multiples sujets entre 1696 et 1755[4]. Certes, Lenglet Dufresnoy n'est pas le premier à se lancer dans une telle entreprise. La fin du XVIe siècle et le début du XVIIe siècle sont marqués par la parution de traités qui, sur une large échelle, contribuent à remettre en question les conceptions catholiques traditionnelles relatives aux esprits et aux apparitions et, surtout, à diffuser, pendant tout l'âge classique, des compilations de récits sur ce sujet[5]. L'ouvrage s'ouvre sur cette déclaration : « Voici un nouvel Ouvrage que je publie sur les Apparitions, les Visions & les Révélations particulières : mais il n'y a de moi que la Préface. Le reste est une collection de tout ce que j'ai pu

1 Nicolas Lenglet Dufresnoy est né en 1674 à Beauvais et est mort en 1755. Outre *De l'usage des romans*, ses ouvrages importants sont sa *Méthode pour étudier l'histoire* (1714) et sa *Méthode pour étudier la géographie* (1718).

2 Lenglet Dufresnoy, Nicolas, *Recueil de dissertations, anciennes et nouvelles, sur les apparitions, les visions et les songes*, Avignon, Jean Noël Leloup, 4 vol., 1751.

3 Lenglet Dufresnoy, Nicolas, *De l'usage des romans, où l'on fait voir leur utilité et leurs différents caractères, avec une Bibliothèque des romans, accompagnée de remarques critiques, sur leur choix et leurs éditions*, Amsterdam, Chez la Veuve de Poitras, 1734.

4 Voir l'ouvrage de Geraldine Sheridan, *Nicolas Lenglet Dufresnoy and the literary underworld of the Ancient Regime*, Oxford, Studies on Voltaire and the Eighteenth Century, 1989 et celui dirigé par Claudine Poulouin et Didier Masseau, *Lenglet Dufresnoy entre ombre et lumières*, Paris, Champion, 2011.

5 On peut notamment penser au *Traité de l'apparition des esprits* de Noël Taillepied, aux *IV. livres des spectres de Pierre Le Loyer*, ou encore au *Traité sur les apparitions des esprits et sur les vampires* d'Augustin Calmet.

rassembler de Dissertations faites depuis près de deux cents cinquante ans sur un sujet qui a toujours inquiété les hommes[6] ». Ce « nouvel ouvrage » se présente en effet comme une compilation rassemblant bon nombre d'histoires répétées à l'envi au fil du temps. Publiées à l'origine entre 1526 et 1748, elles sont l'œuvre d'auteurs d'orientations diverses et appartiennent à des genres différents, depuis le canard et l'histoire tragique, jusqu'au traité de théologie et l'essai philosophique. L'occasionnel relatant *L'histoire nouvelle & remarquable de l'esprit d'une femme, qui est apparue au Fauxbourg S. Marcel, de 1618*, y côtoie ainsi la savante *Dissertation sur la possession des corps et sur l'infestation des maisons par les démons* du dominicain Charles-Louis Richard de 1746.

Le texte est précédé d'une longue préface de 162 pages dans laquelle l'auteur semble expliquer sa démarche : « Je me flatte qu'on ne m'accusera pas de croire tout ce que j'ai fait imprimer ici. Je ne donne que *ce que d'autres ont publié avant moi, sans prétendre en assurer la vérité*[7] ». Cette préface, on le voit, s'inscrit dans un contexte de lutte contre la superstition, qui se joue tant au plan philosophique que religieux[8]. Or, le processus de marginalisation des croyances populaires qui est au cœur de la critique de la superstition soulève la question des tensions et du partage entre culture savante et culture populaire, de même que celle des médiations à travers lesquelles ces cultures sont définies. À partir de quelques exemples tirés du *Recueil*, je me propose donc d'interroger le statut de ces reprises et, surtout, d'examiner le rôle et les usages de ces anecdotes qui, en 1751, appartiennent résolument au passé que celui-ci soit ancien ou récent.

L'ouvrage de Lenglet Dufresnoy se démarque radicalement de ceux de ces prédécesseurs. En effet, derrière le prétendu silence du compilateur se cache une entreprise éditoriale d'une grande complexité marquée par une distance critique. Cette distance allie, me semble-t-il, une méthode historique en train de se constituer, un dispositif rhétorique destiné à servir une démarche critique et enfin, une entreprise proprement littéraire visant à transformer le statut des différentes apparitions en une sorte de poétique. Ce sont ces trois dispositifs que je voudrais examiner ici afin de mieux comprendre le rôle du passé dans ce recueil qui met littéralement en scène la croyance.

6 Lenglet Dufresnoy, Nicolas, *Recueil*, *op. cit.*, vol. 1, Préface, p. I.

7 *Ibid.*, Avertissement. Je souligne.

8 Voir Bernard Dompnier (dir.), *La superstition à l'âge des Lumières*, Paris, Champion, 1998.

UNE POSTURE D'ÉNONCIATION

D'une première manière, Lenglet Dufresnoy adopte une position d'éditeur marquée par une distance temporelle et critique. Pour lui, les apparitions sont en général le fruit d'esprits déréglés, et la croyance commune aux prodiges relève du caractère même des hommes qui s'imaginent, « que toutes les avantures arrivées aux personnes illustres doivent être marquées à un coin extraordinaire & miraculeux[9] ». Pourtant, sa posture sera celle de l'archiviste. Si certains textes sont largement diffusés grâce aux commentaires ou aux nombreuses éditions dont ils ont déjà fait l'objet[10], d'autres demeurent assez rares, n'ayant fait l'objet que d'une seule édition. Deux textes sont tirés d'un manuscrit de Jean-Louis Barré, manuscrit aujourd'hui perdu et publié uniquement dans le *Recueil*[11]. La page titre de plusieurs des éditions originales est reproduite, la préface de quelques autres textes est citée[12], les références précises sont données par des notes en bas de page[13] et on retrouve quelquefois même l'approbation des docteurs de la Sorbonne[14]. En somme, on assiste à une démarche qui obéit partout à une méthode d'établissement critique des sources. Enfin, les récits sont suivis d'une bibliographie qui pourrait servir « à ceux qui voudroient traiter du mesme sujet[15] », et vient ainsi constituer un complément, une sorte de « pour en Savoir plus » destiné à l'intention du lecteur

9 *Ibid.*, Préface, p. CV.

10 C'est le cas *Des Visions & Prodiges nocturnes qui ont souvent prédit & assigné le jour de la mort des hommes*, texte surtout connu grâce aux *Histoires prodigieuses* de Pierre Boaistuau, 1586

11 Il s'agit de l'apparition d'un esprit dans la rue des Ecouffes en 1663 (4e arrondissement), Lenglet Dufresnoy, Nicolas, *Recueil*, *op. cit.*, vol. 2, p. 181 et de celle de l'esprit de Dourdans apparu en 1700 (Essonne) *ibid.*, vol. 4, p. 64. De ce point de vue, Lenglet Dufresnoy est en quelque sorte un gardien du passé.

12 C'est le cas pour la *Dissertation sur ce que l'on doit penser de l'apparition des esprits à l'occasion de l'aventure arrivée à Saint-Maur en 1706*, Lenglet Dufresnoy, Nicolas, *Recueil*, *op. cit.*, vol. 3, p. 71.

13 C'est le cas du récit du Château d'Egmont pour lequel on retrouve la note en bas de page suivante : « on retrouvera ce récit dans le *Segraisiana*, p. 213, 19 & 20 ». Lenglet Dufresnoy, Nicolas, *Recueil*, *op. cit.*, vol. 2, p. 178.

14 C'est le cas de la *Conférence du Diable avec Luther* éditée d'abord par Géraud de Cordemoy en 1681. Lenglet Dufresnoy, Nicolas, *Recueil*, *op. cit.*, vol. 2., p. 193.

15 *Ibid.*, vol. 1, Préface, p. CLV.

curieux. « *J'adopte* donc ce qui est reconnu véritable, je *doute* de ce qui n'a point une certitude suffisante ; & je *rejette* ce qui porte avec soi le caractere de la fausseté. *Je ne crois* pas qu'on doive en exiger davantage d'un Écrivain, qui ne fait que recueillir sans aucune discussion ; je donne lieu d'en faire, mais je ne discute pas moi-même[16]. » Ordre chronologique, choix de textes diversifié de manière à proposer un tableau des différentes positions, établissement des textes, références précises de l'édition choisie, notes de bas de page, bibliographie extrêmement rigoureuse, complément de lectures, tout le travail éditorial consiste, semble-t-il, à documenter le phénomène des apparitions à partir d'un établissement critique des sources.

DU PASSÉ CULTUREL À LA MÉTHODE HISTORIQUE

Mais ces sources sont elles-mêmes appelées à soutenir une entreprise critique de relecture du passé historique. Afin d'aider le lecteur à s'y retrouver dans les méandres des récits, des textes et des autorités, Lenglet Dufresnoy propose un premier classement traditionnel des apparitions (visibles, audibles, imaginatives, intellectives), suivi d'un examen des causes de ces dernières et surtout des moyens de s'assurer de leur vérité. De ce point de vue, le texte témoigne d'un souci méthodologique essentiel en abordant tour à tour l'autorité de textes et d'auteurs relégués au passé. Mais il y a plus : le *Recueil* met de l'avant un mode de lecture qui ne doit pas s'attacher uniquement à l'anecdote, mais s'employer plutôt à comprendre les textes à la lumière du contexte historique et de l'examen des faits qui, seuls, permettent de distinguer le fait vrai, du fait faux ou douteux. À cette fin, l'auteur propose d'abord une méthode fondée sur l'examen critique des textes, qu'il applique ensuite à un certain nombre d'apparitions rapportées par la tradition en en démontrant les paradoxes, les erreurs et les contradictions. Je ne donnerai ici qu'un seul exemple : celui de saint Cyrille qui, dans une lettre adressée à saint Augustin, relate une apparition qui serait survenue plus de trente ans après sa propre

16 *Ibid.*, vol. 1, avertissement. Je souligne.

mort ainsi que le rapporte Lenglet Dufresnoy[17]. Les commentaires de l'auteur sont ainsi destinés à soutenir une méthode de lecture critique des textes et si ce dernier s'en remet au bon sens du lecteur en le laissant libre d'en tirer la conclusion qui s'impose, il met constamment en lumière le souci et la nécessité d'une lecture à la fois historique et critique. À propos d'un Seigneur espagnol, à qui le spectre de son père demande la restitution d'un héritage, Lenglet ajoute par exemple : « Je ne crois pas devoir perdre mon tems à faire voir la supercherie de cette Apparition, qui fut en même tems & vocale & visible. *Chacun y fera ses observations, telles qu'il jugera convenable.* Pour moi j'aurois voulu de plus amples éclaircissemens[18] ». L'effet est double : l'exigence de plus amples éclaircissements marque l'importance du fait, l'évocation de la supercherie confère à la méthode historique et critique une dimension argumentative, voire agonistique essentielle.

LECTURE CRITIQUE DU PASSÉ OU DISPOSITIF RHÉTORIQUE ?

Or tout l'intérêt du *Recueil*, me semble-t-il, tient à cette seconde dimension qui fait de l'ouvrage davantage qu'une simple compilation. Transformer le travail historique en récit à vocation polémique, c'est ce dont témoigne notamment un passage dans lequel Lenglet Dufresnoy s'en prend à Augustin Calmet. L'objet de cette polémique est la *Dissertation de sur ce qu'on doit penser de l'apparition des Esprits à l'occasion de l'avanture qui est arrivée à Saint Maur*, texte célèbre de François Poupart, publié d'abord en 1707, reproduit à nombreuses occasions par la suite et qui relate l'étrange aventure d'un esprit qui déplace les lits et les meubles, verrouille les portes et les armoires. Le texte de Poupart, faut-il le rappeler, demeure extrêmement critique face à cette prétendue apparition ; la conclusion insiste sur le fait que l'apparition résulte sans doute de

17 « Comment S. Cyrille mort en 386 auroit-il vû monter au Ciel l'ame de S. Jerome, qui mourut trente quatre ans après, c'est-à-dire l'an 420. C'est ainsi que la tromperie se decele & se détruit elle-même ». *Ibid.*, vol. 1, Préface, p. XLII.

18 *Ibid.*, vol. 1, p. XLV. Je souligne.

l'imagination déréglée du « cerveau d'un visionnaire ». Cette anecdote sera l'occasion pour Lenglet Dufresnoy d'attaquer le peu de rigueur et surtout la grande crédulité de Calmet qui avait déjà reproduit le texte dans sa *Dissertation sur les apparitions des anges, et sur les revenants et vampires de Hongrie* publiée quelques années auparavant, en 1746[19] :

> L'une des Piéces les plus remarquables [du Recueil] est la Dissertation de M. *Poupart* Chanoine de S. Maur près Paris. Elle est écrite avec autant de justesse que *de lumieres*. On l'a jointe, mais anonime, à la premiere Edition des Dissertations du R. P. *Dom Augustin Calmet*. [...]. Cependant le Réverend Pere Abbé de Senones [Calmet], quoiqu'exact, quoiqu'éclairé, n'est pas à beaucoup près content du judicieux Chanoine de S. Maure qui appréhende qu'on ne se laisse séduire par de fausses apparitions ou par de prétendues infestations de Maisons[20].

Rappelons par ailleurs que Calmet sera ensuite pris à parti pour son manque de discernement critique, notamment par Voltaire, qui brocarde celui qu'il appelle plaisamment « l'historiographe des vampires », dont le tort consiste évidemment à rapporter trop « fidèlement tout ce qui a été dit avant lui[21] ».

> Après la médisance, rien ne se communique plus promptement que la superstition, le fanatisme, le sortilège et les contes des revenants. Il y eut des broucolacas en Valachie, en Moldavie, et bientôt chez les Polonais, lesquels sont du rite romain. Cette superstition leur manquait ; elle alla dans tout l'orient de l'Allemagne. On n'entendit plus parler que de vampires depuis 1730 jusqu'en 1735 : on les guetta, on leur arracha le cœur, et on les brûla : ils ressemblaient aux anciens martyrs ; plus on en brûlait, plus il s'en trouvait[22].

Ces remarques ironiques et cinglantes de Voltaire ont le mérite d'attirer l'attention sur le statut de l'anecdote, c'est-à-dire de la *fable* ou du *fait*, peu importe, mais dont l'une des dimensions essentielles tient justement au rôle que joue le mémoire ou le livre savant, l'imprimé ou le recours aux autorités. C'est que la superstition, on s'en aperçoit, ne relève pas

19 Calmet, Augustin, *Dissertation sur les apparitions des anges, et sur les revenants et vampires de Hongrie*, Paris, De Bure, 1746.

20 Lenglet Dufresnoy, Nicolas, *Recueil*, *op. cit.*, vol. 1, p. CLIII.

21 Voltaire, art. « vampire », *Dictionnaire philosophique, Œuvres complètes de Voltaire*, Paris, Garnier, 1877, t. XX, p. 549. « Calmet enfin devint leur [les vampires] historiographe, et traita les vampires comme il avait traité l'ancien et le nouveau Testament, en rapportant fidèlement tout ce qui avait été dit avant lui ».

22 *Ibid.*

uniquement d'une « culture populaire » susceptible d'être pensée de manière isolée et renvoyée dans les marges du savoir, mais suppose une réflexion sur les liens constants qu'elle tisse avec une « culture savante ».

Lenglet Dufresnoy rappelle par ailleurs à quel point la reproduction des anecdotes rapportées par Calmet crée un effet paradoxal de confirmation du bien fondé de cette croyance en raison même de leur grand nombre. Pourtant, le *Recueil* de Lenglet Dufrenoy propose plusieurs des histoires publiées par Calmet. Le travail des deux auteurs est toutefois radicalement différent. Ici, le procédé éditorial consistera à juxtaposer le texte de François Poupart à la *Dissertation sur la possession des corps & sur l'infestation des maisons par les Démons* de Charles-Louis Richard, publiée en 1746, texte qui appuie les différentes apparitions. Une fois de plus Lenglet reproduit le texte selon une méthode rigoureuse d'établissement des sources. Mais comment ne pas voir, dans le choix de réimprimer l'approbation qui précède le texte, un commentaire ironique à vocation polémique ?

> Nous approuvons la présente Dissertation [de Charles-Louis Richard], avec d'autant plus de confiance, que c'est après avoir reçu nous-mêmes les dépositions de dix témoins principaux qui y sont cités, nombre plus que suffisant pour constater un fait où personne n'a le moindre intérêt à mentir. Nous espérons même que cet Ouvrage sera utile à plusieurs, qui foibles dans la Foi, tournent en plaisanterie toutes ces sortes d'histoires, sans aucune distinction, comme si les Rituels, qui tous fournissent des formules d'Exorcisme, pouvoient être soupçonnés de ne donner en cela que des inutilités[23].

Pourtant le *Recueil* est lui-même présenté comme une simple « collection » de textes, sans ajouts, modifications ou commentaires de la part de l'auteur. Toutefois, la comparaison des réimpressions et des éditions originales permet de soulever quelques écarts significatifs que je voudrais relever ici en proposant quelques éléments de réflexion. Si la plupart des textes sont en effet reproduits tels quels et en entier selon un souci de rigueur, on en retrouve néanmoins quelques-uns qui comportent des suppressions, des ajouts, ou qui font carrément l'objet d'une réécriture. Alors que certaines de ces modifications ne semblent avoir aucun autre but que celui de moderniser quelques formulations vieillies, d'autres tendent à donner au texte une dimension critique. C'est le cas, par

---

23 Lenglet Dufresnoy, Nicolas, *Recueil*, *op. cit.*, vol. 3, p. 172.

exemple, de l'*Histoire d'une apparition arrivée à Valogne*, reprise à Castel de Saint-Pierre et que Lenglet rapporte d'après l'édition de 1708[24]. Le texte relate un événement survenu en 1697 et qui met en scène deux amis qui conviennent que celui qui mourra le premier viendra donner à l'autre des nouvelles de l'autre Monde. Le récit cumule les *topoï* du genre : le scepticisme des deux amis, l'apparition du mort qui constitue le témoignage par excellence de l'amitié et de la promesse remplie, les demandes du revenant qui engage le vivant à mener une meilleure vie, le traitement réaliste de la représentation du revenant qui apparaît tel qu'il était vêtu à sa dernière heure et, enfin, la fièvre ou encore la maladie de celui qui est victime de l'apparition de l'ami décédé. Si l'édition originale est d'emblée critique à l'égard de l'apparition, les quelques ajouts de Lenglet Dufresnoy tendent à en accentuer cette dimension. Je ne donnerai ici encore une fois qu'un exemple de ce genre d'ajouts.

Alors que Castel de Saint-Pierre écrivait : « M. Bezuel [...] n'avoit pas trop bien dîné, la grande chaleur du 31 Juillet 1697, dans la canicule, à l'heure du jour la plus chaude, jointe à l'odeur forte du foin nouveau ; voilà la cause de son premier étourdissement de ce coup de soleil, dont il ne fut guéri que trois mois après, lorsqu'il retrouva le sommeil qu'il avoit perdu ». Lenglet Dufresnoy reprend mot à mot le texte en lui ajoutant toutefois cette conclusion qui transforme le sens de l'anecdote : « Il crut que sa maladie étoit l'effet de son apparition, au lieu que son apparition n'étoit que l'effet de sa maladie[25] ». Ailleurs, l'apparat critique contribuera à créer le même effet. Le *Recueil* comporte plusieurs notes en bas de pages où figurent précisions bibliographiques, mentions biographiques au sujet de personnages très connus un siècle auparavant, mais qui le sont beaucoup moins en 1751. Si quelques-unes de ces notes proviennent des éditions originales, d'autres sont de purs ajouts de notre compilateur (« L'auteur se trompe ici... », « il est étonnant que », etc.), alors que d'autres enfin révèlent de curieuses surprises. Je reprendrai ici l'exemple du texte de François Poupart, sur l'apparition des *Esprits à Saint Maur* qui, rappelons-le, est d'abord publié en 1707 et que Lenglet reproduit dans le troisième volume du *Recueil*. Le texte de Poupart ne comporte aucune note, alors que sa reprise par Lenglet en comprend près d'une quinzaine. Toutefois, il serait présomptueux

---

24 Saint-Pierre, Charles-Irénée Castel de, *Histoire d'une apparition (8 janvier 1708)*, s.l., n.d.

25 Lenglet Dufresnoy, Nicolas, *Recueil.*, *op. cit.*, vol. 2, p. 38.

de conclure qu'il s'agit d'ajouts de la part de notre compilateur, le style et le ton de certaines notes différant sensiblement de celui de la préface et des autres notes de Lenglet Dufresnoy. En fait, et contrairement à ce qu'il affirme, Lenglet Dufresnoy ne reprend pas ici l'édition de 1707, mais bien une reprise, elle-même tirée d'un autre recueil d'histoires du genre, soit l'*Histoire critique des pratiques superstitieuses* de l'oratorien Pierre Lebrun, d'abord publié en 1702, mais dont l'édition de 1733 est augmentée et où l'on retrouve, entre autres, le texte de Poupart, alors largement annoté. Ce sont ce texte et ces notes de Lebrun que Lenglet Dufresnoy reprend, ce qui donne à la version originale une dimension plus critique. Du reste, il n'est pas sans signification que Lenglet reprenne cette version qui fut approuvée par l'Académie des Sciences. Le titre de l'ouvrage de Lebrun montre comment, à la différence de ce qu'avance à la même époque Voltaire, se rejoignent préoccupations religieuses et philosophie rationaliste[26]. Mais qu'il s'agisse de commentaires, d'ajouts ou encore des notes infrapaginales, on assiste à la mise en place d'un dispositif rhétorique qui vise à faire de ce *Recueil* des mémoires pour servir à une histoire critique des superstitions.

LE PASSÉ COMME DIVERTISSEMENT LITTÉRAIRE

Méthode historique, dispositif rhétorique ; à cela s'ajoute une dimension littéraire que j'aimerais rapidement explorer. En effet, si plusieurs des histoires du *Recueil* évoquant revenants, diables ou autres formes d'apparitions sont tirées d'un fonds ancien, celles-ci doivent être désormais lues comme de simples fables qui répondent au goût d'un public mondain que l'imaginaire superstitieux continue à fasciner par-delà le scepticisme et la marginalisation de la croyance effective. Il importe peu à Lenglet Dufresnoy d'éliminer toutes les manifestations d'apparitions ; il s'agit plutôt de préciser le rôle d'une méthode historique non seulement

26 Voir Jean-Marie Goulemot, « Démons, merveilles et philosophie à l'âge classique », *Annales, Histoire, Sciences sociales*, 1980, n°6, p. 1223-1250 et « Imaginaire du livre chez Lenglet Dufresnoy », *Lenglet Dufresnoy entre ombre et lumières*, *op. cit.*, p. 57-69.

dans la réappropriation critique de la superstition, mais aussi dans sa diffusion ou plutôt dans sa transposition dans l'univers du récit. On assiste dès lors à un changement important du rôle et des usages de ces anecdotes. Celles-ci ne sont plus de simples *exempla* destinés à inquiéter voire à susciter la peur et où se cristallise une croyance, mais bien des motifs qui servent désormais à féconder l'invention littéraire.

Mais il y a plus : Le *Recueil* contribue également à ranger ces anecdotes, conçues autrefois comme des faits, dans une autre catégorie, celle de la mémoire culturelle. En effet, par cette compilation, Lenglet Dufresnoy ouvre la voie à d'innombrables transpositions qui feront des cas d'apparitions l'objet d'un divertissement poétique appelé à connaître une brillante fortune pendant tout le XIXe siècle. Si le combat contre la superstition n'est toujours pas entièrement gagné, l'accession de ce qui sera reconnu comme culture, on le voit, passe par l'abandon de toute une vision du monde. Ces mises en récit permettent non seulement « d'amuser le peuple[27] », selon l'expression de Lenglet Dufresnoy, et d'être lues par un plus vaste public, mais elles permettent aussi, voire surtout, de conserver le passé bien vivant.

Lucie DESJARDINS
Université du Québec à Montréal

27 Lenglet Dufresnoy, Nicolas, *Recueil*, *op. cit.*, vol. 1, préface, p. CXLIX.

RECOMPOSER LE PASSÉ ?
LA QUESTION DE LA SAINT-BARTHÉLEMY DANS LES *MÉMOIRES* DE JEAN CHOISNIN

Lorsque Jean Choisnin entreprend la rédaction de ses *Mémoires*, il n'envisage pas de faire le récit circonstancié de sa vie. Il s'agit en réalité de relater un événement marquant de sa carrière de secrétaire. Le texte original est intitulé *Discours au vray de tout ce qui s'est faict et passé pour l'entiere négociation de l'élection du roy de Polongne, divisé en trois livres ; faict par Jehan Choisnin de Chatelleraud, secretaire du roy de Polongne, dédié à la Royne mere des roys*. Il fut publié dès le retour des négociateurs dans le royaume de France, en 1573, puis réédité de nombreuses fois, notamment dans les grandes collections du XIXe siècle. Nous ne retrouvons aucune évocation personnelle, aucun élément de vie privée.

Jean Choisnin, né en 1530, est au service de Jean de Montluc, évêque de Valence, et frère du célèbre mémorialiste. Quand l'homme d'Église est envoyé en Pologne afin de négocier la couronne pour Henri d'Anjou, Jean Choisnin le précède, accompagné du sieur de Balagny. Il faut alors préparer les esprits à la proposition officielle qui ne devait intervenir qu'à la mort du roi Sigismond. Les candidats à la couronne sont bien entendu nombreux et, au premier abord, Anjou ne semble pas le mieux placé pour la ceindre.

L'œuvre se concentre sur les années 1571-1573 où l'homme, répondant au désir de la reine Catherine de Médicis de voir ses trois fils sur un trône, est non seulement un témoin privilégié mais également un acteur des tractations[1].

La nouvelle du massacre de la Saint-Barthélemy d'août 1572 arrive alors que Jean Choisnin tisse des liens avec des seigneurs locaux. L'événement est au cœur des *Mémoires* que nous étudions et apparaît comme l'élément

1 À ce propos, voir l'article d'Ewa Kociszewska, « La Pologne, un don maternel de Catherine de Médicis ? La cérémonie de la remise du *Decretum electionis* à Henri de Valois », *Le Moyen Age*, 2011, CXVII, n° 3, p. 561-575.

perturbateur du récit. Les négociateurs sont alors contraints de faire preuve de davantage d'habileté pour mener à bien leur dessein initial, alors que tout pourrait être gâché avec cette annonce. La finesse et la dextérité déployées pour amoindrir l'écho de la Saint-Barthélemy s'imposent rapidement dans les écrits du mémorialiste.

Le travail sur le passé effectué par Jean Choisnin dans ses *Mémoires* est double. Il s'agit dans un premier temps sur place, en Pologne, de composer avec une histoire immédiate, le massacre de la Saint-Barthélemy, auquel il n'a pas assisté et qui accable la maison de France. Quelques temps après son retour dans le royaume de France, et pour informer Catherine de Médicis à propos de l'élection de celui qui était alors son fils préféré[2], le mémorialiste s'évertue à coucher sur le papier les dessous de cet événement, avec force détails. La Saint-Barthélemy est présentée alors comme une entrave majeure qu'il a fallu surmonter pour connaître le succès. Ces *Mémoires*, qui d'ordinaire sont utilisés pour mesurer les répercussions des guerres de Religion françaises en Europe, révèlent alors le travail de conviction mis en œuvre par Jean Choisnin.

COMPOSER AVEC UN ÉVÉNEMENT À ESTOMPER

Les *Mémoires* de Jean Choisnin ont une vocation informative indéniable. En lisant l'œuvre, la destinataire, Catherine de Médicis, doit mieux connaître non seulement les secrets de l'élection de son fils Henri, mais également en apprendre davantage sur les coutumes du royaume qui lui est promis. Il faut rassurer à propos de la rudesse du peuple de cette contrée éloignée, « monstrer que ceste noblesse vit splandidement et commodement[3] », que « les estrangers y sont mieulx receus, caressez et honorez qu'en aucun endroict

2 Robert Sauzet et Jacqueline Boucher (dirs.), *Henri III et son temps*. Actes du colloque international du Centre de la Renaissance de Tours, octobre 1989, Paris, J. Vrin, 1992, p. 313. Voir également Jacqueline Boucher, *Société et mentalités autour de Henri III*, Paris, Honoré Champion, 2007, p. 100-103.

3 Jean Choisnin, *Mémoires de Jean Choisnin ou discours au vray de tout ce qui s'est faict et passé pour l'entière négociation de l'élection du roy de Polongne*, Petitot (éd.), Paris, Foucault, coll. « Collection des Mémoires relatifs à l'Histoire de France », n° 38, 1823, p. 27.

de la chrestienté[4] ». Il ne manque pas de souligner par exemple la diversité des produits que l'on peut trouver en Pologne[5]. De la même manière, les attentions portées au corps du roi de Pologne décédé, Sigismond, sont longuement détaillées, comme pour souligner la considération accordée à la monarchie. Il écrit : « Le corps du Roy fut mis dans une grande salle tapissée de drap noir de tous costez, sur un grand lit royal couvert d'une couverture de drap d'or frizé, traynant de tous costez par terre. Le Roy estoit vestu de chausses et pourpoint de satin cramoisy, et par dessus avoit une robbe longue de damas cramoisy, un bonnet de nuict fait en calotte de satin cramoisy, et des bottines aux pieds, de toille d'or, le visage et les mains nues [...][6]. » Enfin, la question des ressources financières du pays n'est pas absente des réflexions de Jean Choisnin. Dans les dernières lignes de son récit, comme pour conclure une série de renseignements pratiques, il informe des revenus du nouveau royaume, accordant qu'ils sont moins élevés que ceux du royaume de France, mais concédant que les dépenses sont, elles aussi, moindres. Lisons-le : « J'adjouteray un mot, qui servira pour respondre à quelques uns qui disent que ledict royaume n'a pas le revenu tel que celuy de France. Je suis d'accord avec eux en cela, car ils n'ont point d'imposition ny de tailles ; mais fault-il qu'ils m'accordent qu'il n'y a pas trois ou quatre mil hommes d'armes à payer [...][7]. »

Lorsque la nouvelle de la Saint-Barthélemy arrive en Pologne, Jean Choisnin est, comme il le signale, le premier à devoir y répondre. Ce massacre constitue le sommet des violences perpétrées pendant les guerres de Religion[8]. Lancé à Paris dans la nuit du 24 au 25 août 1572 avec l'assassinat du chef militaire des protestants, l'amiral de Coligny, il se prolonge pendant plusieurs jours, sous l'action d'un peuple parisien exaspéré, avant de s'étendre aux principales villes de province. Le contraste avec le faste déployé pour le mariage de Marguerite de Valois et Henri de Navarre qui a eu lieu quelques jours auparavant est saisissant[9]. La réputation de la maison de France est alors sérieusement affectée : l'image

4 *Ibid.*, p. 37-38.

5 *Ibid.*, p. 28.

6 *Ibid.*, p. 30-31.

7 *Ibid.*, p. 206.

8 Anne-Marie Brenot, « Le corps pour Royaume. Un langage politique de la fin du XVIe siècle et début du XVIIe », *Histoire, économie et société*, 1991, vol. 10, n° 4, p. 443.

9 Arlette Jouanna, *La Saint-Barthélemy : les mystères d'un crime d'État, 24 août 1572*, Paris, Gallimard, coll. « Les journées qui ont fait la France », 2007, p. 97.

du monarque médiéval, *pater familias* qui aime et protège chacun de ses gens comme son propre enfant, est altérée[10].

Alors qu'il n'était pas à Paris durant les événements et qu'il mettait tout en œuvre pour donner de Henri d'Anjou l'image du roi idéal pour ce pays, Jean Choisnin doit faire face à cette nouvelle pour le moins gênante. Son récit témoigne de cet embarras : « Toutesfois, après que la nouvelle de la Sainct-Barthelemy fut apportée audict pays, j'euz bien affaire à respondre, tant par paroles que par escript, à ce que l'on en disoit : et quelques-uns m'estimoient menteur pour avoir tant dict de bien dudict seigneur[11]. » La première des stratégies mises en place par le mémorialiste est d'accabler le peuple afin de dégager la responsabilité de la couronne, préférant attendre l'arrivée de l'évêque de Valence pour connaître les circonstances des événements. Il écrit : « On rejettait toute la coulpe sur le peuple et sur quelques inimitiés particulieres : pour le moins m'accorderent-ils qu'il falloit attendre, comme l'on dit, le boyteux, c'est-à-dire que le sieur evesque de Valence fust arrivé ; car je les asseurois que ce seroit luy qui auroit la charge d'y venir, et duquel l'on pourroit sçavoir la verité du faict[12]. »

Plus tard, il faut à la délégation française affronter le désamour des électeurs polonais pour Henri d'Anjou et y faire face. De nombreuses images circulaient alors, représentant le massacre d'une partie de la population parisienne. Jean Choisnin l'explique en ces termes : « Toutes les sepmaines l'on apportoit des paintures où l'on voyait toute maniere de mort cruelle depainte : l'on y voyoit fendre des femmes pour en arracher les enfans qu'elles portoient. Le Roy et le duc d'Anjou y estoient depeints spectateurs de ceste tragedie ; et, avec leurs gestes et des parolles escrites, ils montroient qu'ils estoient marrys de ce que les executeurs n'estoient assez cruels[13]. » Les représentations et portraits, qui avaient été jusque-là utilisés pour distinguer Henri d'Anjou des autres hommes, sa majesté, sont alors détournés pour ternir l'image du candidat[14]. La méthode

10 Isabelle Haquet, *L'énigme Henri III, ce que nous révèlent les images*, Nanterre, Presses universitaires de Paris Ouest, 2012, p. 11-18.

11 Jean Choisnin, *Mémoires de Jean Choisnin ou discours au vray de tout ce qui s'est faict et passé pour l'entière négociation de l'élection du roy de Polongne*, *op. cit.*, p. 33.

12 *Ibid.*

13 *Ibid.*, p. 83.

14 À propos des images de Henri d'Anjou, voir Isabelle Haquet, *L'énigme Henri III, ce que nous révèlent les images*, *op. cit.*, p. 19-89.

qui consiste à calomnier un individu par le biais de l'iconographie est particulièrement efficace dans un siècle où le portrait est considéré dans ses dimensions émotionnelles et discursives ; cela pourrait modifier les dispositions du public du fait de la puissance magique de l'image[15]. Et Jean Choisnin relate bien l'impact qu'ont pu avoir ces représentations sur le peuple polonais. Il souligne : « Tels escrits et telles peintures irritoient tellement le cœur de plusieurs, qu'ils ne vouloient pour rien endurer qu'en leur presence le nom du Roy fust nommé ; les dames en parloient avec telles effusion de larmes comme si elles ussent esté presentes à l'exécution[16]. » La réponse des ambassadeurs consiste alors à grandir Henri d'Anjou chaque fois qu'il est attaqué. Pour ce faire, de nombreux portrait sont envoyés dans le royaume de Pologne « pour faire coignoistre qu'il n'avoit la face cruelle ny truculente, comme l'on l'avoit faict depeindre[17] ».

Les rumeurs qui accablent la maison de France sont très nombreuses, dans un royaume où protestantisme et catholicisme coexistaient de manière pacifique[18]. La crainte d'une contagion de guerres civiles dont Henri d'Anjou serait la source est grande. La plus importante d'entre elles est incontestablement celle du soutien du pape à l'élection de Henri d'Anjou, qui engendrerait l'extermination des hérétiques dans ce qui serait une seconde Saint-Barthélemy[19].

Tout ceci constitue, en écoutant Jean Choisnin, un travail considérable de mise en valeur de Henri d'Anjou de la part des ambassadeurs. Le traumatisme est clair, et il faut composer avec un événement qui vient ruiner tous les efforts diplomatiques. Il ne faut plus alors seulement convaincre qu'il sera un bon roi, mais également qu'il ne massacrera pas une grande partie de ses sujets. Toutefois, si la Saint-Barthélemy peut sembler être l'entrave majeure à l'entreprise de Jean Choisnin en Pologne, elle permet à l'auteur de grandir la tâche accomplie, et ainsi de valoriser sa propre mission.

---

15 Édouard Pommier, *Théories du portrait, de la Renaissance aux Lumières*, Paris, Gallimard, 1998, p. 24-26.

16 Jean Choisnin, *Mémoires de Jean Choisnin ou discours au vray de tout ce qui s'est faict et passé pour l'entière négociation de l'élection du roy de Polongne*, *op. cit.*, p. 83.

17 *Ibid.*

18 Nicolas Le Roux, *La faveur du roi. Mignons et courtisans au temps des derniers Valois*, Seyssel, Éditions Champ Vallon, 2001, p. 138.

19 Jean Choisnin, *Mémoires de Jean Choisnin ou discours au vray de tout ce qui s'est faict et passé pour l'entière négociation de l'élection du roy de Polongne*, *op. cit.*, p. 107-108.

RECOMPOSER LE PASSÉ ?

Qui étudie les Mémoires d'Ancien Régime ne peut ignorer une question essentielle : pourquoi ce texte a-t-il été rédigé ? Comprendre les raisons de l'écriture va de pair avec la compréhension globale d'une œuvre.

Les *Mémoires* de Jean Choisnin ne précisent pas directement ces raisons ; l'auteur entre rapidement dans le vif du sujet et choisit de faire débuter son récit en 1571, au moment où les négociations pour le mariage de Henri d'Anjou et d'Élizabeth d'Angleterre échouent. Les allusions généalogiques, les récits d'enfance ou les événements antérieurs à cette date ne sont pas mentionnés. Pour mesurer le dessein du mémorialiste, il nous faut lire la lettre qu'il a jointe à son exemplaire original lors de l'envoi à Catherine de Médicis[20]. Les lettres et les Mémoires du XVIe siècle entretiennent ce que Claudie Martin-Ulrich qualifie de « rapport de complémentarité[21] », et l'on retrouve la forme de la lettre dans bon nombre de ces textes. Chez Jeanne d'Albret par exemple, les *Mémoires* apparaissent comme une « ample déclaration[22] » de ce qu'elle avait déjà pu exposer dans son abondante correspondance. Nicolas de Beauvais-Nangis présente l'introduction de ses *Mémoires* sous forme de lettre adressée à son fils, destinataire de l'œuvre[23]. De même, Myriam Barakat considère que l'épître qui précède les *Discours politiques et militaires* de François de La Noue et qui fait office de préface, est une lettre adressée au roi de Navarre[24]. Nous pourrions multiplier les exemples.

Jean Choisnin a théorisé son écriture dans les quelques lignes d'un pli, s'adressant directement à Catherine de Médicis, la destinataire de

20 La lettre mentionnée est intégralement reproduite dans l'édition que nous utilisons. Voir *Ibid.*, p. 17-19.

21 Claudie Martin-Ulrich, *La persona de la princesse au XVIe siècle, personnage littéraire et personnage politique*, Paris, Honoré Champion, coll. « Études et essais sur la Renaissance », 2004, p. 224.

22 Jeanne d'Albret, *Mémoires et poésies de Jeanne d'Albret*, Alphonse de Ruble (éd.), Paris, Huart et Guillemin, 1893, 241 p.

23 Nicolas de Brichanteau de Beauvais-Nangis, *Mémoires du marquis de Beauvais-Nangis et Journal du procès du marquis de La Boulaye*, Paris, Renouard, 1862, p. 1-2.

24 Myriam Barakat, *Édition commentée des « Discours politiques et militaires » de François de la Noue (1531-1591)*, Thèse de doctorat sous la direction d'Evelyne Berriot-Salvadore, École doctorale 58, Langues, Littératures, Cultures, Civilisations, Montpellier, 2011, p. 233-234.

l'œuvre. Elle y est qualifiée d'abord de « royne de France », avant d'être « mere des roys[25] », lui conférant de cette manière tout le pouvoir nécessaire pour juger du déroulé des négociations. En outre, il finit même par confondre l'autorité de la reine sur ses enfants avec celle de son défunt époux, Henri II, expliquant que Dieu lui a donné « la force et la prudence pour leur servir non seulement de mere, mais de bon, sage et provident pere[26] ». Le sexe est ici sacrifié sur l'autel de la souveraineté[27]. Tout est présenté comme si la couronne de Pologne n'avait pas été obtenue pour Henri d'Anjou mais bien pour Catherine de Médicis à travers Henri d'Anjou. Jean Choisnin précise : « Il m'a semblé ne devoir addresser mon petit labeur à autre qu'à Vostre Majesté, qui, avecques plus seur et plus sain jugement, en pourroit juger mieux que nul autre sçauroit faire[28]. »

Dans ce courrier, il est très rapidement expliqué qu'il n'avait pas été prévu de communiquer les détails de l'élection. Jean Choisnin écrit que l'évêque de Valence « deffendit à nous qui avions esté avec luy de ne communiquer à personne ce que ja nous avions escript de son voyage[29] ». Mais tout a changé lorsque des accusations calomnieuses se sont mêlées au succès rencontré, compromettant en cela l'obtention de la couronne. Les raisons de l'écriture semblent plus claires. Il écrit :

> Mais il est advenu que quelques malins esprits, les uns, poussez de quelque mauvaise volonté qu'ils portent audict sieur, les autres, qui sont les estrangers mal affectez à ceste couronne, ont par divers moyens calomnié l'election qui avoit esté faicte. Les uns ont dit qu'il y avoit eu de la corruption et de la force ; les autres ont calomnieusement rapporté le bon et heureux succez de ladite election à la recommendation et commandement que le Turc avoit faicte à la noblesse de Polongne[30].

Pour autant, il convient de ne pas accorder trop de crédit aux motivations invoquées par Jean Choisnin. Le récit des mémorialistes,

25 Jean Choisnin, *Mémoires de Jean Choisnin ou discours au vray de tout ce qui s'est faict et passé pour l'entière négociation de l'élection du roy de Polongne*, *op. cit.*, p. 17.

26 *Ibid.*, p. 19.

27 L'autorité déployée par Catherine de Médicis, fondée sur les rôles féminins traditionnellement acceptés, a été étudiée par Katherine Crawford, *Perilous performances. Gender and regency in early modern France*, Cambridge, 2004, p. 24-58.

28 Jean Choisnin, *Mémoires de Jean Choisnin ou discours au vray de tout ce qui s'est faict et passé pour l'entière négociation de l'élection du roy de Polongne*, *op. cit.*, p. 19.

29 *Ibid.*, p. 17.

30 *Ibid.*

souvent né d'une aigreur et d'un sentiment d'injustice, suggère de ne pas considérer les faits contés comme une vérité historique à laquelle on croirait sans douter. La rhétorique mise en place par chacun d'eux et les engagements de sincérité répétés invitent à la prudence, surtout si l'on considère la dimension rétrospective de ces écrits. Mais Jean Choisnin est un cas particulier, n'ayant pas connu de disgrâce effective. Au moment où il rédige son ouvrage, il n'est pas exilé sur ses terres de province ; il profite encore des succès rencontrés en Pologne. Il faut donc chercher ailleurs les véritables intentions de l'auteur qui espérait quelque chose de son entreprise rédactionnelle, et que l'on lit en filigrane.

Lorsqu'il s'agit de faire le récit de la négociation pour la couronne à proprement parler, elle est qualifiée de « longue et pénible[31] ». Dans le second livre de ces *Mémoires*, tout est mis en œuvre pour alourdir encore les difficultés rencontrées ; un succès facile vaudrait-il la peine d'être à ce point souligné ? En évoquant les autres candidats à l'élection par exemple, Jean Choisnin ne manque pas de relever que Henri d'Anjou n'est pas le favori : « Il ne restoit audict sieur evesque, pour estre volontiers ouy, que la grandeur et ancienneté de la maison de France, la memoire du feu roy Henry et du feu roy François le Grand, la vertu du Roy et du très illustre duc d'Anjou, qui est certainement chose digne d'estre considérée[32]. » Il ajoute également le poids des guerres de Religion françaises dans les hésitations de la Diète. Il écrit : « A cela survenoit une autre difficulté ; c'est que noz adversaires s'aidoient des troubles advenuz en France depuis dix ans, remontrans que le prince pour qui ledict sieur parloit estoit jà accoustumé aux guerres civiles, et en apporteroit la semence en Polongne[33]. » Mais bien entendu, c'est le massacre du mois d'août qui occupe le devant de la scène. C'est d'autant plus visible que le mémorialiste se sert de cet épisode comme marqueur chronologique. Il précise notamment que « ledict sieur evesque partir le dix-septiesme jour du mois d'aoust, huict jours, jour par jour, avant la Sainct-Barthelemy[34] ». Il fait également de l'événement « le plus grand empeschement[35] » rencontré par les

31 *Ibid.*, p. 39.
32 *Ibid.*, p. 66.
33 *Ibid.*, p. 67.
34 *Ibid.*, p. 42.
35 *Ibid.*, p. 82.

négociateurs. De même, l'hostilité des Polonais à l'égard des Français est signalée : « Car il survint incontinent quelqu'un qui apporta la nouvelle de la journée de la Sainct Barthelemy, enrichie de tant de mémoires et particularitez, qu'en peu d'heures la pluspart detestoient le nom des François[36]. » Dès lors, le récit est nourri d'anecdotes au sujet de tous ceux qui manifestent leur indignation à propos de la Saint-Barthélemy ; il parle d'une « aigre querimonie de ce qu'estoit advenu à Paris[37] ». Mais une nouvelle fois, Jean Choisnin ne manque pas de valoriser les réponses apportées par l'évêque de Valence pour contrecarrer ces accusations. Lisons-le :

> Jehan Zbaroski revenant de la Prusse, et passant par ledict lieu, visita ledict sieur, et d'entrée le traitta fort rudement pour la journée de la Sainct Barthelemy, si bien qu'enfin la patience eschappa audict sieur, et luy dist que s'il avoit chose à luy dire qui concernast le bien de sa patrie, ou le sien particulier, il estoit prest à l'escouter ; mais s'il vouloit continuer à parler en telle façon d'un prince si grand que le Roy son maistre, il seroit contrainct de le laisser, et ne parler plus à luy [...][38].

Jean Choisnin souligne en effet que l'innocence de Henri d'Anjou est remise en cause dans le royaume où il prétend gouverner. Lorsque Jean de Montluc rencontre le trésorier du royaume de Pologne, ce dernier veut connaître les détails de la Saint-Barthélemy, car « il estoit des evangeliques[39] ». Mais il est signalé que l'évêque « mettoit peine de luy persuader que le très-illustre duc d'Anjou n'avoit esté cause ni motif de ladicte journée [...][40] ». Le mémorialiste explique également que les difficultés étaient telles que de nombreux électeurs quittèrent le parti des Français à cause de la Saint-Barthélemy[41].

Malgré les réticences, malgré les craintes, les ambassadeurs parviennent à leurs fins. Montluc a trouvé les moyens « de rendre capables les eslecteurs que de la personne du très-illustre duc d'Anjou l'on pouvoit esperer beaucoup de bien et rien craindre de mal[42] ». L'exploit est d'autant plus remarquable que les déboires ont été nombreux.

36 *Ibid.*, p. 74.
37 *Ibid.*, p. 76.
38 *Ibid.*, p. 76-77.
39 *Ibid.*, p. 85.
40 *Ibid.*
41 *Ibid.*, p. 87.
42 *Ibid.*, p. 68.

En détaillant à la reine les trois années de son séjour polonais et en faisant de cette dernière la seule détentrice de la souveraineté, il cherche à obtenir des faveurs de la couronne. Il agit donc avec habileté pour souligner les obstacles rencontrés et surmontés lors des négociations pour la couronne. Nous retrouvons les intentions véritables de Jean Choisnin, celles qu'il n'a suggérées qu'une seule fois dans son œuvre, à propos de Jean de Montluc : « Ledict sieur, qui peu de jours avant estoit party de la Cour avec esperance de faire un service si grand et si notable qu'il en seroit memoire à jamais, et par ce moyen acquerir une gloire immortelle [...][43]. » Ces *Mémoires* semblent en permanence dire que les récompenses attendues sont fondées[44].

Le travail mené par Jean Choisnin dans la rédaction de ses *Mémoires* est multiple. Il s'agit de renseigner Catherine de Médicis et la cour au sujet de la Pologne et de livrer les détails de l'élection du duc d'Anjou. Au premier abord, c'est bien ce qui ressort de l'écriture du secrétaire. Il donne des détails jusqu'à trouver des signes d'approbation divine, pour un royaume où le roi est élu et non sacré. Il écrit : « C'est que pendant que ledict sieur fit son oraison, une allouette ne bougea de dessus le mast de tente, et chanta et gazouilla tousjours, ce qui fut remarqué [...], pour ce que l'allouette n'a pas accoustumé de se reposer qu'en terre ; et ceux qui n'estoient point gaignez par passion avoient opinion que ce fust un bon augure. Je ne parleray point du lievre ni du pourceauqui passoient parmy les tentes [...][45]. » Mais un tel succès, dans un contexte si difficile, est tout à fait remarquable. Les guerres civiles mais surtout la Saint-Barthélemy avaient sérieusement amoindri les prétentions de Henri d'Anjou, et les ambassadeurs ont dû composer avec les événements. Choisnin n'entend pas que lui et son maître ne jouissent pas d'une juste reconnaissance, à la hauteur de l'exploit. Lisons-le une dernière fois : « Je sçay que ledict sieur evesque n'a pas beaucoup dormy pendant qu'il a esté par-delà. Je sçay qu'il a faict ce que un homme pouvoit

43 *Ibid.*, p. 47.

44 De retour en France, Choisnin et l'évêque de Valence retrouvent Charles IX au crépuscule de sa vie. Henri d'Anjou, craignant que son élection polonaise ne lui fasse perdre ses prétentions sur le trône de France, ne leur accorde pas la reconnaissance escomptée. Montluc se retire sur ses terres, et Choisnin ne reçoit rien d'autre que le titre de *conseiller du Roy en son privé conseil*.

45 Jean Choisnin, *Mémoires de Jean Choisnin ou discours au vray de tout ce qui s'est faict et passé pour l'entière négociation de l'élection du roy de Polongne*, *op. cit.*, p. 128.

faire pour gaigner le cœur de tous ceux qui avoient l'authorité d'eslire [...][46]. » Il a donc fallu recomposer un passé afin de mettre l'accent sur tout ce qui, d'une manière ou d'une autre, pouvait favoriser la fortune des négociateurs.

Bruno MORGANT TOLAÏNI
EHESS

46 *Ibid.*, p. 171.

MÉMOIRES PARTISANS

Regards contrastés sur les troubles des Cévennes

Dans les toutes premières années du XVIIIe siècle, la guerre des camisards fait rage dans les Cévennes : elle est le résultat d'une politique d'éradication de la religion protestante menée par le pouvoir catholique sur ce territoire depuis la Révocation de l'Édit de Nantes. De ces luttes demeurent aujourd'hui de nombreux documents dont Ph. Joutard a montré, à travers leur extrême richesse et leur combinaison avec une mémoire orale, comment ils avaient contribué à fonder une « légende des camisards » toujours vivace aujourd'hui[1]. Plus récemment, M. Jasserand[2], dans un mémoire présenté à l'ENSSIB en 2014 recense entre 1702 et 2014 quatre cent quarante-cinq écrits relevant de l'historiographie camisarde. Celle-ci, par son abondance, présente de nombreuses difficultés, comme son ancrage dans un territoire dont l'identité s'est largement forgée autour de cette période de violences religieuses. Parallèlement aux tentatives pour faire l'histoire des événements relevant de la guerre des Cévennes, c'est tout un imaginaire qui s'est développé comme en témoigne une production littéraire variée, particulièrement féconde au XIXe siècle autour de figures de camisards érigés en héros romantiques : dans le temps, les traits de cette image flatteuse d'une terre de résistance tendent à se figer. Une autre difficulté tient à l'identité d'un certain nombre de ceux qui se sont faits les historiens de cette guerre des Cévennes car elle a naturellement attiré des Cévenols et/ou des protestants, ce qui n'a pas manqué, quels que soient les efforts de rigueur méthodologique, d'attirer sur leurs travaux le soupçon d'une optique partisane. Mais la difficulté de cette historiographie tient aussi à des facteurs plus originels, la complexité des événements en eux-mêmes,

1 Joutard, Philippe, *La Légende des Camisards. Une sensibilité au passé*, Paris, Gallimard, Bibliothèque des Histoires, 1977.

2 Jasserand, Mickaël, *Raconter les camisards : essai d'historiographie (1702-2014)*, Lyon, ENSSIB – Université Lumière Lyon 2, juin 2014, en ligne.

la multiplicité des acteurs ainsi que la diversité des sources émises par certains d'entre eux.

On ne retiendra ici que trois de ces acteurs-producteurs de sources, Jean Cavalier[3], Élie Marion[4] et le maréchal de Villars[5], plus précisément leurs *Mémoires*, à l'exclusion d'autres écrits comme par exemple des lettres. Si ces dernières constituent des sources incontournables pour inscrire les événements dans leur contexte immédiat, les *Mémoires*, par l'ampleur qu'ils présupposent, impliquent par essence une vision à plus long terme et engendrent une reconfiguration aux contours variables. L'écart des points de vue est *a priori* évident entre les *Mémoires* de Villars, chargé de ramener le calme dans la guerre des Cévennes, et ceux des deux chefs camisards Cavalier et Marion ; mais, entre ces deux derniers, des dissentiments nombreux ont également entraîné d'importantes divergences dans leurs présentations des faits. Pour un même passé, chacun de ces auteurs nous livre ainsi sa vision d'événements qu'il recompose : on voudrait s'arrêter ici sur les opérations qui président à de telles recompositions. On présentera d'abord parmi les faits évoqués quelques cas où se manifeste ce travail de recomposition à travers les divergences des écrits liées à des intérêts différents. On s'intéressera ensuite à la nature du regard que chacun de ces *Mémoires* porte sur le passé, ce qui engendre un traitement différent. On verra enfin que les enjeux liés à la diffusion de ces textes et à l'usage qu'on leur destinait ont pu jouer un rôle considérable dans l'orientation de ces écrits.

3 Cavalier, Jean, *Mémoires du colonel Cavalier sur la guerre des camisards*. Édition du manuscrit original de La Haye, éd. P. Rolland, Paris, Les Éditions de Paris Max Chaleil, 2011.

4 Marion, Élie, *Mémoires ou relation abrégée de la guerre des Cévennes, continuée par Élie Marion jusques à la fin…*, dans Mazel, Abraham, Marion Élie, Bonbonnoux Jacques, *Mémoires sur la guerre des camisards*, éd. Ph. Joutard, Montpellier, Les Presses du Languedoc, 2006, p. 41-234.

5 Villars, Louis-Hector de, *Mémoires du maréchal de Villars*, publiés d'après le manuscrit original pour la Société de l'Histoire de France et accompagnés de correspondances inédites par M. le Marquis de Vogüe, Paris, Renouard, 1887, t. II.

DIVERGENCES SUR LES FAITS

La guerre des Cévennes fut le théâtre d'oppositions de diverses natures : outre le conflit entre les protestants et le pouvoir politique catholique, Chr. Bernat[6] a montré que les armes avaient suscité des lignes de fracture plurielles, également du côté catholique. La diversité des convictions, des intérêts ne pouvait que déboucher sur des comptes rendus multiples où chacun faisait part de sa vérité. C'est dans les moindres détails que peuvent se loger les écarts, les accents, qui viennent affirmer, ou juste suggérer, que la version la plus répandue n'est pas la seule, que les motivations affichées ne sont peut-être pas authentiques, que les contre-vérités doivent être rejetées. Parmi les innombrables faits qui appellent corrections et débats[7], il convient de s'arrêter sur un élément majeur, l'attitude qu'eut Cavalier au cours du conflit et particulièrement dans les tractations qui suivirent sa défaite de Nages le 16 avril 1704. Après celle-ci, Jean Cavalier entame en effet des pourparlers avec le lieutenant-général Lalande puis avec le maréchal de Villars, qui a entre-temps remplacé le maréchal de Montrevel au commandement des troupes chargées de mettre un terme à la révolte : une entrevue entre Cavalier, Villars et l'intendant de la province, Lamoignon de Bâville, a lieu le 16 mai au jardin des Récollets à Nîmes. Marion montre comment fut perçue la reddition de Cavalier par bien des camisards :

> Le mois de may feüt remarquable par la reddition inattendue de Cavalier dont la nouvelle feüt comme un coup de foudre[8].
>
> Cavalier accepta les propositions trompeuses qu'on lui fit après s'en estre laissé éblouir.

---

6 Bernat, Chrystel, « La guerre des Cévennes : un conflit trilatéral ? », *Bulletin de la Société de l'Histoire du Protestantisme Français*, 148, juillet-août-septembre 2002, p. 461-507 et « Une guerre sans épithète : les troubles des Cévennes au prisme catholique. Déchirures civiles et violence de religion (vers 1685-vers 1710), Position de thèse », *Revue de l'Histoire des religions*, 2009/4, p. 639-650, en ligne sur revues.org.

7 On en trouve un certain nombre entre les écrits des camisards. Voir par exemple une divergence repérée entre les *Mémoires* de Mazel, Cavalier et Rampon par Batiste Mongazon dans son mémoire de Master 1 *Jean Rampon. Mémoires d'un camisard*, sous la direction de D. Boisson, soutenu à l'université d'Angers en juin 2016, p. 56, n. 18.

8 Marion, Élie, *op. cit.*, p. 61.

> [*corr. post.* : Ce que Montrevel ni Barwick [*erreur, pour* Broglie] n'avoint peü faire par la force, Villars le fit par la ruse.][9]
>
> Cette affaire se passa environ la mi-may, dans le tems que Cavalier traitoit avec l'ennemi à l'insçu des autres chefs[10].

À la surprise se joignent à la fois le sentiment de trahison et l'idée que Cavalier lui-même a été dépassé par des ennemis plus aguerris : ceux-ci lui ont fait accepter par la ruse une paix honteuse. Marion approfondit d'ailleurs les faits en s'arrêtant sur les différents points de l'accord passé entre les trois hommes. Présentés sous la forme d'une série de propositions conjonctives complétives introduites par « Ils convinrent [...] que », ces différents points font en outre l'objet d'une double mise à distance : « Je ne say pas ce qui se passa de particulier entre eux, mais voici ce que Ravanel m'en dit et que tout le monde a sceü ou peü apprendre[11]. » « Touttes ces promesses feürent verbales seulement ; Mr le Marchal ne vouleüt rien signer qui peüt faire foy des articles sus-mentionnés[12]. » Transmis par des témoignages seulement indirects, ce traité, présenté sous la forme d'un discours rapporté, est ramené à de simples « promesses » qui ont d'autant moins laissé de traces que l'une des parties n'était visiblement pas prête à en laisser. Quand, en octobre 1704, Marion devra à son tour se rendre, il insèrera les « articles de la capitulation » de façon bien plus marquée[13] : titre détachant l'ensemble des articles qui prend l'allure d'un document, numéro pour chaque article, guillemets... La différence devient sensible avec le manque de solidité des engagements que Cavalier a prétendu ou cru obtenir. Celui-ci se perçoit d'ailleurs dans le sort aléatoire qui lui est ensuite réservé : « La capitulation de Cavalier fut rapportée de différentes manières. On le faisoit Colonel quand on croöit qu'il feroit rendre tous les Camisards ; il n'estoit que Lieutenant-Colonel lorsqu'on creüt qu'il ne pouroit faire soumettre que sa troupe ; et quand on vit qu'il n'estoit pas en son pouvoir de faire l'un ni l'autre on l'envoöit à Brisac (*Brisach*) pour en faire ce qu'on auroit trouvé à propos[14] [...] ». Pris dans le double soupçon de trahison ou de naïveté, Cavalier, pour sa version des mêmes

9 *Ibid.*
10 *Ibid.*, p. 63.
11 *Ibid.*, p. 65.
12 *Ibid.*
13 *Ibid.*, p. 90.
14 *Ibid.*, p. 67.

faits, choisit de plaider la naïveté en mettant l'accent sur la duplicité du camp adverse. La question de sa reddition n'intervient d'ailleurs que tard dans ses *Mémoires*, au quatrième et dernier livre, ce qui lui aura laissé le temps de peindre plus longuement des moments plus glorieux pour lui. Il montre alors combien il a été dans un premier temps réservé dans ses entrevues avec le camp adverse : il présente sa rencontre avec Lalande comme une entrevue où sa propre fermeté a empêché de sceller tout accord. La rencontre de Nîmes avec Villars et Bâville n'est ensuite acceptée par lui qu'à la suite de multiples pressions et tergiversations. Dans les deux réunions, le respect d'une certaine politesse tend à montrer que Cavalier aurait pu devoir compter sur la loyauté de ses interlocuteurs : pas de violence dans l'échange avec Lalande malgré le constat du désaccord et l'assurance, du coup, d'une reprise des combats ; la violence affleure davantage dans la deuxième rencontre, mais elle n'est le fait que des paroles menaçantes de Bâville, paroles que vient endiguer et annuler Villars, qui, selon les termes de Cavalier, « est un homme poli, et moins emporté que l'intendant[15] ». Le compte rendu de Cavalier confirme qu'il n'y a pas eu d'écrit contenant les demandes des camisards rédigé ou échangé à l'occasion de cette entrevue, mais à ce déficit ponctuel s'oppose l'existence de deux autres écrits : Cavalier prétend en effet avoir remis auparavant ses demandes écrites à celui qui leur sert d'intermédiaire, le baron d'Aigaliers, tandis que Villars dit ne les avoir point vues. Cavalier s'engage alors à rédiger à nouveau ses demandes qui seront transmises par Villars à la cour. Il s'attarde alors longuement sur ce second écrit :

> Je restai à Calvisson avec ma troupe, au bout duquel temps je reçus une lettre de Monsieur de Villars par Monsieur d'Aigaliers, où il m'ordonnait de le venir trouver, qu'il avait la réponse de la cour à mes demandes. Comme il n'y avoit personne parmi nous qui fut fort versé pour dresser des articles de cette importance, nous les avions dressés à la hâte le mieux qu'il nous avait été possible. Néanmoins, ni la cour n'y changèrent[16] rien et se contentèrent de mettre en bas de chaque demande accordé ou refusé. Si ces articles parurent devant le roi, c'est ce que je ne voudrais point affirmer. Mais enfin après que je les eus examinés, je me plaignis par manière d'acquis au maréchal du refus de plusieurs articles, quoique nous nous serions estimés fort heureux

15 Cavalier, Jean, *op. cit.*, p. 140.

16 [sic] dans l'édition du manuscrit de La Haye : la traduction de l'édition anglaise propose deux sujets « ni la Cour, ni le Maréchal », J. Cavalier, *Mémoires sur la guerre des Camisards*, trad. F. Puaux, Dijon-Quetigny, 2007 [1re éd. en anglais 1726; 1re trad. en français 1918], p. 182.

> s'il nous avait tenu ce qu'il nous promettait. Le maréchal me répondit que nous avions lieu de nous louer de la bonté du roi qui nous accordait presque tout ce que nous avions demandé. Et à l'égard des villes de sûreté que nous demandions, la parole du roi valait mieux que vingt villes pour notre sûreté [...]. Le maréchal signa avec Monsieur de Basville les deux copies. Je signai avec Billiard mon lieutenant. Le maréchal en garda une copie, et l'intendant me donna l'autre dont voici la copie[17].

Cavalier fournit alors le texte complet de cette copie et fait part de la satisfaction de ses interlocuteurs à « la conclusion de ce traité[18] ». L'insistance, à cet endroit des *Mémoires*, sur cet écrit entre en fort contraste avec le moment où son existence se trouve mise en question, lors de la rencontre de Cavalier avec le Roi : « Le roi m'ayant écouté jusqu'aux articles, il m'interrompit et me dit d'un ton épouvantable et irrité, je vous défends de me parler de ce traité d'une manière ni d'autre, ni d'en parler, sur peine d'encourir mon indignation[19]. » Cavalier se montre alors désemparé par la colère royale, soulignant pour son lecteur la force de l'interdit prononcé par le prince : « Je me promenai dans toute cette foule sans faire beaucoup d'attention aux beautés, ayant dans l'esprit la défense que le roi m'avait faite de parler de ce traité. Je me formais mille idées différentes, et dont je n'osais pourtant rien faire connaître[20]. » Insérant une lettre ultérieure de justification à Chamillart, Cavalier rappelle ce silence qui lui a été imposé[21] : la mise en avant implicite du fait du prince a pour fonction d'orienter vers une autre explication ceux qui, parmi les camisards, auraient pu douter de l'existence de ce traité et de la probité du chef camisard. Si Cavalier a préféré plaider la naïveté plutôt que la trahison, il cherche tout de même à montrer les limites de cette naïveté en montrant ses doutes s'accroître quand, dès le regroupement progressif des troupes à Calvisson conformément à l'accord discuté à Nîmes, les événements prennent une tournure moins favorable qu'il ne l'avait imaginée. La formulation de ses doutes face à la mauvaise foi du camp adverse devient à partir de là récurrente[22].

Que le traité ait existé ou non, on ne s'étonnera pas de n'en trouver en revanche aucune mention dans les *Mémoires* de Villars qui résume

17 *Ibid.*, p. 141-142.
18 *Ibid.*, p. 143.
19 *Ibid.*, p. 160.
20 *Ibid.*, p. 164.
21 *Ibid.*, p. 171.
22 *Ibid.*, p. 145, 147, 148, 149, 150, 151...

bien plus rapidement l'entrevue de Nîmes en signalant la modestie des demandes de Cavalier : « Il ne parloit que d'avoir recours à la clémence du roi, et protestoit que lui et se gens se trouveroient heureux de pouvoir sacrifier leur vie pour son service dans ses armées[23]. » Le silence sur ce point permettait de se présenter – vrai ou faux – comme ignorant tout de cette affaire sans sembler s'être dédit. Villars, qui cherche peut-être à creuser la rancune entre les camisards multiplie les marques d'une certaine entente avec Cavalier : « Cependant, comme Cavalier étoit véritablement bien déterminé à se soumettre[24] [...] » ; « Cavalier, qui agissoit de très bonne foi[25] [...] ».

Les *Mémoires* constituent bien des pièces à verser au tribunal des valeurs et de la moralité : l'objectif est donc souvent de discréditer l'adversaire. Ainsi la confrontation des mêmes épisodes traités par les différents mémorialistes fait-elle apparaître la dimension manichéenne des présentations. Dans la version de Villars, la mort d'un gentilhomme catholique, M. du Fesquet, est présentée comme un assassinat froidement prémédité[26] ; Marion s'étend bien davantage sur cet acte perpétré par le chef camisard La Rose. Il montre les griefs que pouvaient nourrir les camisards contre ce Cévenol dont la famille était protestante et qui s'acharnait contre eux dans l'espoir d'en obtenir récompense[27] : le piège tendu à celui qui est présenté comme un « furieux », dont le « projet diabolique », pire que celui du « démon lui-même avec toutte sa rage infernale », menace les camisards apparaît alors comme une juste punition.

Outre la férocité de l'adversaire peut être mise en lumière sa vénalité. C'est ainsi que Villars donne sa version des motifs qui poussèrent Ravanel à refuser de se conformer à l'accord négocié avec Cavalier : « Cependant, les ennemis de l'État, voyant cette révolte presque éteinte et les fanatiques prêts à sortir du royaume, mettoient tout en usage pour la ranimer. Ils firent passer un argent considérable et gagnèrent Ravanel, lieutenant de Cavalier. Cet homme, lorsque tous ces gens étoient en prière, le 28, commença à trembler, dit qu'il étoit inspiré ; que Cavalier lui avoit révélé que l'on devoit les égorger tous[28]. » Villars refuse d'adhérer aux

23 Villars, Louis-Hector de, *op. cit.*, p. 150.
24 *Ibid.*, p. 152.
25 *Ibid.*, p. 153.
26 *Ibid.*, p. 163.
27 Marion, Élie, *op. cit.*, p. 76-78.
28 Villars, Louis-Hector de, *op. cit.*, p. 152.

inspirations qui touchent certains camisards et démonte le phénomène comme une usurpation : « Ces fanatiques assemblés, ébranlés et prêts à se soumettre, Ravanel se laisse tomber de cheval, reste un quart d'heure comme pâmé à terre, et, tremblant, s'écrie : "Dieu nous ordonne de tuer ce traître de Cavalier[29]." » Chaque camp s'attache donc à débusquer les petitesses de l'autre. Cavalier dévoile jusqu'où allait l'inimitié entre le maréchal de Montrevel et Bâville[30] : c'est parce que le maréchal aurait eu connaissance des malversations commises par ce dernier et aurait pu lui faire perdre la faveur de la cour que Bâville a multiplié les manipulations pour obtenir le rappel et le remplacement de Montrevel. De même Marion, en dénonçant les torts de Bâville, fait voir la haine que lui vouait le marquis de Lalande. Dans ces dévoilements des ressorts moins glorieux de l'Histoire, il faut compter les révélations qui sont faites sur les amours de ses acteurs. Le récit fait par Villars de la mort de Rolland fait tenir celle-ci à une visite à sa maîtresse[31] dans le château de Castelnau, là où Marion[32] évoque un séjour « pour recevoir quelque argent [de ses] amis » et « pour faire serrer les grains ».

Sur un mode plus grave, Villars cherche à accuser les camisards d'avoir pactisé avec les ennemis de la France :

> Les puissances ennemies de la France n'oublioient rien, comme nous l'avons dit, pour entretenir cette révolte, et n'épargnoient aucune dépense pour la fomenter, ou même pour l'accroître. Plusieurs de leurs frégates chargées de fanatiques, d'armes et d'argent, suivant les côtes de Languedoc, quelques-unes abordèrent sur celles de Catalogne, moins exactement gardées que ne l'étoient celles du Languedoc, essayèrent de percer les Pyrénées pour entrer dans cette province. […] Outre ces tentatives pour soutenir la révolte de Languedoc, les ennemis firent passer des émissaires en Dauphiné et en Rouergue pour faire prendre les armes dans ces provinces à ce qu'ils pouvoient rassembler de fanatiques et de religionnaires, qui comptoient tous que les armées navales d'Angleterre et de Hollande n'étoient entrées dans la Méditerranée que pour les soutenir[33].

Les camisards ne cherchent pas à se défendre d'un tel projet : ils ne sauraient se considérer comme des traîtres car, pour eux, ils sont eux les

29 *Ibid.*, p. 153.
30 Cavalier, Jean, *op. cit.*, p. 130-132.
31 Villars, Louis-Hector de, *op. cit.*, p. 158.
32 Marion, Élie, *op. cit.*, p. 72.
33 Villars, Louis-Hector de, *op. cit.*, p. 156-157.

victimes des engagements non tenus. Il est donc naturel qu'ils attendent de l'aide de leurs coreligionnaires. À vrai dire, ils ne protestent pas de la légitimité d'une telle attente car ce que Marion[34] comme Cavalier disent haut et fort, c'est à quel point cette aide extérieure, pourtant régulièrement promise, leur a manqué : « Mais les Alliés [...] n'ont point voulu soutenir les camisards ; car s'ils l'eussent voulu faire, ils auraient bien trouvé le moyen d'en venir à bout, il n'y a que le temps qui nous puisse découvrir le ressort caché qui a arrêté leurs mains[35] ».

Ainsi les écrits des trois mémorialistes font-ils apparaître dans leurs présentations modulables des mêmes événements aussi bien des stratégies propres à la promotion d'un clan contre l'autre que des présentations visant davantage la défense d'intérêts plus individuels : Marion et Cavalier semblent s'accorder pour défendre l'honneur de la cause protestante en refusant de cautionner les entreprises menées apparemment en leur faveur par le marquis de Guiscard parce qu'il s'agit d'une figure décriée et qu'il vaut mieux prendre toutes ses distances avec un individu décrié que les adversaires – Villars le fait bien – ont beau jeu d'assimiler aux camisards. Mais dans cette cause commune l'Histoire a divisé les choix et les parcours des uns et des autres amenant moins une recomposition des clans que l'éparpillement des points de vue : chacun y va alors de sa version des faits et de leurs motivations.

DES REGARDS DIFFÉRENTS SUR LE PASSÉ

Les divergences entre les textes tiennent aussi aux spécificités du regard sur le passé qui est jeté par les différents mémorialistes. La longueur accordée par ces différents textes à la guerre des Cévennes est un indice de l'importance qu'ils lui reconnaissent dans le passé. Dans la longue et brillante carrière du maréchal de Villars[36], l'épisode des Cévennes n'est presque qu'une parenthèse : sur les six tomes publiés de 1884 à 1904

34 Marion, Élie, *op. cit.*, p. 69, 93, 123-124.

35 Cavalier, Jean, *op. cit.*, p. 94.

36 Voir la biographie que lui a consacrée Fadi El Hage, *Le Maréchal de Villars. L'infatigable bonheur*, Paris, Belin, Portraits historiques, 2012. La formule du sous-titre est empruntée à Saint-Simon.

pour la Société de l'Histoire de France par le Marquis de Vogüé, environ vingt-cinq pages seulement lui sont consacrées, encore le fil du conflit cévenol est-il à plusieurs reprises interrompu, parfois longuement, par des remarques sur ce qui se passe sur d'autres fronts : « Pour ne pas perdre la suite des affaires, nous exposerons ici, et en peu de mots, l'état des guerres qui se faisoient alors[37]. » S'ensuit une page sur les affaires extérieures puis intérieures : « Après de si heureux événements, il en survint qui causèrent une grande consternation, comme nous le verrons par la suite. Mais reprenons les suites de la petite guerre des fanatiques[38]. » Le véritable fil suivi par le rédacteur de ces *Mémoires* n'est pas la guerre des camisards, mais bien une carrière militaire qui ne saurait culminer dans ce qui n'est qu'une révolte, ou, au mieux, une « petite guerre » : elle est appelée à se poursuivre sur de plus glorieux fronts. Deux autres interruptions du même type viendront montrer combien l'attention est facilement happée vers des sujets plus captivants. Les quelques pages restantes concernent donc l'année 1704, le début de l'année 1705 étant celui du départ du maréchal vers un front plus international, une fois accomplie la mission de pacification des Cévennes. Menée tambour battant, cette narration glorifie les qualités de chef et de négociateur du maréchal qui sait faire alterner douceur, métier et fermeté. Si quelques rares figures plus pittoresques sont évoquées ici ou là, il ne faut pas s'attendre à trouver en cet écrit un détail précis des opérations : les quelques dates mentionnées ne permettent nullement un suivi des événements. Le maréchal les survole selon une posture généralisée de supériorité qui se manifeste dans les compliments qu'il sait dispenser au courage ou à la valeur de tel ennemi ; cette supériorité se laisse surtout entendre quand il restitue au discours direct d'autres compliments, ceux du roi à son égard, disposés au début et à la fin de l'épisode cévenol, qui lui vaut quand même une double récompense, la promesse d'un titre de duc et le commandement autrement prestigieux de l'armée de Moselle.

Dans notre échantillon, la relation des événements apparaît bien plus fournie chez les camisards : la distance d'un Villars engagé dans une mission qui sera suivie d'une autre sur d'autres fronts l'empêche de s'attarder. Plus ancrés dans leur territoire, les deux camisards sont nécessairement plus diserts sur les lieux dans lesquels ils agissaient.

37 Villars, Louis-Hector de, *op. cit.*, p. 155.
38 *Ibid.*, p. 156.

Avec eux se construit un chronotope qui associe les différents lieux du pays, villes, villages, mas, montagnes, plaines et bois, aux actions qu'ils y conduisent, traverser, combattre, fuir, prier, se cacher. Les noms de lieux y fourmillent tout comme les noms de leurs compatriotes : d'autres *Mémoires* camisards, ceux de J. Bonbonnoux, renforcent l'ancrage de l'action dans le territoire cévenol en accolant presque systématiquement à chaque nom de personne son village d'origine. Chez les mémorialistes camisards qui ont dû quitter leur terre natale, la convocation des toponymes relève au moins d'un devoir de mémoire, sinon d'une incantation.

Si le resserrement et l'accélération sont la loi qui commande le récit des *Mémoires* de Villars, c'est au contraire la dilatation qui travaille ceux de Jean Cavalier dans lesquels on ne pourra s'attendre à trouver une chronologie fiable des faits : comme le montre P. Rolland dans son édition du manuscrit de La Haye[39], des événements qui, dans la réalité, se sont déroulés de l'été 1702 au printemps 1704 sont présentés chez lui sur une durée augmentée d'un an, de l'été 1701 au printemps 1704. Même si le jeune chef camisard n'avait vraisemblablement pas tenu sur le moment un compte précis des faits, il y a là, au moment de l'écriture, sans doute plus qu'une négligence. Le trucage est d'ailleurs presque avoué au cours du Livre second :

> S'il me fallait conter mes campagnes comme on le fait ordinairement, c'est-à-dire qu'après avoir tenu la campagne pendant tout l'été et une partie de l'automne, on va se reposer pendant l'hiver dans quelque bon quartier d'où on sort au printemps pour commencer d'agir contre l'ennemi, je ne le saurais faire, puisque je n'ai jamais eu le bonheur de rester tranquille dans aucun lieu pendant la rigueur de l'hiver, et que nos ennemis ne nous ont jamais donné de relâche. Si bien qu'à proprement parler la guerre a été une campagne continuelle. Celle-ci surtout a été tellement liée à la précédente que je ne vois point d'intervalle entre elles. Mais s'il faut que je distingue mes campagnes selon les années, j'appellerai, quoique improprement, ce qui se passa pendant le cours de cette année notre troisième campagne[40] [...].

Contrairement à ce que disait Villars, cette guerre « continuelle » n'est rien moins qu'une « petite guerre » pour Cavalier : la perception qu'il en livre fournit une explication à l'écart avec la réalité. Un tel allongement lui permet sans doute d'accroître aux yeux de ses futurs lecteurs le

39 Avant-propos de Cavalier, Jean, *op. cit.*, p. 25-30.

40 Cavalier, Jean, *op. cit.*, p. 84.

temps d'une action militaire qui l'héroïse. Mais il a en outre pour effet de conduire à une réorganisation des faits dans cette nouvelle chronologie : cette réorganisation est à peu près conforme, sinon aux dates, du moins à l'ordre des faits jusqu'au printemps 1703, en revanche elle est profondément perturbée d'avril 1703 à début 1704. Cavalier déplace par exemple l'une de ses victoires, Martignargues, à l'automne 1703 alors qu'elle eut lieu en mars 1704[41]. Pour autant, les récits qu'il donne sur le déroulement même des batailles et des escarmouches pris isolément ont été, quant à eux, jugés par les historiens plus conformes à la réalité et fournissent un degré de détail intéressant.

Parmi les trois *Mémoires*, la relation d'Élie Marion est sans conteste la plus précise aussi bien sur le plan quantitatif que qualitatif : elle dépasse d'un bon tiers les *Mémoires* de Cavalier. Rapide sur sa jeunesse, Marion fournit à foison quantité de détails sur les dates, les acteurs, leurs comportements et leurs motivations selon une connaissance de première main qu'il avait pu acquérir sur le terrain où il eut à combattre. Mais, comme l'a signalé Ph. Joutard[42], cette précision doit se comprendre comme la contrepartie d'une dimension beaucoup moins rationnelle de ces *Mémoires*. La chronologie qui se lit chez Marion n'est pas neutre : l'auteur ne cesse d'associer bien des événements notables à des inspirations reçues aussi bien par lui-même que par un grand nombre de ses compatriotes. Pour Marion, ces inspirations sont fiables, plusieurs événements l'ont prouvé. Quand les camisards remportent une victoire à Saint-Germain, il constate : « Cette victoire avoit été préditte par Rolland. Voiez ce qui est dit dans les nottes du livre du Curé de St-Germain[43]. » De même, la mort de Rolland avait elle-même fait l'objet d'une double prédiction : « Il est à remarquer que sa mort lui avoit esté prédittte longtems auparavant par Lucrèce surnommée la Vivarèse, qui même lui avoit dit qu'il recevroit le coup de mort au cotté gauche. Il lui avoit esté prédit aussy par sa propre bouche qu'il seroit trahi par un faux frère ; tout cela lui ariva à la lettre[44]. » Fort de telles confirmations, les camisards s'appuient sur des prédictions advenues par inspiration pour prendre leurs décisions. C'est ainsi que l'inspiration peut les amener à

41 Avant-propos de Cavalier, Jean, *op. cit.*, p. 30.

42 Joutard, Philippe, « Préface », *Mémoires sur la guerre des camisards*, *op. cit.*, p. 16.

43 Marion, Élie, *op. cit.*, p. 62.

44 *Ibid.*, p. 72.

déposer temporairement les armes, comme c'est le cas lorsque s'annonce le brûlement des Cévennes :

> Les flammes de nos maisons ou de nos frères augmentoient l'ardeur de notre impatience que nous avions de fondre sur ces malhureux incendiaires, mais je feüs bien surpris d'entendre par ma propre bouche un avertissement tout opposé à un dessein dont j'avois déjà conceü de si heureuses espérances. La sustance de cette inspiration feüt que c'étoit en vain que nous avions formé le dessein d'empêcher ces brullemens, que sy nous l'entreprenions nous n'y réussirions pas, car Dieu l'avoit ainsi décretté. Nonostant cela, la chose leur tenait si fort à cœur qu'ils s'en feürent du côté de Vébron pour attaquer Juillien ; mais estant sur le point de commencer le combat, Moulines eut une inspiration qui confirma celle que j'avois eu, et dit de plus que sy on entreprenoit d'empêcher cette exécution Dieu les livreroit à l'ennemy, mais qu'on eût à estre trois jours en prières en en jûnes sans manger ni boire pendant ce temps-là ; de sorte que les troupes retournèrent chacune vers son quartier[45].

Mais l'argument peut valoir en sens contraire ; quand la situation pousse les chefs à inciter leurs troupes à cesser le combat, la seule raison ne saurait du coup apparaître comme un argument décisif à ces dernières : « Ces pauvres gens, voiant qu'il n'y avoit point d'inspirations qui ordonnassent de mettre bas les armes, prévenus que ceux qui s'estoint rendus avoint fait lâchement, crièrent d'un commun accord que puisque Dieu leur avoit mis les armes à la main pour combattre contre les ennemis de son nom qui vouloint les empêcher de le servir selon la foy qu'il leur avoit donnée, ils répandroint leur sang jusques à la dernière goutte plustôt que d'estre infidèles[46] [...]. » L'inspiration est ainsi devenue un référent régulier qui permet de réguler les conduites. C'est elle qui sert de guide à la mère[47] de Marion quand elle est sans nouvelle de lui ; c'est elle qui lui indique qu'il doit se préparer à un voyage[48] et à quel moment précis[49] il doit l'entreprendre. C'est aussi une inspiration, celle qui l'avait poussé à épargner le curé de St-Martin-de-Courconnas, qui a permis à Abraham Mazel d'échapper à l'exécution : ce curé saura se souvenir de ce bienfait et intercéder en sa faveur après son arrestation[50].

45 *Ibid.*, p. 54.
46 *Ibid.*, p. 87.
47 *Ibid.*, p. 57.
48 *Ibid.*, p. 107.
49 *Ibid.*, p. 111.
50 *Ibid.*, p. 109-110.

L'inspiration apparaît ainsi comme un guide si essentiel que ne pas la comprendre inquiète et ne pas l'avoir écoutée induit une erreur qu'il faut bien reconnaître *a posteriori* :

> Ainsi nous ressouvînmes-nous que depuis longtems il nous avoit esté prédit qu'il falloit que ces choses arrivassent, et que l'Eglise ne seroit pas délivrée par le bras de la chair ; mais nous ne les avions pas comprises[51].
>
> A ne regarder cette affaire par l'extérieur, elle estoit de belle apparence, mais les hommes sont faux, Dieu seul est véritable. Il nous avoit esté dit que c'étoit en vain que nous faisions fonds sur le bras de l'homme [*corr.* : la chair], que nous ne serions jamais délivrés par la puissance humaine. Enfin nous vîmes dans fort peu de temps disparoître toutes ces belles apparences qui nous avoint offusqué les yeux[52].

D'où la difficulté à prendre des décisions quand elle se dérobe à ceux qui ont pris l'habitude de s'en remettre à ses conseils. Si l'on peut parfois chercher des solutions du côté de la raison, il n'en reste pas moins que l'absence d'inspiration désarçonne les camisards, notamment à l'automne 1704, lorsque le maréchal de Villars accentue la répression : « Nous n'avions point d'inspirations qui nous ordonnassent ni qui nous défendissent de mettre bas les armes ; nous estions dans un estat plus triste encore que je ne le puis décrire[53]. » Déterminantes dans les décisions qui furent prises en fonction de leur valeur prophétique, les inspirations jouent aussi un rôle de consolation dans les échecs : elles permettent de faire accepter ces derniers et induisent des formules indiquant que le temps n'était pas venu, que la volonté du Seigneur n'était pas telle à ce moment-là… La fin de la relation dictée par un autre camisard, A. Mazel, que copia le même Marion, est significative de ce rôle accordé à la volonté de Dieu : « Sy les circonstances des principaux faits de cette guerre etoient fidèlement racontées ; qu'on en eût gardé de bons Mémoires, on trouveroit que les désavantages que nous avons eu contre les troupes du Roy, et la plupart des autres malheurs qui nous sont arrivés ont esté comme dispensés visiblement et expressément de la part de Dieu pour punir notre désobéissance ; notre présomtion ou notre orgueil[54]. » Guidés par « l'Esprit du Seigneur », les camisards tels que

---

51 *Ibid.*, p. 69.

52 *Ibid.*, p. 149.

53 *Ibid.*, p. 79.

54 Mazel, Abraham, *Mémoires de la guerre des Cévennes, dès son commencement, c'est-à-dire ce qui s'est passé de plus remarquable sous la conduite, ou par le ministère de Abr^m Mazel…* dans Mazel, Abraham, Marion Élie, Bonbonnoux Jacques, *op. cit.*, p. 37.

les présente Marion obéissent à une chronologie qui ne tient pas aux aléas des circonstances mais à la volonté de Dieu. Le travail du mémorialiste consiste alors en la reconnaissance de cette volonté et de ces signes parfois mal compris, parfois absents dans des silences qui laissent le croyant dans le désarroi. À la solidité de l'information chronologique correspondent ainsi des présupposés beaucoup moins rationnels.

CONTEXTES DE RÉDACTION ET DE DIFFUSION

À cette disparité des regards sur les événements passés dans leur rythme comme dans leur orientation, s'ajoute la complexité des contextes de rédaction et/ou de diffusion de ces écrits. Il y a là un double-fond qui vient en rajouter dans la recomposition du passé. Comme a pu le noter Ph. Joutard à propos des *Mémoires* de Corteiz[55], plusieurs versions des événements ont pu par exemple émaner d'une même source : dès la première moitié du XVIIIe siècle, Antoine Court avait déjà remarqué l'écart entre la relation que lui avait remise Corteiz et des éléments de sa correspondance récupérée ultérieurement, mais Ph. Joutard signale en outre que c'est entre deux relations des événements – deux *Mémoires* – de ce même auteur que des disparités notables apparaissent. C'est le même type d'écart que P. Rolland fait nettement apparaître dans sa récente édition du manuscrit de La Haye des *Mémoires* de Cavalier : il y montre l'importance des modifications apportées par un auteur entre ce qui pourrait être un premier jet et l'édition offerte au public. Ces *Mémoires* paraissent en effet pour la première fois en anglais à Dublin en 1726 : deux autres éditions londoniennes en 1726-1727 témoignent de l'intérêt immédiat suscité par l'ouvrage. Quand, en 1918, Franck Puaux publie chez Payot les *Mémoires* de Cavalier en français, c'est une traduction de l'édition anglaise qu'il livre, mais nombre de ses choix de traduction témoignent de sa connaissance du manuscrit de La Haye. Ce manuscrit n'est pas, selon P. Rolland, un manuscrit autographe, mais une copie élaborée en vue d'une publication dont la datation pourrait

55 Joutard, Philippe, *op. cit.*, p. 125-126.

s'établir entre 1708 et 1713 : il existe ainsi un écart notable entre la date de rédaction de ce manuscrit et celle de l'édition.

L'écart de date se mesure à l'écart entre les textes : de nombreuses modifications ont été repérées par P. Rolland dont on reprend ici brièvement les analyses[56]. Entre la version manuscrite en français et l'édition anglaise qui la suit, on peut signaler :

- des corrections sur des erreurs de détail ;
- des additions (« Un certain nombre de récits de batailles ou plutôt d'escarmouches » ; une discussion avec son grand-père et deux curés, s'achevant « par le paiement de messes aux curés », ce qui tend à montrer comment les protestants avaient pu être excédés par la nature des contraintes que faisaient peser sur eux les prêtres catholiques ; des descriptions valorisantes portant sur l'organisation que Cavalier avait su mettre en place ou sur son rôle ponctuel ; d'autres éléments de description valorisant cette fois l'organisation de la « discipline religieuse » protestante) ;
- des suppressions permettent de corroborer le sens des additions : outre un recentrage sur la période ciblée avec la suppression de la fin du manuscrit, un assagissement du style et du contenu est perceptible avec l'effacement de la matière la plus galante du manuscrit. Cavalier a soigné son image pour l'édition mais, surtout, ce que souligne P. Rolland, c'est « le soin qu'[il]a pris de supprimer toute allusion au prophétisme ». Il s'agit là de l'orientation la plus frappante de l'édition anglaise qui a adapté le texte initialement rédigé en français au lectorat anglais, puisque c'était en Angleterre que s'était fixé Cavalier : l'enjeu de l'exactitude des faits relatés n'a certes pas été absolument abandonné, mais Cavalier doit aussi songer à s'assurer des moyens de survie et il lui faut surtout pour cela prendre résolument ses distances avec le mouvement des *french prophets* qui furent à l'origine d'une agitation religieuse notable en Angleterre à partir de 1707.

Dans « le noyau originel[57] » de ce mouvement des *french prophets*, on trouve des Cévenols qui ont émigré vers l'Angleterre, Durand Fage, Jean Cavalier de Sauve (qui se dit cousin du colonel Jean Cavalier de Ribaute), Jean Allut

56 Avant-propos de Cavalier, Jean, *op. cit.*, p. 19-22.

57 Chabrol, Jean-Pierre, *Élie Marion le vagabond de Dieu 1678-1713*, Aix-en-Provence, Édisud, 1999, p. 96-99.

et Élie Marion. Au sein de la communauté française de Londres, ces protestants, qui avaient connu des inspirations pendant la révolte des camisards, continuèrent de faire état d'inspiration de l'autre côté de la Manche, provoquant rapidement défiance et trouble dans leur pays d'accueil : s'ensuivit en 1707 leur condamnation par le consistoire des églises françaises de Londres qui écartèrent trois d'entre eux de la « Sainte Communion ». C'est dans ce contexte que sont regroupés dans le même manuscrit les *Mémoires* de Marion ainsi que ceux de son ami Abraham Mazel plus détaillés sur le début de la guerre des Cévennes. Dans sa présentation, le manuscrit fournit des indications significatives sur le contexte de son élaboration. On peut en effet lire l'indication suivante en première page, sous la plume[58] de l'un des membres du groupe des prophètes français, Charles Portalès :

> Mémoires de la guerre des Cévennes, dès son commencement, c'est à dire ce qui s'est passé de plus remarquable sous la conduite, ou par le ministère de Abr^m^ Mazel, recuilli de sa propre bouche ici à Londres par Charles Portalès et transcrit ici par Élie Marion, signé de sa propre main du dit Abraham Mazel en présence du dit Élie Marion, de Durand Fage, de Mr Jean Daudé, ci-devant avocat à Nismes, de Jacques Portalès, de Charles Portalès qui tous dans le même tems signèrent aussi comme témoins, le 25 aout 1708.
>
> Mémoires ou relation abrégée de la guerre des Cévennes, continuée par Élie Marion jusques à la fin écrit originellement par C. P. de la bouche dudit Marion, qui, après avoir été ainsi rédigez, les a transcrits ici de sa propre main, signé par Abr^m^ Mazel et témoins[59].

La fin de la partie émanant de Mazel porte effectivement les six signatures des personnages cités corroborant ainsi une image d'authenticité. Quant aux *Mémoires* de Marion, ils se poursuivent au-delà du départ du Cévenol de son pays natal et le montrent dans les différents lieux de son exil après la guerre des camisards. Ils accordent, dans leur partie finale, une place tout à fait notable[60] aux réactions hostiles que le groupe des prophètes français suscita à Londres. L'avant-dernier paragraphe de ces *Mémoires* est très significatif de leur raison d'être :

> On fit de livres ; on prêcha des sermons ; et l'on en imprima de nuées en anglois et en françois. Chacun cherchoit à s'immortaliser par quelque pièce

58 D'après l'analyse du manuscrit par son premier éditeur, Charles Bost, en 1931. Mazel, Abraham, Marion Élie, Bonbonnoux Jacques, *op. cit.*, Introduction, p. XIII.

59 Marion, Élie, *op. cit.*, p. 1.

60 Près d'un cinquième de la relation.

> de sa façon. Mais, le croira-t-on, pas un des autheurs de ces divers libelles n'est demuré dans les bornes de la sincérité, de la bonne foy et de la justice. Tous généralement ont prévariqué. Mr Max. Misson les a tous terrassés dans ses écrits sur le sujet. Voëz dans la Préface du *Théâtre Sacré* : *L'Hosanna* ; *Mélanges de littérature* ; *Plainte et censure des calomnieuses accusations publiées par le Sr Groteste de la Motte* &a[61] ?.

Aboutissant à la lutte des prophètes français avec leurs nouveaux adversaires, les *Mémoires* apparaissent ici dans leur double mission : si la peinture de la guerre des Cévennes pouvait sembler l'objectif essentiel pendant tout le début du texte, ils ont aussi servi à montrer le prophétisme comme le seul guide possible des actions de ceux qui respectent la volonté de Dieu. Ainsi la nouvelle vie des prophètes français de Londres ne saurait-elle renoncer à ce qui l'avait guidée jusqu'ici : prise dans cet autre plaidoyer, la relation de Marion est une arme qui vient s'articuler à d'autres ouvrages, dont le plus célèbre fut le *Théâtre sacré* des Cévennes de Maximilien Misson[62]. Ces textes, rédigés à Londres à partir de 1707, donnèrent toute son ampleur au phénomène prophétique.

La référence à d'autres ouvrages au sein de la relation de Marion se produit à de nombreuses reprises[63] : elle concerne, dans la citation précédente, des livres qui jouent un rôle dans la querelle des prophètes français, mais on peut noter que, bien avant que cette orientation des *Mémoires* n'apparaisse aussi clairement, l'usage des références était déjà présent : ainsi, à propos de la guerre des Cévennes, Marion renvoie-t-il à plusieurs reprises à l'ouvrage d'un des adversaires des camisards, le Père L'Ouvreleul qui avait publié en 1703 *Le Fanatisme renouvelé ou Histoire des sacrilèges, des incendies, des meurtres et des autres attentats que les Calvinistes Révoltés ont commis dans les Sévenes et des Châtiments qu'on en a faits* ; plus précisément c'est aux annotations qu'il a apportées à un exemplaire de ce texte qu'il renvoie[64]. On trouve aussi un renvoi très critique aux *Mémoires* du marquis de Guiscard, abbé de la Bourlie[65], dont l'opposition aux autorités françaises relevait plus d'enjeux politiques que religieux. À ces références polémiques s'opposent dans les *Mémoires* de Mazel les

61 Marion, Élie, *op. cit.*, p. 166.

62 Voir Cabanel, Patrick, « La guerre des camisards entre histoire et mémoire : la perpétuelle réinvention du témoignage », *Dix-huitième siècle*, n° 39, 2007, p. 211.

63 Par exemple Marion, Élie, *op. cit.*, p. 44, 45, 47, 52, 54, 56, 159.

64 Par exemple Marion, Élie, *op. cit.*, p. 48, 62, 76.

65 *Ibid.*, p. 75.

marques d'une parfaite adhésion à la relation de Marion, mais surtout le manuscrit quitte à certains moments, et particulièrement à la fin, le mode de la relation pour privilégier l'enregistrement de documents qu'ils soient donnés *in extenso*[66] ou qu'ils figurent dans le cadre de listes. De fait, c'est à une bataille d'écrits que participent les *Mémoires* : l'on retrouve d'ailleurs, dans une moindre mesure, le même phénomène chez Cavalier qui convoque lui aussi pour mieux les discréditer les mêmes références à L'Ouvreleul ou Guiscard. Les *Mémoires* de Marion polémiquent particulièrement avec Cavalier moins sur les événements des Cévennes que sur la façon dont ceux-ci ont été déformés ou instrumentalisés à Londres dans l'affaire des *french prophets*, instrumentalisation dont les *Mémoires* de Marion eux-mêmes ne sont pas exempts. À la suite d'une série d'extraits de lettres de Cavalier, il commente : « Le reste de ces lettres sont ce qu'on apelle en anglois *a non sense*, des galimatias. Ce pauvre drolle (*le Colonel*) est bouffy d'orgueil ; il n'a seulement pas l'usage de la raison. Toute sa conduitte, depuis que l'Esprit du Seigneur l'a quitté, (ou plutôt depuis qu'il l'a abandonné ou contristé et éteint) ont été un tissu de pauvretés [*add.* : et de contradictions][67]. » « L'Esprit du Seigneur », tel est bien l'enjeu qui sépare désormais les deux anciens chefs camisards. Tandis que Cavalier a cherché à gommer qu'il fit, lui aussi, partie des inspirés des Cévennes, Marion a une cause plus importante désormais que celle des camisards à défendre : « Enfin dans le tems que tout estoit réglé à ma satisfaction [...], je feüs arrêté par l'Esprit de Dieu qui changea en un instant les dispositions de mon cœur, y mettant un invincible désir d'aller en Angleterre. [...] il me feüt déclaré que j'eusse à quitter les establissemens mondains et à mettre en exécution le désir que Dieu m'avoit mis au cœur de passer en Angleterre, que c'estoit là le grand voïage dont il m'avoit esté parlé, que ce que j'avois fait jusques alors n'étoit rien[68] [...]. » C'est sur la scène anglaise que se joue désormais une bataille dont Marion veut infléchir l'issue lorsqu'il conclut sa relation (pour la partie du manuscrit qui précède les additions) sur un ton solennel : « Dieu aïant répandu de son Esprit sur quantité de personnes de la nation anglaise de tout âge, sexe, condiction, et presque de toutes les sectes, mais qu'il fait parler tous unanimement par son Esprit des

66 Par exemple l'acte reproduit dans Marion, Élie, *op. cit.*, p. 160.

67 Marion, Élie, *op. cit.*, p. 175.

68 *Ibid.*, p. 152.

choses magnifiques de son roïaume[69]. » C'est d'ailleurs sous le signe d'un double processus d'inspiration qu'il place les écrits et publications émanant de son camp, lorsqu'il en établit la liste[70] : ceux-ci sont non seulement le fruit d'une inspiration, mais c'est aussi un « ordre de l'Esprit » qui impose les conditions de leur recueil devant des témoins fiables, ce qui peut s'étendre au livre en train de s'écrire.

La question du pouvoir des écrits peut également se repérer dans l'histoire des *Mémoires* de Villars, pris dans un double processus éditorial. L'année de sa mort, en 1734, a lieu la publication d'un premier tome, mais le processus éditorial est interrompu et les publications qui viendront ensuite sont des *Mémoires* apocryphes recomposés à partir de divers matériaux, cahiers de mémoires recomposés *a posteriori*, journal en temps plus réel à partir d'une certaine date, lettres, gazettes du temps[71]. Ce n'est qu'à la charnière des XIXe et du XXe siècles que les seuls *Mémoires* furent restitués et édités dans leur intégrité par M. de Voguë au moyen des cahiers rédigés par Villars. La confrontation entre cet état du texte et les recompositions qui paraissent un peu plus tard au cours du XVIIIe siècle est significative des reconfigurations que l'on peut faire subir au passé : il ne s'agit pas de la même plume, mais le texte mémoriel se trouve alors pris dans un processus de réécriture. Ainsi l'édition du tome 2 (qu'on considèrera comme la deuxième version, désignée par V2 dans les notes) qui paraît à La Haye en 1737 est-elle plus de deux fois plus longue que le texte issu des cahiers de Villars (qu'on considèrera comme la première version, désignée par V1 dans les notes). Parmi les éléments surnuméraires de cette seconde version, on notera, au-delà d'un simple approfondissement des détails des événements, la longue présentation de la situation favorable laissée par la victoire du prédécesseur de Villars, le maréchal de Montrevel, sur les troupes de Cavalier à Nages. Cette reconnaissance de l'efficacité de celui qu'il remplace paraît peu compatible avec le ton de la première version qui présente la situation tout autrement :

> Il y avoit alors une révolte en Languedoc où les huguenots, sous le nom de camisards, avoient pris les armes dès l'année précédente. On y avoit envoyé

69 *Ibid.*, p. 166.
70 *Ibid.*, p. 158-159.
71 Voir V1 la Notice bibliographique de l'édition du Marquis de Vogüe, dans Villars, Louis-Hector de, *op. cit.*, t. Ier (1884), p. I-X.

> le maréchal de Montrevel. Mais les désordres augmentoient, les troupes du roi avoient été défaites en plusieurs occasions, et singulièrement dans une ou près de 500 hommes de vaisseaux avoient été taillés en pièces. Les rigueurs dont on usoit contre ces révoltés avoient aigri leurs esprits. Ce n'étoit plus, d'une part, que meurtres, incendies, églises renversées, prêtres massacrés et, de l'autre, liberté entière accordée aux troupes de tuer tout ce qu'elles trouveroient avoir l'air de camisards. Dans ces excès de désordre, le roi ne crut pas le maréchal de Montrevel propre à les faire cesser, et le maréchal de Villars, à son retour de Normandie, trouva que le commandement de ces provinces lui étoit destiné[72].

Comme pour Cavalier qui réécrivait son propre texte, la reconfiguration posthume des *Mémoires* de Villars offre un visage plus politiquement correct sans nuire à la gloire du grand homme. Au début de sa mission, les deux versions le montrent s'instruisant de la situation, mais les contenus de cette instruction se révèlent différents. Dans la première version, « Il apprit qu'on exerçoit les plus grandes cruautés contre ces fanatiques et que, par la rigueur des supplices, on leur inspiroit un désespoir qui les portoit à ne plus craindre la mort. Ces inhumanités, auxquelles le maréchal de Villars a toujours été très opposé, lui firent imaginer des routes toutes contraires[73] [...] ». Suit un échange au discours direct avec le roi où Villars lui expose son projet d'une politique de la douceur. La seconde version ne fait ni les mêmes constats, ni les mêmes choix : « Son esprit juste & pénétrant le mit bientôt au fait de tout. Il vit d'abord qu'il n'y avoit point d'autre parti à prendre que de profiter de la consternation où étoient les Révoltés, & les Communautés qui les soutenoient, de ne leur pas donner le temps de se reconnaître, & de les presser plus vivement que jamais[74]. » La critique de l'intendant Bâville et de ses prédécesseurs à la tête des armées est ainsi gommée, tandis qu'est projetée une action non pas douce mais foudroyante. L'effet de polissage passe aussi par une moralisation du discours mémoriel qui laisse place, ici ou là, à quelques propos sentencieux, par exemple à propos des offres faites à Cavalier : « Ainsi par des raisons que les Rois sont quelque fois obligés de suivre contre les régles de la justice ordinaire, celui qui méritoit de finir ses jours sur un échafaut, se vit recompensé, & parvint par les crimes les

72 Villars, Louis-Hector de, V1, *op. cit.*, t. Ier, p. 145.

73 *Ibid.*, p. 146.

74 Villars, Louis-Hector de, V2, *Mémoires du Duc de Villars, Pair de France, Maréchal-Général des Armées de Sa Majesté Très-chrétienne, &c.*, La Haye, Pierre Gosse, 1737, t. II, p. 18.

plus horribles à un poste qui est ordinairement le prix de la vertu[75]. » Mais c'est aussi à tout un remodelage des figures en présence que procède la seconde version. Les camisards y apparaissent plus criminels : ainsi Ravanel que la première version tentait de discréditer en suggérant qu'il avait été acheté par l'ennemi, devient ici l'« intraitable Ravanel[76] » qui tient tête « à son supérieur », Cavalier, en refusant de se conformer à la reddition que celui-ci a engagée. De même Maillet, dont la mort courageuse sur la roue suscitait l'admiration de Villars dans la première version[77], n'est-il même pas mentionné dans la seconde qui ne s'attarde guère sur la mort de « cinq scélérats[78] ». Les versions ne sont toutefois pas si différentes l'une de l'autre que l'on ne puisse y reconnaître des emprunts, comme on le voit par exemple dans la rencontre avec Cavalier au jardin des Récollets. Dans la version initiale, on lit : « Le maréchal de Villars fut surpris de trouver tant de fermeté et même de sens dans un jeune paysan de vingt-deux ans ; car le maréchal savoit avec quelle hauteur ce chef des rebelles menoit ceux qui le suivoient[79] », ce qui devient, dans la deuxième version : « Les uns le regardoient avec admiration, les autres avec horreur ; mais on ne pouvoit comprendre comment ce petit homme, qui n'avoit guéres plus de 23. ans, avoit pû se rendre maître absolu, comme il l'étoit, de tant de Communautés, & d'un si grand nombre de gens dans les Sevennes[80]. » Deux différences apparaissent : l'origine du regard, le maréchal dans un cas, une foule anonyme dans l'autre, et la nature de ce regard, surprise admirative pour le maréchal, mais, pour la foule, des sentiments nettement plus partagés avec une introduction de l'horreur. L'impression est donc plus négative dans cette seconde version qui avait en outre fait précéder ces considérations d'un portrait physique détaillé tendant à ridiculiser le jeune homme :

> Ce jour-là Cavalier, pour soutenir l'honneur qu'il devoit avoir de conferer avec le Maréchal de Villars, avoit mis ses plus beaux habits ; mais le juste-au-corps galonné, la culotte d'écarlate, & le plumet blanc qu'il portoit, loin de relever sa mauvaise mine basse, & lui donner bon air, le faisoient paroître encore plus rustre qu'il n'étoit.

75 V2, *Ibid.*, p. 41.
76 V2, *Ibid.*, p. 49.
77 V1, Villars, Louis-Hector de, *Mémoires du maréchal de Villars* (1887), *op. cit.*, p. 158-159.
78 V2, Villars, Louis-Hector de, *Mémoires du Duc de Villars* (1737), *op. cit.*, p. 62.
79 V1, Villars, Louis-Hector de, *Mémoires du maréchal de Villars* (1887), *op. cit.*, p. 150.
80 V2, Villars, Louis-Hector de, *Mémoires du Duc de Villars* (1737), *op. cit.*, p. 34.

> Il partit donc de St Césaire assez mal monté [...] ; Catinat, Commandant de sa Cavalerie, marchoit à sa droite, Daniel Gui, son plus grand Prophète, à sa gauche ; & la mine affreuse de l'un, & le ridicule sérieux de l'autre, faisoit un assortiment bisarre, & un digne cortege du Général des Fanatiques[81].

La version de l'édition de 1737 distend l'impression d'entente entre le maréchal et Cavalier que laissait planer la première. Le jugement que porte Villars sur les camisards y apparaît plus dévalorisant car leurs prophéties en font, à ses yeux, des fous[82]. Cette même version s'attache aussi à grandir l'image du maréchal comme chef de guerre en développant l'exposé de sa stratégie et de ses actions militaires : elle fait de l'entrevue au jardin des Récollets une initiative du maréchal[83] là où la première version n'employait qu'un vague « on[84] » ; elle désamorce les accusations sur la mauvaise foi du maréchal à propos de cet entretien en indiquant, par la restitution du texte d'une Ordonnance[85], qu'il a rapidement détrompé ceux qui avaient pu croire à la liberté d'exercice de leur religion ; elle l'oppose partiellement à Bâville à propos des débordements de Calvisson en le montrant partisan de solutions moins extrêmes. Quand le premier texte indiquait qu'il avait aussi su, à son arrivée, montrer sa fermeté : « Dans le temps qu'il tâchoit de ramener ainsi par la douceur ceux qui venoient l'entendre, il cherchoit avec une grande activité ceux qui avoient les armes à la main, et on en tua un assez grand nombre[86] », la seconde version tait toute exécution et mentionne à l'inverse le risque mortel qui a menacé certains catholiques à l'occasion de la même action.

Rédigés dans des circonstances où leur publication immédiate n'allait pas de soi, ces manuscrits de *Mémoires* ont pour certains échappé à la disparition des manuscrits et copies qu'entraînait souvent sous l'Ancien Régime le passage par l'imprimerie. Ils ont ainsi pu voir s'allonger leur durée de vie en tant que manuscrits. L'écart qui apparaît pour deux des mémorialistes entre les contenus des manuscrits et ceux des éditions amène à considérer de façon plus large les vocations de ces manuscrits

81 V2, *Ibid.*, p. 33-34.

82 V2, *Ibid.*, p. 26, 36, 44, 53, 57. Voir aussi la comparaison de « Roland » avec le Roland furieux de L'Arioste p. 60.

83 V2, *Ibid.*, p. 31.

84 V1, Villars, Louis-Hector de, *Mémoires du maréchal de Villars* (1887), *op. cit.*, p. 149.

85 V2, Villars, Louis-Hector de, *Mémoires du Duc de Villars* (1737), *op. cit.*, p. 46-47.

86 V1, Villars, Louis-Hector de, *Mémoires du maréchal de Villars* (1887), *op. cit.*, p. 147.

et le fait que, à d'autres titres que les éditions mais aussi comme elles, ils peuvent être pris dans des stratégies de pouvoir et de plaidoyer et interrogés sur les vérités qu'ils affichent.

Entre l'ampleur de vue avec laquelle un homme de pouvoir comme Villars embrasse le terrain de l'action et peut en faire autant pour le passé et, par ailleurs, le temps long, ancré dans une mémoire ancestrale des lieux, chez les camisards, le rythme de perception des événements ne saurait être le même. Si le choix initial d'un corpus de *Mémoires* sur la guerre des camisards composé à partir de deux camps adverses pouvait sembler initialement simple, l'exercice de la confrontation des textes choisis a finalement fait apparaître une certaine complexité dans le traitement et la conception du passé qui tient nécessairement aux intérêts de chacun, mais qui est aussi lié au fait que ce corpus a un double-fond, qu'il n'est pas composé que de trois textes, mais finalement de cinq. Les *Mémoires* de Cavalier tentent, à travers leurs deux versions, d'arranger le passé, tandis que ceux de Marion, restés de son vivant à l'état manuscrit et qui peuvent pourtant sembler plus véridiques, instrumentalisent ce passé pour une cause nouvelle et le relisent pour y reconnaître la capacité de ceux qu'inspirent Dieu à dire l'avenir. Moins soucieux de diffusion immédiate, le maréchal de Villars écrit sans le fard que d'autres se chargeront pourtant d'ajouter après lui. Ainsi le contenu de ces *Mémoires*, le regard qu'ils prétendent porter sur le passé ne sauraient-ils être vraiment compris sans la prise en compte de leurs contextes de rédaction mais aussi de diffusion.

Isabelle TRIVISANI-MOREAU
Université d'Angers

DEUXIÈME PARTIE

LES MANIFESTATIONS DE LA TEMPORALITÉ

LE STATUT DE L'HISTOIRE DANS LA CONTROVERSE DES VERTUS DES PAÏENS

Bernard Chédozeau affirmait, dans un article déjà ancien[1], que l'on assistait au XVIIe siècle à la substitution d'une *histoire de sens* à une *histoire savante*, dans la mesure où se trouve évincée la théorie antique des âges du monde au profit d'une chronologie de l'histoire universelle, qui se veut de plus en plus précise. Notre propos s'insère avant que ne s'opère cette substitution puisqu'il y est encore question des âges du monde et que c'est leur interprétation qui pose problème.

Notre objet est une querelle de nature théologico-philosophique qui oppose l'académicien François de la Mothe le Vayer au théologien de Port-Royal, Antoine Arnauld[2], dans les années 1640. Si le conflit porte sur la nature des vertus des païens, il met en cause également deux perceptions de l'histoire, se réclamant toutes deux de saint Augustin, dont nous voudrions mesurer ici les enjeux.

L'un des deux principaux acteurs de la querelle, la Mothe le Vayer, s'est, à maintes reprises, préoccupé d'histoire ; il lui a consacré cinq traités : le *Discours de l'Histoire* (1638), l'examen *Des anciens et principaux historiens grecs et latins* (1646), suivi d'une importante *Préface*, *La science de l'histoire, avec le jugement des principaux historiens tant anciens que modernes* (1665)[3], l'opuscule *Du peu de certitude qu'il y a dans l'histoire* (1668) et l'*Introduction chronologique à l'histoire de France pour Monsieur* (1670), sans

1 Chédozeau, Bernard, « L'Éviction des âges de la vie et des âges du monde dans les conceptions de l'Histoire au XVIIe siècle. D'une histoire de sens à une histoire de savoir », *L'Imaginaire des Âges de la vie*, éd. D. Chauvin, Grenoble, Ellug, 1996, p. 85-98.

2 Arnauld, Antoine, *De la Nécessité de la Foi en Jésus-Christ, où on examine si les Payens & les-Philosophes, qui ont eu la connoissance d'un Dieu, & qui ont moralement bien vécu, ont pu être sauvés, sans avoir la Foi en Jésus Christ*, dans *Œuvres complètes*, 42 vol, Paris et Lausanne, Sigismond d'Arnay, 1775-1783, t. X, 1777, p. 39-381.

3 Parfois aussi attribué à Charles Sorel.

doute écrite lorsqu'il était son précepteur, une vingtaine d'années plus tôt. Comme le souligne Frédéric Charbonneau : « À la question du statut de l'histoire et de son utilité, La Mothe le Vayer a donné des réponses variées selon les circonstances. Les deux ouvrages le *Discours de l'Histoire* et *Du peu de certitude qu'il y a dans l'histoire* diffèrent assez nettement du point de vue de leurs positions théoriques, le premier appartenant à l'époque du ministère de Richelieu, pendant laquelle le philosophe mettait ses idées trop hardies sous le boisseau, le second à celle de la retraite, qui vit reverdir la sceptique de ses jeunes années[4]. » Ici, c'est encore à un autre statut de l'histoire que nous voudrions nous intéresser puisque dans l'ouvrage *De la Vertu des payens*, l'auteur se présente comme un disciple des Pères de l'Église, de saint Augustin, dans sa perception de l'histoire devenue, ici, l'histoire du salut[5]. Celle-ci engage, nous semble-t-il, à la fois une réflexion sur le temps et la manière de le comptabiliser, et une réflexion sur l'homme depuis sa création.

LES FORCES EN PRÉSENCE : LA MOTHE LE VAYER, UN AUGUSTINIEN ?

L'ouvrage de François de La Mothe le Vayer[6] s'inscrit tout d'abord dans une ligne générale de textes anti-port-royalistes, dirigée par Richelieu : c'est lui (au service duquel se trouve Le Vayer) qui a commandé deux

4 Charbonneau, Frédéric, « Introduction », François de La Mothe le Vayer, *Discours de l'histoire* (1638/1684), *Traités sur l'histoire* (1638-1677, éd. G. Ferreyrolles, Paris, Honoré Champion, 2013, p. 111-112.

5 Les autres conflits de nature théologico-philosophique qui parcourent le siècle sont les suivants : la question si controversée des rites chinois, l'affaire du péché philosophique à la fin du XVIIe siècle, et le conflit relatif à la place à reconnaître aux philosophes païens et à la pertinence de la lecture de leurs œuvres ; l'Église a condamné le péché philosophique (1690) et les rites chinois (1715), c'est-à-dire les tentatives les plus avancées vers des formes de laïcisation.

6 La Mothe le Vayer s'inspire, en fait, de l'ouvrage *De Animabus paganorum* de François Collius, dont le premier tome a été publié à Milan en 1622. Ce dernier, docteur du collège ambroisien, entreprend de réfléchir et de décider du salut ou de la damnation de païens illustres. Il suit le sentiment de Thomas d'Aquin, pour qui toutes les œuvres des infidèles ne sauraient être des péchés, celles-ci néanmoins ne sauraient procurer le salut mais il n'en demeure pas moins qu'il n'est pas impossible que quelques païens aient été sauvés.

ouvrages la même année, en 1641, pour contrecarrer l'augustinisme jansénisant de ses adversaires : à La Mothe le Vayer, *De la Vertu des païens* et à Antoine Sirmond, la *Défense de la Vertu*.

La question de la « vertu des païens », cas classique des controverses théologiques, trouve un regain d'actualité en ces années de polémiques sur la grâce, mais aussi de nouveaux contacts avec le monde païen, qu'il s'agisse de la découverte des Amériques ou des missions jésuites en Chine[7]. En 1642, A. Arnauld répond par *De la Nécessité de la foi en J.-C. pour être sauvé* (publié par Louis Ellies Du Pin en 1701).

Dans la première partie qui touche à « ce que nous pouvons penser chrétiennement du salut des payens qui ont été vertueux[8] », se trouve l'essentiel de sa perception de l'histoire. La Mothe le Vayer reprend pour synthétiser l'histoire universelle l'antique tradition des âges du monde, qu'il convient de diviser, depuis la création, en trois époques et sections différentes :

> La première est depuis Adam jusqu'à la circoncision d'Abraham, portée au dix-septième chapitre de la Genèse, qui s'appelle *le temps du droit de nature*. La seconde comprend ce qui s'est écoulé d'années entre cette première circoncision et l'Incarnation de J.-C., pendant lequel espace, la Loi mosaïque, qui est la loi écrite, a eu lieu depuis que Dieu l'eût donné en deux tables ; aussi nomme-t-on tout cet intervalle *le temps de la Loi*. Et la troisième section se compte depuis la Nativité de NS jusqu'à la consommation des siècles, qui est le *temps de la grâce*[9].

Cette référence aux âges du monde relève d'une double tradition puisqu'elle vient à la fois de l'Écriture et de la littérature profane[10]. Pour cette dernière, comme le rappelle Bernard Chédozeau, elle se

7 Comme le souligne Isabelle Moreau, « [e]n choisissant de se concentrer sur la seule question de la vertu des païens, dont le sort est habilement rapproché de celui des "païens d'aujourd'hui" – sauvages de l'Amérique et autres lieux exotiques "oubliés" de la prédication évangélique –, La Mothe Le Vayer situe son propos à un point crucial de la controverse : le problème de la réalisation effective de la volonté salvatrice de Dieu, au vu du nombre d'hommes qui semblent privés de toute connaissance de la révélation divine. ». « La Mothe Le Vayer, ou comment transformer un ouvrage de commande sur la grâce en défense et illustration des philosophes de l'Antiquité réputés athées », *« Parler librement ». La liberté de parole au tournant du* XVI*e et du* XVII*e siècle*, éd. I. Moreau, et G. Holtz, G., Lyon, Presses de ENS Éditions (coll. Feuillets), p. 160.

8 La Mothe le Vayer, *De la Vertu des payens*, 2e éd., Paris, Augustin Courbé, 1647, p. 15.

9 *Ibid.*

10 Luneau, Auguste, *Histoire du salut chez les Pères de l'Église*, Paris, Beauchesne, 1964, p. 53. En outre, pour les Grecs, cette théorie renvoie aux théories platoniciennes de l'Âme du monde, qui consiste à considérer ce dernier comme un être vivant, qui n'est pas au service

nourrit à la fois de la thématique platonicienne qui voit dans le monde un macrocosme, dont l'homme serait le microcosme, et qui établit entre eux des analogies symboliques, et de la tradition de la littérature grecque et apocalyptique, qui développe depuis Hésiode, une théorie des âges du monde qui compte 4, 10 ou 12 étapes.

L'autre source est biblique et renvoie soit à la semaine de la Genèse – c'est la tradition prégnante encore au début du siècle des six ou sept jours –, soit à la division paulinienne de *Romains*, II : les trois époques sont celles des *païens* qui trouvent une loi dans leur raison, des *juifs*, dans la loi mosaïque, enfin des *chrétiens*, dans la loi nouvelle. Il est fait mention, dans les textes d'Augustin, à la fois de la théorie des âges du monde en six ou sept jours, et des trois époques, même s'il faut noter cette dernière est beaucoup plus développée[11].

Augustin y revient constamment : dans la *Cité de Dieu*, il reprend cette tripartition et la met en parallèle avec les différentes périodes de la croissance humaine : enfance, jeunesse et maturité ; mais elle se trouve également dans de nombreux autres textes : « De plus, le temps chrétien étant la troisième époque dans tout le cours des siècles [...] la première époque en effet est avant la Loi, la seconde sous la Loi, la troisième sous la Grâce, où s'est manifesté le sacrement caché auparavant dans l'obscurité d'un voile prophétique[12] ». Trois âges qui correspondent, bien avant la controverse avec Pélage, à trois lois ; Augustin l'expose dans son *Contre Fauste*, écrit contre les manichéens : « Il existe, écrit-il, trois genres de lois. Le premier c'est la loi des Hébreux, que Paul appelle [loi] "de péché et de mort" ; le deuxième la loi des nations (*gentium*), qu'il appelle "naturelle" ; et le troisième genre de loi c'est la vérité [comprendre : la loi chrétienne, le Christ étant la Vérité][13] ». Cette division du temps

de l'homme et dont la croissance peut être mise en parallèle avec lui, selon le couple de macro//microcosme, comme le souligne Bernard Chédozeau, *loc. cit.*, p. 86.

11 C'est ce que souligne J. Wang Tch'ang Tche, S. J., *Saint Augustin et les vertus des païens*, Paris, Beauchesne, 1938, p. 174 : « Augustin avait d'abord parlé comme toute la tradition d'une division en six ou sept âges calquant l'évolution de l'humanité sur les six jours de la Création suivis du sabbat. Mais la division en quatre âges paraît meilleure et mieux fondée sur les idées mêmes de l'Écriture qu'une simple allégorie comme la division en six âges. Elle est en effet chez Augustin la plus fréquente et la plus importante ».

12 Augustin, *Réponse aux Questions de Janvier*, Lettre LV (année 400), § 5, dans *Œuvres complètes de Saint Augustin*, éd. M. Poujoulat et Abbé Raulx, Bar-le-Duc, 1864-1872, t. II, p. 60.

13 Augustin, *Contra Faustum*, 19, 2, éd. J. Zycha, *CSEL* 25.1, 1897, p. 497 : « *Sunt autem legum genera tria : unum quidem Hebræorum, quod peccati et mortis Paulus appellat ; aliud uero gentium, quod naturale uocat [...] ; tertium uero genus legis est ueritas* [...] ».

en trois époques : nature, loi et grâce, peut donc être qualifiée par La Mothe le Vayer de « très ancienne et très ordinaire ».

La seconde affirmation clef de cette première partie du texte, et qui découle de cette tripartition du temps, est qu'il y a eu avant l'Incarnation du Christ quelques justes qui ont été sauvés. Il faut se rappeler qu'Augustin lui-même, s'il mettait Aristote en enfer, affirmait de son côté : « De fait, avant la venue de notre Rédempteur, [...] quels autres dieux que ces dieux-là, l'univers adorait-il alors, à l'exception du seul peuple hébreu et, en dehors de ce peuple, d'un petite élite d'hommes qui, en tout pays, par un très mystérieux et très équitable jugement de Dieu, furent reconnus dignes de la grâce divine[14] ». Notre auteur peut ainsi placer le projet même de son ouvrage – rappeler que des païens ont pu être sauvés avant l'Incarnation de Jésus-Christ – sous la protection de différents pères de l'Eglise. Il invoque en ce cas, comme cause de salut, outre la vie droite, une foi implicite en Jésus-Christ, se réclamant cette fois-ci de l'autorité de Thomas d'Aquin.

C'est pourquoi il importe de remarquer que la condamnation de Zwingli, sauvant dans le même temps des païens et des justes de l'Ancien Testament, ne peut être que bien ironique de la part de La Mothe le Vayer. Celui-ci avait écrit dans son *Exposition de la foi chrétienne* :

> Vous verrez [en Paradis] un Abel, un Enoch, un Noé, un Abraham, un Isaac, un Jacob, un Judas, un Moïse, un Josué, un Gédéon, un Samuel, un Phinées, un Elie, un Élisée, un Isaïe avec la Vierge, mère de Dieu, qu'il a annoncée, un David, un Ézéchias, un Jonas, un Jean-Baptiste, un St-Pierre, un St-Paul. Vous y verrez Hercule, Thésée, Socrate, Aristide, Antigonus, Nurna, Camille, les Gâton, les Scipion. Vous y verrez vos prédécesseurs et tous vos ancêtres qui sont sortis de ce monde dans la foi. Enfin, il n'y aura aucun homme de bien, aucun esprit saint, aucune âme fidèle que vous ne voyiez là avec Dieu[15].

14 Augustin, *Cité de Dieu*, liv. III, chap. 1, BA 23, éd. G. Bardy et G. Combès, Paris, Desclée, 1959, p. 416-417.

15 Zwingli, Ulrich, *Christianæ fidei brevis et clara expositio*, Tiguri, Christophorum Froschouerum, 1536, p. 27, traduit et contesté par Bossuet : « Qui jamais s'était avisé de mettre ainsi Jésus-Christ pêle-mêle avec les saints ; et à la suite des patriarches, des prophètes, des apôtres et du Sauveur même, jusqu'à Numa, le père de l'idolâtrie romaine, jusqu'à Caton, qui se tua même comme un furieux ; et non seulement tant d'adorateurs des fausses divinités, mais encore jusqu'aux dieux et jusqu'aux héros, un Hercule, un Thésée qu'ils ont adoré ? Je ne sais pourquoi il n'y a pas mis Apollon ou Bacchus, et Jupiter même. ; s'il en a été détourné par les infamies que les poètes leur attribuent, celles d'Hercule étaient-elles moindres ? Voilà de quoi le ciel est composé, selon ce chef du second parti de la réformation ; voilà ce qu'il a écrit dans une confession de foi, qu'il

En effet, si la Mothe le Vayer n'en sauve pas autant, et place à nouveau Aristote en enfer, il n'en reste pas moins vrai que pour lui comme pour Zwingli, ce sont leurs vertus qui sauvent les païens.

L'HISTOIRE DU SALUT CHEZ LA MOTHE LE VAYER : UN FAUX AUGUSTINISME

Pourtant sa perception de l'histoire de salut est loin d'être aussi augustinienne qu'il y paraît. En effet, la distinction, chez l'évêque d'Hippone, est plus souvent de quatre que de trois : « La première époque a précédé la Loi, la seconde a eu lieu sous la Loi, et la troisième sous la grâce. Et [comme] il en est une quatrième, celle où nous devons parvenir à la paix parfaite de la Jérusalem céleste, qui est le terme où tend quiconque a la vraie foi au Christ[16] ». Mais surtout, la division en trois âges a finalement été rejetée par Augustin lorsqu'il a constaté la lecture qu'en faisait Pélage. Dans son traité *Du péché originel*, il affirme :

> Évitons dès lors de diviser les temps à la manière de Pélage et de ses disciples, en disant : Aux origines, il y a eu des hommes qui menèrent une vie de justice en vertu même de la nature ; puis sous la Loi ; troisièmement sous la grâce. En vertu de la nature, c'est-à-dire à partir d'Adam, pour toute cette longue période où la Loi n'était pas encore donnée. « À ce stade en effet, disent-ils, on parvenait à connaître le Créateur en prenant la raison pour guide ; et la norme de vie, on la portait gravée dans le cœur par une loi non pas écrite mais naturelle. Toutefois, prétendent-ils, du jour où la nature, ayant par la dépravation des mœurs perdu la fraîcheur de son teint, commença à ne plus suffire, la Loi vint s'y surajouter afin d'en gratter la rouille, à la manière d'une lime et de la rétablir en son éclat premier. Mais par la suite, ainsi argumentent-ils, une excessive habitude du péché ayant prévalu et la Loi

---

dédie au plus grand roi de la chrétienté ; et voilà ce que Bullinger, son successeur, nous en a donné *comme le chef-d'œuvre et comme le dernier chant de ce cygne mélodieux.* » Bossuet, *Histoire des Variations*, liv. II : depuis 1520 jusqu'à 1529, *Œuvres complètes*, éd. Lachat, Paris, Vivès, 1862, t. XIV, p. 67.

16 Augustin, *Questions 83*, question 61, n° 7, BA 10, dans *Œuvres*, éd. G. Bady, J.-A. Beckaert et J. Boutet, Paris, Desclées de Brouwer, 1952, p. 205. Nous renvoyons aussi aux pages perspicaces de Michael Moriarty, *Disguised Vices, Theories of Vitrue in Earty Modern French Tought*, Oxford University Press, 2011, p. 178 et *sq.*

> s'étant révélée peu efficace pour y remédier, survint le Christ et, comme pour les maladies des plus désespérées, le médecin intervint, non par ses disciples, mais en personne[17] ».

Les pélagiens instaurent des coupures nettes et tranchées dans ces étapes de l'histoire et les considèrent comme discontinues. Pour eux, l'histoire de l'homme commence sous l'empire de la nature, qui ne nécessite pour se sauver que le seul guide de la nature ; puis la corruption augmentant, il fallut la promulgation de la loi de Moïse, puis enfin il fallut l'Incarnation[18]. La théorie des trois époques se double chez eux d'une théorie de la corruption croissante, réclamant à chaque fois les remèdes opportuns et proportionnés. De trois époques, ils concluent à trois états.

Or, c'est bien la lecture qu'en fait La Mothe le Vayer, puisque les trois époques deviennent trois états de l'homme : « Ce sont les trois États de la nature humaine, qui doivent être soigneusement considérés en traitant la matière que nous avons entreprise[19] ». Or, ces états de *nature*, de *loi* et de *grâce* supposent un état de l'homme d'autant plus vertueux qu'il est plus ancien : « Et certes il est fort croyable que ces premiers hommes, qui venaient presque de sortir des mains de leur Créateur, étaient tout autrement vertueux, que ceux, qui ont vécu depuis, et qui n'ont reçu cette première semence de probité qu'après beaucoup d'altération. L'anneau qui a été touché immédiatement de l'Aiman, et celui qui suit, se ressentent bien plus de la force magnétique, que ceux, qui en sont plus éloignés. Les Poètes ont mis sur cela le siècle d'or aussitôt après la naissance du monde[20]. » La Mothe le Vayer passe ainsi de trois périodes à trois états et à trois modes de salut, comme les disciples de Pélage. Pour justifier le salut des hommes vertueux avant le Christ, il recourt au concept thomiste[21] de foi implicite. À corruption moindre, suffirait une foi implicite ; puis le mal grandissant, celle-ci devrait être explicitée.

Deux principes augustiniens sont donc déformés : la tripartition des périodes est pélagienne et non augustinienne ; le salut de certains païens n'est pas dû à une révélation particulière mais à une foi implicite, concept

17 Augustin, *La grâce du Christ et le péché originel*, dans *La crise pélagienne*, BA 22, éd. H. Chirat *et. al.*, Paris, Desclées de Brouwer, 1975, § 30, p. 221-223.

18 Wang Tch'ang Tche, J., *op. cit.*, p. 85.

19 La Mothe le Vayer, *De la Vertu des payens*, p. 15.

20 *Ibid.*, p. 17.

21 Thomas d'Aquin, *Somme théologique*, IIe partie, IIe section, q. 1, a.7.

inconnu d'Augustin ; c'est à ces deux points que va s'attacher la défense d'Arnauld, qui va prendre son appui sur un autre principe augustinien : après la chute originelle, seule la grâce du Christ médiateur sauve.

LA RÉPONSE D'ARNAULD

La réponse d'Arnauld s'intitule : *De la Nécessité de la Foi en Jésus-Christ, où on examine si les Payens & les Philosophes, qui ont eu la connoissance d'un Dieu, & qui ont moralement bien vécu, ont pu être sauvés, sans avoir la Foi en Jésus Christ.* L'histoire de l'humanité chez Arnauld ne se divise pas en périodes, il récuse ainsi l'ancienne division en âges du monde. À Port-Royal même, certains ont pourtant tenté de concilier une histoire universelle chronologique avec les différents âges du monde d'Augustin : c'est le cas de *l'Abrégé de la Chronologie sainte* du sieur de Royaumont, lequel présente sa chronologie en affirmant : « Pour dire un mot des six âges dans lesquels sont compris tous les événements qui composent cette histoire de l'Ancien Testament, on peut voir ce qui s'est fait dans le premier par cette petite table[22] ». Pascal, qui utilisera cet ouvrage, fait mention des âges du monde dans différents fragments des *Pensées*[23], même s'il n'en tire pas d'argument.

Louis-Ellies Dupin, qui préface l'ouvrage d'Arnauld, rappelle très clairement les dénominations augustiniennes : « Il est de nécessité absolue pour être sauvé d'avoir la Foy en Jésus Christ [...] dans tous les temps, tant sous la Loi de nature que sous la Loi de Moyse[24] ». Arnauld ne retient de l'histoire de l'homme que deux états : *avant* et *après* le péché

22 Sieur de Royaumont (pseud. de Nicolas Fontaine), *Abrégé de la Chronologie sainte*, dans *L'Histoire du Vieux et du Nouveau Testament avec des explications édifiantes, tirées des Saints Peres, pour regler les mœurs dans toutes sortes de conditions*, Paris, Le Petit, 1670, p. 546. Pour la lecture qu'en fait Pascal, nous renvoyons à Henri Gouhier, *Pascal. Commentaires*, Paris, Vrin, 1966, p. 220 et *sq.*

23 Pascal, *Pensées*, fr. 315 : « les six âges, les six pères des six âges, les six merveilles à l'entrée des six âges, les six orients à l'entrée des six âges » ; fr. 489 et fr. 369 : « Malédiction des juifs contre ceux qui comptent trois périodes de temps », même si comme le souligne Philippe Sellier, Pascal ne s'arrête pas à cet argument, cfr. *Pascal et saint Augustin*, Paris, Albin Michel, 1995, p. 432.

24 Dupin, Louis-Ellies, « Préface », Antoine Arnauld, *op. cit.*, p. 43.

originel. L'état de corruption étant le même, la nature du remède doit être la même, la grâce de la connaissance de Jésus-Christ rédempteur. Il récuse ainsi que les premiers hommes aient été plus vertueux : « Le Concile d'Orange a défini [...] que les Justes Abel, Noé, Abraham, Isaac, Jacob, & tout le reste des Saints de l'antiquité, n'ont point reçu cette grande foi que S. Paul loue en eux, par la bonté de la nature qu'avoit eue Adam dans sa création, mais par la grâce de Dieu[25] ». Cette croyance dans une bonté supérieure des premiers hommes est un sentiment des pélagiens et semi-pélagiens. Pour Arnauld, en revanche, l'histoire ne connaît qu'une seule fracture, celle du péché originel restaurée par l'Incarnation. Ainsi l'histoire ne peut donc se décliner qu'en deux périodes : avant et après la naissance du Christ.

Là encore, sa référence est bien Augustin mais, comme Gérard Ferreyrolles l'a souligné, le propre de l'évêque d'Hippone est d'avoir suscité un héritage contradictoire[26]. De fait, l'histoire augustinienne vue par Arnauld est le récit de l'opposition entre la Cité de Dieu et la Cité terrestre, la « découverte consternée du jeu du mal en l'homme et dans le monde[27] », l'histoire de certains hommes sauvés seulement par la grâce et la Rédemption. Histoire providentialiste par excellence, qui place au centre du déroulement des siècles le Christ et son Église. Dans le cadre de cette polémique théologique, l'histoire se voit resserrée en deux périodes.

En outre, pour le théologien de Port-Royal, la connaissance naturelle de Dieu, connaissance de son existence et de sa providence, est insuffisante pour le salut et équivaut pour lui au déisme, terme qu'il utilise pour désigner la philosophie de ses adversaires. Elle eût été suffisante sans la corruption originelle :

> Il est vrai que cette connoissance de la providence Dieu eût pu suffire à Adam, dans l'intégrité de l'innocence de sa nature ; mais elle ne peut suffire maintenant que cette nature est tombée dans le péché & dans la servitude du diable, d'où elle ne peut sortir, qu'en reconnoissant sa misère, & en s'adressant ensuite au Rédempteur, & au Sauveur qui est Jésus Christ seul. C'est pourquoi ceux qui s'imaginent qu'il suffit de connoître la Providence de Dieu,

25 Arnauld, *op. cit.*, p. 259.

26 Ferreyrolles, Gérard, « L'Âge d'or de la *Cité de Dieu* », *Augustin au* XVII*e siècle*, Firenze, Olschki, 2007, p. 88 : « Troisième territoire d'affrontement : la célèbre question de la vertu des païens. Là encore, saint Augustin est exploité en deux sens opposés. »

27 Chédozeau, Bernard, « Port-Royal et l'Histoire universelle », *Chroniques de Port-Royal*, n° 46, *Port-Royal et l'histoire*, 1997, p. 138.

> comme les Payens & les Pélagiens l'ont connue, ruinent par conséquent le péché originel & la Rédemption de Jésus-Christ, & tiennent que la nature humaine est demeurée dans son intégrité & dans son innocence, sans avoir besoin d'un Médecin & d'un Sauveur[28].

Quant à la foi implicite, c'est, à ses yeux, du pélagianisme rebouilli : « Pélage disait nettement qu'avant la venue de J.-C. les hommes pouvaient se sauver avec la seule connaissance de Dieu et la bonne vie, sans avoir reçu aucune instruction particulière du Rédempteur à venir ; au lieu que ceux-ci disent la même chose mais avec ce voile de foi implicite mal entendue[29] ».

Si saint Thomas utilise bien l'expression, il le fait à propos des sacrifices qui figurent la passion du Christ, lesquels sont connus explicitement des grands et implicitement des petits :

> Or, après le péché, le mystère du Christ a été cru d'une façon explicite, non plus seulement quant à l'Incarnation, mais quant à la Passion et à la Résurrection par lesquelles le genre humain est délivré du péché et de la mort. Autrement en effet ils n'auraient pas figuré d'avance la passion du Christ par certains sacrifices, avant la Loi et sous la Loi. Ces sacrifices avaient une signification que les grands à coup sûr connaissaient d'une manière explicite. Mais les petits, sous le voile de ces sacrifices, croyant qu'il y avait là un plan divin concernant le Christ à venir, en avaient comme une connaissance voilée[30].

Mais elle devient, pour la Mothe le Vayer, synonyme d'« une foi obscure et enveloppée, qui peut être diverse selon les temps, les lieux et les personnes, comme l'explique fort bien saint Thomas[31] ».

Est-ce à dire que dès lors tous les hommes qui ont vécu avant le Christ sont damnés ? Pour les augustiniens stricts du XVIIe siècle, c'est bien le cas, hormis la possibilité – toute restreinte et théorique mais toujours mentionnée – d'une révélation particulière pour quelques individus. Ainsi le salut d'Abraham, qu'on ne peut mettre en cause, est dû à sa connaissance de l'Incarnation. Augustin le dit expressément : « 32. En effet, il ne faudrait pas penser qu'aux anciens justes n'ait profité que la révélation de la seule divinité du Christ, qui a toujours existé, et non pas aussi celle de son humanité, qui n'existait pas encore. Car si en disant : *Abraham a désiré voir mon jour, et il l'a vu et il s'est réjoui*, le Seigneur Jésus a voulu que par son

28 Arnauld, Antoine, *op. cit.*, p. 83.

29 *Ibid.*, p. 80.

30 Aquin, Thomas d', *op. cit.*, q. 2, a.7.

31 La Mothe le Vayer, *Vertu des payens*, p. 22.

jour on entendît son temps, il a, dans ce cas, témoigné qu'Abraham avait été pénétré de la foi en son Incarnation[32]. » Arnauld dit de même, lorsqu'il affirme que les païens, lorsqu'ils n'ont qu'une connaissance de Dieu acquise par la raison, *sans aucune révélation particulière de Jésus-Christ*, ne peuvent être purifiés de leurs péchés.

Ainsi, les propos d'Arnauld sont presque toujours en prise avec une histoire linéaire : avant le Christ, après le Christ. Dès lors, toute connaissance de Dieu avant Jésus-Christ est une connaissance naturelle, n'est en aucun cas une connaissance surnaturelle qui sauve ; dire le contraire revient à nier l'utilité de l'Incarnation. « On avance que les payens qui ont vécu au temps de la Loi, et qui n'avaient qu'une connaissance de Dieu acquise par la raison ont pu sans cette foi être purifiés de leurs péchés, si cela était J.-C. serait mort en vain[33] ». Il s'appuie alors sur les textes les plus sévères d'Augustin, dans sa polémique contre Pélage : « Mais de plus, l'ignorance qui n'est pas celle des hommes qui ne veulent pas savoir, mais celle des hommes qui ignorent simplement, cette ignorance-là n'excuse personne ; quelqu'un qui n'a pas cru parce qu'il n'a pas du tout entendu ce qu'il devait croire, n'échappe pas au feu éternel, mais peut-être le feu sera-t-il alors moins sévère[34] ». L'histoire, dans son déroulé même, empêche le salut des païens.

L'HISTOIRE POUR AUGUSTIN, ET NON POUR LES AUGUSTINIENS

Pourtant, il existe dans le massif des textes d'Augustin des affirmations qui rendent possible le salut de certains païens, et cette possibilité est liée, croyons-nous, à sa propre conception de l'histoire, qui n'est en fait ni celle de la Mothe le Vayer, ni celle d'Arnauld. Le véritable argument d'Augustin contre les « vertus » des païens est l'affirmation de la nécessité absolue de la foi au Christ pour l'acquisition de toute vraie vertu[35]. Mais on peut dire, d'une certaine manière, que les pélagiens, les premiers,

32 Augustin, *La crise pélagienne II*, BA 22, & 32, *op. cit.*, p. 225.

33 Arnauld, Antoine, *op. cit.*, p. 266.

34 Augustin, *De la grâce et du libre arbitre*, ch. 3, dans *Aux moines d'Adrumète et de Provence*, BA 24, éd. J. Chéné et J. Pintard, Paris, Desclées de Brouwer, 1962, p. 103.

35 Wang Tch'ang Tche, J, *op. cit.*, p. 137.

ont compromis les vertus des païens, en les excluant a priori de toute foi au Christ, en traitant comme de véritables infidèles ceux qui n'ont pu entendre la prophétie messianique ou la prédication de l'Évangile.

C'est que les pélagiens comme les port-royalistes augustiniens, partagent une conception purement linéaire et individuelle de l'histoire du salut ; celle-ci les conduit soit à sauver des païens d'avant le Christ sans la grâce, – c'est le cas des pélagiens – soit à vouer tous les païens à l'enfer, – c'est le cas d'un Jansénius, et à sa suite d'un Arnauld[36]. En aucun cas, pour les uns comme pour les autres, la grâce du Christ ne peut agir avant l'Incarnation.

Or, pour Augustin, la grâce du Christ est à la fois cause et événement : s'il est clair que personne ne peut avoir de vraie vertu sans la grâce du Christ, la question à se poser est plutôt de savoir si la distribution de la grâce se limite au peuple élu, à l'Église visible. C'est là que joue un rôle cette vision de l'histoire qui lui est propre. En effet, celle-ci se décline en une double providence : providence générale et providence particulière. La générale renvoie au thème du Christ total ou du corps mystique qui transcende en quelque sorte l'histoire linéaire. Pour l'humanité toute entière, il y a unité foncière du salut auquel participent tous les élus, aujourd'hui comme autrefois, *avant* la Loi comme *sous* la Loi. De tout temps, l'action du Christ s'exerce et de tout temps, les individus en bénéficient : « Loin de nous, en effet, au sujet de Noé le juste et des justes des temps les plus reculés, et de tous ceux qui, de Noé à Abraham, ont pu être justes de façon notoire ou secrète, de nier qu'ils appartiennent à la Jérusalem d'en-haut qui est notre mère, bien qu'ils soient d'une époque antérieure à Sarra, qui portait en elle l'image prophétique de celle-là même qui est notre mère dans la liberté[37]. »

Cette action permanente du Christ est due au fait que celui-ci est toujours le même, il est à la fois dans l'histoire et hors de l'histoire, avant le peuple hébreu, au temps du peuple d'Israël, pendant sa vie mortelle ou encore aujourd'hui et c'est toujours lui qui sauve. C'est lui qui permet de dissocier en permanence la cité de Dieu de l'Église visible. Comme le souligne Étienne Gilson : « si surprenant que cela puisse sembler, l'Église n'est pas la Cité de Dieu car cette cité est la société de tous les élus passés, présents ou futurs ; or il y a manifestement eu des justes élus

36 *Ibid.*, p. 139.

37 Augustin, *Réplique en quatre livres à deux lettres des pélagiens*, liv. II, chap. IV, § 8, dans *Premières polémiques contre Julien*, BA 23, éd. A.-C. de Veer, F.-J. Thonnard et E. Bleuzen, Paris, Desclées de Brouwer, 1974, p. 483-485.

avant la constitution de l'Église du Christ ; il y a maintenant [...] dans l'Église beaucoup d'hommes qui ne seront pas élus[38] ».

Cette thématique de l'église invisible, si importante pour Augustin dans sa compréhension de l'histoire de salut, n'est pas suivie par Port-Royal : il faut dire qu'elle est devenue, depuis sa reprise par Calvin, largement suspecte d'hérésie. En effet, c'est bien le discours des réformateurs que de distinguer *église visible* et *église invisible* :

> Nous *affirmons que l'Église peut consister sans apparence visible et mesme que son apparence n'est à estimer de cette braveté extérieure, laquelle follement ils ont en admiration : mais elle a bien autre marque, c'est assavoir la pure prédication de la parolle de Dieu et l'administration des sacrements bien instituée.* Elle n'est donc pas là où sont les cadres inventés par les hommes. Elle n'est liée ni à un lieu géographique, ni à une tradition temporelle, mais seulement aux éléments qui lui viennent d'en haut : à la prédication de la Parole de Dieu et à l'administration des sacrements bien institués[39].

Or, cette Église invisible, les réformés disent avec Augustin qu'elle a commencé depuis Abel : il y aurait ainsi deux Églises, une institutionnelle et une autre traversant toutes les périodes de l'histoire. S'il existe bien dans la tradition patristique, puis scolastique, la distinction entre être *dans* l'Église ou *de* l'Église, la définition de l'Église comme *universitas prædestinorum* a été condamnée au concile de Constance ; or, elle est reprise par Calvin dans son *Catéchisme*[40].

Dès lors, sans cette dissociation entre église visible et église invisible, qui permet de penser de manière non linéaire l'opposition entre l'Ancien

38 Gilson, Étienne, *Introduction à l'étude de saint Augustin*, Paris, Vrin, 2e éd. 1943, p. 238.

39 Ganoczy, Alexandre, *Calvin théologien de l'Église et du ministère*, Paris, Le Cerf, coll. « *Unam Sanctam* », 1964, p. 184-185. La citation (en italique) vient de Jean Calvin, *Institution de la Religion chrétienne* (texte de 1536), « Épître au roi de France », dans *Opera quæ Supersunt Omnia*, Corpus Reformatorum XXIX, Brunsvigæ, Schwetschke et Filium, 1863-1865, vol. 3, 26-27.

40 Calvin, *Confessions et Catéchisme de la foi réformée*, IVe partie, question 93, éd. Olivier Fato, Genève, Labor et Fides, 1986 : « C'est la compagnie des fidèles que Dieu a ordonnés et élus à la vie éternelle. » La réponse des controversistes catholiques est claire, notamment celle de Bellarmin : « Il y a une seule Église et non deux et cette unique et vraie Église est la communauté des hommes, rassemblée par la profession de foi chrétienne, la communion aux mêmes sacrements sous le gouvernement des pasteurs légitimes [...] L'Église est en effet une communauté d'hommes aussi visible et palpable que la communauté du peuple romain, ou du royaume de France ou de la république de Venise. » Bellarmini, Roberti, S. J., *Disputationes de controversiis christianæ fidei adversus huius temporis hæreticos*, Lugd., apud Ioannen Pillehotte, 1587, lib. 3, cap. 2, cité dansBernard Sesboué, Henri Bourgeois, Paul Tihon, *Les Signes du salut*, Descle, 1995, t. III, p. 478.

et le Nouveau Testament – il y a des *chrétiens* de l'ancien Testament et des *juifs* du Nouveau Testament comme le dira Pascal, en vrai augustinien –, la perception de l'histoire d'inspiration augustinienne, même si elle soustend toutes les histoires universelles qui mettent en scène une providence divine, s'écarte invariablement des propos de l'évêque d'Hippone[41].

Or, les périodes de l'histoire permettaient justement à Augustin de souligner une sorte de solidarité fondamentale de l'humanité, formant un tout spirituel, un seul Corps du Christ progressant à travers les différents âges. La Mothe le Vayer a repris les âges mais y a vu différents états de l'homme et donc différentes manières de se sauver ; pour éviter cette erreur, Arnauld a souligné l'unicité du péché originel et du salut par la grâce du Christ, mais il a minoré une dimension de l'histoire du salut qui n'est pas linéaire. L'un comme l'autre ont tronqué la pensée d'Augustin.

Concluons. Dans cette querelle, les deux interlocuteurs se référaient à l'évêque d'Hippone, l'un pour défendre, l'autre pour condamner la possibilité du salut des païens. Or, l'un comme l'autre se retrouvent loin de lui. Si La Mothe le Vayer reprend son schéma tripartite, c'est pour penser une augmentation de la corruption du péché, et donc des modes de salut différents, ce qui est en contradiction flagrante avec les propos de l'évêque d'Hippone ; mais Arnauld d'un autre point de vue, en cristallisant toute l'histoire autour de l'événement de l'Incarnation, s'empêche de penser une histoire de la grâce autre que linéaire et s'écarte lui aussi du dessein augustinien de la Providence.

Paradoxalement l'histoire replace La Mothe le Vayer et Arnauld du même côté, et les oppose à Augustin, qui ne tranche pas entre une conception immanente et transcendante de l'histoire. Si l'on omet cette dimension, on tombe inévitablement dans une lecture jansénienne, et donc arnaldienne de l'histoire du salut, une histoire binaire, quand elle était quadripartite pour Augustin ou unique du point de vue du Christ total.

Hélène MICHON
Université de Tours

41 Nous renvoyons à l'article de Gérard Ferreyrolles, « L'influence de la conception augustinienne de l'histoire au XVIIe siècle », *XVIIe siècle*, n° 135, 1982, p. 216-241.

DES *MÉMOIRES POUR SERVIR À LA VIE DE M. DE VOLTAIRE* AU *COMMENTAIRE HISTORIQUE SUR LES ŒUVRES DE L'AUTEUR DE LA HENRIADE*

Déconstruction et reconstruction du passé

Au XIXe siècle, le fantasme d'une écriture historique fiable qui ne proposerait pas une version ou une interprétation du passé, mais sa vérité objective, a pu envahir de nombreux esprits ivres d'esprit scientifique, avec pour horizon une accumulation infinie de faits et de documents et des écrits historiques tentant dans certains cas de ressembler à des notes de synthèse désincarnées. On sait depuis longtemps que les Lumières ne sont pas globalement annonciatrices de cette conception de l'histoire, et plus généralement du savoir, qui ne s'est d'ailleurs jamais imposée totalement et a rencontré des détracteurs majeurs – le plus important étant sans doute Nietzsche[1]. Pour Voltaire en particulier, l'écriture de l'histoire n'est jamais coupée du présent et, visant toujours à agir sur celui-ci, assume impérieusement son articulation avec les valeurs que le philosophe souhaite promouvoir et un dialogue tendu avec les conceptions qu'il veut ébranler. Les deux œuvres majeures de Voltaire comme historien, Le *Siècle de Louis XIV* et l'*Essai sur les mœurs*, illustrent ainsi deux manières de construire le passé pour lui donner du sens et, ce faisant, contribuer à remodeler le présent : le *Siècle de Louis XIV* en magnifiant une période jugée exemplaire de l'histoire de France et de l'Europe et en la donnant clairement comme un modèle pour les temps à venir ; l'*Essai sur les mœurs* en s'inscrivant de manière agressive dans une guerre des histoires avec pour objectif principal la démolition des versions du passé fournies par l'Église et leur remplacement polémique

1 Particulièrement dans la seconde de ses *Considérations inactuelles*.

par une vision panoramique de l'histoire de l'Europe où Rome apparaît comme le grand prédateur des nations. Les textes théoriques de Voltaire sur l'histoire précisent son programme, et parmi les idées-phares qui traversent à la fois les *Nouvelles considérations sur l'Histoire* de 1744 et la *Préface historique et critique* du *Pierre le Grand* de 1760, on trouve à la fois l'idée d'un renouvellement radical de l'objet du récit historique – la relation des actions des hommes célèbres laissant en partie la place à ce qu'on appellerait aujourd'hui une histoire des cultures et des civilisations ; celle du refus absolu de tout parasitage du récit historique par des croyances ou des superstitions ; celle d'une extension de l'enquête de l'historien à ce qu'on appellerait aujourd'hui des phénomènes historiques de longue durée ; celle enfin, et je ne vise pas l'exhaustivité, d'une visée pragmatique assumée de l'écriture de l'histoire qui n'est pas simple compilation de connaissances – d'où le mépris de Voltaire pour la pure érudition, qui ne signifie nullement bien sûr qu'il méprise le savoir, mais qu'il refuse d'en faire une finalité en soi – mais *événement social* participant pleinement à l'histoire en train de se faire. Les spécialistes de l'écriture de l'histoire diront avec raison que Voltaire n'est ni le seul ni le premier à orchestrer ces thèmes, mais certaines voix se font mieux entendre que d'autres, et certaines conceptions s'affirment plus totalement lorsqu'un écrivain de premier plan sait s'en faire le promoteur – et c'est exactement ce qui se passe ici. Si ces idées n'appartiennent pas au seul Voltaire, on peut donc sans hésiter les associer à son nom et lui donner la responsabilité principale de leur rayonnement historique.

Cependant, l'édifice historiographique de Voltaire est, de son vivant, un monument pleinement visible : ses œuvres historiques ont marqué ses contemporains, elles ont enthousiasmé et indigné, elles ont suscité de nombreux commentaires et ont été à l'origine d'affrontements et de mises au point très tendues. Elles apparaissent aux hommes du XVIIIe siècle comme une des pièces principales de l'œuvre du plus glorieux de leurs contemporains, à l'égal de ses tragédies et de son poème épique. À l'inverse, le corpus de ce que Jean Goldzink, pour les besoins d'une petite édition de poche, a appelé les « écrits autobiographiques[2] » de Voltaire, est constitué de textes obscurs, dont l'existence ne fut révélée qu'après sa mort pour les plus anciens, et dont, pour le plus tardif d'entre eux, l'attribution à Voltaire n'apparut pas au moment de sa

2 Voltaire, *Écrits autobiographiques*, éd. J. Goldzink, Paris, GF Flammarion, 2006.

publication forcément comme une évidence puisqu'il se présente comme une biographique anonyme d'un Voltaire constamment désigné à la troisième personne. Le contraste est donc maximal entre l'historien et l'autobiographe – j'utilise ce dernier mot dans un sens qui n'est évidemment pas celui de Lejeune[3] –, entre le caractère spectaculaire du premier sur la scène sociale de son temps et l'existence obscure, fantomatique du second, laissant tour à tour des bombes à retardement visant en partie à démolir l'image d'un de ses plus grands amis et une espèce de vaste pastiche de Plutarque ayant Monsieur de Voltaire pour objet. Ce que je voudrais montrer aujourd'hui, c'est que malgré ce grand écart les œuvres « autobiographiques » (au sens large) de Voltaire illustrent les deux mêmes manières fondamentales de travailler le passé, de le configurer et de le reconfigurer, que ses principales œuvres d'historien : dans le dossier *Pamela* et dans les *Mémoires pour servir à la Vie de M. de Voltaire*, est en effet à l'œuvre une démarche critique où un écrivain très tendu tente de mettre à mort des versions du passé qu'il veut discréditer pour les remplacer par d'autres ; je me limiterai pour le montrer à tout ce qui tourne autour de l'affaire Frédéric II, mais le second texte n'est pas entièrement focalisé sur elle, ou du moins c'est matière à discussion ; dans le *Commentaire historique sur les œuvres de l'auteur de la Henriade*, un écrivain beaucoup plus serein construit une statue à sa propre gloire condensant les valeurs des Lumières et s'offrant comme un monument exemplaire pour la postérité. Le premier texte illustre donc parfaitement comme l'*Essai sur les mœurs* l'écriture de l'histoire conçue dans une tension violente avec d'autres versions du passé, et le second, comme le *Siècle de Louis XIV*, sa capacité à fournir des modèles aux générations à venir : deux manières de styliser, de mettre en forme et d'interpréter le passé, et de le rendre efficace et fonctionnel pour le temps présent.

L'exemple le plus pur du travail de reconfiguration du passé personnel de Voltaire appartient à la genèse de ses *Mémoires* et a été mis au jour par André Magnan dans ce qu'il est convenu désormais de désigner comme le « dossier Pamela ». Je ne vais pas entrer dans le détail de cette affaire désormais bien connue. Mais Magnan a montré en pointant notamment contradictions et anachronismes rendant incompatibles les dates des textes et leur contenu que plusieurs dizaines de lettres relatives à l'expérience

3 Et de son *Pacte autobiographique*. Lejeune, Philippe, *Le pacte autobiographique*, Paris, Le Seuil, 1975.

prussienne de Voltaire et adressées à Madame Denis avaient été en réalité écrites après coup, pendant les mois passés par Voltaire à Colmar pendant l'hiver 1753-1754, une des périodes les plus sombres de son existence, avec l'idée peut-être de laisser à la postérité un dossier beaucoup plus accablant pour Frédéric II et plus flatteur pour sa propre lucidité que les lettres qu'il avait authentiquement écrites depuis Potsdam, Berlin ou Francfort ; mais peut-être aussi et surtout parce que Voltaire avait besoin à son propre usage de revivre cette expérience traumatisante qui avait culminé dans l'épisode traumatique de Francfort et de lui donner une signification rétrospective. Dans la magnifique préface à son édition de cette espèce d'étrange roman épistolaire, André Magnan parle d'une « mémoire [...] recomposée » et voit dans cette œuvre qui n'en est pas vraiment une le lieu d'une « déconstruction radicale [...] des mythes d'alliance entre sceptre et plume[4] » qui ont hanté l'imaginaire voltairien pendant les années de sa grande illusion. Et dans les « Notes annexes » du même livre, il va jusqu'à parler de « la fiction d'un passé réinventé, réécrit, réparé[5] ». Et sans doute toute version du passé est-elle en tension avec d'autres de manière plus ou moins explicite ou larvée. Mais que la tension soit forte au point de susciter un projet aussi étrange et atypique que cette *Pamela*, même dans un contexte d'Ancien Régime où fabriquer des faux de toutes sortes, et pour toutes sortes de raisons, est une pratique commune, voici qui est plus singulier. La dimension dialogique de cette écriture des ténèbres est donc évidente – dialogue entre ce que Voltaire écrivait dans des lettres authentiques qu'il a sans doute en partie détruites ou fait détruire par sa nièce et ces lettres postiches, dialogue entre les discours officiels de célébration du roi de Prusse et le portrait acide et désabusé qui se profile de Frédéric de lettre en lettre, dialogue entre toute une mythologie du despote éclairé et du grand chef militaire et le travail de sape que cette correspondance reconstituée opère dans les souterrains. Dialogue entre Voltaire et Voltaire, donc, avec la volonté de recomposer le passé, bien sûr, mais aussi de recomposer un Voltaire que toute cette histoire avait laissé en petits morceaux et qui criait son angoisse et annonçait sans fin sa mort dans les émouvantes lettres de cet

4 Voltaire, *L'affaire Paméla, Lettres de Monsieur de Voltaire à Madame Denis, de Berlin*, éd. A. Magnan, Paris Méditerranée, 2004, p. 14-15 pour ces citations. Par la suite j'indiquerai simplement *Pamela*.

5 *Ibid.*, p. 165.

hiver à Colmar. C'est ce travail de l'ombre, fait dans la douleur, qui va accoucher du plus grand Voltaire, peut-être, celui des années 1760, ayant acquis une totale autonomie et conduisant une petite armée d'esprits libres dans une guerre sans merci contre l'Infâme.

Prenons un exemple de ce que ce travail de réécriture du passé récent constitue dans ce dossier de lettres, avant de passer aux *Mémoires*, auxquels on ne comprend rien de toute façon sans l'expérience de *Pamela* en amont. La lettre 42 du dossier, datée du 18 décembre 1752 de Berlin, a donc été écrite en réalité, si on suit Magnan, non par le Voltaire indigné et sarcastique mis en scène dans le texte, réagissant de manière immédiate aux injustices de Frédéric, mais par le Voltaire blessé à mort, profondément dépressif de l'hiver de l'année suivante, ne quittant presque jamais son lit de Colmar, et faisant plusieurs fois, dans ses lettres authentiques de la même période, allusion à la tentation du suicide. L'écriture repose donc sur un remarquable agencement en prisme de « moi » divers, car en écrivant « Je » dans ce texte Voltaire renvoie à la fois à lui-même au moment de l'écriture, à cet autre « moi » qui était le sien au moment des événements, et en outre à un « moi » fictif créé effectivement au moins pour une part – d'où la plaisanterie à répétition consistant à comparer ce dossier de lettres au roman de Richardson – à la manière de ceux des personnages de romans épistolaires et de romans-Mémoires. Dans la même opération, le passé qui s'y trouve figuré est donc à la fois un souvenir, une reconstruction et une invention, et la part de chacun de ces éléments est presque impossible à démêler. On peut bien mettre tout cela sur le compte d'une rhétorique insidieuse réduisant le dossier Pamela à un pamphlet posthume en formes de lettres, mais vu l'état paroxystique dans lequel se trouvait Voltaire au moment de la rédaction, cette interprétation est un peu courte car elle réduit à une construction stratégique et rhétorique totalement maîtrisée la réponse existentielle à un trauma. Sur le plan référentiel, la lettre est censée être écrite en pleine crise de l'affaire Maupertuis/König et Voltaire y parle de son rapport au roi de Prusse comme d'un bras de fer singulièrement inégal. Je cite : « Comme je n'ai pas dans ce monde-ci cent cinquante mille moustaches à mon service, je ne prétends point du tout faire la guerre. Je ne songe qu'à déserter honnêtement, à prendre soin de ma santé, à vous revoir, à oublier ce rêve de trois années[6] ». Et juste après il déclare vouloir inventer

6 *Ibid.*, p. 125-126.

pour son propre usage ce qu'il appelle un « petit dictionnaire à l'usage des rois » dont voici la partie centrale :

> *Mon ami* signifie *mon esclave*
> *Mon cher ami* veut dire *vous m'êtes plus qu'indifférent.*
> Entendez par *je vous rendrai heureux* : *je vous souffrirai tant que j'aurai besoin de vous.*
> *Soupez avec moi ce soir* signifie : *je me moquerai de vous ce soir*[7].

Cet éblouissant exercice de traduction ressemble fort à ces phrases qu'on voudrait avoir dites et qu'on n'a pas dites au moment opportun, dans le feu de l'affrontement. Il émane d'un Voltaire de 1752 rêvé et reconstitué par le Voltaire de l'hiver 1753-1754, qui affiche une hauteur de vue et une capacité de synthèse critique que le Voltaire « réel » de 1752 n'avait sans doute pas. Et le formidable humour du passage prend encore plus de relief quand on l'imagine émanant d'un Voltaire alité et dépressif, aboyant à la mort, qui croyait peut-être vraiment que cet acte de faussaire génial était un des derniers de sa vie.

Pourtant l'affaire n'était pas finie, et les *Mémoires pour servir à la Vie de M. de Voltaire, écrits par lui-même* sont à tout prendre un texte encore plus surprenant qui montre qu'une réponse aux événements de 1752 restait nécessaire beaucoup plus tard et que *Pamela* n'avait pas suffi à panser la plaie. Rappelons d'abord qu'entre 1754 et 1759, la vie de Voltaire a pourtant été marquée par un intense travail de reconstruction, dont les principales étapes ont été son installation aux Délices en 1755, année du tremblement de terre de Lisbonne, et l'acquisition de Ferney en 1759. Les dernières pages de l'œuvre, qui rompent avec la logique narrative rétrospective des parties précédentes et prennent la forme d'une espèce de journal, sont datées de novembre 1759 et 1760, et les études portant sur le récit qui précède aboutissent à une datation approximative de son écriture entre l'été 1757 et la fin de l'année 1758. Ces données suscitent plusieurs éléments de réflexion : le premier, c'est que la violence émotionnelle de l'affaire de 1752 n'était pas encore entièrement résorbée à la fin de la décennie et que Voltaire éprouvait encore le besoin de régler des comptes sur ce front ; la seconde, c'est que l'œuvre posthume qu'il a produite ce faisant lui tenait à cœur, car malgré sa brièveté, sa rédaction s'est étalée sur plusieurs années, et il y est revenu plusieurs fois. Enfin, ce n'est pas un Voltaire monolithique qui écrit ces singuliers *Mémoires*,

7 *Ibid.*, p. 126.

mais plusieurs Voltaires successifs, l'œuvre enregistrant ce que Pierre Pachet avait appelé autrefois le baromètre d'une âme[8], et l'auteur des dernières pages semblant avoir pris plus de recul et acquis un peu plus de sérénité dans sa relation aux événements prussiens et d'une manière générale à la crise violente qui a affecté sa vie au début de la décennie. L'efficacité thérapeutique de l'écriture se lit donc dans le texte lui-même, et si l'on ose comparer ce petit écrit méconnu de Voltaire au monument des *Mémoires d'outre-tombe*, la manière dont l'œuvre met en scène un « moi » en mouvement, dont l'historicité n'est pas à lire seulement dans le référent narratif, mais dans l'énonciation elle-même, qui n'est pas un point fixe, y est tout aussi frappante. Et naturellement, les deux éléments sont liés, et les métamorphoses du « moi » de l'énonciation entrainent une réinterprétation incessante du temps passé qui fait que l'aventure prussienne n'a plus le même sens pour le Voltaire qui écrit le début des *Mémoires* et celui qui en écrit la fin.

C'est donc la première partie des *Mémoires* qui est de loin la plus tendue, au point qu'on a souvent comparé son style à celui de *Candide*, écrit à peu près à la même époque. Le même humour noir dévastateur traverse ces œuvres jumelles, dont Jacqueline Hellgouarc'h notamment a montré qu'elles travaillent, dans le double cadre du récit de vie et de la fiction narrative, un même matériau existentiel[9]. Mais la prise de distance entre le Voltaire d'hier et celui d'aujourd'hui, qui était forcément dissimulée dans *Pamela*, devient un des enjeux principaux d'un récit continu qui ne cesse de présenter le Voltaire de la période prussienne comme en proie à une grande illusion dont il s'agit désormais de sortir totalement et de tirer les conclusions. L'enjeu est important, car au-delà du rapport personnel entre Frédéric II et Voltaire, c'est la position de l'écrivain dans l'équilibre social et son rapport avec le pouvoir politique qui est posée. Et la conclusion célèbre que Voltaire en a tiré pour sa vie, qui a conditionné toute la suite de son parcours d'homme public et d'écrivain, et qu'il explicite de manière parfaitement lucide dans ses *Mémoires*, est la nécessité d'une désaliénation complète et d'une prise d'indépendance totale : il se félicite dans les dernières pages de l'œuvre qu'il n'y ait peut-être pas en Europe un « particulier » qui se soit construit

8 Pachet, Pierre, *Les Baromètres de l'âme, Naissance du Journal intime*, Paris, Hatier, 1990.

9 Voir la préface de son édition des *Mémoires*. Voltaire, *Mémoires*, Paris, Honoré Champion, 2011.

une « liberté » comparable à la sienne, et d'avoir, je cite encore, « tellement arrangé sa destinée » qu'il se trouve « indépendant à la fois en Suisse, sur le territoire de Genève et en France[10] ». Et il est évident que cette liberté a eu besoin pour se penser et pour se construire de la crise qui a précédé et du recul interprétatif pris progressivement par Voltaire à son égard. Les *Mémoires* sont la pièce centrale de ce *travail* au sens quasi psychanalytique du terme, de cette réécriture du passé qui orchestre une reconfiguration et une réinvention de soi, qui transforme le trauma en énergie positive et permet l'émergence de l'homme public grandiose qui va, dans les années 1760, défendre les mémoires de Jean Calas et du chevalier de La Barre. C'est donner beaucoup d'importance, peut-être, à ce petit texte si peu lu et qui, il y a quelques années encore, semblait complètement négligé par la critique voltairienne, mais Voltaire nous donne un indice essentiel en affirmant, vers la fin de ses *Mémoires*, qu'il les aurait avant tout écrits pour lui-même – point que j'ai longuement commenté dans mon livre paru l'an dernier chez Peeters[11] pour montrer que ce n'est pas une déclaration de pure forme ou une coquetterie rhétorique. Chez cet écrivain qui conçoit l'écriture avant tout sur la scène sociale et publique, ce besoin de parler « de [s]oi à [s]oi-même[12] », même si la formule pourrait paraître relever du badinage, interpelle singulièrement. Nous savons aujourd'hui que les identités collectives se façonnent et se défendent par des pratiques narratives, dans un champ de bataille des versions du passé qui est un des lieux majeurs de positionnement des groupes et des communautés les uns par rapport aux autres. Cette logique n'est pas radicalement différente dans les textes où ce sont des identités individuelles qui sont en jeu.

Le dialogisme au sens profond qui faisait de *Pamela* un dialogue fascinant entre Voltaire et Voltaire est en tout cas toujours à l'œuvre dans les *Mémoires* même s'il prend une forme différente : cette fois-ci, il n'est plus question de mettre en scène le Voltaire d'autrefois comme une énonciateur reconstitué dans le temps et dans le lieu de la crise autour de laquelle tous ces écrits intimes gravitent, mais d'utiliser les ressorts de la narration rétrospective pour, dans un effet bien connu de mise à distance, creuser les raisons pour lesquelles le Voltaire d'autrefois s'est trompé et lui

10 *Ibid.*, p. 205.

11 Hersant, Marc, *Voltaire : Écriture et vérité*, Leuven, Peeters, 2015.

12 Voltaire, *Mémoires*, *op. cit.*, p. 200.

opposer un énonciateur revenu de toutes ces erreurs et malgré tout encore troublé et ébranlé par le fait qu'elles aient été possibles. Les modalisateurs qui rythment le texte et notamment le récit de la grande illusion de Voltaire sur Frédéric, du type « je croyais » ou « il me semblait » sont pour cette raison tout à fait comparable à ceux qu'un siècle plus tard Nerval utilisera pour évoquer les productions imaginaires de ses rêves et de ses crises de folie, dans une logique assez similaire d'utilisation de l'écriture autobiographique comme gestion particulièrement délicate d'une faille intime profonde dans l'expérience vécue. Dans le cas de Nerval, on sait d'ailleurs que ce serait sur le conseil du Docteur Blanche, qui ne se doutait évidemment pas que sa suggestion allait produire une œuvre aussi inouïe qu'*Aurélia*, que le poète se serait lancé dans l'aventure. Et il n'est pas impossible que Madame Denis ait joué un peu le même rôle dans la genèse de *Pamela* et des *Mémoires*. Je ne pousse pas plus loin le parallèle qui pourrait paraître un peu incongru entre une œuvre produite par le plus engagé sur la sphère sociale de tous les écrivains français et une des plus repliées dans la sphère intime et la méditation sur soi : les éléments stylistiques que j'ai remarqués sont d'ailleurs, si l'on veut, assez banals et routiniers. Malgré tout, dans leur format, leur intensité, leurs modalités d'énonciation et leur manière de s'articuler autour d'une crise majeure, les deux œuvres ne sont pas sans présenter quelques parentés.

Quand on passe de *Pamela* et des *Mémoires* au *Commentaire historique* de 1776, on a non seulement l'impression de textes écrits dans des cadres discursifs et génériques différents, mais même par des auteurs différents – ce qui a d'ailleurs eu pour conséquence des incertitudes occasionnelles sur l'attribution du texte le plus tardif à Voltaire et sur le rôle assez confus qu'on peut attribuer à Wagnière dans sa genèse et même en partie dans sa rédaction. La première personne à fleur de peau laisse la place à une troisième personne monumentalisée et stylisée. L'humour grinçant et même franchement noir du texte de la fin des années 50 laisse la place à une prose infiniment plus retenue et distanciée, même si la reconstitution dans la mise en scène de l'énonciation du travail d'un historien-modèle ayant fait son travail pour accoucher d'une biographie « fiable » n'est pas exempte d'ironie comme je l'ai montré dans un article autrefois paru dans les *Cahiers Voltaire*[13]. Le Voltaire intime et blessé qui

13 Hersant, Marc, « Le Commentaire historique sur les œuvres de l'auteur de la *Henriade* : Voltaire historien de lui-même », *Cahiers Voltaire*, n° 7, 2007, p. 73-89.

couve sous les *Mémoires* laisse la place à un Voltaire officiel qui est, à bien des égards, l'équivalent verbal de la statue de l'écrivain immortalisé par Pigalle quelques années plus tôt et un monument élevé aux valeurs des Lumières, avec une volonté d'objectivation de la figure historique de Voltaire : l'historien anonyme qui écrit sa biographie prétend d'ailleurs dans les premières lignes du texte avoir voulu ne faire « usage ni des satires ni des panégyriques » et se vante de s'être constamment appuyé, je cite encore, sur des « pièces authentiques[14] ». Et le récit est suivi d'un important dossier de lettres de Voltaire fonctionnant comme une annexe illustrant les différents aspects de sa personnalité et de sa place dans les Lettres et comme un ensemble de pièces justificatives. On pourrait presque croire que le Voltaire qui écrit le *Commentaire* a complètement oublié l'expérience autobiographique de *Pamela* et des *Mémoires pour servir à la Vie de Monsieur de Voltaire* et que ce dernier texte n'a strictement aucun lien avec les deux volets précédents de cette insolite trilogie « autobiographique » où seuls les *Mémoires* ressemblent tant bien que mal, et avec beaucoup d'aménagements, par leur caractère de récit rétrospectif à la première personne, à ce que nous appelons autobiographie aujourd'hui. Or, plusieurs raisons m'amènent à penser qu'au contraire le *Commentaire historique* est en partie, même si évidemment il ne contient pas l'ombre d'une allusion au texte antérieur, une forme de réponse tardive aux *Mémoires* et que le second texte vit d'un dialogue implicite mais essentiel avec le premier. D'abord, parce que les deux textes prennent en charge, au moins dans certaines parties, les mêmes moments de la vie de Voltaire, et je ne vois pas par exemple comment celui-ci aurait pu, en racontant à nouveau l'épisode de l'arrestation de Francfort en 1776, ne pas songer aux versions beaucoup plus crispées et expressives qu'il en avait produites dans *Pamela* et dans les *Mémoires* : je reviendrai un peu plus tard sur la réécriture dans le *Commentaire* de cet épisode. Ensuite et surtout parce que la question cruciale posée par les deux œuvres, et qui détermine leur nécessité, est la même : celle de la place de l'homme de Lettres dans l'espace public. Les *Mémoires* montrent un homme de lettres déchiré entre le modèle qu'il rejette des écrivaillons qui, vivant de leur plume et fabriquant des textes pour survivre, ne peuvent avoir un rôle social digne, et l'expérience ratée d'une production littéraire

14 Sauf mention particulière, je me réfèrerai à l'édition Voltaire, *Commentaire historique*, Basle, Chez les héritiers de Paul Duker, 1776, consultable sur Gallica. Ici, p. 1.

qui a cru pouvoir trouver sa liberté à l'ombre d'un pouvoir politique qui l'aurait protégée : cette liberté s'est avérée un esclavage, l'alliance entre la plume et le sceptre un marché de dupes, et l'amitié entre le poète et le roi une pure fiction qui n'a été entretenue que pendant la brève période où elle amusait le second. Leur conclusion, je l'ai déjà dit, est la conception par Voltaire d'un espace totalement neuf pour un écrivain devenu immensément riche et n'ayant donc pas besoin d'écrire pour vivre, installé comme un prince éclairé sur des terres qu'il tente de transformer en utopie sociale, et définitivement affranchi de toute dette envers les puissants de ce monde. C'est cet homme-là qui va, avec une grande efficacité, et sans avoir besoin de milliers de moustaches à son service, engager une guerre sans merci avec le vieux monde, ou du moins avec plusieurs aspects du vieux monde, dans les années 1760.

Le *Commentaire historique* produit, lui, l'image magnifique ou magnifiée comme on voudra, d'un écrivain devenu un homme public au sens le plus noble, faisant l'honneur de sa nation et de sa langue par ses réussites dans les genres considérés comme les plus élevés – tragédie, épopée – mais aussi par ce que nous appellerions aujourd'hui son engagement, avec une place importante accordé dans ce récit pourtant lui aussi fort bref aux affaires de Jean Calas et du chevalier de La Barre. La dignité de l'homme de lettres y est devenue une évidence que Voltaire prétend résumer à lui tout seul, et l'efficacité pratique de son action sociale, de son influence sur la société tout entière, y est constamment mise en évidence. Dans ce récit à la troisième personne totalement étranger à tout épanchement et à toute confidence personnelle, Voltaire est donc traité comme une figure historique et envisagé dans sa participation à ce que l'auteur du *Siècle de Louis XIV* appelait dans une formule célèbre une histoire de l'esprit humain. Tout cela ne va pas sans une certaine complaisance mythologique qui peut faire sourire, l'image de Voltaire étant tour à tour associée à celles d'un enfant prodige multipliant les signes annonciateurs de son destin futur, selon un *topos* hérité de la biographie à la Plutarque, comme un grandiose continuateur de Racine défendant la dignité des lettres françaises sur la scène européenne – en un moment où, il faut le rappeler, la mode de Shakespeare fait rage et indigne le vieil écrivain –, d'un héros d'un nouveau genre combattant l'injustice avec pour public la société dans son ensemble, d'un patriarche enfin créant autour de lui à Ferney une espèce de paradis terrestre gouverné par la bienveillance et par la raison. Progressivement, c'est même l'image du bienfaiteur de l'humanité qui l'emporte sur celle du grand artiste, un passage de la fin du *Commentaire* tout à fait significatif de cette prose un peu hiératique suggérant que Voltaire n'était pas si certain d'accéder à l'immortalité par ses *œuvres* au sens le plus classique du terme :

> Dans les derniers temps il avait une profonde indifférence pour ses propres ouvrages dont il fit toujours peu de cas; et dont il ne parlait jamais. On les réimprimait continuellement sans même l'en instruire. Une édition de la Henriade, ou des tragédies, ou de l'histoire, ou de ses pièces fugitives, était-elle sur le point d'être épuisée, une autre édition lui succédait sur le champ. Il écrivait souvent aux libraires : *n'imprimez pas tant de volumes de moi; on ne va point à la postérité avec un si gros bagage*[15].

Les premiers mots suggèrent que Voltaire avait peut-être prévu une publication posthume du *Commentaire*, puisqu'il est question de lui comme d'un homme dont la vie est désormais terminée. Les derniers illustrent une des caractéristiques les plus classiques de l'histoire monumentale, l'attribution aux hommes célèbres de « dits » censés les caractériser et chargés de styliser leur existence historique. Le tout construit l'image idéalisée d'un sage ayant acquis une profonde distance vis-à-vis de sa propre gloire. Voltaire, dont l'imaginaire est obsédé par une petite galaxie de grandes figures de la sagesse humaine comme Socrate, Confucius ou Cicéron, a peut-être renoncé dans sa vieillesse à être un nouveau Racine, mais ne semble pas croire avoir perdu au change en se recyclant dans le rôle de grand sage de l'humanité comparable, à bien des égards, à ces illustres modèles. Et alors que les *Mémoires* nous plongeaient de l'intérieur au cœur de la tourmente d'un vécu obsédant, le *Commentaire historique* produit l'image extériorisée et apparemment sereine d'un héros de la modernité sculpté dans le marbre. Je dis « apparemment sereine » car quand on lit le Voltaire de la correspondance de 1776, obsédé par Shakespeare et annonçant sa mort tous les jours, la sérénité réelle est loin d'être au rendez-vous, et lu entre les lignes, ce que je n'ai pas le temps de faire aujourd'hui, le *Commentaire* révèle bien des tensions et des inquiétudes.

Rien n'est plus significatif du « dialogue » entre les *Mémoires* et le *Commentaire*, et entre les deux manières d'orchestrer le passé que ces

15 *Ibid.*, p. 117-118.

textes illustrent, que le traitement de l'épisode de Francfort. J'ai montré ailleurs, après André Magnan, que ce moment de quasi incarcération de Voltaire et de sa nièce sur l'ordre de Frédéric II était l'origine traumatique principale de l'agitation autobiographique de Voltaire dans *Pamela* et dans les *Mémoires*[16]. Cet épisode, fortement dramatisé dans les deux textes, concentre en effet la violence de l'affrontement entre le poète et le prince, avec à l'arrière-plan l'image, réelle ou fantasmée, il ne sera sans doute jamais possible de répondre à cette question, d'un viol de Madame Denis par les sbires ubuesques du roi de Prusse, marionnettes terrifiantes, et celle, symbolique, d'un viol de Voltaire lui-même qui a mis littéralement des mois à s'en remettre superficiellement et des années à construire progressivement une distance protectrice. Or le *Commentaire historique*, qui est loin, puisqu'il ne fait que quelques dizaines de pages, de revenir sur tous les épisodes importants de la vie de Voltaire, consacre un développement proportionnellement assez important sur celui-ci pour susciter la curiosité, et même une franche perplexité quand on découvre la conclusion. Je dois ici citer le texte un peu longuement :

> Pendant qu'il (Voltaire) était à Gotha, Maupertuis eut tout le temps de dresser ses batteries contre le voyageur, qui s'en aperçut, quand il fut à Francfort sur le Mein. Madame Denis sa nièce lui avait donné rendez-vous dans cette ville.
>
> Un bon allemand qui n'aimait ni les français, ni leurs vers, vint le 1er juin lui redemander les *Œuvres de Poéshie* du Roi son maître. Notre voyageur répondit que les *Œuvres de Poéshie* étaient à Leipzig avec les autres effets. L'allemand lui signifia qu'il était consigné à Francfort, et qu'on ne lui permettait d'en partir que quand les Œuvres seraient arrivées. Mr. de Voltaire lui remit sa clé de chambellan et sa croix, et promit de rendre ce qu'on demandait. Moyennant quoi le messager lui signa ce billet.
>
> « Mr., sitôt le gros ballot de Leipzig sera ici, où est l'œuvre de Poéshie du Roi mon maître, vous pourrez partir où vous paraîtra bon. A Francfort 1er juin 1753. »
>
> Le Prisonnier signa au bas du billet : *Bon pour l'œuvre de Poéshie du Roi votre Maître.*
>
> Mais quand les vers revinrent, on supposa des lettres de change qui ne venaient point. Les voyageurs furent arrêtés quinze jours au cabaret du bouc, pour ces lettres de change prétendues. Cela ressemblait à l'aventure de l'évêque de Valence, Cosnac, que Mr. de Louvois fit arrêter en chemin comme faux-monnayeur, à ce que l'abbé de Choisy raconte.

16 Voir, outre *L'affaire Pamela*, mon propre Voltaire : Hersant, Marc, *Écriture et vérité*, *op. cit.*, p. 495-523.

> Enfin ils ne purent sortir qu'en payant une rançon considérable.
> Tout cela fut bientôt oublié de part et d'autre comme de raison. Le Roi rendit les vers à son ancien admirateur, et en renvoya bientôt de nouveaux, et en très grand nombre. C'était une querelle d'amants : les tracasseries de cour passent ; mais le caractère d'une belle passion subsiste longtemps[17].

Voici un remarquable exercice d'équilibrisme textuel. Il s'agit en effet pour Voltaire de rendre compte des principales étapes de cette sombre histoire, de ne pas cacher l'injustice dont il a été l'objet, de rappeler non sans humour le caractère grotesque de l'affrontement du roi et de l'écrivain autour de cette affaire de restitution des textes poétiques que le premier avait confiés au second. Frédéric craignait sans doute que Voltaire n'utilise ces textes pour se moquer de lui, et il avait raison car Voltaire le fait effectivement dans ses *Mémoires* en citant à plusieurs reprises les poésies de Frédéric avec une distance assez hautaine et même à l'occasion un certain mépris. Mais en même temps il s'agit de réinterpréter chacun de ces moments à Francfort en les déchargeant de leur intensité émotionnelle et en leur conférant le caractère anecdotique d'une espèce de scène de ménage entre amants, le cauchemar décrit dans les *Mémoires* étant réduit au rang de « tracasseries de cour ». L'histoire vécue est anesthésiée et remplacée par une histoire pseudo-objectivée qui prétend remettre à leur place les passions et les envelopper dans le drapé d'une *Vie* d'écrivain où rien ou presque ne doit dépasser. Et quand on a en tête *Pamela*, la correspondance réelle de 1752, 1753 et 1754, et les *Mémoires*, qui montrent à quel point tout cela ne fut pas comme le prétend Voltaire « bientôt oublié », le dernier paragraphe fait presque sursauter.

Je conclus. À un niveau purement rhétorique, le genre choisi oriente l'interprétation du passé proposée par les textes. C'est parce qu'il adopte le système énonciatif de la première personne, le modèle pourtant si décrié partout ailleurs par lui des *Mémoires* et la perspective d'un récit conflictuel, presque d'un procès, que Voltaire peut traduire la violence de l'expérience prussienne. C'est parce qu'il choisit au contraire la troisième personne et le modèle des biographies des hommes illustres dans une perspective monumentale que le même Voltaire peut résorber cette violence et la traiter sur un mode objectivé et distancé dans le *Commentaire*. Mais en même temps, le choix du genre est lui-même

17 Voltaire, *Commentaire historique*, *op. cit.*, p. 62-63.

déterminé par l'expérience vécue, et Voltaire ne pouvait évidemment, ni écrire le *Commentaire* dès 1759, ni réécrire les *Mémoires* en 1776. À défaut de construire un ensemble cohérent, la partie de l'œuvre de Voltaire consacrée à l'évocation de sa propre vie apparaît donc comme un laboratoire d'expérimentations formelles à travers lesquelles, dans un effet de complémentarité et de prisme, le passé tente de se composer et de se recomposer.

Marc HERSANT
Université Sorbonne Nouvelle –
Paris 3

RECOMPOSER LE PASSÉ DANS LE *MÉMORIAL DE SAINTE-HÉLÈNE*

Près de deux mille pages de passé, de l'abdication de l'Empereur après Waterloo à son testament, dictées à Sainte-Hélène une semaine avant sa mort : tel est le *Mémorial*. Emmanuel de Las Cases, un de ses anciens chambellans[1], a tout quitté pour le suivre dans son exil sur une île perdue en plein Atlantique, et il a tout noté dans son Journal, du mardi 20 juin 1815 au mardi 31 décembre 1816, date de son expulsion de Sainte-Hélène, puis lors de son retour en France, où il plaide la cause de l'exilé, mais où personne ne veut l'écouter : il va alors errer dans toute l'Europe en alertant les puissances sur les conditions de vie et la maladie de l'Empereur. Le *Mémorial* paraît en 1823 et connaît un énorme succès, qui prélude à un regain de ferveur bonapartiste et marque le début de la légende napoléonienne.

« L'Empereur, à Sainte-Hélène, savait que je tenais un journal[2] », écrit Las Cases. Il le savait, et il va en jouer. Mais le héros du *Mémorial*, au-delà du proscrit, de son quotidien et de ses commentaires sur son règne, c'est l'Empire. Le *Mémorial* est le legs d'une vision du monde : Napoléon, héritier de la Révolution, a voulu fédérer l'Europe, la construire rationnellement, la pacifier par la guerre. Le *Mémorial* oscille de l'anecdote à la mythographie, de la chronique au manifeste ; on y entend, pour reprendre l'expression des Goncourt, le « grand murmure[3] » de l'Empereur au

1 Rien ne prédisposait le comte Emmanuel de Las Cases (1766-1842) à traverser un jour l'Atlantique pour aller vivre sur l'île de Sainte-Hélène. Émigré à Londres, auteur d'un *Atlas historique* très apprécié, en particulier par Napoléon, Las Cases rentre en France sous le Consulat et, bien que monarchiste, se rallie sans ambiguïté à l'Empereur, qui cherchait à attirer à sa cour la noblesse d'Ancien Régime.

2 Las Cases, Emmanuel de, *Mémorial de Sainte-Hélène*, Paris, Gallimard, « Bibliothèque de la Pléiade », 1956, deux tomes ; ici, t. I, p. 12.

3 Les Goncourt évoquent dans *Charles Demailly* (1868) « cette voix de Napoléon, dont le *Mémorial de Sainte-Hélène* nous a gardé le grand murmure » (Goncourt, *Charles Demailly*, Genève-Paris, Slatkine Reprints, 1986, p. 140).

milieu des tempêtes d'équinoxe. Le passé y est pluriel, il s'étend de la vie douloureuse de Napoléon à Longwood aux actes majeurs de son règne, à ses batailles, mais aussi à la genèse du héros. Que le passé soit « composé » sous-entend une volonté de classement, d'organisation. Or, le *Mémorial* est un texte dont la mouvance énonciative renouvelle sans cesse les points de fuite. Il ne présente pas un passé maîtrisé, mais une accumulation de séquences en quête d'une totalité impossible.

Il est tout d'abord le journal d'un exil : Las Cases conte l'arrivée à Sainte-Hélène, l'installation laborieuse à Longwood, la vie en huis-clos, le délabrement progressif de la santé de Napoléon, les avanies infligées par les Anglais, la lutte contre le gouverneur Hudson Lowe. On y trouve aussi le récit des entretiens de l'Empereur avec Las Cases : propos à bâtons rompus, mais aussi démonstrations et tirades. S'y ajoutent les textes dictés par Napoléon, ainsi que le journal de ses lectures, révélateur d'une sensibilité et portrait indirect du proscrit. On y découvre enfin la correspondance échangée avec le gouverneur, qui impose à l'Empereur et à son entourage de plus en plus de restrictions, mais aussi les lettres échangées par Las Cases, après son retour en Europe, avec le général Bertrand, resté sur l'île, avec lord Bathurst, secrétaire d'État à la guerre et aux colonies, auprès de qui il dénonce le sort fait au prisonnier de l'Angleterre, ainsi qu'à l'empereur d'Autriche, beau-père de Napoléon, qui ne répond pas plus que les autres princes européens.

Las Cases est le scribe de l'Empereur, ému, bouleversé, scandalisé par le sort réservé à son héros. En dix-huit mois, il consigne tout ce qui peut servir à l'histoire d'un homme, d'un régime, d'un projet. Son livre n'est pas un tombeau, mais une somme historique et idéologique hypothétiquement tournée vers l'avenir. L'Empereur, pour les Français, était un mystère. Ils le voyaient à travers la propagande, ils vont le voir nu dans sa baignoire[4]. Las Cases va ainsi créer entre un peuple et un homme une relation d'intimité : nous l'entendons s'expliquer, se justifier, donner une signification à son aventure.

Une telle masse de texte, un tel tissu de sens ne peut manquer d'un destinataire : ce sera le fils unique de Napoléon et de Marie-Louise, né

4 Voir notre article « Les deux corps de l'Empereur : mythographie du *Mémorial de Sainte-Hélène* », actes du colloque *Usages et représentations du corps dans les Mémoires et les Lettres d'Ancien Régime du* XVI*e siècle au* XVIII*e siècle* (Nantes, juin 2015), dir. C. Zonza et E. Lesne-Jaffro, à paraître.

le 20 mars 1811 aux Tuileries, mort le 22 juillet 1832 à Schönbrunn, en Autriche. Roi de Rome à sa naissance, Napoléon II pendant deux semaines, entre la seconde abdication et le retour de Louis XVIII, duc de Reichstadt, il est l'héritier. Il est surtout, pour les puissances européennes, un problème, car il a ses partisans. Mais la tuberculose l'emporte à vingt-et-un ans, destin romantique dont Edmond Rostand, dans *L'Aiglon*, sut tirer le parti dramatique que l'on sait. Le *Mémorial* est l'histoire d'une paternité : que dire à ce fils lointain, qui pourrait régner un jour ? Comment ce texte profus et bigarré se recompose-t-il quand on le lit sous l'angle de l'héritage ? En quoi les métamorphoses du *Mémorial* sont-elles une anamorphose de la transmission ?

Napoléon a voulu fonder une dynastie. Après les Mérovingiens, les Carolingiens et les Capétiens, les Bonaparte auraient été la quatrième. C'est pour cette raison qu'il se sépare de l'impératrice Joséphine, qui ne lui donne pas de successeur, et que, le 2 avril 1810, il épouse Marie-Louise, fille aînée de François Ier, empereur d'Autriche. L'alliance est diplomatique, mais aussi, pour le général corse de la Révolution, une consécration matrimoniale. Elle a dix-neuf ans, il en a quarante-et-un ; il attend d'elle un fils. C'est pour celui-ci qu'écrit Las Cases : « Tout ce qui touche l'Empereur et le concerne semble devoir être précieux : des milliers de personnes le penseront ainsi ; c'est dans ce sentiment, avec cette opinion, que je vais décrire minutieusement ici son appartement, l'ameublement qui s'y trouve, les détails de sa toilette, etc. Et puis avec le temps, peut-être un jour son fils se plaira-t-il à reproduire les détails, la contexture de sa prison ! Peut-être aimera-t-il à s'entourer d'objets éloignés, d'ombres fugitives, qui lui recomposeront une espèce de réalité[5] ! »

L'Empereur, après Waterloo, a été séparé brutalement des siens. À Longwood, il leur réserve une sorte d'autel privé :

> La cheminée, supportant une fort petite glace, présente plusieurs tableaux : à droite est celui du roi de Rome sur un mouton, par Aimé Thibault ; à gauche, en pendant, est un autre portrait du roi de Rome, assis sur un carreau, essayant une pantoufle, par le même auteur ; plus bas, sur la cheminée, est un petit buste en marbre, du même enfant. [...] Enfin, au pied du canapé, et précisément en regard de l'Empereur quand il y repose étendu, ce qui a lieu la plus grande partie du jour, est le portrait de Marie-Louise, tenant son

5 Las Cases, Emmanuel de, *op. cit.*, t. I, p. 455.

> fils entre ses bras, par Isabey. Ce mauvais petit réduit est ainsi devenu un sanctuaire de famille[6].

L'enfant avait quatre ans quand Napoléon l'a quitté. Le *Mémorial* lui transmet la description d'un lieu dont il est le centre, il sert d'intermédiaire entre le père et le fils. On notera que Las Cases commence par employer le titre de « roi de Rome » avant de le qualifier d'« enfant » ou de « fils ». L'histoire et la sensibilité s'entrecroisent, comme plus tard dans les *Mémoires d'outre-tombe.*

Dans le *Mémorial*, Napoléon explique à son fils comment il a régné et quelles étaient ses visions de l'avenir. Il s'adresse indirectement à celui pour qui il a inventé le titre de « roi de Rome ». Rome représente le pouvoir absolu, l'*imperium* sur lequel prend modèle l'Empire. À cette symbolique prestigieuse, le mot « sanctuaire » apporte une aura sacrée. Si l'enfant, devenu adulte, lit le *Mémorial*, c'est la voix de son père qu'il entendra : le texte sera son viatique. Le passé composé par Las Cases se recomposera en futur.

On aura noté, dans ce dispositif de transmission, un mot qui détone : « pantoufle » (le « roi de Rome, assis sur un carreau, essayant une pantoufle »). Toute la vie privée est dans ce terme trivial, toute une intimité prosaïque. Cette « pantoufle » va engendrer un discours inattendu, entremêlé à la géopolitique et à la prospective européenne : celui de la vie de famille. Dans le *Mémorial*, nous surprenons le secret des princes, champ de détails inépuisable pour le mémorialiste, pour le romancier, et plus tard pour le journaliste. Les souvenirs de Las Cases montrent un Napoléon au quotidien, et la figure élaborée par la propagande s'humanise page après page – ce qui est une autre forme de propagande.

Le *Mémorial*, en un assemblage d'épisodes mettant en scène l'Empereur, montre Napoléon dans des situations qui n'ont rien d'héroïque : en promenade, à table, dans son bain. Le passé de l'Empereur se mêle au présent d'un homme – un passé qui se caractérise par sa discontinuité. L'admiration-adoration de Las Cases lui donne l'unité de l'écriture, mais le matériau historique laisse une impression d'inabouti, comme si le récit n'avait pas été réellement mis en forme. Un caractère se dessine par bribes, et, dans son ombre, la figure de Marie-Louise : elle n'est le plus souvent qu'un prénom, mais son image s'anime grâce à une série

6 *Ibid.*, t. I, p. 456.

d'anecdotes, voire de confidences : « [Marie-Louise] ne soupçonnait même pas qu'il pût y avoir rien à gagner dans d'innocents artifices. [Elle] ignorait la dissimulation, tout détour lui était étranger. [Les deux impératrices] étaient bonnes, douces, fort attachées à leur mari. L'Empereur disait qu'il les avait constamment trouvées de l'humeur la plus égale, et d'une complaisance absolue[7] ». Quand il demande à la jeune femme « quelles instructions elle avait reçues de ses grands parents », celle-ci fait cette réponse digne de *L'École des femmes* : « d'être à lui tout à fait, et de lui obéir en toutes choses[8] ».

Las Cases, par petites touches, esquisse un portrait de l'Impératrice ; il la fait entrer dans la geste napoléonienne, tout en brossant – ce qui plut infiniment au public de la Restauration – un portrait de l'Empereur en bon mari : le héros s'embourgeoise[9]. On l'entend ainsi défendre la nécessité, pour un couple, de coucher dans le même lit, « circonstance très morale, qui influe singulièrement sur un ménage, assure le crédit de la femme, la dépendance du mari, maintient l'intimité et les bonnes mœurs[10] ». Mais le conquérant du monde reconnaît en même temps que, pour un homme d'État qui doit veiller tard, partager son lit avec son épouse peut aussi devenir un « assujettissement ». « Toute la crainte de l'Empereur, ajoute Las Cases, avait été que Marie-Louise en eût exigé un pareil ; car enfin, il l'eût bien fallu. C'est le véritable apanage, le vrai droit d'une femme[11]. »

Dormir avec sa femme, c'est le XIXe siècle. Le XVIIIe fait chambre à part. Après le couple aristocratique, infidèle par goût et par jeu, l'Empereur donne l'exemple du couple fidèle par intérêt et peut-être par amour. Cette vision très morale prend tout son sens quand on se souvient du destinataire du *Mémorial* : le père incite son fils à la sagesse matrimoniale, garantie de cette stabilité de la famille qui assure la prospérité à un pays. Nous sommes loin des frasques des Bourbons et du règne des maîtresses royales.

---

7 *Ibid.*, t. I, p. 192-193.

8 *Ibid.*

9 Sur cette double posture de l'homme et du héros, voir notre article « Grandeur et misères de Prométhée. Napoléon dans le *Mémorial de Sainte-Hélène* », *Les Grandes figures dans les lettres et les arts*, n° 4, dir. F. Briot, 2015 : URL : http://figures-historiques.revue.univ-lille3.fr/n-4-2015-issn-2261-0871/.

10 Las Cases, Emmanuel de, *op. cit.*, t. I, p. 627.

11 *Ibid.*

Le *Mémorial* donne ainsi toutes sortes de détails sur le couple impérial : les journaux *people* en feraient aujourd'hui leur pâture. Napoléon s'amuse par exemple de la naïveté de Marie-Louise, qui demande innocemment pourquoi on traite son mari de « ganache[12] », et qui est bien embarrassée quand on lui apprend le sens du mot. Las Cases évoque de même sa crédulité pendant sa grossesse : son empereur de mari, qui ne croit pas en la médecine, lui fait donner des cachets faits de « boulettes de pain », « qui ne laissaient pas de lui faire beaucoup de bien, assurait-il[13] ». Le lecteur devient même voyeur d'un accouchement difficile où l'Empereur « semblait se complaire à se vanter d'avoir été, dans cette circonstance, aussi bon mari que qui que ce fût au monde ». Il dit à l'accoucheur, qui ne sait plus quoi faire, « qu'il n'y avait rien ici qui dût le troubler ; qu'il n'avait qu'à se figurer qu'il accouchait une bourgeoise de la rue Saint-Denis ; que la nature n'avait pas deux lois ; qu'il était bien sûr qu'il ferait pour le mieux et qu'il n'aurait à craindre surtout aucun reproche. On lui représenta qu'il y avait un grand danger pour la mère ou pour l'enfant. "Avec la mère, répondit-il sans hésiter, j'aurai un autre enfant. Conduisez-vous ici comme si vous attendiez le fils d'un savetier[14]." » Pendant ce temps, Marie-Louise hurle : « Parce que je suis impératrice, me sacrifiera-t-on[15] ! » La scène devient pathétique, et l'enfant vient enfin au monde dans la panique générale : « on [l']avait posé à l'écart sur le plancher, pendant qu'on ne s'occupait uniquement que de la mère ; il y demeura plusieurs instants, et on le croyait mort ; ce fut Corvisart qui le releva, le frotta et lui fit pousser un cri[16] ». On suppose que ce genre de détail dut intéresser le duc de Reichstadt : s'il est celui que l'on croyait mort et qui vécut, pourquoi ne serait-il pas celui qui ne devait jamais régner et qui régnera quand même ?

Las Cases écrit cette page le mardi 19 mars 1816. Il a été question du roi de Rome avant cette date, mais c'est à partir de ce récit que nous entrons dans la confidence, dans la confession de l'Empereur, et dans sa douleur de père. À un capitaine anglais venu lui rendre visite, Napoléon ne la dissimule pas : « On veut savoir ce que je désire ; je demande ma liberté ou un bourreau ! Rapportez ces paroles à votre prince régent. Je ne demande plus des nouvelles de mon fils, puisqu'on a eu la barbarie

12 *Ibid.*, t. I, p. 519.
13 *Ibid.*, t. I, p. 408.
14 *Ibid.*, t. I, p. 433.
15 *Ibid.*, t. I, p. 434.
16 *Ibid.*

de laisser mes premières demandes sans réponse[17] ». Ce que les Anglais, et avec eux les puissances coalisées, veulent interrompre, c'est la transmission. Le syntagme « mon fils » est employé ici pour la première fois dans le *Mémorial.* Auparavant, il a été question de « Napoléon II », une chimère politique, du « roi de Rome », une chimère historique ou du « jeune Napoléon[18] », une chimère familiale.

« Napoléon II » n'apparaît que deux fois, quand Metternich et Fouché garantissent la Régence de Marie-Louise « si l'Empereur veut abdiquer[19] », une traîtrise diplomatique. Le « jeune Napoléon » apparaît aussi deux fois. Par exemple, quand l'Empereur revient de l'île d'Elbe, « il a été question d'un enlèvement du jeune Napoléon pour le conduire en France[20] », projet dangereux et sans suite. On notera que l'expression, comme la précédente, interviennent dans des situations politiques délicates. Napoléon II, dans les faits, comme le « roi de Rome », n'est qu'un titre vide.

Le passé est fait de mots, par conséquent de connotations, de symboles. Il n'est point de passé pur, car le temps est soumis au sens, qui se compose, décompose et recompose au gré des significations. Dire « mon fils » plutôt que « Napoléon II », c'est un choix : le père paraît sous l'homme de pouvoir. Le passé, à Longwood, est donc fait d'images – celles du « sanctuaire » – et de désignations. Chacun des noms, chacun des titres du « duc de Reichstadt » – encore une qualification – induit ce que Paul Veyne appelle une « intrigue » : un récit qui prenne en charge les éléments épars, toujours incomplets, de l'Histoire.

La prétérition de Napoléon (« je ne demande plus des nouvelles de mon fils ») introduit de l'émotion dans le récit de l'exil, une émotion dont Las Cases, à aucun moment, n'abuse : le scribe n'est pas dramaturge. Pour lui, les faits parlent d'eux-mêmes. Tout ce que dit l'Empereur à l'adresse de ce fils qu'il ne reverra jamais, tout ce que Las Cases lui raconte de son malheur et de sa maladie, tout cela se passe d'ornements. Non qu'il reste froid ou distant, mais en homme du dernier XVIIIe siècle, il conjugue raison et sentiment, à l'exemple de son modèle :

> Pour moi [dit l'Empereur], j'aime assurément ma mère, et de tout mon cœur ; il n'est rien que je ne fisse pour elle, et cependant si j'apprenais sa perte, je ne

17 *Ibid.*, t. I, p. 495.
18 L'« Aiglon » s'appelait Napoléon François Charles Joseph Bonaparte.
19 Las Cases, Emmanuel de, *op. cit.*, t. I, p. 13.
20 *Ibid.*, t. I, p. 200.

> crois pas que je pusse exprimer ma douleur par une larme ; et je n'affirmerais pas qu'il en fût de même pour la perte d'un ami, celle de ma femme ou de mon fils. Cette différence est-elle dans la nature ? Quel peut en être le motif ? Ne serait-ce pas que la raison m'a accoutumé d'avance à la perte de ma mère qui est dans l'ordre naturel des choses tandis que celle de ma femme et de mon fils est une surprise, une rigueur du sort contre laquelle je cherche à me débattre ? Et puis tout bonnement encore est-ce peut-être de l'égoïsme ? J'appartiens à l'une et les autres m'appartiennent[21].

L'Empereur se met alors à *penser* le deuil, à raisonner sa sensibilité. Il s'analyse, il introduit dans l'affect une logique. Son monologue devient brillant, ses arguments paradoxaux, « mais je ne les retrouve pas[22] », avoue Las Cases. La parole allait trop vite, ou la plume trop lentement, ou peut-être ne souhaite-t-il pas léguer à la postérité le portrait de son grand homme en sophiste. Le passé qu'il nous livre est la fabrication d'une image qui n'approchera jamais de la totalité des choses. La langue elle-même n'est-elle pas un choix ? Et le texte n'est-il pas une mosaïque où les équilibres, les contrastes et les juxtapositions créent un passé parmi tous les passés possibles ?

En surimpression du Napoléon raisonneur qui ne pleure pas à la mort de sa mère, Las Cases en décrit un autre : « Il est sûr qu'il aimait tendrement sa femme et son fils. [...] Il serrait parfois son fils dans ses bras avec effusion et à l'étouffer ; mais le plus souvent encore, sa tendresse s'exprimait par des contrariétés et des niches. S'il le rencontrait dans les jardins, il le jetait à terre ou renversait ses joujoux. On le lui amenait tous les jours à déjeuner, et il manquait rarement de le barbouiller avec tout ce qui se trouvait à sa portée sur la table[23] ». C'est cela, écrire l'histoire : souligner des contradictions qui sont, dans la complexité de l'être, des complémentarités secrètes. On trouvera donc dans le *Mémorial*, à côté des analyses stratégiques de l'Empereur, une « pantoufle » et des « joujoux », et avec ceux-ci le rappel au fils absent des jours heureux. Pour être crédible, en effet, une « intrigue » ne doit pas être unilinéaire ; elle doit proposer des aperçus, des perspectives, des potentialités thématiques et diégétiques ; elle doit surprendre, comme l'Histoire elle-même, dont aucune page ne dira jamais la totalité.

---

21 *Ibid.*, t. II, p. 118.

22 *Ibid.*

23 *Ibid.*

De même qu'il y a plusieurs portraits du fils sur la cheminée de Longwood, le *Mémorial* est fait d'une contiguïté d'épisodes aux tonalités différentes. L'adresse au fils légitime la diversité des approches : il faut qu'il sache tout ce qu'était son père. Las Cases, que son propre fils a suivi à Sainte-Hélène, comprend l'angoisse de l'Aigle privé de son descendant :

> Quelle éducation lui donnera-t-on ? disait-il. De quels principes nourrira-t-on son enfance ? Et s'il allait avoir la tête faible ! s'il allait tenir des légitimes ! Si on allait lui inspirer l'horreur de son père ! Cette idée fait frémir ! observait-il douloureusement. Et pourtant quel pourrait être le contrepoison à tout cela ? Il ne saurait désormais y avoir d'intermédiaire sûr, de tradition fidèle entre lui et moi ? Tout au plus un jour mes Mémoires *et peut-être aussi votre journal*. Mais encore pour surmonter le pli, les impulsions de l'enfance, pour vaincre les vices de l'entourage, faut-il déjà une certaine capacité, une certaine force de tête, un jugement tranchant, décisif, et tout cela est-il donc si commun !... Et il avait l'ait profondément affecté[24].

Ce « journal » participe d'une écriture testamentaire, et l'on peut lire le *Mémorial* comme les *ultima verba* de Napoléon délivrés à travers Las Cases à l'héritier dont il est séparé. Voilà ce que j'ai fait, voilà ce que j'aurais pu faire, nous rappelle chaque jour le proscrit. Au fils, s'il le peut, de poursuivre la tâche, à lui de construire, peut-être, un autre empire. De l'autre bout de l'océan, son père, comme Apollinaire, lui lance :

> Enfant je t'ai donné ce que j'avais travaille[25]

Mais le testament s'interrompt en décembre 1816 : pour avoir tenté de faire passer en cachette une lettre que le gouverneur n'aurait pas lue auparavant, Las Cases est expulsé de Sainte-Hélène. Il tombe en réalité dans le piège grossier d'un agent double. Le 11 décembre 1816, l'Empereur, qui perd un fidèle et scrupuleux secrétaire, lui écrit : « Votre conduite à Sainte-Hélène a été comme votre vie, honorable et sans reproche : j'aime à vous le dire[26] ». Suivent regrets et consolations, et soudain un cri du cœur : « Si vous voyez un jour ma femme et mon fils, embrassez-les ; depuis deux ans je n'ai aucunes nouvelles directes

---

24 *Ibid.*, t. II, p. 164. Nous soulignons. À quelques nuances près, Louis XVI aurait pu en dire autant de Louis XVII.

25 Apollinaire, Guillaume, *Alcools*, « La porte », dernier vers.

26 Las Cases, Emmanuel de, *op. cit.*, t. II, p. 433.

ou indirectes[27]. » Las Cases ne les verra jamais. Marie-Louise et le roi de Rome sont à Vienne sous bonne garde. Par deux fois le mémorialiste écrira à l'Impératrice[28]. Les lettres resteront sans réponse, probablement interceptées et détruites. Il ne lui reste plus qu'à composer le *Mémorial*, en espérant qu'il atteigne un jour le duc de Reichstadt, qui aura douze ans en 1823, année de sa publication.

Celui-ci, en, 1818, si l'on en croit une lettre de Las Cases au général Bertrand, « d'après les nouvelles de peu de jours de quelqu'un qui l'a vu à un bal d'enfants, était beau comme l'Amour et faisait les délices de Vienne ; ce sont ses propres expressions. Il danse avec fureur et s'en acquitte à merveille[29]. » Trois ans plus tard, Napoléon dicte son testament, lequel est rempli de legs pour son unique descendant : Je lègue à mon fils les boîtes, ordres, et autres objets qu'argenterie, lit de camp, armes, selles, éperons, vases de ma chapelle, livres, linge qui a servi à mon corps et à mon usage [...] Je désire que ce faible legs lui soit cher, comme lui retraçant le souvenir d'un père dont l'univers l'entretiendra[30].

Une formule revient en leitmotiv : « à remettre à mon fils lorsqu'il aura seize ans » – il en a dix alors. Il lui lègue toutes sortes d'objets intimes ou symboliques, un bric-à-brac de vaisselle, de fusils, de livres, un « nécessaire d'or pour les dents » à côté d'un « collier de la Toison d'or[31] ». La gloire par métonymie, telle est son ultime tentative de transmission. Paroles et bricoles, tout est dirigé vers l'enfant lointain, mais, par une étrange déformation de l'espace-temps, le destinataire ne sera pas celui que l'on croyait : c'est en effet Napoléon III, le neveu, qui recevra l'héritage et revendiquera la gloire de l'Empire.

Tout passé composé est un passé composite : le *Mémorial de Sainte-Hélène* est une brocante mémorielle. Pour le dévot de l'Empereur, le livre entier est objet de vénération ; pour l'historien, il est objet d'étude ; pour tout lecteur, un récit bigarré où le temps qu'il fait avoisine le portrait en majesté d'un surhomme. D'un homme, aussi, dont le plus grand désir fut celui de durer.

27 *Ibid.*
28 *Ibid.*, t. II, p. 546 et 587.
29 *Ibid.*, t. II, p. 620.
30 *Ibid.*, t. II, p. 656.
31 *Ibid.*, t. II, p. 653.

Le *Mémorial* est le tombeau d'une dynastie manquée, l'invention d'un avenir hypothétique qui verrait la France maîtresse de l'Europe, puis du monde. Le passé sert ici de terreau à l'avenir. Chaque idée de Napoléon, chaque marque de sa volonté, chaque signe d'un grand dessein, ou d'un grand destin, sont autant d'appels au fils : à lui de poursuivre la tâche, s'il n'a pas « la tête faible », à lui de reconstruire le palais – peut être.

François RAVIEZ
Université d'Artois (EA 4028)

ÉCRITURE DU PASSÉ ET SILENCES DU PRÉSENT

La pensée religieuse face aux leçons de l'histoire dans les *Mémoires* de Saint-Simon

Le lecteur des *Mémoires* se souvient aisément des pages de dénonciation consacrées par Saint-Simon à la Révocation de l'Édit de Nantes, et de celles encore plus nombreuses attaquant violemment la constitution *Unigenitus*. Il aime y voir la trace de l'appartenance du mémorialiste aux pré-Lumières, et y lire les germes d'un esprit de tolérance. Pourtant, il peine à se souvenir, à retenir, ou à faire sens de pages tout aussi puissantes consacrées à rejeter et critiquer le protestantisme et le jansénisme, États dans l'État, et contraires selon Saint-Simon au pouvoir et à la religion[1]. La critique elle aussi s'est interrogée sur ces revirements, discordances et inconséquences, faisant par exemple, comme Hélène Himelfarb, de ces contradictions le signe de différentes strates « géologique[s] » du texte, de plusieurs étapes de la composition de l'œuvre[2]. Marie-Paule de Weerdt-Pilorge a quant à elle proposé sur la question protestante une analyse de la notion de tolérance, entre charité chrétienne et dogmatisme religieux et politique, permettant de faire tenir entre eux le refus de rappeler les protestants en France en 1716, et l'indignation à l'égard des persécutions qui ont suivi la Révocation[3]. Or, nous aimerions

1 Saint-Simon, Louis de Rouvroy, duc de, *Mémoires*, éd. Y. Coirault, Paris, Gallimard, « La Pléiade », 1983-1988, 8 vol., t. IV, p. 264. Voir aussi Saint-Simon, Louis de Rouvroy, duc de, la « Lettre anonyme au Roi », *Les Siècles et les Jours, Lettres (1693-1754) et Note « Saint-Simon » des Duchés-Pairies, etc.*, éd. Y. Coirault, Paris, Honoré Champion, « Sources classiques », 2000, p. 671.

2 Himelfarb, Hélène, « Saint-Simon face aux protestants : contradictions et arrière-pensées d'un "bon Français" », *Historiographie de la Réforme*, Paris-Neuchâtel-Montreal, Delachaux et Niestle, 1977, p. 127-147. Voir aussi du même auteur « Saint-Simon et le jansénisme des Lumières », *Studies on Voltaire and the eighteenth century*, n° 96, 1972, p. 749-768.

3 Weerdt-Pilorge, Marie-Paule de, « Saint-Simon et l'esprit de tolérance dans les affaires protestantes », actes de la journée d'étude du 15 mai 2009 « Saint-Simon, écrivain du

adopter en partant de ces analyses une perspective diachronique, pour comprendre les contradictions, voire les ruptures, qui sépareraient les convictions religieuses du Saint-Simon des *Mémoires* de celui du passé. Il paraît en effet impossible, pour apprécier la pensée religieuse de Saint-Simon, de se contenter d'une approche purement synchronique qui ferait abstraction des conditions de l'écriture et oublierait que chaque année de la chronique est aussi le fruit d'une recomposition que plusieurs décennies séparent des événements. Nous souhaiterions interroger, au croisement des questions protestantes et jansénistes, une possible évolution ou recomposition de la pensée du mémorialiste, à l'aune d'un présent qui constitue un horizon de lecture pour l'œuvre, et dans lequel Marc Hersant a rappelé combien l'écriture était ancrée[4].

Une analyse des *Mémoires* permettra d'explorer quelles temporalités sont à l'œuvre dans l'écriture du texte. En effet, malgré un nivellement apparent, les « trouées[5] » du présent mêlent leur voix à celle du passé, pour former un tissu énonciatif complexe et dense. Nous entendons ainsi réfléchir aux tensions nées de la coexistence de ces temporalités multiples – voire contradictoires ? –, et à leurs conséquences sur l'unité d'une œuvre qui paraît si maîtrisée. Quelle incidence la recomposition du passé a-t-elle en effet sur l'écriture de l'histoire dans les *Mémoires* ? Quel sens donner *in fine* aux contradictions qui en naissent ? Si l'œuvre reste relativement muette à leur égard, il est possible que ces silences soient les témoins involontaires des leçons que le mémorialiste aurait tirées de l'histoire.

XVIIIe siècle », organisée à Arras par François Raviez, Marie-Paule de Weerdt-Pilorge et Marc Hersant, *Histoire, histoires*, Presses de l'université d'Artois, 2011, p. 107-116. Voir aussi Coirault, Yves, « Saint-Simon et les huguenots : convergence et variations », *Dix-huitième siècle*, 1985, n° 17, p. 151-158.

4 Hersant, Marc, « Trouées du présent dans les *Mémoires* de Saint-Simon », *Histoire, histoires*, *op. cit.*, p. 117-129.

5 *Ibid.*

DES TEMPORALITÉS MULTIPLES : UNE CLÉ DE LECTURE DE L'ŒUVRE

Les déclarations de Saint-Simon sur le jansénisme et le protestantisme n'apportent pas un témoignage univoque. La voix du mémorialiste est en effet diffractée entre des prises de position contradictoires, voire irréconciliables. Pour les besoins de cette étude, nous mettrons en regard des textes qui tour à tour défendent puis condamnent jansénisme et protestantisme.

Le lecteur est dans un premier temps frappé par la défense de Port-Royal et du jansénisme persécutés, ainsi que par la vive condamnation de l'« abomination générale[6] » que fut la Révocation de l'Édit de Nantes. La position de Saint-Simon sur Port-Royal apparaît cohérente et ferme. L'éloge constant d'un monastère victime de la politique louis-quatorzienne est tout naturellement accompagné d'une dénonciation de la chasse aux sorcières menée, notamment après la querelle de l'*Unigenitus*, contre ceux que le pouvoir et les jésuites ternissent du nom de jansénistes, « pot au noir de l'usage le plus commode pour perdre qui on veut[7] ». Alors qu'à de nombreuses reprises le mémorialiste loue et déplore la dispersion de ces solitaires « à qui les chrétiens seront à jamais redevables de ces ouvrages fameux qui ont répandu une si vive et si solide lumière[8] », c'est de manière logique que dans la chronique de 1709 il rejette le jansénisme comme étant une hérésie inventée pas l'adversaire moliniste et jésuite, « hérésie qui n'avait ni auteur ni sectateur[9] ». À ces textes,

6 Saint-Simon, Louis de Rouvroy, duc de, *Mémoires*, *op. cit.*, t. V, p. 554.

7 *Ibid.*, t. IV, p. 265. Sur les rapports de Saint-Simon et de Port-Royal, voir Bolot, Annabelle, « "Ainsi, de tous les côtés, je ne suis pas janséniste." Saint-Simon et les paradoxes du courtisan : quelques réflexions sur Port-Royal à partir des *Mémoires* », *Chroniques de Port-Royal*, n° 66, 2016, p. 201-212.

8 « C'est par où ils dissipèrent ces saints solitaires illustres, que l'étude et la pénitence avaient assemblés à Port-Royal, qui firent de si grands disciples, et à qui les chrétiens seront à jamais redevables de ces ouvrages fameux qui ont répandu une si vive et si solide lumière pour discerner la vérité des apparences, le nécessaire de l'écorce, en faire toucher au doigt l'étendue si peu connue, si obscurcie, et d'ailleurs si déguisée, éclairer la foi, allumer la charité, développer le cœur de l'homme, régler ses mœurs, lui présenter un miroir fidèle, et le guider entre la juste crainte et l'espérance raisonnable. » Saint-Simon, Louis de Rouvroy, duc de, *Mémoires*, *op. cit.*, t. V, p. 551.

9 « Les jésuites [...] trouvèrent moyen [...] de changer la face des choses, d'inventer une hérésie qui n'avait ni auteur ni sectateur, de l'attribuer à un livre de Cornélius Jansénius,

se rattachent bien évidemment toutes les attaques violentes formulées contre l'*Unigenitus*, cette fois-ci dans le contexte politique bien particulier que fut celui de la fin du règne de Louis XIV et du début de Régence. C'est dans la chronique de 1713 que Saint-Simon formule l'accusation lapidaire suivante : « Tout y brillait, excepté la vérité ; [...] l'audace y surpassait celle de tous les siècles, puisqu'elle alla jusqu'à condamner en propres termes des textes exprès de saint Paul que tous les siècles depuis Jésus-Christ avaient respectés comme les oracles du Saint-Esprit même, sans en excepter aucun hérétique [...]. C'est ce que cette constitution eut au-dessus d'eux ; et ce qu'elle y eut de commun, fut le mépris et la condamnation expresse de saint Augustin et des autres Pères[10]... ».

Nous plaçons en regard de cette défense de Port-Royal des textes brefs portant sur la Révocation de l'Édit de Nantes, situés dans le « Tableau du règne » (chronique de 1715) et le *Parallèle des trois premiers rois Bourbons*[11], qui semblent eux aussi apporter un positionnement clair sur la question protestante. Comme précédemment, la pensée de Saint-Simon paraît univoque, et témoigner, sinon de la tolérance de Saint-Simon à l'égard des huguenots[12], du moins d'une indignation très vive à l'égard de la politique louis-quatorzienne. Le mémorialiste condamne la violence des persécutions, s'élevant contre toute conversion faite par la violence. Comme il l'écrit dans les *Mémoires*, « [l]a révocation de l'édit de Nantes sans le moindre prétexte et sans aucun besoin » fut le fruit d'un « complot affreux qui dépeupla un quart du Royaume, qui ruina son commerce, qui l'affaiblit dans toutes ses parties [...], qui autorisa les tourments et les supplices dans lesquels ils firent réellement mourir tant d'innocents de tout sexe par milliers, qui ruina un peuple si nombreux, qui déchira un monde de familles, qui arma les parents contre les parents pour avoir leur bien et les laisser mourir de faim[13]... ».

évêque d'Ypres, mort dans le sein de l'Église et en vénération, de se rendre accusateurs de défendeurs qu'ils étaient, et leurs adversaires, d'accusateurs, défendeurs : de là est venu le nom de moliniste et de janséniste qui distingue les deux partis. » *Ibid.*, t. III, p. 629.

10 *Ibid.*, t. IV, p. 699.

11 Saint-Simon, Louis de Rouvroy, duc de, *Traités politiques et autres écrits*, éd. Y. Coirault, Paris, Gallimard, « La Pléiade », 1996.

12 Il faut en effet parler avec prudence de tolérance dans le cas de Saint-Simon, car la véritable religion reste bien la religion catholique selon lui. Sur cette question, voir Marie-Paule de Weerdt-Pilorge, « Saint-Simon et l'esprit de tolérance dans les affaires protestantes », *loc. cit.*

13 Saint-Simon, Louis de Rouvroy, duc de, *Mémoires*, *op. cit.*, t. V, p. 553-555.

Le rapprochement des questions protestante et janséniste dans cette étude est autorisé par la coexistence dans les deux cas de textes en apparence contradictoires. Mais c'est aussi en raison d'un trait d'union évident, et déjà relevé par la critique, entre les deux problématiques religieuses. Dans un travail qui a fait date, H. Himelfarb éclairait déjà les rapports de Saint-Simon avec les protestants par la question janséniste, en montrant que c'était bien la Constitution et son rejet par le mémorialiste qui avaient conditionné *a posteriori* son rejet de la Révocation[14]. Comme l'écrit le mémorialiste, « [l]a conduite barbare qu'on avait tenue avec les huguenots après la révocation de l'édit de Nantes devint en gros le modèle de celle qu'on tint, et souvent toute la même, à l'égard de tout ce qui ne put goûter la Constitution[15]. »

Dans ce contexte, le refus obstiné de rappeler les huguenots en France en 1716 a de quoi surprendre, et ce d'autant plus dans une chronique rédigée en 1747, soit après la rédaction du *Parallèle sur les trois premiers rois Bourbons*, dans lequel le mémorialiste s'insurgeait contre la Révocation. Si Saint-Simon affirme dans la conversation qui l'oppose au Régent en 1716 que c'est le séparatisme républicain des Réformés qui a rendu possible la naissance des partis ultras comme la Ligue, il dit pourtant le contraire dans le texte sur la Révocation[16]. Dans le *Parallèle*[17], et de

14 « C'est qu'à vrai dire, la question protestante est pour Saint-Simon subsidiaire », Himelfarb, Hélène, *loc. cit.*, p. 139. « [C]'est à n'en guère douter l'affaire janséniste qui conditionne [sa pensée sur la question protestante]. Les pages illustres que j'ai rappelées sur la Révocation ne vont pas sans celles, d'une âpreté plus farouche encore parce que plus contenue, sur la "destruction militaire de Port-Royal des Champs", écrites en 1742, quatre ans donc auparavant, et qui les annoncent avec une force si concentrée. Mais c'est le grand développement, à peu près contemporain (1745), sur l'*Unigenitus* qui marque le mieux la priorité et non plus seulement le parallélisme que met Saint-Simon entre Constitution et Révocation », *ibid.*, p. 140.

15 Saint-Simon, Louis de Rouvroy, duc de, *Mémoires*, *op. cit.*, t. V, p. 584.

16 « Mais on se garda bien de lui apprendre la source de tant de maux, les origines de leurs divers degrés et de leurs progrès, pourquoi et par qui les huguenots furent premièrement armés, puis soutenus, et surtout de lui dire un seul mot des projets de si longue main pourpensés, des horreurs et des attentats de la Ligue contre sa couronne, contre sa maison, contre son père, son aïeul et tous les siens. » *Ibid.*, t. V, p. 552. Comme le redit H. Himelfarb, Saint-Simon « démonte avec clarté le mécanisme des provocations monarchiques ou guisardes, et innocente ceux de la R.P.R., excepté quelques grandes familles comme les Bouillon, de leur responsabilité dans les troubles passés », *loc. cit.*, p. 137.

17 « [Louvois] piqua le roi de la gloire d'exterminer des gens qui, ligués ensemble et soutenus par les puissances étrangères de leur communion, [...] et, tout abattus qu'ils se trouvaient, ne perdraient jamais l'espérance de se relever, ni celle de parvenir à faire un État dans un État », Saint-Simon, Louis de Rouvroy, duc de, *Traités politiques et autres*

manière encore plus explicite dans le « Tableau du règne », Saint-Simon met dans la bouche des adversaires les propos qu'il tient lui-même dans la chronique de 1716. Il écrit ainsi à propos du roi, manipulé par Mme de Maintenon et Louvois, qu'« [o]n lui peignit les huguenots avec les plus noires couleurs : un État dans un État, parvenu à ce point de licence à force de désordres, de révoltes, de guerres civiles, d'alliances étrangères, de résistance à force ouverte contre les rois ses prédécesseurs, et jusqu'à lui-même réduit à vivre en traités avec eux[18]. »

De la même manière, l'insistance du mémorialiste à proclamer son éloignement du jansénisme[19], à adopter même une position ouvertement anti-janséniste, après en avoir nié l'existence, nous interpelle tout autant. Dans un texte situé dans la chronique de 1711, Saint-Simon prononce son célèbre « sentiment sur le jansénisme » en rejetant comme « détestable » tout « parti [...] dans l'Église et dans l'État[20] ». Il contredit alors ses déclarations précédentes en affirmant que ses opinions ne « contenter[ont] pas ceux qui prétendent que le jansénisme et les jansénistes sont une hérésie et des hérétiques imaginaires[21] ». On trouve un écho de cette condamnation dans la lettre anonyme de 1712, où le jansénisme, mis sur le même plan que protestantisme, est déclaré aussi contraire à la religion qu'à l'État[22].

Que faire à présent du constat de ces contradictions ? Doit-on en conclure aux inconséquences de Saint-Simon ? Sans proposer une nouvelle réflexion sur la notion de tolérance religieuse chez le mémorialiste, ou sur son rapport au jansénisme[23], nous souhaiterions nous intéresser à ce que peut apporter à la lecture des *Mémoires*, et de ces textes en particulier, la notion de temporalité. Il serait en effet aisé, pour faire tenir entre eux tous ces passages, d'y faire la part du vrai et du faux, de la

---

écrits, *op. cit.*, p. 1180. Ce discours est mis dans la bouche de Louvois, qui a tout intérêt à cette Révocation, puisqu'elle provoquera la guerre avec les puissances protestantes européennes.

18 Saint-Simon, Louis de Rouvroy, duc de, *Mémoires*, *op. cit.*, t. V, p. 552. Saint-Simon reprend à son compte la formule « un État dans un État » dans le texte de 1716. *Ibid.*, t. VI, p. 6.

19 Voir la lettre de 1718 au P. Isidore : « je serais heureux si j'étais aussi éloigné du péché que je le suis du jansénisme », Saint-Simon, Louis de Rouvroy, duc de, *Les Siècles et les Jours*, *op. cit.*, p. 101.

20 Saint-Simon, Louis de Rouvroy, duc de, *Mémoires*, *op. cit.*, t. IV, p. 264.

21 *Ibid.*, t. IV, p. 266.

22 Saint-Simon, Louis de Rouvroy, duc de, *Lettre anonyme au Roi*, *op. cit.*, p. 671.

23 Pour cela nous renvoyons encore une fois aux études mentionnées précédemment d'H. Himelfarb et de M.-P. de Weerdt-Pilorge.

vérité et du mensonge. On chercherait à résoudre leurs contradictions de manière dialectique en leur trouvant une signification supérieure, ou en montrant qu'elles recouvrent des sens différents (il en va ainsi par exemple du terme de *jansénisme*). Il est pourtant également possible de faire intervenir l'idée de temporalités – multiples – et coexistant dans le tissu de l'œuvre. En adoptant une perspective diachronique, et en évitant d'être la dupe d'un texte monumental, l'œuvre retrouverait ainsi une cohérence, et ce sans que les silences de Saint-Simon sur l'écart bien réel qui sépare ces déclarations soit nécessairement à indexer du côté du mensonge ou de la pure contradiction.

Les deux pôles relevés précédemment peuvent se comprendre par la nature des textes évoqués, qui ne permet pas de les mettre sur le même plan. Les textes de condamnation (du jansénisme et des protestants) sont des écrits fortement circonstanciels qui s'inscrivent dans le contexte immédiat qui est le leur, dans une chronologie stricte, et donc dans une temporalité de passé. Ils tendent ainsi à coller à la contemporanéité des événements dans lesquels ils prennent place, et restituent ce que furent les sentiments passés du mémorialiste. Au contraire, les textes de défense correspondent davantage à des moments de bilan, plus abstraits et conceptuels, dépendant beaucoup moins du contexte immédiat dans lequel ils sont inscrits. Ils sont rétrospectifs, et leur chronologie plus ramassée. Ils portent, nous semble-t-il, la marque du présent de leur écriture, et du silence relatif qui sépare les événements de leur recomposition. C'est donc une étude des temporalités à l'œuvre dans ces textes qui permet peut-être de mieux comprendre leurs contradictions.

Ce serait une erreur de tenter de lire de manière détachée, en niant le rythme de la chronique, les condamnations évoquées précédemment. Elles sont en effet à replacer dans l'économie générale de l'œuvre. C'est en toute logique que Saint-Simon proclame dans la chronique de 1711 son sentiment sur le jansénisme. Après le pari de Lille qui a fait du tort au mémorialiste, et alors que se prépare le futur règne du duc de Bourgogne, le duc de Beauvillier[24] entend rapprocher Saint-Simon du Dauphin. Or à l'issue d'une conversation entre les deux hommes – où l'on apprend que le futur prince est fort content des opinions religieuses du duc et pair – Saint-Simon passe en revue ce qui dans sa vie saurait

24 Beauvillier qui est, il faut le rappeler, fort hostile aux jansénistes, et tourné du côté des jésuites. Saint-Simon, Louis de Rouvroy, duc de, *Mémoires*, *op. cit.*, t. IV, p. 245-246.

plaire au duc de Bourgogne : ses liaisons, notamment avec les jésuites[25], mais surtout, son éloignement du jansénisme. La restitution de la logique interne du passé et de sa mécanique inscrit résolument le texte dans un temps désormais révolu, et livre un document sur le Saint-Simon de 1711. C'est donc bien la dimension politique du témoignage qui l'emporte ici[26]. De la même manière, le refus de rappeler les huguenots en 1716 s'entend dans le contexte de négociation de l'alliance anglaise au début de la Régence. Le régime de conversation du passage, et sa dimension par conséquent fortement rhétorique – il s'agit en effet ici d'emporter la décision du Régent –, inscrivent cette reconstitution dans une temporalité passée. C'est bien au Saint-Simon acteur de l'histoire que nous sommes confrontés (au Saint-Simon des « Argentonnes » par exemple[27]). Les *Mémoires*, en rejetant le narrateur dans l'action qui fut la sienne, font triompher le point de vue passé, et mettent en scène un Saint-Simon politique, et fortement pragmatique.

À l'opposé de ce spectre temporel se trouvent des textes de nature rétrospective, détachables de leur environnement immédiat. C'est alors un Saint-Simon commentateur de l'histoire qui parle. Ce n'est plus la dimension politique qui prédomine, mais bien la distance d'une énonciation ancrée dans le présent. Il n'est donc pas étonnant de trouver une grande partie de ces textes dans le « Tableau du règne », ou dans le *Parallèle des trois premiers rois Bourbons*, au statut bien particulier dans l'œuvre. En s'attaquant à la Révocation ou en revenant sur l'histoire de la querelle janséniste, Saint-Simon semble tirer les leçons des événements historiques pour se situer dans un niveau d'énonciation différent, voire supérieur.

Ainsi, il s'agit de voir comment, au-delà de l'aplat des temporalités, un même monument textuel recouvre, non pas seulement comme l'écrivait H. Himelfarb, différentes strates « géologique[s] » ou « archéologique[s] » témoignant d'un « état antérieur » du texte et de la pensée[28], mais bien aussi dans la perspective qui est la nôtre, la trace d'une hésitation de l'écriture à choisir entre plusieurs voix : entre une perspective

25 « C'étaient là des boucliers sûrs contre le dangereux soupçon de jansénisme ». *Ibid.*, t. IV, p. 264.

26 Sur les rapports complexes de Saint-Simon avec les jésuites, nous renvoyons à notre article cité précédemment.

27 Voir Saint-Simon, Louis de Rouvroy, duc de, *Mémoires*, *op. cit.*, t. III, p. 656-684.

28 Himelfarb, Hélène, *loc. cit.*, p. 139.

surplombante, quasi transcendante – et ancrée dans le présent –, ou immanente et fidèle au passé[29]. Ces textes laissent entrevoir sinon différents procédés de composition du texte, du moins des tensions relatives au choix de l'ancrage narratif et temporel. Une « temporalité de la mémoire », située dans le présent de l'énonciation, ferait alors face à une « temporalité politique », inscrite quant à elle dans une fidélité à la pensée et aux événements passés. Ce va-et-vient de la transcendance et de l'immanence, du présent et du passé, recouvre ainsi les tensions qui découlent d'une oscillation entre les voix de l'énonciateur et de l'historien. Ce dernier entend coller au passé, et s'inscrire dans un rapport de fidélité à celui-ci, n'empêchant pas à certains moments les échappées de la personne, et le triomphe d'une temporalité plus intérieure. C'est ainsi que dans les pages consacrées à la querelle de l'*Unigenitus* dans le « Tableau du règne », Saint-Simon ne cherche plus à saisir dans le détail des événements passés : la syntaxe nominale efface les acteurs et les circonstances temporelles[30]. En ce brillant résumé, l'historien se transforme en visionnaire, et fait craquer les limites du temps historique pour confondre en une page toutes les persécutions de l'Église depuis Julien l'Apostat. Les deux régimes de temporalité mettent donc en lumière le rapport d'identité et de différence qui peut animer la réécriture du temps passé, et les paradoxes de l'histoire, tantôt tentée par la fidélité à ce passé, tantôt par l'évasion hors de la stricte chronologie. Cette alternance

29 Sans qu'il faille donc nécessairement à notre sens faire intervenir l'idée d'un premier état des *Mémoires*, ou d'une écriture progressive des *Mémoires* dans le temps.

30 « La conduite barbare qu'on avait tenue avec les huguenots après la révocation de l'édit de Nantes devint en gros le modèle de celle qu'on tint, et souvent toute la même, à l'égard de tout ce qui ne put goûter la Constitution. De là les artifices sans nombre pour intimider et gagner les évêques, les écoles, le second ordre et le bas clergé ; de là cette grêle immense et infatigable de lettres de cachet ; de là cette butte avec les parlements, de là ces évocations sans nombre ni mesure, cette interdiction de tous les tribunaux, enfin ce déni total et public de justice, et de tous moyens d'en pouvoir être protégé pour quiconque ne ployait pas sa conscience sous le joug nouveau, et même encore sous la manière dont il était présenté ; de là cette inquisition ouverte jusque sur les simples laïcs et la persécution ouverte, ce peuple entier d'exilés et d'enfermés dans les prisons, et beaucoup dans les cachots, et le trouble et la subversion dans les monastères. De là enfin cet inépuisable pot au noir pour barbouiller qui on voulait, qui ne s'en pouvait douter, pour estropier auprès du Roi qui on jugeait à propos des gens de la cour et du monde [...]. De là ce monde innombrable de personnes de tout état et de tout sexe dans les mêmes épreuves que les chrétiens soutinrent sous les empereurs ariens, surtout sous Julien l'Apostat, duquel on sembla adopter la politique et imiter les violences ». Saint-Simon, Louis de Rouvroy, duc de, *Mémoires*, *op. cit.*, t. V, p. 584.

explique la cohabitation de plusieurs voix narratives dans les *Mémoires*, et les contradictions qui en découlent nécessairement. Mais elle vient mettre inévitablement en question l'unité du texte.

LA DIFFRACTION DES TEMPORALITÉS : UNE UNITÉ PROBLÉMATIQUE

Cette réflexion nous amène évidemment à un questionnement sur le processus de création historique et la recomposition du passé qui en découle. Qu'est-ce que la coexistence et la confrontation de ces temporalités multiples dit en retour de l'œuvre et de sa composition ? Celles-ci interrogent nécessairement les ruptures ou discontinuités de la voix narrative en posant le problème de son unité. Alors que Saint-Simon se pense, rappelons-le, « immuable comme Dieu » – selon le mot du duc d'Orléans (VI, 587) –, la diffraction des voix dans le texte doit conduire à une réflexion sur l'unité du sujet dans le temps, s'écartant d'une représentation classique et fixiste de l'être et du caractère qui devait bien être celle du mémorialiste. Avoir une personnalité qui aurait une histoire reste une conception étrangère à un duc « d'une suite enragée », immuable, sans changements ni accidents. C'est parce qu'il veut croire à un principe d'identité entre celui qu'il était autrefois et celui qu'il est au moment où il écrit, considérant son moi comme quelque chose de quasi pétrifié dans le temps, qu'il donne à son œuvre une telle maîtrise. Or les tensions révélées par les temporalités du texte font justement éclater ce fantasme d'unité, et nous montrent que les *Mémoires* ne sauraient totalement absorber la discontinuité de la vie et du réel.

Ces contradictions et reconfigurations sont-elles donc le signe de l'évolution de Saint-Simon ? C'est ce que pense H. Himelfarb sur la question protestante ; les suites de la Bulle « enseigne[raient] progressivement à Saint-Simon à ne plus tolérer aucune intolérance[31] ». Si les rapports du mémorialiste au jansénisme restent problématiques et bien plus mouvants qu'il ne le dit, la vague de l'*Unigenitus* opère une évidente reconfiguration de sa pensée. Mais comment expliquer son silence sur

31 Himelfarb, Hélène, *loc. cit.*, p. 140.

les relatives incohérences de son texte, alors qu'il sait à certains moments confesser ses méprises ? Il ne cesse par exemple de répéter qu'il n'a pas su juger le caractère du duc de Noailles, dupe qu'il fut de ce personnage infernal[32]. C'est encore une fois le symptôme d'une contradiction intéressante du mémorialiste, capable de donner le change en avouant s'être parfois trompé, mais plus difficilement à même d'analyser l'inflexion de sa pensée en terme d'évolution. Le changement, s'il est bien souligné dans le cas du duc de Noailles, est vécu comme une rectification de l'erreur et de l'ignorance ; l'évolution religieuse n'est au contraire pas même signalée, ou vaguement justifiée, elle est tout simplement gommée. On ne peut qu'être frappé par cette discordance de l'historien. Comment en effet écrire l'histoire – et une histoire en plein changement – quand on a peut-être du mal à penser sa propre évolution dans le temps ? Ces paradoxes font donc tout l'intérêt de « l'extraordinaire et *unique* aventure de l'écriture des *Mémoires* » qui réside dans leur « confrontation d'un temps individuel [...] à un temps historique[33] », mais aussi dans leur difficulté à échelonner, en ce premier XVIIIe siècle, ce temps individuel sur celui de l'histoire.

La diffraction entre ce que l'on a appelé une temporalité de la mémoire, et une temporalité politique, nous confronte donc aux tensions, voire aux écarts, qui existent entre le récit historique et le passé « réel[34] ». Et à la possibilité de restituer, mais surtout de véritablement retrouver le passé, si l'on ne prend pas en compte cet écart. « Nous désirons passionnément », écrit Marcel Proust, « qu'il y ait une autre vie où nous serions pareils à ce que nous sommes ici-bas. Mais nous ne réfléchissons pas que, même sans attendre cette autre vie, dans celle-ci, au bout de quelques années nous sommes infidèles à ce que nous avons été, à ce que nous voulions rester immortellement[35] ». L'œuvre de même ne saurait parfaitement

32 « Le duc de Noailles, auquel il en faut enfin venir, est un homme dont la description et ses suites coûteront encore plus à mon amour-propre que n'a fait le tableau de Mme la duchesse de Berry. Quand je n'avouerais pas que je ne le connaissais point au temps dont j'écris, et que je croyais le connaître, qu'on ne se trompa jamais plus lourdement que je fis, et qu'on ne peut pas être plus complètement sa dupe et en tous points, on le verrait clairement par le récit de ce qui s'est passé depuis en tous genres, de cour, d'affaires, d'État, de mon particulier. » Saint-Simon, Louis de Rouvroy, duc de, *Mémoires*, *op. cit.*, t. V, p. 282.

33 Hersant, Marc, *Le discours de vérité dans les « Mémoires » du duc de Saint-Simon*, Paris, Honoré Champion, coll. Les dix-huitièmes siècles, 2009, p. 321.

34 Voir à ce sujet Ricœur, Paul, *Temps et Récit 3, Le temps raconté*, Paris, Le Seuil, 1955, p. 278.

35 Proust, Marcel, *Sodome et Gomorrhe*, Paris, Gallimard, « Folio classique », p. 253.

correspondre au passé, car en voulant le répéter, elle ne peut annuler la distance temporelle ; parce qu'elle demeure rétrospection, les tensions et discontinuités de la voix narrative, diffractée entre passé et présent, empêchent cette fidélité absolue au passé.

Ce que met encore une fois en lumière la pensée religieuse du duc et pair, ce sont nombre de ses contradictions, et ce en un face à face entre le Saint-Simon du passé et celui qu'il est peut-être devenu, entre ses principes et le réel, entre ses convictions et la réalité du monde. La pensée du mémorialiste n'est en effet pas spéculative. Elle s'inscrit au contraire dans un réel qui le force, en mettant au défi ses idées, ou en les débordant, à évoluer et à apprendre de l'histoire. Et c'est ce dont témoignent comme malgré eux, à travers leurs incohérences, les *Mémoires*.

Annabelle Bolot
Université de Picardie Jules Verne

TROIS PASSÉS EN UN

L'*Histoire de l'Église* d'Antoine Godeau

Dans un article sur l'écriture de l'histoire, Benoît de L'Estoile souligne que le passé et son récit sont mobilisés par des individus et des collectivités, afin d'affirmer un statut, de construire une identité ou de conserver une mémoire. Cette activité constitue ainsi un geste éminemment politique ; il s'agit d'une activité érudite, ancrée dans des enjeux présents[1]. Interroger les usages du passé dans les écrits historiques est au cœur des travaux de nombreux chercheurs en histoire moderne. Depuis *L'écriture de l'histoire*, dans laquelle de Certeau a expliqué comment les discours des historiens servent à organiser le passé afin de légitimer le pouvoir[2], d'autres chercheurs ont mis en évidence la façon dont les historiens utilisent leur plume pour produire une définition officielle des événements passés au service d'un individu, d'une communauté ou d'un État[3]. Cette question des usages sociaux et politiques de l'histoire a été abondamment travaillée, particulièrement en ce qui concerne les histoires laïques[4]. En revanche, l'histoire religieuse a été quelque peu délaissée.

---

1 L'Estoile, Benoît de, « Le goût du passé. Érudition locale et appropriation du territoire ». [En ligne]. *Terrain*, n° 37 (septembre 2001). http://terrain.revues.org/1344, consulté le 7 avril 2014.

2 Certeau, Michel de, *L'écriture de l'histoire*. Paris, Gallimard, 2002 (1975), 20-21.

3 Bernstein, Hilary, « Réseaux savants et choix documentaires de l'histoire locale française. Écrire l'histoire de Bourges dans la seconde moitié du XVIIe siècle ». *Histoire urbaine*, 2010, vol. 2, n° 28, p. 65-84 ; Coulomb, Clarisse, « L'historien de la ville et l'espace public ». *Histoire urbaine*, 2010, vol. 2, n° 28, p. 123-145 ; Ducasse, Loïc, « Faire profession d'historien au XVIIe siècle : étude de la carrière de Pierre Louvet, 1617-1684 », t. 1. Thèse pour le diplôme d'archiviste paléographe. Paris, École nationale des Chartes, 2011 ; Mellot, Jean-Dominique, « Éditer l'histoire au XVIIe siècle », *Les cahiers du CRHQ*, 2012, n° 3, p. 3-27.

4 Crivello, Maryline, Garcia, Patrick et Offenstadt, Nicolas (dir.), *Concurrences des passés. Usages politiques du passé dans la France contemporaine*, Aix-en-Provence, Publications de l'université de Provence, 2006 ; Andrieu, Claire, Lavabre, Marie-Claire et Tartakowsky, Danielle (dir.), *Politiques du passé. Usages politiques du passé dans la France contemporaine*, Aix-en-Provence, Publications de l'université de Provence, 2006 ; Bonniol, Jean-Luc et Crivello, Maryline (dir.), *Façonner le passé. Représentations et cultures de l'histoire (XVIe-XXIe siècles)*, Aix-en-Provence, Publications de l'université de Provence, 2004.

En effet, chez les historiens, le religieux demeure une des rares catégories à résister à l'étude des usages et des pratiques d'écriture, à rester à part. Pour autant, dans des travaux récents, des chercheurs ont commencé à décloisonner les écrits spirituels, mettant ainsi en lumière la porosité de la frontière établie entre les textes religieux et les autres[5]. Ces derniers travaux révèlent la richesse de ce terrain de recherche, qui déploie autour d'un cas des problématiques dépassant le cadre du religieux et du spirituel. Ils sont aussi le lieu permettant d'aborder les écrits spirituels sous un autre angle, celui des usages et des pratiques de l'écriture, et donc d'inscrire l'activité religieuse dans le champ des études lettrées.

Cette question des usages et des pratiques d'écriture religieuse, je souhaite l'aborder à partir d'un cas, celui de l'*Histoire de l'Église* d'Antoine Godeau (1605-1672). Ce dernier a intégré les milieux de sociabilité lettrés et mondains parisiens au milieu des années 1620, notamment le salon de la marquise de Rambouillet et le groupe d'auteurs formé par Valentin Conrart, Jean Chapelain et Jean-Louis Guez de Balzac. Il s'est rapproché de Richelieu au début des années 1630 et il a ainsi obtenu l'évêché de Grasse en 1636 et celui de Vence en 1639. En 1653, Godeau est contraint de résigner un des deux évêchés ; il choisit de conserver celui de Vence, où il termine sa vie en 1672.

Godeau est un auteur prolifique : si on considère uniquement sa production imprimée, une centaine d'écrits est publiée de son vivant, à laquelle il faut ajouter près de 90 rééditions, réimpressions et traductions. Ses écrits connaissent également un certain succès après sa mort, puisqu'on compte près de 80 réimpressions, rééditions ou traductions

5 Dans ses recherches sur les approbations des ouvrages spirituels au XVIIe siècle, Nicolas Schapira a mis en lumière comment ces textes sont moins un instrument de contrôle de l'écrit, que celui d'un discours sur l'écrit. Il donne à voir l'écart entre ce que les approbations sont censées faire – vérifier si le contenu du livre est conforme à la doctrine catholique – et ce qu'elles font parfois – des éloges sur le style de l'auteur et des témoignages de l'efficacité de l'ouvrage. Nicolas Schapira, « Approbation des censeurs et politique dévote par le livre (XVIIe siècle) », *Censure et critique*, dir. L. Macé, C. Poulouin et Y. Leclerc (dir.), Paris, Classiques Garnier, 2016, p. 61-80. Patrick Goujon a également pris pour objet de recherche les écrits religieux, en travaillant sur le jésuite Jean-Joseph Surin, auteur de lettres spirituelles. Dans ses travaux, il propose de comprendre les auteurs spirituels dans et par leurs écritures, en insistant fortement sur l'importance de dépasser la frontière entre les sciences sociales et la théologie. Goujon a pour ambition de « sortir la spiritualité de l'oubli des sciences sociales » en mettant un terme au silence de l'histoire religieuse. Patrick Goujon, *Prendre part à l'intransmissible. La communication spirituelle à travers la correspondance de Jean-Joseph Surin*, Grenoble, Édition Jérôme Million, 2008, p. 19.

jusqu'au XIXe siècle. L'ouvrage à l'étude, l'*Histoire de l'Église*, constitue un ensemble éditorial complexe[6] et occupe une place particulière dans la production de Godeau. Il s'agit d'un projet auquel il travaille pendant les vingt dernières années de sa vie et qui représente une somme de travail conséquente, près de 3000 pages divisées en six tomes de format *in-folio*. Dans ces ouvrages, Godeau produit un discours où les événements et les figures ayant marqué l'histoire ecclésiastique sont articulés de manière chronologique, divisés par siècle, depuis un abrégé du monde avant la naissance du Christ jusqu'au IXe siècle. Aujourd'hui, l'*Histoire de l'Église* de Godeau est citée par les chercheurs, mais elle n'a pas, ou alors très peu, été étudiée en elle-même[7].

Si au premier regard il s'agit d'une histoire ecclésiastique en apparence classique, un examen plus approfondi des deux premiers tomes parus en 1653 révèle la présence de plusieurs passés distincts. Il y a ainsi un premier passé ancien et sacré, prévisible car annoncé dans le titre de l'œuvre, celui de l'histoire de l'Église, qui cohabite avec deux autres,

6 Les tomes 1 et 2 sont publiés en janvier 1653, chez Courbé. Ils sont réimprimés en 1657 chez Louis Billaine, en deux volumes *in-folio*. En 1663, Godeau publie une version revue, corrigée et augmentée des tomes 1 et 2 chez Thomas Jolly et Louis Billaine, ainsi que la première édition des tomes 3 et 4, en deux volumes *in-folio*. Les tomes 1, 2, 3 et 4 vont être réédités en 1672, par Thomas Jolly. Ils portent la mention « Quatriéme Edition, reveuë, corrigée, et de beaucoup augmentée par l'Auteur ». Godeau aurait effectivement revu l'édition, comme en témoigne une lettre du 28 septembre 1670 de la part de Jean Chapelain : « Le porteur de cette lettre est un très honneste libraire, beau-frère de Mr Joli [Simon Besnard], libraire aussi, tous deux les plus censés et les plus considerables de leur profession et à qui on peut avoir affaire en plus grande seureté. Ils sont présentement fort avancés dans la reïmpression de vostre histoire ecclesiastique dont il vous porte des eschantillons qui vous feront juger de la pièce. » dans Philippe Tamizey de Larroque (éd.), *Lettres de Jean Chapelain de l'Académie française*, t. 2. Paris, Imprimerie Nationale, 1880, p. 702. C'est effectivement la 4e édition des tomes 1 et 2, mais seulement la 2e des tomes 3 et 4. Enfin, les tomes 5 et 6 sont publiés après la mort de Godeau, en 1678 et 1680, chez François Muguet, en *in-folio*. À propos de la publication des tomes 5 et 6, il est intéressant de noter que Godeau n'a laissé aucune consigne dans son testament à leur sujet. Dans le document conservé aux Archives Départementales (AD) des Alpes-Maritimes, il donne pourtant des indications claires pour ses autres écrits. AD Alpes-Maritimes, Évêché de Vence, G 1375, Testament d'Antoine Godeau, non paginé. Par la suite, les six tomes sont fréquemment réimprimés, en différents formats et dans différentes villes (Paris, Bruxelles, Leyde). Si on se fie à l'ensemble des éditions/impressions (14) et aux traductions (2), il semble que l'*Histoire de l'Église* ait connu un certain succès.

7 Son travail est repris par d'autres auteurs, notamment par l'abbé de Choisy qui le situe dans une longue série d'auteurs ayant produit des histoires ecclésiastiques. Choisy, François Timoléon, abbé de, « Avertissement », *Histoire de l'Église*, t. 1 : *Contenant les trois premiers siècles*, Paris, Jean-Baptiste Coignard, 1703, non paginé.

qui n'ont *a priori* pas leur place dans ce lieu : un passé personnel de l'auteur et un passé récent, celui du temps de l'écriture. Cet entrelacs de temporalités conduit à s'interroger sur les articulations de ces différents passés et leurs usages sociopolitiques. Que se produit-il quand d'autres passés, récents et profanes, rattrapent cette histoire sacrée ? Cette enquête n'a donc pas pour objectif de situer l'*Histoire de l'Église* dans le genre des histoires ecclésiastiques, mais plutôt de saisir les modes de fonctionnement du passé à l'œuvre dans cet ouvrage : comment Godeau traite-t-il de ces différents passés et qu'en fait-il ? Elle se divise en trois parties, chacune correspondant à une temporalité : le passé de l'Église ; le passé de l'écriture ; le passé de l'auteur.

UN PASSÉ ANNONCÉ : L'HISTOIRE ECCLÉSIASTIQUE

En France, le XVIIe siècle est une période faste pour l'édition de travaux historiques ; ces derniers, qu'il s'agisse de lourds *in-folio* ou de petits *in-octavo* sont prisés des lecteurs, notamment les histoires anciennes et chrétiennes[8]. Les histoires des Pères de l'Église, des premiers conciles, des hérésies, sortent des presses de la capitale, produites entre autres par des pères jésuites (Denis Petau, Jacques Sirmond, Fronton Du Duc), par les frères de Sainte-Marthe (*Gallia Christiana*, 1re édition en 1656) et surtout, par les bénédictins de Saint-Maur, qui ont à la fin du siècle la haute main sur l'édition des textes patrologiques[9]. Aux côtés de ces ouvrages d'érudition généralement rédigés en latin, prennent place d'autres écrits, que Jean-Dominique Mellot qualifie de vulgarisation érudite[10] ; c'est parmi eux qu'il situe l'*Histoire de l'Église* de Godeau. Or, avec ces six tomes, il s'avère délicat de considérer cet ouvrage comme de

8 Martin, Henri-Jean, *Livre, pouvoirs et société à Paris au XVIIe siècle (1598-1701)*, t. 1, Genève, Droz, 1999 (1969) p. 197-198 ; Mellot, Jean-Dominique, *loc. cit.*, p. 12.

9 *Ibid.*, p. 11-12.

10 Hermant, Jean, *Histoires des conciles*, Rouen, Jean-Baptiste Besongne, 1695 ; Fleury, Claude, *Histoire ecclesiastique*, Paris, Pierre Aubouyn, Pierre Emery et Charles Clousier, 1691 ; Durand, Jean, abbé, *Les Caracteres des saints pour tous les jours*, Rouen, Eustache Viret, 1678 ; Mellot, Jean-Dominique, *loc. cit.*, p. 12.

la vulgarisation. Un examen du péritexte de la première édition permet d'appréhender le dessein de son auteur et ainsi, d'examiner les usages de cette histoire ecclésiastique.

L'*Histoire de l'Église* s'ouvre sur une épître dédicatoire aux prélats de l'Église gallicane et une préface. Cette dernière est particulièrement révélatrice du projet entrepris par Godeau, qui affirme avoir pris la plume afin d'instruire les fidèles de l'ancienneté de la foi catholique. Godeau souligne l'utilité de son ouvrage, car il est écrit en français : « Mais si l'utilité évidente d'une telle Histoire me sollicitoit puissamment à l'entreprendre en faveur de ceux qui ne peuvent pas la lire dans les Langues où elle est écrite ; la difficulté d'en venir à bout me retenoit avec raison, et laissoit mon dessein dans l'idée que j'en avois conceuë[11]. » Cet extrait révèle que le prélat aspire à rendre l'histoire ecclésiastique accessible à un public particulier, celui qui est intéressé par les matières religieuses, mais qui ne maîtrise pas le latin. Il s'agit d'un public qui est forcément laïc et qui possède une culture qui n'est pas érudite. Cela contribue à distinguer cet ouvrage d'autres écrits d'histoire ecclésiastique, tels que ceux de Denis Petau, de Jacques Sirmond, et *a posteriori* de la *Gallia Christiana*, qui sont des écrits savants et en latin.

Godeau poursuit en insistant sur la nécessité de produire une histoire de l'Église, mais pas n'importe laquelle : cette histoire de l'Église doit être agréable à lire. Il écrit : « Quand j'ay considéré ces utilitez de l'Histoire de l'Eglise, j'ay crû que je ne pouvois rien faire de plus convenable à ma condition, que d'essayer de la mettre entre les mains des hommes en une forme qui joignît l'agrément avec l'utilité, en quoy consiste la perfection des ouvrages de l'esprit[12]. »

Dans ce passage, on constate l'importance accordée aux compétences lettrées dans l'écriture ecclésiastique. L'activité d'écrire fait partie des devoirs épiscopaux, mais pour toucher les lecteurs, il ne suffit pas de dire des choses justes ; il faut également que ces choses soient belles. Cette idée est reprise plus loin, lorsqu'il affirme que des vies de saints ont été publiées, mais qu'elles contiennent plusieurs fautes et surtout, qu'elles manquent cruellement de style[13]. Godeau souligne même que

11 *Ibid.*

12 *Ibid.*

13 « Il est vray que le Peuple en sa place, a la Vie des Saints, où quelques hommes doctes ont travaillé. Mais je prens la liberté de dire, que la pluspart ne sont pas encore assez bien

plusieurs personnes s'en plaignent quotidiennement. En écrivant qu'il rapporte les nombreuses plaintes qu'il entend régulièrement autour de lui, il renforce son affirmation et rend son ouvrage d'autant plus utile. Cette critique des ouvrages religieux mal écrits n'est pas isolée dans la première moitié du XVIIe siècle. En effet, on trouve d'autres voix pour réclamer une écriture sacrée répondant aux exigences littéraires, telle que celle de Balzac[14]. Godeau émet une autre critique envers les auteurs ayant produit des histoires profanes. Il souligne qu'ils ont travaillé à des histoires de France, à des histoires des grandes familles du royaume, mais jamais à l'histoire de l'Église, le royaume de tous les chrétiens. L'évêque de Grasse et de Vence, par sa position épiscopale et ses publications, est un spécialiste de la théologie. En affirmant que les écrits religieux doivent être beaux et agréables à lire, il produit une position singulière sur l'écriture sacrée, où il invite des spécialistes de la plume, et non nécessairement de la théologie, à faire l'histoire ecclésiastique. L'approbation de l'ouvrage, produite par l'archevêque de Toulouse Pierre de Marca, contribue également à inscrire l'*Histoire de l'Église* dans un registre littéraire. En effet, cette approbation n'est pas classique, en ce sens où elle fait bien plus que dire aux lecteurs qu'il n'y a rien de contraire à la foi catholique dans l'ouvrage[15]. Elle s'attarde presque exclusivement à publier les qualités esthétiques de l'ouvrage, sa netteté et son élégance[16].

---

purgées des fautes qui s'estoient coulées dans nos vieilles Légendes ; durant la barbarie des Siécles passez, et que d'ordinaire le style n'a guere d'attraits pour engager les personnes délicates à les lire. » Godeau, Antoine, « Préface », *Histoire de l'Église*, *op. cit.*, t. 1, 1653, non-paginé. Cet extrait renseigne également sur le public visé, qui n'est pas l'ensemble des fidèles, mais plutôt des personnes délicates, qui ont du jugement pour les choses de l'esprit.

14 « Ce n'est pas assez de sçavoir la Theologie, pour escrire de la Theologie ; il faut encore sçavoir escrire, qui est une seconde science. [...] Ainsi faute d'art et de methode des Véritez extrémement hautes sont peu heureusement expliquées. » Balzac, Jean-Louis, Guez de, *Socrate chrestien*, « Discours X », J. Jehasse (éd.), Paris, Champion, 2008 (1662), p. 142. Ce dernier propose, avec son *Socrate chrestien*, un renouvellement de la forme du discours théologique, pour qu'il ne soit pas accessible aux seuls spécialistes de la théologie, les clercs. Hache, Sophie, « Balzac en théologie : les douze Discours du Socrate chrestien (1652) », Gay, Jean-Pascal et Stiker-Métral, Charles-Olivier (dir.), *Les métamorphoses de la théologie. Théologie, littérature, discours religieux au XVIIe siècle*, Paris, Honoré Champion, 2012, p. 28-36.

15 Au sujet des usages des approbations, voir Schapira, Nicolas, *loc. cit.*

16 « La fidelité avec laquelle il les expose [les matières de l'ouvrage], fait éclater sa sincerité comme son elegance, & la netteté qui luy est naturelle paroist par tout aussi bien que

S'il s'adresse à un public délicat et qui n'est pas docte, Godeau produit tout de même un ouvrage scientifique. C'est pour cela qu'il accorde une large place dans sa préface à présenter et à critiquer les sources qu'il a consultées et utilisées. Cette liste commentée d'auteurs et de textes montre l'érudition du prélat et la somme de travail accompli pour écrire l'*Histoire de l'Église.* Il en profite pour mettre en évidence les erreurs présentes dans les écrits, qui sont principalement liées à la chronologie. Cela s'inscrit dans la tradition des auteurs ecclésiastiques, qui discutent souvent de cet aspect, ainsi que de l'authenticité des textes ; il s'agit d'un langage que les auteurs ecclésiastiques doivent savoir manier, car cette érudition est un instrument de légitimation[17].

Ce qui ressort fortement du péritexte de cet ouvrage, est la littérarisation – et non la vulgarisation – du savoir sacré. Comme il a été mentionné précédemment, Godeau critique les écrits sacrés qui manquent de style et le fait que les auteurs produisent de belles histoires profanes, sans s'intéresser à l'histoire ecclésiastique. Cela est également présent dans l'épître, adressée aux cardinaux, archevêques et évêques de l'Église gallicane. Le prélat y écrit que plusieurs excellents écrivains ont employé leur plume et leur style à produire des histoires profanes, sans jamais travailler à l'histoire ecclésiastique[18]. Ainsi, pour être efficaces, les écrits sacrés doivent correspondre aux exigences littéraires du temps, en étant beaux, élégants. Ce travail d'écriture ne signifie pas qu'il faut procéder à une vulgarisation des savoirs sacrés. Comme il a été vu, Godeau déploie dans sa préface les éléments qui permettent d'établir la solidité de ses propos. Cela fait plutôt partie d'une entreprise de littérarisation de la théologie, où les questions abordées demeurent complexes, tout en étant élégamment rédigées. Cela va au-delà de l'intégration des normes littéraires au discours théologique. Il s'agit plutôt d'un accaparement du discours théologique

son zele pour le bien des Ames […]. », Pierre de Marca, « Approbation de Monseigneur l'Archevesque de Tholose », Godeau, Antoine, *op. cit.*, t. 1, 1653, non-paginé.

17 Quantin, Jean-Louis, « Bossuet et l'érudition de son temps », *Bossuet. Le Verbe et l'Histoire (1704-2004)*, dir. G. Ferreyrolles, Paris, Honoré Champion, 2006, p. 84-85.

18 « Jusqu'icy, de tant d'excellens Ecrivains François qui ont employé la beauté de leur style à écrire des Histoires profanes, aucun ne s'est avisé de consacrer sa plume à Jesus Christ, pour écrire celle de son Église […] », Godeau, Antoine, « Ẻstre », *op. cit.*, t. 1, 1653, non paginé. On retrouve aussi cette idée dans l'approbation de l'ouvrage, où Pierre de Marca écrit que « l'Histoire de l'Église plaira aux esprits délicats en raison de son élégance et de sa netteté. » « Approbation », *ibid.*, non paginé.

par des clercs ou des professionnels de la plume qui mettent en avant leurs compétences d'écrivains[19].

Cela est renforcé par la présence, à la fin de chaque siècle, d'une section où Godeau traite des auteurs du siècle dont il vient de faire l'histoire. Non seulement Godeau publie un ouvrage qu'il inscrit dans les belles-lettres, mais il écrit sur les belles-lettres. Il introduit ces sections en soulignant que plusieurs individus se sont démarqués dans les lettres et les sciences. Par exemple : « Ce premier Siecle dont nous venons d'escrire l'Histoire, fut fertile en grands hommes, et pour les belles Lettres, et pour les Sciences[20]. » Il peut y consacrer jusqu'à une dizaine de pages. Dans ces lieux, il présente des auteurs chrétiens ou païens, ainsi que leur production et leur réception par d'autres auteurs. Ainsi, il y a dans la narration du passé de l'Église deux logiques distinctes : une histoire des hommes qui écrivent, les auteurs ; et une histoire d'une institution, qui sont deux manières différentes de lire le passé. Il importe de souligner que ces deux histoires ne sont pas entremêlées dans le corps du texte, mais qu'il n'y a pas de marqueurs typographiques qui créent une séparation entre l'histoire ecclésiastique et l'histoire des écrivains du siècle qui a été présentée. Il y a donc une association qui est effectuée par Godeau entre l'histoire d'une institution, l'Église, et l'histoire des hommes qui ont écrit de beaux textes, les auteurs.

Cet ouvrage s'inscrit dans une période de transformation de l'écriture religieuse. En effet, elle est contemporaine de l'introduction d'une forme d'esthétique théologique, qui a été examinée par Jean-Pascal Gay[21]. Ce dernier met en évidence les tentatives de certains auteurs de faire émerger une théologie accommodée aux belles-lettres, sans qu'il s'agisse d'une théologie vulgarisée. Il étudie l'émergence de la figure d'un écrivain-théologien, qui se constitue à la fois par la contestation de l'Université comme lieu de production de savoirs théologiques, ainsi que par la saisie du discours théologique par des professionnels de l'écriture ou par des clercs choisissant de mettre en avant leurs compétences lettrées. Cette idée de produire une pensée théologique en dehors de la théologie a

19 Gay, Jean-Pascal, « Les Théologies Françoises au XVIIe siècle. Remarques sur l'histoire d'un échec », Jean-Pascal Gay et Charles-Olivier Stiker-Métral (dir.), *Les métamorphoses de la théologie. Théologie, littérature, discours religieux au XVIIe siècle*, Paris, Honoré Champion, 2012, p. 235.

20 Godeau, Antoine, *Histoire de l'Église*, t. 1. Paris, Augustin Courbé, 1653, p. 125.

21 Gay, Jean-Pascal, *loc. cit.*, p. 197-236.

également été examinée chez les jésuites par Patrick Goujon, à partir du cas de Surin[22]. Le chercheur montre comment les écrits du jésuite participent à « la naissance de l'écrivain[23] » dans la Compagnie, en les étudiant à la fois comme objets religieux et littéraires. Surtout, ses lettres, qui ne sont pas des écrits théologiques, participent à la production d'un discours sur la théologie[24]. Bien que l'*Histoire de l'Église* ne soit pas un ouvrage de théologie, elle s'inscrit dans le même mouvement relevé par Gay et Goujon, et elle constitue une entreprise de littérarisation de l'histoire ecclésiastique – une histoire savante et érudite – par Godeau, un auteur-évêque. Ce dernier prend ainsi position sur l'écriture de l'histoire, celle-ci devant être tout à la fois constituée et produite par des individus possédant des compétences lettrées.

UN PASSÉ PRÉSENT : LE TEMPS DE L'ÉCRITURE

En plus d'un passé ecclésiastique ancien, l'*Histoire de l'Église* contient également des traces d'un passé qui est quasiment le présent, le temps de sa rédaction. Les tomes 1 et 2, achevés d'imprimer en un volume *in-folio* le 2 janvier 1653, sont composés de près de 800 pages. Pour produire un ouvrage d'érudition comme celui-là, Godeau a effectué un travail long et fastidieux ; le temps de l'écriture des deux premiers tomes coïncide nécessairement avec le temps de la Fronde. Pourquoi choisir de publier cet ouvrage durant ce conflit ? Qu'est-ce qu'ajouter une histoire ecclésiastique dans la révolte ?

Afin d'appréhender le travail d'écriture de Godeau avec l'*Histoire de l'Église*, il faut se rapporter à la toute fin de l'ouvrage. Dans son dernier paragraphe, l'évêque de Grasse et de Vence explicite les conditions de

22 Goujon, Patrick, *op. cit.*

23 Viala, Alain, *Naissance de l'écrivain.* Paris, Édition de Minuit, 1985.

24 Ainsi, sans jamais avoir écrit de traité sur la grâce, il l'aborde abondamment dans sa correspondance. Il participe donc à la théologie par un discours poétique. Patrick Goujon, « La grâce pour penser l'épistolaire : la correspondance de Jean-Joseph Surin », [En ligne], *Littératures classiques, vol. 1, n° 71 (2010).* http://www.cairn.info/revue-litteratures-classiques1-2010-1-page-285.htm, consulté le 21 janvier 2016.

la composition et de l'impression de son livre, qui ont été marquées par les troubles :

> Il faut finir icy le quatriesme Livre de l'Histoire de l'Eglise, qui comprend les choses arrivées dans le quatriesme Siecle. [...] Celuy qui suit nous fournira une ample matiere, et nous y verrons naistre des Heresies nouvelles, que de nouveaux Combattans attaqueront, et destruiront heureusement, dans les Conciles, les Conferences, et les Livres. Nous avons besoin pour descrire tant d'evenemens de la Grace de celuy pour la gloire duquel nous entreprenons un si laborieux travail. Mais il nous faut aussi plus de repos d'esprit et de corps que nous n'en avons eu durant la composition et l'impression de ce Premier Tome. Car nous pouvons dire que l'une et l'autre ont esté faite sous l'espée pendante sur nostre teste, comme disoit ce Peintre de son tableau achevé durant le siege de sa Ville. C'est de Dieu seul qu'il faut attendre ce calme ; et les hommes font tout ce qu'ils peuvent, non seulement pour s'en rendre indignes, mais pour s'y oposer, comme s'ils craignoient d'estre heureux. Les inhumanitez que les gens de guerre ont faites à nos portes, et leurs impietes execrables, ont rapellé le temps des inondations des Huns et des Goths que nous avons décrites. Mais elles sont d'autant plus horribles, que ce sont des Chrestiens qui traitent ainsi des Chrestiens ; et ce qui fait le comble de l'horreur, des François qui s'acharnent contre les François, sans sçavoir bien ni ce qu'ils craignent, ni ce qu'ils esperent, ni ce qu'ils veulent, ni ce qu'ils auront gagné, apres qu'ils seront venus à bout de leur entreprise. Mais cette plainte demande plus de forces que nous n'en pouvons avoir, à la fin d'une course aussi longue que celle laquelle nous venons de faire ; et il vaut mieux nous delasser dans le silence, la priere, et la solitude, pour fournir la carriere où le seul desir de travailler pour la Gloire de Dieu, et pour le salut du prochain, nous a engagez. Fin[25].

Cet extrait, qui conclut l'ouvrage, révèle deux éléments. D'abord, les livres sont présentés comme une arme de combat ; Godeau écrit ce qu'il fait avec ses ouvrages. Ensuite, il met en évidence la présence de la Fronde, à la fois dans le temps de l'écriture et dans celui de la publication. On y retrouve une représentation des malheurs de la guerre, tels que les inhumanités et l'impiété des gens de guerre, que Godeau associe aux violences qu'il a traitées dans le livre. Les gens de guerre ayant participé à la Fronde, peu importe sous qui ils ont servi, sont relégués au rang de barbares. Ce faisant, le prélat dénonce les actions de toutes les troupes, royales ou frondeuses. De plus, il met en avant le désordre du conflit, en soulignant que les intentions des partis sont confuses – ils ne

25 Godeau, Antoine, *op. cit.*, t. 2, 1653, p. 767-768.

savent pas ce qu'ils cherchent à obtenir avec cette guerre. Cela montre la superficialité des partis qui s'affrontent, car ils sont représentés comme des acteurs incohérents d'un conflit sans but défini.

Il importe de relever que Godeau traite des troubles au passé, mais qu'il lance encore des appels au calme. Si la composition et l'impression ont été faites dans la violence de la guerre, la publication s'effectue dans une période où le désordre règne encore : la France est en guerre avec l'Espagne – jusqu'en 1659 – et le prince de Condé s'est rallié aux Habsbourg. Le prélat affirme que seul Dieu est en mesure d'amener le calme ; les puissants sont, encore une fois, disqualifiés pour mettre un terme aux désordres. Or les hommes ne se rendent pas dignes du retour à l'ordre par la voie divine. En publiant une histoire ecclésiastique durant la Fronde, Godeau œuvre à leur instruction afin que puisse s'effectuer ce retour à l'ordre.

Après avoir examiné la toute fin de l'ouvrage, il faut retourner en arrière, dans la préface, afin d'analyser l'opération de politisation de l'histoire sacrée qui est à l'œuvre. En effet, Godeau signale un rôle politique de l'Église, en la présentant comme un État, avec une police et des lois. Le prélat commence par mettre en avant la nécessité et l'utilité de son ouvrage. Il souligne que l'histoire est essentielle pour discerner le chemin à suivre dans le gouvernement d'un État et pour maintenir l'ordre. Par la suite, il explique que la narration des choses passées est la clef de la prudence politique, en soulignant que cela est aussi vrai en ce qui concerne l'histoire ecclésiastique[26]. En présentant l'Église comme un État, avec son ordre et ses lois, Godeau la donne au public comme un

26 « Tous les hommes sont d'accord, que la Narration des choses passées est la Maistresse de la Prudence politique et œconomique, le Flambeau de la vérité, et le Guide de la raison, l'Ecole des bonnes mœurs, la Censure équitable des actions humaines, la Conseillére sans interest, le Miroir sans flatterie, et le plus court Chemin de la vertu. Si cela est véritable des Histoires qui racontent les révolutions des Estats, les guerres qui les ont agitez, les actions des Princes qui en ont eu le gouvernement, les révoltes des Peuples, la forme de leur police, leurs loix, et leurs coustumes, les punitions et les récompenses des vices et des vertus parmy eux ; à plus forte raison l'est-il de l'histoire de l'Eglise pour tous les Chrestiens. », *ibid.*, non paginé. On retrouve le même discours dans l'épître dédicatoire : « Dieu vous a establis Princes et Pasteurs du Royaume dont j'ay entrepris de représenter la Police, et d'écrire les événemens [...]. » ou « [...] la pluspart des Fidéles qui sont Rois dans cét Empire divin, ne sçavent ni la Naissance, ni le Progrés de leur Estat, ni sa Police, ni ses Loix, ni les choses memorables qui s'y sont faites ; tandis qu'ils ont un grand soin de s'instruire de celles qui sont arrivées dans le lieu de leur pelerinage et de leur exil », Godeau, Antoine, « Éstre », *op. cit.*, t. 1, non paginé.

parti politique. En écrivant son histoire, qui s'avère, comme il l'a annoncé dans la préface, la mise en ordre des événements véritables, il participe à la remise en ordre du royaume, celui de Dieu et celui des Français. Cette remise en ordre est nécessaire, car elle n'a pas été faite élégamment et parce que les auteurs qui traitent de doctrine le font souvent mal. Dans une période de crise politique, cela contribue à installer l'Église comme une puissance unificatrice. Définir l'Église comme un État permet de rassembler les Français, tous chrétiens, au sein d'un même parti, uni et complètement en-dehors des dissensions politiques actuelles. Godeau montre une voie, où les partis politiques agissant dans la Fronde sont disqualifiés – ils font partie du désordre – et où l'Église représente la seule puissance pouvant ramener l'unité et l'ordre.

Le prélat est également soucieux de publier ses intentions. En reprenant certaines difficultés de la narration du passé, il indique que :

> [...] la Loy indispensable de l'Histoire, qui est de dire la vérité, attache l'Historien, et sa prémiére qualité est de ne respecter qui que ce soit à son préjudice. Mais d'ailleurs un Evesque soustient un personnage dans l'Eglise, qui l'oblige à faire des considérations dont les autres se peuvent dispenser ; non pas pour ne point dire ce qu'il estime vray, mais pour ne le pas dire en certaines occasions, (je n'entends nullement parler des dogmes, mais de la discipline, et de certains faits qui ne vont point à la Foy) avec la mesme affirmation que feroit une personne particuliére, qui ne doit pas avoir de mesmes respects que luy. Son principal but doit estre de ne point troubler l'Unité, et de n'exciter pas mal à propos des tempestes dans certains Esprits, où il ne faut (comme ont dit qu'il arrive en certains lacs) que jetter une petite pierre pour faire élever un orage effroyable[27].

Dans ce passage, Godeau commence par mettre en lumière ce qui le distingue des autres historiens, soit sa position épiscopale. De fait, contrairement aux auteurs laïcs traitant du passé, un évêque a d'autres considérations, ecclésiastiques, qui influent sur son travail. Cela a pour conséquence qu'il doit, parfois, passer sous silence certaines choses, afin de préserver l'ordre[28]. Ce qui se dégage de l'affirmation de Godeau est la présentation de ses intentions avec son histoire ecclésiastique : il souhaite contribuer à l'unité du royaume des chrétiens par son travail d'écriture. Même s'il s'agit de l'unité dans l'Église, il est difficile de ne

---

27 Godeau, Antoine, « Preface », *op. cit.*, t. 1, non paginé.

28 Cette position est à l'opposé de celle des historiens de la fin du XVIe siècle, qui se posent en défenseurs de la vérité.

pas y voir une référence aux événements politiques contemporains de la rédaction de l'ouvrage. Remettre de l'ordre dans l'histoire de l'Église est ainsi lié à la remise en ordre du royaume de France.

Dans la Fronde, Godeau s'affiche en auteur sérieux, en produisant notamment une histoire ecclésiastique, à la fois élégante et savante. À travers celle-ci, il instruit les fidèles de l'ancienneté de la foi catholique. Il met de l'ordre dans l'histoire sacrée, qui est, selon lui, trop souvent mal écrite et remplie d'erreurs. Il produit ainsi une pensée de la remise en ordre, qui peut se faire par l'Église, présentée comme un État politique, avec ses polices et ses lois. Ce faisant, le prélat met en doute la capacité des puissances politiques à mettre un terme aux troubles. Il appelle plutôt les Français à faire de la France le royaume de Dieu, en s'unissant dans l'Église. Cette revendication d'une écriture religieuse littérarisée dans la Fronde révèle également l'importance de la remise en ordre des écrits eux-mêmes. Elle suggère que les belles-lettres ont leur place dans la crise et sont, contrairement aux mazarinades, des instruments efficaces pour ramener la paix[29]. En somme, Godeau répond par l'érudition et la netteté à la crise politique.

UN PASSÉ À SOI : RETOUR SUR L'ACTION

L'*Histoire de l'Église*, en plus d'être le lieu de production d'une pensée de l'écriture religieuse et d'une remise en ordre politique, contient des prises de paroles de l'auteur sur son propre passé. Ces passages de l'histoire de l'Église à une histoire plus personnelle se font dans le texte, sans qu'il y ait de changements notables au niveau de la forme. Dans le volume publié en 1653, il est question dans le tome 1 des actions menées par Godeau pour obtenir les pouvoirs temporels et spirituels de la ville d'Antibes dans son diocèse de Grasse[30] ; dans le tome 2,

29 On retrouve cette position chez Balzac, par exemple, qui, dans ses lettres à Conrart, montre l'importance de l'écriture et des belles-lettres dans la Fronde. Il revendique notamment la position d'écrivain comme force stable devant l'inconstance du politique. Voir les séminaires de Jouhaud, Christian et Ribard, Dinah, *Travail intellectuel et écritures politiques. Autour de la Fronde*, séances des 20 et 27 mai 2014, Paris (non publié).

30 Godeau, Antoine, *op. cit.*, t. 1, p. 155-157.

l'expulsion des moines cassinistes de l'abbaye St-Honorat des îles de Lérins et l'introduction des moines mauristes dans la même abbaye sont présentées[31]. Dans les volumes suivants, publiés entre 1663 et 1678, il est fait mention dans le tome 3 de la tentative d'union des diocèses de Grasse et de Vence[32] et dans le tome 5, de son séjour à Turin[33]. En ce qui concerne ce dernier cas, si le prélat prend le temps de raconter comment il a eu l'honneur de faire partie des évêques qui ont montré le saint Suaire, il demeure toutefois silencieux sur les motifs qui l'ont conduit à Turin. Il s'agissait pour lui d'obtenir les pouvoirs temporels sur la ville de Gattières, une ville de son diocèse faisant partie de la Savoie dont les revenus lui étaient disputés par le nonce de Turin.

Ces éléments ont quelques points communs : ils touchent aux activités épiscopales de Godeau et à la vie politique de Provence. De plus, il s'agit d'une écriture de soi dans un lieu qui n'est pas intime, une histoire ecclésiastique universelle, destinée à être imprimée et diffusée largement ; cela conduit à réfléchir à l'importance de chercher les écritures de soi ailleurs que dans des lieux clairement identifiés comme tels – mémoires, journaux intimes ou lettres[34]. Surtout, il s'agit d'actions de Godeau qui ont été des échecs. En effet, le prélat n'obtient pas les pouvoirs sur la ville d'Antibes ; son action dans les îles de Lérins est défaite ; il n'arrive pas à unir ses diocèses ; son voyage à Turin ne parvient pas à régler le conflit avec le nonce sur les revenus de Gattières. Afin d'interroger ce que produit la présence d'un passé lié à la trajectoire personnelle de Godeau dans l'*Histoire de l'Église*, un des cas, celui du monastère St-Honorat de Lérins, va être développé.

Peu de temps après son installation à Grasse, Godeau se voit confier une mission par le pouvoir royal : en mars 1638, il est nommé commissaire pour l'expulsion des moines cassinistes du monastère Saint-Honorat dans les îles de Lérins et pour l'introduction des moines mauristes dans le même établissement. Il accomplit cette mission avec François Bochart de

---

31 *Ibid.*, t. 2, p. 701.

32 *Ibid.*, t. 3, Paris, Louis Billaine, 1663, p. 254-255.

33 *Ibid.*, t. 5, Paris, François Muguet, 1678, p. 306.

34 À ce propos, voir l'ouvrage de Mouysset, Sylvie, Bardet, Jean-Pierre et Ruggiu, François-Joseph, *« Car c'est moy que je peins ». Écritures de soi, individu et liens sociaux (Europe, XVe-XXe siècle)*, Toulouse, CNRS-Université de Toulouse-Le Mirail, « Méridiennes », 2010. La dernière section est consacrée aux lieux d'expression de l'intime là où on ne l'attend pas.

Champigny, intendant de justice en Provence[35]. Situées dans le diocèse de Grasse, les îles de Lérins ne dépendent pas de la juridiction temporelle de l'évêque ; elles constituent un espace qui est à la fois porteur d'une forte charge symbolique et spirituelle, ainsi que d'une importance stratégique notable pour la France. En intervenant en ce lieu, Godeau accomplit sa première action comme agent au service du pouvoir royal. Non seulement sa position géographique le désigne comme un individu pouvant agir pour le pouvoir central, mais il possède également des compétences lettrées, qui lui permettent de publier l'action entreprise. Pour le nouvel évêque de Grasse, il s'agit d'une occasion de choix pour témoigner son engagement auprès des puissances centrales, ainsi que d'une manière d'affirmer son autorité sur les réguliers dans son diocèse, en plein cœur de la querelle opposant les religieux aux évêques. Les changements qui se produisent à la tête de l'État dans les années 1639-1643 modifient les volontés royales quant au sort de l'abbaye de Lérins. Lorsque ce qui a été fait en 1638 est défait en 1645, Godeau prend la plume, afin d'influencer la décision du pouvoir central et de fixer un récit des événements, ce qui s'avère infructueux[36].

Dans le second tome de l'*Histoire de l'Église*, publié en 1653, Godeau aborde la fondation du monastère de Saint-Honorat, qu'il situe en 391[37]. En s'appuyant sur la *Chronique de Lerins*[38], il évoque la sacralité du lieu pour ensuite mettre en lumière la période de décadence qui l'a touché.

35 François Bochart de Champigny (?-1665), sieur de Sarron, maître des requêtes du roi, conseiller du roi en ses conseils et intendant de justice en Provence dès 1637, il aurait également été intendant de justice dans le Dauphiné et à Lyon. Moréri, Louis, *Le grand dictionnaire historique ou le melange curieux de l'histoire sacrée et profane* [...], t. 1, Lyon, J. Gyrin et B. Rivière, 1683, p. 614. Il est également un parent de Richelieu, par la grand-mère maternelle de ce dernier. Kettering, Sharon, « Patronage and Kinship in Early Modern France », *French Historical Studies*, vol. 16, n° 2 (automne 1989), p. 424.

36 En février 1645, Godeau a tenté d'influencer le gouvernement, en écrivant au comte de Brienne, secrétaire d'État aux Affaires étrangères (BNF, Fonds érudits et bibliophiles, Clairambault 397, Lettre d'Antoine Godeau au comte de Brienne [19 février 1645], f° 380).

37 La section sur la fondation de l'abbaye de Lérins n'est pas liée au passage précédent, sur saint Augustin, autrement que par la chronologie.

38 Il s'agit de la *Chronologia Sanctorum & aliorum virorum Illustrium, ac Abbatum Sacræ Insulæ Lerinensis*, composée par Vincent Barault (Vincentio Barrali Salerno), un moine de Lérins, et publiée en deux volumes à Lyon en 1613 par Pierre Rigaud. Cet ouvrage a été utilisé par la plupart des historiens ecclésiastiques des XVIIe et XVIIIe siècles. Il est possible de le consulter en ligne sur la plateforme e-corpus : http://www.e-corpus.org/fre/ref/99763/barralis01/. Voir également Gazzaniga, Jean Louis, « La Chronologie de Lérins de Vincent Barralis », *Nice historique*, n° 421 (2006), p. 283-292.

Puis, il mentionne son action de commissaire, les effets positifs qui l'ont suivie et le retour des Cassinistes :

> Nous fumes commis* [dans la marge : *L'an 1638] par le Roy Loüis XIII de glorieuse memoire, comme estant l'Evesque Diocesain, pour y establir les Religieux de la Congregation de Saint Maur, de l'Ordre de Saint Benoist, à la place des Anciens qui estoient unis à celle du Mont-Cassin en Italie, laquelle est tres-puissante et tres-celebre. Cette introduction fut benie de tout le Monde, et elle eust bien-tost rendu à ce Monastere son ancienne splendeur, si la mort de Mr le Cardinal de la Valete, que tous les honnestes gens pleurerent, et qui meritoit pour les excellentes qualitez de son ame, ou une vie plus longue, ou une fin plus heureuse, ne l'eust fait passer dans des mains, lesquelles ayant beaucoup plus d'authorité pour affermir les bons commencemens que nous avions donnez, les ruinerent en remettant les choses en leur premier estat[39].

Enfin, il termine son passage sur le monastère de Lérins en le décrivant en *locus amœnus* avant l'arrivée des Espagnols, puis en célébrant la sainteté de son fondateur. Dans cet extrait, trois éléments sont à noter : la présence positive des Mauristes (une bénédiction) ; l'éloge de La Valette (que tous les honnêtes gens ont pleuré) ; les mains qui ont ruiné à nouveau le monastère (en ramenant les Cassinistes). À travers eux, on constate que les événements sont inséparables de leur interprétation. En effet, affirmer que l'introduction de la congrégation de Saint-Maur a été bénie de tout le monde conduit les lecteurs à croire qu'il ne s'agit pas que de l'opinion de l'auteur, Godeau, mais d'un événement qui a fait consensus[40]. Le même phénomène se reproduit avec l'éloge du cardinal de La Valette,

39 Godeau, Antoine, *op. cit.*, t. 2, 1653, p. 701.

40 Godeau n'est évidemment pas le seul à produire un discours sur l'affaire entourant l'abbaye des îles de Lérins. En 1664, Bouche effectue un récit de la situation depuis le départ des Espagnols en mai 1637 dans son ouvrage sur l'histoire provençale. Il se positionne du côté des Cassinistes et publie une interprétation des événements à leur avantage. Ce récit constitue le négatif de l'interprétation effectuée par Godeau en 1653 : l'intervention du pouvoir de 1638 est critiquée, présentée comme injustifiée et bouleversant l'ordre établi, tandis que l'action du pouvoir de 1645, incarné par Mazarin, est célébrée. Lorsqu'il est question du retour de la congrégation du Mont-Cassin, Bouche accuse les Mauristes de désoler l'abbaye Saint-Honorat et d'avoir contraint les moines cassinistes à vivre dans le siècle. Les efforts des Cassinistes pour retourner à Lérins sont donc présentés comme étant justifiés et nécessaires. Ainsi, leur présence est présentée en continuité avec le passé de l'abbaye et en conformité avec la volonté du pape, tandis que la présence des Mauristes est une erreur, qui a été rendue possible par la violation des droits et privilèges des religieux cassinistes légitimement établis. Bouche, Honoré, *La Chorographie ou Description de Provence et l'Histoire chronologique du mesme pays*, Aix, Charles David, 1664, t. 2, p. 908-909.

une des figures de pouvoir autour de l'abbaye de Lérins et favorable à la présence des Mauristes, qui a été pleuré par tous les honnêtes gens, dont Godeau. Cela contribue à distinguer ceux qui sont pour le bien commun, des autres, ceux qui ont œuvré au retour de la congrégation du Mont-Cassin. Ces derniers ne sont pas nommés, ils ne sont que des mains, mais ils sont aisément identifiables ; ces mains possédaient le pouvoir de bien agir, mais elles ont fait le choix de détruire l'ordre établi et de défaire ce qui avait été béni. Dans un ouvrage d'érudition, une histoire ecclésiastique où l'auteur entend présenter uniquement des faits établis, que produit ce retour sur l'événement ?

Par ces quelques lignes, Godeau met en place un récit de ce qui s'est passé en 1638 et en 1645 et en oriente la réception. La table des matières est également éloquente à ce sujet. Située à la toute fin du volume, elle prend plutôt la forme d'un index[41]. Dans le cas de Lérins, on trouve ceci : « Lerins, Isle de Provence. Du Monastere de Lerins, de la fondation et de l'establissement des Religieux de la Congregation de S. Maur, 700, 701 ». Il n'est pas question des Cassinistes, mais uniquement de l'action que Godeau souhaite mettre en valeur et qu'il considère susceptible d'intéresser les lecteurs. Acteur affiché de l'événement, il est aussi celui qui fabrique un écrit qu'il donne à lire. Contrairement à d'autres écrits qu'il a produits sur Lérins – églogue ou lettres –, il ne semble pas vouloir dans ce cas infléchir le cours des événements, mais plutôt proposer une réflexion sur l'événement en publiant son interprétation.

Ce choix de quitter le passé ancien dépeint comme un âge d'or pour raconter un passé récent a été jugé nécessaire par le prélat ; dans le temps de la publication (1653), les événements de 1638 et de 1645 avaient un sens, en fonction des enjeux présents[42]. Ce temps de la publication, c'est la Fronde, une période d'instabilité où le pouvoir central est mis à mal. Or, dans les éditions suivantes, en 1663 et en 1672, la centralité cède la place à la localité. Godeau investit plus fortement le passé local, en prolongeant le récit des événements entourant l'abbaye de Lérins. Dans l'édition de 1653, ce passage se conclut sur la sainteté de saint Honorat,

41 Le lecteur y trouve des entrées pour les lieux, les événements, les personnages, mais aussi pour des situations particulières. On renvoie à un passage du livre, où se trouve un exemple de la situation particulière. Toutefois, il ne prend pas la parole pour expliquer comment cela doit être lu, il ne tire pas un enseignement général de l'événement particulier raconté.

42 L'Estoile, Benoît de, *loc. cit.*

qui acquiert le siège épiscopal d'Arles. En 1663, Godeau ajoute que le monastère a été un lieu où ont été choisis plusieurs des évêques de Provence[43], dont saint Lambert, évêque de Vence. Il poursuit en traitant brièvement des miracles qu'il a accomplis et de la découverte de ses reliques. Dans l'édition de 1672, ce même passage est conservé et augmenté : l'évêque de Vence souligne l'usage qui est fait des reliques de saint Lambert dans son diocèse[44]. Godeau publie, au fil des éditions, un ancrage local de plus en plus fort, mettant de côté la défense du pouvoir central de 1638. Il s'agit d'un choix d'écriture politique, dans le sens où cela le localise en Provence et non plus à Paris. En somme, il revendique une appartenance à un espace provincial, et non central[45].

Ce que cette affaire met en évidence est, d'une part, la fidélité de Godeau au pouvoir royal incarné par Richelieu et Louis XIII. D'autre part, cela conduit à dévoiler des mécanismes de publication en signe d'engagement auprès du pouvoir central. Ce que le cas de l'action de Godeau dans les îles de Lérins révèle, c'est que le service du pouvoir central peut se poursuivre après sa disparition et que cette fidélité permet la critique du pouvoir central en présence.

L'*Histoire de l'Église* d'Antoine Godeau est un objet imposant et complexe. Il s'agit d'un discours où les événements et les figures ayant marqué l'histoire ecclésiastique sont articulés de manière chronologique, depuis un abrégé du monde avant la naissance du Christ. Pour autant, l'auteur effectue plusieurs allers-retours temporels. En effet, il n'est pas rare qu'un passé récent, voire même le présent, soit mobilisé au milieu du passé lointain. Ces va-et-vient sont accompagnés de prises de parole de Godeau, qui insère des références à ses actions passées ou à des événements auxquels il a pris part. L'histoire ancienne et sacrée donne

43 « Ce Monastére fut un Séminaire d'Evesque pour les Provinces voisines [...] », Godeau, Antoine, *op. cit.*, t. 2, Paris, Louis Billaine, 1663, p. 878. Il répète quasi exactement ce qu'il a écrit dans sa phrase d'introduction sur Lérins : « La Chronique de Lerins dit, que ce fut en celle où nous sommes [391], que Saint Honorat fonda le celebre Monastere de cette Isle, qui fut durant quelques Siecles, le Seminaire des Evesques de Provence, et des Églises voisines. »

44 « [...] et on trouva ses os sans aucune corruption, quoy-que le lieu de la sépulture fust rempli d'eau. Tous les jours ils font des opérations miraculeuses pour les femmes qui ne peuvent accoucher ; car aussi-tost qu'elles ont les Reliques penduës au cou, elles se délivrent heureusement. », Godeau, Antoine, *op. cit.*, t. 2, Paris, Thomas Jolly, 1672, p. 832.

45 L'Estoile, Benoît de, *loc. cit.*

à voir la prise de position du prélat sur l'écriture spirituelle, qui peut et doit être prise en main par des hommes de plume ; un passé quasi présent, le temps de l'écriture, montre une action de remise en ordre de Godeau par l'écrit dans la Fronde ; un passé personnel où l'auteur fixe dans le temps une interprétation des événements témoigne de la continuité de l'action devant la discontinuité du pouvoir politique. Ce travail, en révélant différents usages et modes de fonctionnement du passé dans un ouvrage ecclésiastique, a également permis de considérer les discours religieux comme des écrits semblables aux autres, inscrits dans des stratégies de promotion sociale et dans l'exercice du pouvoir – un pouvoir qui n'est pas nécessairement d'ordre spirituel.

Anne-Sophie FOURNIER-PLAMONDON
Université de Paris Nanterre

LE PASSÉ COMPOSÉ DANS L'*HISTOIRE DE MA VIE* DE CASANOVA

Les mémorialistes, témoins du monde qu'ils décrivent, se proposent souvent de mettre leur lecteur en son centre, comme s'il en était lui-même un témoin. Ceci fait partie de leur poétique explicitement formulée. De nombreux auteurs répètent l'affirmation de Saint-Simon que l'histoire particulière qu'il écrit et qu'il oppose à l'histoire générale doit « avoir pour but de mettre son lecteur au milieu des acteurs[1] ». Paradoxalement, en re-présentant dans toute son immédiateté la vie autour d'eux, les mémorialistes transforment leur récit de témoin en récit d'historien, et le présent qu'ils font apparaître devient « de l'histoire », rejoignant des couches de passé plus lointaines, qui apparaissent sous forme de généalogies, de digressions, ou d'autres formes de rappel.

J'ai cité Saint-Simon pour indiquer que le passé, même s'il constitue la trame des *Mémoires*, n'irrigue pas la narration de manière uniforme. Il suffirait de mentionner le statut du couronnement médiéval des rois de France qui intervient moins comme Histoire que comme mythe fondateur sans appui ferme dans le temps, comme norme morale opposée aux anomalies « nouvelles » dont il témoigne *a contrario*, ou bien les généalogies et les digressions qui peuvent donner un développement diachronique du passé d'une institution, ou d'un personnage saisi à un moment précis, tel son décès ou son mariage. Il en est de même de l'illusion que le mémorialiste lui-même ne sent pas passer le temps, qu'il ne vieillit pas, qu'il est – ainsi que le dit si bien son ami le Régent – « immuable comme Dieu. » Malgré les apparences, ce n'est donc pas un passé simple qui règne dans le récit mémorialiste, mais de nombreuses strates de passés entremêlées, autrement dit un passé composé et présenté sous les apparences d'un présent.

1 Saint-Simon, Louis de Rouvroy, duc de, *Mémoires*, Paris, Gallimard, 1983, t. I, p. 6.

Mon but ici est d'analyser cette stratégie de « composition » chez Jacques Casanova, mémorialiste qu'on a souvent accusé de maintenir un lien plutôt lâche, ou même conflictuel avec la temporalité. Malgré un incipit qui s'inspire de *Mémoires* plus traditionnels car il présente la généalogie de l'auteur, et ainsi noue le pacte autobiographique qui le légitime, la relation au passé intéresse peu Casanova. En se dédiant entièrement à son présent narré, il respecte la recommandation de « mettre son lecteur au milieu des acteurs », ce qui ne doit pas surprendre puisqu'il se voit encore comme un mémorialiste (c'est ainsi qu'il se réfère d'ailleurs à son ouvrage). L'histoire plus ancienne n'est pas son domaine d'intérêt et sa curiosité est plutôt dirigée vers les sciences, les chiffres, la poésie. Lors de ses voyages, il ne donne pas l'historique des institutions ou des coutumes observées qu'il discute en ethnologue plutôt qu'en historien. Aucune généalogie ne vient expliquer la vie ou le caractère des personnages présentés. Le trait marquant de l'*Histoire de ma vie* est ainsi, malgré la vérité avérée des faits narrés, un oubli constitutif, une négligence voulue du passé en tant que tel. Cela s'explique en partie par son statut d'aventurier qui crée lui-même son personnage, son nom, et son destin, sans « passé antérieur ». Cet enfant de la balle sans statut social qui puisse l'ancrer dans le passé s'intéresse davantage aux pouvoirs de la représentation immédiate, à la séduction, à l'illusion qui émane toujours de la scène vivante et présente aux yeux.

Mais ce refus de retour sur soi implique plus qu'une perspective d'aventurier ou d'homme des Lumières. Casanova a souvent été accusé de présentisme, c'est-à-dire d'ignorer sciemment tout ce qui souligne le rapport de son passé au présent. Ce côté de l'*Histoire de ma vie* a retenu l'attention des critiques, depuis Stefan Zweig qui s'émerveille de son « inconséquence » et de sa capacité de se poser en simple voyageur « à travers les paysages les plus intéressants de sa vie », jusqu'à Chantal Thomas qui affirme que le temps dans son récit est « fermé à toute signification[2] ». Georges Poulet soutient que Casanova est uniquement rattaché à un présent qui ignore le temps, et « à l'existence érotique instantanée[3] ». Cyril Francès note à juste titre que Casanova extrait du temps l'intensité de son impression et la convertit en langage[4]. C'est à l'analyse des modalités « opaques » et des

2 Thomas, Chantal, *Casanova. Un voyage libertin*, Paris, Denoël, 1984 ; Zweig, Stefan, *Trois poètes de leur vie : Stendhal, Casanova, Tolstoï*, Paris, Belfont, 1983, cité dans Francès, Cyril, *Casanova. La mémoire du désir*, Paris, Garnier, 2014, p. 12-13.

3 Poulet, Georges, *Études sur le temps humain*, IV, Paris, Plon, 1949, cité dans Francès, *op. cit.*, p. 9.

4 Francès, Cyril, *op. cit.*, p. 11.

effets « spectaculaires » de ce remodelage de la temporalité qu'il consacre d'ailleurs entièrement son ouvrage magistral intitulé *Casanova, la mémoire du désir.* Thomas Kavanagh pour sa part affirme que la plénitude de la narration de Casanova se base sur un « présent entièrement solipsiste » qui lui permet de « créer pour chaque événement un sens du présent si complet que le lecteur est immédiatement attiré et fasciné par cette histoire de risques pris, d'occasions qui se présentent, de résultat qui se décide dans un moment qui semble indéterminé et imprévisible[5] ».

En effet, l'impression première est que pour cet homme du moment et de l'occasion le passé ne porte aucune leçon morale, ne produit aucune maturation, n'a aucun sens en tant que passé. Comme la cigale de La Fontaine, Casanova ne veut rien en savoir, et vit dans un présent constant, vivant et ravivant le désir dont on connait le caractère éphémère et l'ancrage absolu dans le moment. Ce présent hypostasié se répète dans la suite de ses amours, dans ses plaisirs érotiques immédiats, dans sa passion du jeu qui est une autre manière de nier le temps. Il revit également à travers ses dialogues rapides et spirituels, son imagination débridée et sa célèbre spontanéité.

Or, ce récit et le sentiment d'immédiateté qui s'en dégage ont en réalité été élaborés plus de trente ans après les événements narrés. Pour montrer l'art de la composition à l'œuvre dans le récit, je prendrai comme exemple son évasion de la prison vénitienne des Plombs, récit de suspense mené de main de maître, et par conséquent particulièrement apte à montrer le travail de l'écriture. Je commence par l'observation qu'une telle évasion n'est pas seulement extrêmement improbable et dangereuse à exécuter, mais tout aussi difficile à narrer dans le genre autobiographique : pour préserver la tension, le narrateur doit en effet donner au lecteur une impression de risque, il doit construire l'incertitude quant à son succès. Or, cette tache, difficile déjà pour le romancier, l'est encore plus pour l'autobiographe dont – à la différence du héros du roman – on sait qu'il a réussi dans son évasion. Il s'agit donc de créer l'impression d'incertitude alors que le résultat est déjà connu : le lecteur du *Comte de Monte Cristo*, tout en se doutant bien que le héros d'Alexandre Dumas survivra, ne sait pas s'il réussira à s'enfuir de prison. Par contre, en lisant l'*Histoire de*

5 Kavanagh, Thomas M., « Casanova's Autobiography of Chance », *Chance, Culture and the Literary Text*, éd. Th. Kavanagh, Ann Arbor, Michigan Romance Studies, 1994, p. 152-153, ma traduction.

ma vie, il en est certain. Mais le personnage – le jeune Casanova – lui, ne le sait pas. Pour nous mettre au milieu de son histoire, le narrateur doit donc représenter son désarroi et son angoisse passée, autrement dit recréer dans son passé l'ouverture du présent à tous les possibles.

Pour ce faire, il puise en même temps dans le passé, antérieur, et le futur postérieur à son emprisonnement pour montrer ses causes. Par ailleurs, il veut présenter l'aveuglement à cet égard de son protagoniste qu'il présente comme un jeune étourdi envers qui il garde une distance ironique. En se représentant, il doit donc estomper sa connaissance de l'avenir et sa perspective sur le passé pour représenter son état d'esprit d'alors. Son talent consiste dans la capacité d'effectuer en même temps les deux mouvements opposés impliqués dans l'acte de « re-présenter » : faire surgir le présent tout en l'imbriquant dans une continuité temporelle qui le travaille, mais qui ne l'informe pas. J'en donne un exemple : avant le récit de l'arrestation, le narrateur récapitule toutes les causes plausibles de son arrestation. Son développement est informé par des détails qu'il n'a pu savoir qu'après son évasion, certains pas avant son retour à Venise, détails dont il spécifie qu'il ne les connaissait pas à l'époque du récit. Il commence plusieurs paragraphes par « mon lecteur peut se souvenir » ou « dans ce même temps », pour donner à son récit une cohésion et énumérer toutes les causes qui ont pu mener le tribunal de l'Inquisition à l'accuser[6]. Mais, il prend soin de spécifier qu'il n'en savait rien à ce moment. Ainsi, il écrit :

> Dans ce même temps un certain Manuzzi, metteur en œuvre [orfèvre] de son métier, et alors espion des inquisiteurs d'État, à moi inconnu, lia connaissance avec moi me flattant de me faire donner à crédit des diamants sous certaines conditions, qui m'engagèrent à le recevoir là où je demeurais. Regardant plusieurs livres que j'avais par-ci par-là, il s'arrêta à des manuscrits qui traitaient de magie. Jouissant de son étonnement, je lui ai fait voir ceux qui apprenaient à faire connaissance avec tous les esprits élémentaires[7].

On voit ici la superposition de deux temporalités (l'orfèvre d'alors et l'espion qui ne fut connu au narrateur que plus tard) et de deux instances narratives : d'une part le personnage désirant impressionner l'orfèvre dont il attend un crédit par ses capacités de magicien qui sont impliquées par la possession et la connaissance de livres de magie ;

---

6 Casanova, Jacques, *Histoire de ma vie*, Paris, Gallimard, 2013, vol. I, p. 892.

7 *Ibid.*, vol. I, p. 892-893.

d'autre part le narrateur qui constate avec ironie sa naïveté passée. Le paragraphe suivant que je cite le représente comme encore plus ridicule puisqu'il se vante de livres qu'il méprise, sans montrer d'aucune manière qu'il les méprise : « Le lecteur peut bien se figurer que je méprisais ces livres, mais je les avais ». Les événements qui précèdent le récit de son arrestation – telle cette visite de l'espion – sont donc une explication. Ils sont un passé qui intervient dans le moment raconté mais qui est enrichi par la connaissance future du narrateur et par sa moquerie envers le personnage qui se vante à tort et à travers devant l'espion, « jouissant de son étonnement. » Mais ce passé est en quelque sorte effacé par la perspective narrative qui se focalise sur le personnage.

Voici donc l'exemple d'un passé composé de différentes couches textuelles qui, tout en le présentant comme le point zéro de la narration – en d'autres termes en le présentifiant – l'enrichissent de nombreux éléments accumulés bien après l'emprisonnement et l'évasion de Casanova, certains même au moment de l'écriture. Ces strates plus tardives sont souvent marquées dans le texte explicitement, comme c'est le cas pour l'information suivante : « Un secrétaire d'ambassade me dit quelques années après qu'un dénonciateur m'avait accusé, ayant deux témoins, de ne croire qu'au diable. Ils certifiaient que quand je perdais mon argent au jeu, moment dans lequel tous les croyants blasphémaient Dieu, personne ne m'entendait faire des exécrations que contre le diable[8]. » Cette précision introduit par ailleurs dans le récit qui s'assombrit progressivement une note plus légère car on voit que l'information lui a été donnée comme anecdote amusante lors d'une occasion sociable, et qu'elle rend l'accusation, ainsi que sa victime, quelque peu comiques. Ce qui, bien sûr, est le but constant quoique discret de Casanova narrateur qui en racontant sa vie veut « donner un noble sujet de rire à la bonne compagnie » qui l'écoute[9].

Le suspense se prépare donc déjà dans l'accumulation des raisons possibles de son arrestation, toutes valables selon le narrateur, mais toutes négligées par le personnage. Le sentiment du malheur qui menace se renforce par les répétitions dont voici encore un exemple :

> Depuis deux ou trois semaines, plusieurs personnes, auxquelles je devais croire, me disaient d'aller faire un voyage en pays étranger, puisque le Tribunal s'occupait de moi. C'était tout dire [...] ; mais je méprisais tous les avis.

8 *Ibid.*, vol. I, p. 893.
9 *Ibid.*, vol. I, p. 6.

> Si je leur avais fait attention, ils m'auraient inquiété, et j'étais ennemi des inquiétudes. Je disais que n'ayant pas des remords, je ne pouvais pas être coupable, et que n'étant pas coupable, je devais ne rien craindre. J'étais un sot. Je raisonnais comme un homme libre[10].

De nouveau, la présentation de l'état d'esprit de son personnage est complexe puisque le narrateur se moque de lui, tout en expliquant bien son raisonnement, et tout en critiquant le monde où raisonner « comme un homme libre » équivaut à raisonner en sot.

Le récit avant l'arrestation abonde en ce type d'anecdotes, menant à « surcharger » le protagoniste de chefs d'accusation qui peut-être ne l'étaient pas en réalité, par exemple la jeune comtesse Bonafede qui était devenue folle et qui, sans aucune faute de Casanova, « sortit toute nue courant dans la place de Saint-Pierre et demandant à ceux qu'elle rencontrait » de la conduire chez lui[11]. Le narrateur raconte cet épisode rappelant qu'il était arrivé un an auparavant, mais il conclut que ce fait avait été « remis au jour dans le fatal mois de juillet de cette année 1755. Tous les nuages noirs et épais s'accumulèrent sur ma tête pour me frapper de la foudre[12] ». Pendant une dizaine de pages, le récit énumère les raisons qui « s'accumulent » sur sa tête et réaffirme à chaque fois son inconscience, jusqu'à la dernière entrevue avec son protecteur, le sénateur Bragadin, où Casanova refuse ses recommandations expresses de quitter Venise pour un temps, ou du moins de coucher dans son palais, inaccessible au tribunal. Ce dernier verse alors des larmes, prononce le dicton *Fata viam inveniunt*, et prédit qu'ils ne se reverront peut-être plus jamais, ce que le narrateur confirme : « sa prédiction s'avéra. Je ne l'ai plus revu. Il est mort onze ans après[13] ». Le pathos de cette narration est rehaussé par la description simple, nue, de ses derniers actes : Casanova rentre chez lui, il se couche. On voit que cette composition augmente le suspense et le pathos, tend l'intrigue et prépare l'impact de l'arrestation.

La chronologie, ainsi que le récit du passé cèdent donc le pas aux objectifs du récit, au suspense qui continue à se construire dans le contraste entre les nuages qui s'accumulent et le regard clair du personnage. Cette configuration consiste à rendre le moment narré véritablement semblable

10 *Ibid.*, vol. I, p. 894.
11 *Ibid.*, vol. I, p. 896.
12 *Ibid.*
13 *Ibid.*, vol. I, p. 900.

au présent dans toute son indécidabilité, et son ouverture aux possibles. Je me propose de continuer à la suivre.

Le lendemain de son entrevue avec Bragadin, le 25 juillet 1755, Casanova est arrêté à l'aube et placé dans l'affreuse prison « sous les Plombs » sans savoir de quoi il a été accusé, quand il sera libéré, ni s'il le sera jamais. Le temps passe. Pendant quelque temps, il espère dans le vide : « j'ai poursuivi dans cet état me flattant tous les jours d'être renvoyé chez moi : je ne me couchais jamais sans une espèce de certitude qu'on viendrait le lendemain me dire que j'étais libre[14] ». Cette certitude est repoussée de jour en jour, pour se fixer sur la fin du mandat des inquisiteurs actuels, un moment qui lui paraît « infaillible parce que naturel ». Cette nuit-là, Casanova ne peut s'endormir et, quand il comprend le lendemain que rien n'a changé, il entre dans une rage et un désespoir qui durent cinq ou six jours. Alors lui vient l'affreuse pensée « que par des raisons que je ne pouvais pas deviner, on eût décidé de me tenir là pour tout le reste de mes jours ». Mais il réalise aussi qu'il est « le maître de n'y rester que très peu de temps d'abord que j'eusse pris le parti de me procurer la liberté au risque de ma vie. Ou l'on m'aurait tué, ou j'en serais venu à bout. [...] cette pensée devint mon unique[15]. » Casanova décide donc de s'enfuir.

À partir de ce moment qui est désigné comme un tournant, deux possibilités s'ouvrent devant lui – la fuite ou la mort – et le récit s'organise différemment. Le temps n'existe plus comme *chronos*, temps régulier, mesuré et long, auquel on ne peut assigner d'autre sens que de « passer » ou d'accumuler des changements imperceptibles. Il se transforme en une attente du moment propice, de l'occasion qu'il faut saisir, ce que les Grecs anciens ont pu appeler le *kairos*. Seules les chances de réussite de sa fuite projetée engagent la pensée du personnage. La question qui le hante est dorénavant celle d'être préparé et de saisir le moment propice, la bonne « combinaison » selon ses termes. Le récit, de même, arrête de marquer le temps, et se tourne vers la description de la prison, la préparation d'outils et de plans d'évasion, une attente cette fois-ci orientée vers un but et non un vain espoir. La temporalité chronologique se gomme encore davantage dans la représentation du présent ressenti par le personnage.

14 *Ibid.*, vol. I, p. 914,.
15 *Ibid.*, vol. I, p. 916.

Sa décision de fuir aplatit la temporalité de la même manière que le font les jeux de hasard, autre point d'affect intense pour Casanova. Dans le jeu comme dans le désir de fuite, la logique du temps se transforme en supputation de chances. La durée est mise à plat dans une synchronie qui ouvre constamment vers deux issues à possibilité égale : gagner ou perdre, la fuite ou la mort. Il faut noter d'ailleurs que le temps semble s'allonger infiniment dans le récit jusqu'au moment où Casanova opte pour la fuite. À ce moment, il regagne la raison qu'il était en train de perdre à son avis, et la concentre sur cette seule issue. La situation ressemble en réduction au pari pascalien : choisir la fuite signifie qu'on gagne plus (la liberté) mais on risque aussi davantage (la vie), alors que de rester en prison mène à une captivité à durée indéterminée mais sans risque. Ceci est préconisé à Casanova par d'autres prisonniers qui l'engagent à ne pas fuir ; mais l'ignorance de la durée de sa captivité – peut-être à vie – l'empêche de considérer tant soit peu cette option.

Confronté ainsi à l'issue binaire (fuite/mort), comme au jeu, le passage du temps perd toute valeur pour celui qui parie. D'une certaine manière, le temps (chronos) s'arrête et les « combinaisons » qui permettront la fuite règnent. En mathématiques, on appelle cela un processus stationnaire, autrement dit qui n'évolue pas avec le temps. La structure du pur jeu de hasard, tel pile ou face, constitue un processus stationnaire. Le jeu met aussi en œuvre une autre propriété qui concerne la temporalité, nommée la chaîne de Markov où la prédiction du futur à partir du présent n'est pas rendue plus précise par des éléments d'information supplémentaires concernant le passé, car toute l'information utile pour la prédiction du futur est contenue dans l'état présent du processus. On peut l'appeler un système qui n'a pas de mémoire[16].

Illustrons ceci par l'exemple du jeu de hasard, tel le pharaon que Casanova affectionnait : si le joueur continue à investir le même montant au long de la partie, le fait d'accumuler des gains n'influence en rien le résultat du jeu, et l'expérience acquise au cours de la partie ne dit rien sur son issue. Le fait de jouer pendant une heure ou 50 heures d'affilée (ce que Casanova fit une fois, à l'occasion d'un pari), n'augmente en rien les chances de gagner. On appellera ce jeu « stationnaire », car dans la logique pile ou face qui le

16 Le processus ou la chaîne de Markov est un type de relations où la loi de probabilité dépend non de toute évolution antérieure du système, mais d'une valeur prise à un instant déterminé. *Cf.* Grand Larousse encyclopédique.

mène, le temps disparaît comme élément à prendre en considération. La durée du jeu n'apporte rien au joueur. L'histoire passée ne lui enseigne rien. À chaque coup, il a une chance égale de gagner ou de perdre.

Comme dans le jeu ou dans la vie où le passé ne lui apprend rien, le temps passé en prison ne donne à Casanova aucun avantage pour son évasion, il ne gagne rien à l'accumuler. Les chances de fuite ne s'accroissent ni ne diminuent avec le temps. Il s'agit plutôt de trouver le moment propice. Pendant qu'il s'évertue à creuser sous son lit un trou, ayant auparavant soigneusement forgé un outil, Casanova dirige donc une partie importante de son énergie à chercher, appeler, deviner ce moment. Sa narration n'incorpore plus son passé, comme c'était le cas avant l'arrestation, ou même au début de son emprisonnement, car ceci ne sert en rien à éclairer le projet d'évasion. Elle se concentre sur les différents aspects du projet, et les distractions que Casanova s'octroie pour ne pas devenir fou car, comme il le constate, « une cervelle toujours fixe à une même pensée peut donner dans la folie[17] ». Les actes quotidiens sont préparés et narrés souvent dans la perspective de l'avenir. Par exemple, avant de se mettre à l'œuvre, Casanova feint un saignement de poumons pour faire croire qu'il est allergique à la poussière et empêcher qu'on ne balaye régulièrement sous son lit. Lorsqu'il y réussit, il constate :

> J'avais gagné un grand point ; mais le temps d'entamer mon ouvrage n'était pas encore arrivé [...]. Mon entreprise exigeait un esprit prévoyant, déterminé à éviter tout ce qui pouvait être prévu facilement, et hardi, et intrépide pour se livrer au hasard dans tout ce qui malgré que prévu pouvait ne pas arriver. La situation de l'homme qui doit en agir ainsi est fort malheureuse ; mais un juste calcul politique instruit que pour le tout *expedit* risquer le tout[18].

On voit ici une concentration intense sur les chances de réussite. Casanova déclare qu'il est impossible d'en estimer la probabilité, et qu'il faut se livrer au hasard. Lorsqu'il parle ici de « calcul politique, » il se réfère sans doute à l'extension du calcul de probabilité au domaine politique[19]. Il raisonne donc en termes de calcul de risques. Sa logique

---

17 Casanova, Jacques, *op. cit.*, vol. I, p. 931.

18 *Ibid.*

19 Le terme « calcul politique » dans un sens qui rapproche le calcul des probabilités et la théorie politique est utilisé par exemple dans le *Traité sur la finance. Ouvrage utile aux Anglais, Français, Autrichiens, Hollandais, aux Politiques, Négociants et à tous autres Citoyens*, Londres, 1784, sans nom d'auteur. Un ouvrage du mathématicien de Moivre, écrit en

suit celle, spécifique, des jeux de hasard, qui combine d'une part le calcul de probabilités (dont l'apport est d'ailleurs très limité, car il ne peut rien prédire sur chaque « coup », bien qu'il calcule les probabilités statistiques de gagner) et d'autre part l'intuition, que nous pourrions également appeler « superstition » ou encore « pensée magique ».

Devant l'incertitude, Casanova commence alors à invoquer désespérément un oracle pour déterminer la date de son évasion, en même temps qu'il en prépare minutieusement les détails. Ses préparatifs relèvent de la raison et de la science, et consistent en un astucieux bricolage basé sur ses connaissances en chimie, en physique et même en histoire. Mais en ce qui concerne le moment propice, le *kairos*, celui-ci dépend d'autres considérations : se rendre la Fortune propice, savoir interpréter les signes du destin. Et ainsi, Casanova, celui-là même qui ne croit pas au destin, se lance à la recherche d'augures. Il est conscient néanmoins que ceci ne marche que pour celui qui y croit, ainsi qu'il l'affirme souvent.

À l'occasion de Pâques, un jésuite venu le confesser l'étonne par une « espèce de prophétie » : « Sachez, lui dit-il, que vous ne sortirez jamais d'ici que le jour dédié au saint votre patron[20] ». Ces paroles font une impression « incroyable » sur Casanova qui ne peut plus les oublier et qui, sur plusieurs pages, déroule devant le lecteur son raisonnement sur les saints possibles et les dates qui y correspondraient, ainsi que sa désillusion au fur et à mesure que ces dates passent. « Malgré cela, note le narrateur, la prophétie du jésuite s'avéra. Je suis sorti de là le jour de la Toussaint, comme le lecteur verra[21] ».

Entretemps, cette recherche du moment propice continue à obséder Casanova. Lorsque son premier projet de fuite échoue parce qu'en le faisant déménager dans une autre cellule les gardiens découvrent le trou, il s'imagine que Dieu le punit « de ce que m'ayant laissé le temps d'achever mon opération, j'avais abusé de sa grâce en tardant trois jours à me sauver[22] ». Mais il justifie son choix de date par la raison, ajoutant : « pour brusquer ma raison [...] il m'aurait fallu une révélation[23] ».

---

anglais et considéré comme le premier manuel en probabilités parle de « calcul moral » : De Moivre, Abraham, *The doctrine of chances : or, a method for calculating the probabilities of events in play*, London, W. Pearson, 1718.

20 Casanova, Jacques, *op. cit.*, vol. I, p. 938.

21 *Ibid.*

22 *Ibid.*, vol. I, p. 949.

23 *Ibid.*

Cette révélation fait l'objet du récit subséquent. Casanova élabore un second projet d'évasion : ayant fourni son outil à un autre prisonnier, le prêtre Balbi, il établit avec lui une correspondance et il l'instruit de creuser un trou au plafond de sa propre cellule pour pénétrer jusqu'à la sienne et s'échapper ensemble par le toit. Parmi les innombrables obstacles à surmonter était le découragement de Balbi, qui lui répétait dans chaque lettre qu'ils ne réussiraient pas. Casanova lui répondait qu'il était « sûr du contraire », mais il avoue au lecteur qu'il en était bien loin : « mais il fallait en agir ainsi ou abandonner le tout[24] ». Il ajoute : « J'avais lu et appris sur le grand livre de l'expérience qu'il ne fallait pas consulter sur les grandes entreprises mais les exécuter sans contester à la fortune l'empire qu'elle a sur tout ce que les hommes entreprennent[25] ».

Il appelle cette connaissance intuitive les « hauts mystères de la philosophie morale[26] ». Alors que le trou est presque fini et qu'il doit lancer le signal de la fuite, il ne sait pas comment choisir entre trois dates possibles qu'il avait déterminées en raisonnant. Puis, en généralisant, il constate que l'homme en prison « ferait tout au monde pour savoir le temps précis dans lequel [sa fuite] arrivera ; mais il n'y a personne qui puisse savoir dans quel instant un fait [...] arrivera [...]. L'homme néanmoins devenu impatient, et faible parvient à croire que l'on puisse par quelque moyen occulte découvrir ce moment. [...] il n'hésite pas à consulter le sort, disposé ou non à croire infaillible tout ce qu'il peut lui dire[27]. » Son anxiété au comble, Casanova va alors jusqu'à se faire à lui-même la pyramide de chiffres qu'il avait toujours déclarée une imposture absolue, afin de découvrir le moment propice. Racontant les détails, alors même qu'il n'y croit pas, il invite le lecteur à se mettre dans son état d'esprit extrême menant à une crise psychique. Dans une digression, il l'assure que la date qu'il s'était prophétisée s'est avérée juste, tout comme en fin de compte la prévision du jésuite (car c'était la Toussaint, fête de tous les saints possibles qui protègent Casanova), tout en niant que ceci implique une superstition de sa part. Plutôt, soutient le narrateur, c'est en croyant en la prédiction qu'il a fait tout ce qu'il

24 *Ibid.*, vol. I, p. 963.

25 *Ibid.*

26 *Ibid.*

27 *Ibid.*, vol. I, p. 971.

fallait pour qu'elle se réalise. « Ce ne sont pas les prédictions qui font arriver les faits, mais les faits qui en arrivant rendent à la prédiction le service » conclut-il sur les rapports entre la chance et les événements, et entre l'avenir (prédit) et le présent (passé)[28].

Cette inversion entre le présent et l'anticipation, cette substitution d'une logique binaire et répétée à la temporalité chronologique, est sans doute ce qui compose le passé narré par Casanova dans lequel, selon la juste formulation de Thomas Kavanagh, « bien que ce soit l'histoire d'un passé révolu, chaque moment est insufflé de l'ouverture, des attentes, et du suspense d'un présent dont la forme et l'issue sont incessamment sujettes au jeu du hasard[29] ».

Malina STEFANOVSKA
University of California Los Angeles

28 Casanova, Jacques, *Histoire de ma vie*, première version, biffée, *op. cit.*, p. 972, a.
29 Kavanagh, Thomas M., *op. cit.*, p. 155.

« JE VOIS ENCORE »

Un passé toujours présent chez plusieurs femmes mémorialistes de la Révolution, de Mme Campan à Mme de Chastenay

Même si pour certaines le passage à l'écrit sera l'occasion d'une interrogation sur soi, la plupart des femmes mémorialistes de la Révolution écrivent, comme leurs prédécesseurs, non pour s'épancher mais pour faire comprendre, dans une démarche où c'est leur qualité de témoin qui les habilite à raconter l'événement. Nombre de passages sont gouvernés par un « je vis » solennisé par le savoir rétrospectif tragique de la mémorialiste et du lecteur. Il arrive de manière rare, mais remarquable, que ce « je vis » se mue en « je crois voir encore » ou même « je vois encore ». Le passé fait irruption dans le présent de l'écriture. Sont ainsi isolées dans le corps du texte des scènes plus frappantes qui semblent avoir un statut mnésique bien particulier. Je me propose d'étudier la portée de ces moments où le passé surgit, ainsi que ce qu'ils révèlent d'un certain rapport au passé.

Tous les Mémoires sont fondés sur le présupposé que celui qui raconte se souvient de l'essentiel de ce qu'il va raconter, avec des degrés divers dans l'immédiateté du témoignage : il a pu voir, de plus ou moins près, entendre, entendre raconter, voire lire ce qu'il relate. Rien n'oblige en réalité à ce que le souvenir soit précis. Mme de La Tour du Pin reconnaît, au seuil du *Journal d'une femme de cinquante ans*, que « le grand nombre d'années qui s'est écoulé depuis le temps que je voudrais peindre, transforme cette époque, pour moi, en une généralité purement historique, dans laquelle le souvenir des individus s'est effacé pour ne laisser dans mon esprit qu'une impression d'ensemble[1] ». Les variations

1 La Tour du Pin, Henriette Lucy Dillon, marquise de, *Mémoires de la marquise de La Tour du Pin*, éd. C. de Liedekerke Beaufort, Paris, Mercure de France, « Le temps retrouvé », 1979, p. 46.

de la mémoire expliquent les amorces apparemment superflues dont sont parsemés certains Mémoires : « Je me souviens que », « J'ai vu », « Je vis », autant de formules qui réaffirment la promesse d'authenticité donnée par le titre, mais qui impliquent en même temps une gradation. « Je vois encore » en est le degré suprême, où le souvenir s'abolit en tant que tel, au profit d'un contact direct et extraordinaire avec le passé.

En vertu de ce qui n'est paradoxe qu'en apparence, ces témoins d'un passé qui plus qu'à tout autre époque, semble séparé de leur présent, persistent à dire qu'elles n'oublieront « jamais » Marie-Antoinette, la guerre de Vendée, l'enfance à Versailles, les scènes révolutionnaires. Henri Rossi parle à propos des Mémoires féminins de cette période d'une élaboration de mythes familiaux, personnels, ou collectifs[2]. Cette élaboration permet sans doute d'exprimer des souvenirs difficiles : le passé est lointain ; il est aussi douloureux. « Tous ces souvenirs sont affreux ; nous avons peine à croire qu'ils nous sont personnels et que nous ayons pu tant souffrir », écrit Mme de Chastenay[3]. Il est douloureux, d'une certaine manière, même quand il est heureux, puisqu'en ce cas il forme souvent contraste avec les événements qui ont suivi. Dans un cas comme dans l'autre, la remémoration s'effectue sous le signe de la sensibilité et du pathétique. Cette tendance est inséparable de la situation particulière de ces œuvres dans l'histoire des idées et de la littérature : la nostalgie pour la jeunesse exprimée par Rousseau, dont on hérite, presque quoi qu'on en ait, au début du XIXe siècle, redouble d'une certaine façon la tristesse « historique » face aux bouleversements politiques. À ces déchirures s'ajoutent les deuils personnels. La formule qui m'intéresse aujourd'hui occupe une place éminente dans cette écriture pathétique. Le *je vois* (ou *j'entends*, ou *je sens*) *encore* apparaît comme la formulation sensible, en quelque sorte, d'un « je n'oublierai jamais ». Certes, dire « je vois encore » n'apporte au fond qu'une gradation, une sorte de qualité supplémentaire de clarté, à ce qui serait le souvenir plus neutre, de degré zéro. La tournure implique une sorte de redondance, dont néanmoins l'expression ne va pas de soi. Le passé prolongé par le souvenir se donne ici comme intact et comme irrépressible.

---

2 Rossi, Henri, *Mémoires aristocratiques féminins, 1789-1848*, Paris, Honoré Champion, « Les Dix-huitièmes siècles », 1998.

3 Chastenay, Victorine de, *« Deux révolutions pour une seule vie », Mémoires*, 1771-1855, Paris, Tallandier, « La bibliothèque d'Évelyne Lever », 2009, p. 241.

Certaines de ces entreprises d'écriture s'inscrivent ainsi dans une tension entre douleur de la remémoration et puissance irrésistible du souvenir. Les formules en « encore » introduisent une sorte de trouble temporel qui n'est pas sans réfléchir le trouble profond du témoin, et jouent ainsi un grand rôle dans l'image du moi qui se constitue peu à peu, en mettant en scène un *je* bouleversé.

Ce bouleversement même, avec la sensibilité qu'il implique, permet d'exprimer de manière particulièrement forte l'hommage – notamment en créant une image pathétique de la reine – ou de mettre à l'honneur des membres de la famille ou des amis. Les « je vois encore » trouvent leur place dans la dimension épidictique des Mémoires.

De manière plus profonde, ils contribuent à sacraliser le passé qui est évoqué, en l'immobilisant dans une vision en quelque sorte sublime. Ils apportent une réponse au problème qui se pose à ces mémorialistes témoins d'événements qu'on voudrait à la fois oublier et préserver, en ouvrant une voie au récit de l'indicible, et soulignent ainsi au cœur des textes la question de la puissance ou de l'impuissance de l'écriture face au passé.

LE *JE* BOULEVERSÉ

La place accordée au *moi* dans des Mémoires est déterminante pour la tonalité de l'œuvre, et pour la vision que le texte propose de ses rapports avec la grande Histoire. La formule que j'étudie ici renforce la crédibilité du témoin, en lui donnant une légitimité incomparable. Elle infléchit en même temps le rapport du témoin à son passé en faisant de lui une sorte de victime du souvenir, et non le principe agissant de la remémoration. Enfin le type de souvenir qu'elle désigne peut, chez certaines de nos prosatrices, servir d'instrument de la connaissance de soi et mettre le *je* au centre même du récit.

Le témoin se voit accrédité dans tout ce qu'il dit ailleurs par ces moments où l'écriture réactive un passé dont il est le dépositaire. Mme Campan en fait un principe d'écriture lorsqu'elle déclare, en racontant l'année 1790, c'est-à-dire assez avant dans son récit : « J'ai lu un si grand nombre de ces mémoires [adressés au roi] que j'en rendrais un compte peu fidèle et je ne veux consigner dans cet écrit que les événements dont j'ai été témoin, ou les paroles dont, malgré le laps de temps, le son retentit encore à mes oreilles[4] ». On peut voir, du reste, dans la fréquence de scènes rapportées chez elle au discours direct, l'application de cette volonté ou du moins un choix stylistique propre à l'accommoder.

Des anecdotes accessoires, du registre des « choses vues », peuvent bénéficier de cette assurance du souvenir impérissable. Presque toutes les mémorialistes décrivent de la sorte des personnages célèbres qu'elles ont rencontrés. La formule, qui s'intègre alors dans une description circonstanciée, souligne la légitimité du témoin. C'est le cas lorsque Mme de La Rochejaquelein rapporte une rencontre avec le chevalier d'Éon : « Il me semble encore voir cette étrange figure. Il portait une robe noire avec un grand bonnet qu'on appelait une baigneuse ; il était affreux, sous cette coiffure[5]. » Pourtant cette mémorialiste est peu coutumière de ces évocations vivaces. Mme de Boigne, plus régulièrement impressionnée, rappelle les moments passés avec Madame Adélaïde :

> Rentrés au château, je disputais à *Vizir* sa niche de velours rouge qu'il me laissait plus volontiers usurper qu'il ne m'abandonnait les gaufres qu'on écrasait pour nous sur le parquet. Souvent, la bonne princesse se mettait à quatre pattes et courait avec nous pour rétablir la paix ou obtenir le prix de la course. Je la vois encore avec sa grande taille sèche, sa robe violette (c'était l'uniforme de Bellevue) à plis, son bonnet à papillon, et deux grandes dents, les seules qui lui restassent. Elle avait été très jolie mais, à cette époque, elle était bien laide et me paraissait telle[6].

On voit comment notre formule participe de l'établissement et de la réaffirmation au fil du texte du pacte entre le lecteur et le mémorialiste,

---

4 Campan, Henriette, *Mémoires de Madame Campan, Première femme de chambre de Marie-Antoinette*, éd. J. Chalon et C. de Angulo, Paris, Mercure de France « Le Temps retrouvé », 1988, p. 314. Sur les conditions d'écriture du texte, et les diverses visées de l'écriture chez Mme Campan, voir Haroche-Bouzinac, Geneviève, « Mémoire et temps dans les récits autobiographiques de Madame Campan », *Le Temps des femmes. Textes mémoriels des Lumières*, dir. A. Coudreuse et C. Seth, Paris, Classiques Garnier, « Rencontres » 7, 2014, p. 207-222.

5 La Rochejaquelein, Marie-Louise-Victoire Donissan marquise de, *Mémoires de la marquise de La Rochejaquelein*, éd. A. Sarazin, Paris, Mercure de France, « Le Temps retrouvé », 1984, p. 71.

6 Boigne, Adèle d'Osmont, comtesse de, *Mémoires de la comtesse de Boigne*, Paris, Mercure de France, « Le Temps retrouvé », 1999, t. I, p. 83.

témoin de l'histoire jusque dans ses détails. Elle est d'ailleurs d'autant plus importante que ce témoin n'a pas tout vu.

Mais elle le fait en conférant à celle qui écrit une identité troublée. Ce n'est pas dans la calme contemplation du passé que plongent en général les scènes qui sont *encore* présentes, dans l'abolition de la distance temporelle, puisqu'elles redoublent le saisissement initial. Lorsque Mme Campan évoque la cellule de Marie-Antoinette, le *je* en proie au souvenir est contraint à demeurer dans le malheur : « Je crois voir encore, je verrai toujours cette petite cellule des Feuillants [...] d'où cette souveraine détrônée nous tendit les bras[7] ». La formule initiale exprime la quintessence de la posture mémorielle tragique qui est celle de la femme de chambre de Marie-Antoinette : « L'histoire de madame Campan à la cour de Louis XV et de Louis XVI ne peut se raconter qu'à partir d'une fin malheureuse et du point de vue des victimes, dont la sœur de la narratrice a fait partie. La force d'un dénouement, connu de tous, télescope les épisodes et abolit quasiment toute notion de durée », écrit Geneviève Haroche-Bouzinac[8]. De même, l'horreur de la guerre de Vendée se prolonge aux dépens d'un témoin ébranlé jusque dans le moment de l'écriture, dans l'évocation par Mme de La Rochejaquelein de la traversée de Pontorson : « dans cette ville on ne voyait que morts, ma voiture passait dessus, il était nuit, nous sentions les secousses, et les roues cassaient les os de ces cadavres : ce bruit horrible ne me sortira jamais de la tête[9] ». Le trouble est affectif et narratif, puisque cette sorte de souvenir confond le passé et le présent, et a vocation à perdurer dans le futur. Beaucoup plus que des scènes en réalité comparables, mais qui ne bénéficient pas de la même présentation, celles-ci sont isolées dans la narration par leur statut temporel singulier. Elles se répercutent sur l'image du *je* qui s'ébauche peu à peu, en faisant de la mémorialiste rescapée de la Révolution sans y avoir vraiment échappé, une personnalité susceptible à tout moment d'être saisie par le passé et qui vit pour ainsi dire dans son ombre. Mme de Chastenay, bien moins opposée à la Révolution que les mémorialistes de l'entourage de Marie-Antoinette, construit d'elle-même à travers les résurgences bouleversantes du passé, une image tout aussi troublée : « Je le vois encore, j'entends ses effrayants

7 Campan, Henriette, *op. cit.*, p. 430.

8 Haroche-Bouzinac Geneviève, *loc. cit.*, p. 219.

9 La Rochejaquelein Marie-Louise-Victoire de, *op. cit.*, p. 332.

récits, mais il nous dit que mon frère vivait, et le lendemain dès le matin nous reçûmes une lettre de cette écriture si chère. Je vois encore mon père se jeter à genoux et élever cette lettre vers le ciel[10] ».

Comme on peut s'y attendre, les scènes si marquantes qu'elles sont à jamais imprimées sur la prunelle de celle qui les vécut, sont bien souvent des étapes importantes de sa vie. Mme Campan revit le moment où, la nuit du 10 août, elle sentit, dit-elle, « une main terrible s'enfoncer dans mon dos pour me saisir par mes vêtements ». Elle ne doit sa vie qu'à « une voix dont le son ne sortira jamais[11] » de sa mémoire. Plus originale pour sa prise en compte de la réminiscence involontaire, Mme de Lage retrouve intacte des sensations terribles éprouvées pendant qu'elle lisait *Gil Blas* : « J'ai entendu depuis lire *Gil Blas* chez ma mère, et à cet endroit, je retrouvai en moi toutes les impressions de terreur que j'avais éprouvées huit ou dix ans avant ; tout ce qui se passa dans ce moment se retraça dans ma mémoire[12]. »

De manière atypique dans le corpus, mais caractéristique de l'œuvre, le souvenir le plus vif pour Mme de La Tour du Pin est celui de l'achat de ses esclaves noirs en Amérique, par la joie que devait lui donner plus tard leur mise en liberté, et c'est là qu'intervient chez elle la mention du souvenir qui ne passe pas[13].

La permanence du souvenir, même quand il n'est pas aussi intense que celui qui se fait *encore* sentir, participe de la continuité de l'individu qui l'expérimente et sert à constituer son portrait. Nous sommes dans le droit sillage des leçons des *Confessions*, où Rousseau écrit : « Je sens en écrivant ceci que mon pouls s'élève encore ; ces moments me seront toujours présents quand je vivrais cent mille ans. Ce premier sentiment de la violence et de l'injustice est resté si profondément gravé dans mon

10 Chastenay, Victorine de, *op. cit.*, p. 186.

11 Campan, Henriette, *op. cit.* p. 422.

12 Lage de Volude, Béatrix-Étiennette Renart de Fuchsamberg d'Amblimont, marquise de, *Souvenirs d'émigration*, éd. L. de la Morinerie, Évreux, Auguste Hérissey, 1869, p. 51. Je remercie vivement Marc André Bernier de m'avoir indiqué cette œuvre. Mme de Lage de Volude rédige ses *Souvenirs d'émigration* en 1803 sous forme de cahiers envoyés à une amie, Mme de Montijo. On trouve une réminiscence semblable, auditive cette fois, p. 195.

13 « Pendant ce temps nous achetâmes un nègre, et cette acquisition, qui paraissait la chose du monde la plus simple, me causa un effet si nouveau que je me souviendrai toute ma vie des moindres circonstances de l'événement » ; « Je pense avec plaisir à ces braves gens. Après m'avoir bien servie, ils m'ont procuré, comme on le verra plus loin, ce que j'ai nommé, à juste titre, *le plus beau jour de ma vie* » (celui de leur affranchissement ; souligné dans le texte). La Tour du Pin, Henriette Lucy de, *op. cit.*, p. 202 et 205.

âme, que toutes les idées qui s'y rapportent me rendent ma première émotion [...][14] ». Mme Roland utilise sciemment le souvenir pour se connaître elle-même, dans une démarche introspective. Et c'est dans la droite lignée de ce désir de profiter du souvenir qu'elle s'examine enfant, dans un souvenir encore présent, pour en tirer des conclusions sur son caractère et un réconfort pour l'avenir : « Tous les détails de cette scène me sont aussi présents que si elle était récente ; toutes les sensations que j'ai éprouvées sont aussi distinctes : c'est le même roidissement que celui que j'ai senti s'opérer depuis dans des moments solennels ; et je n'aurais pas plus à faire aujourd'hui pour monter fièrement à l'échafaud, que je n'en fis alors pour m'abandonner à un traitement barbare, qui pouvait me tuer et non pas me vaincre[15]. » Le témoin se perçoit dans une continuité essentielle, ici profonde, parfois beaucoup plus superficielle, lorsqu'il s'agit de goûts ou de tendances. Mme de Boigne a tout oublié de sa traversée d'émigrante vers l'Angleterre, hors les « teintes grises et vertes » de l'océan. Elle date de ce moment sa préférence pour l'océan sur la Méditerranée. Pour présenter ce souvenir, elle n'indique pas qu'elle voit encore la scène, mais qu'elle se rappelle « l'impression » ressentie[16]. Mme de Lage, dans ses *Souvenirs d'émigration*, établit un lien entre des peurs durables et un voyage périlleux, en pleine tourmente révolutionnaire : « j'éprouvais une telle terreur qu'il m'en est resté une impression de tristesse et de malaise toutes les fois que depuis j'ai voyagé dans la nuit ou à la pointe du jour : cette humidité du matin, ce silence de la nature, ce sombre, me rappellent toujours ce malheureux voyage[17] ».

Souvent c'est en effet le sentiment qui perdure, et devient partie constitutive de l'être qui demeure sous son emprise[18]. Quand Mme de Tourzel écrit : « je n'oublierai jamais » ou « elle n'a pu s'effacer de mon cœur », elle parle des sentiments, et non de la scène. Toutes ces

14 Rousseau, Jean-Jacques, *Les Confessions*, éd. B. Gagnebin et M. Raymond, Paris, Gallimard, « Folio Classiques », 1997, p. 50.

15 Roland, Jeanne Marie, *Mémoires de madame Roland*, Paris, Mercure de France, « Le Temps retrouvé », 1966, p. 306. Il s'agit du début des *Mémoires particuliers*, plus « personnels » que les *Notices historiques* et les *Portraits* rédigés aussi en prison et que cette édition propose avec les *Mémoires particuliers* sous le titre général de *Mémoires*.

16 Boigne, Adèle de, *op. cit.*, t. I, p. 91.

17 Lage de Volude, Béatrix-Étiennette de, *op. cit.*, p. 48-49.

18 Tourzel, Louise Élisabeth, duchesse de, *Mémoires de Madame la duchesse de Tourzel, gouvernante des enfants de France de 1789 à 1795*, éd. J. Chalon, et C. de Angulo, Paris, Mercure de France, « Le Temps retrouvé », 1969, p. 227.

femmes se présentent comme douées d'une sensibilité extrême, dont la permanence du souvenir est un signe et, dans l'écriture rétrospective, une preuve. Le trouble constitutif de l'histoire personnelle fait foi de la permanence de la sensibilité, de la perpétuation d'un frémissement de tout l'être[19]. Au lecteur ce n'est pas réellement un miroir de l'histoire qui est tendu, mais un reflet de la personnalité de celle qui écrit. « Cette histoire, en un mot, acquiert l'épaisseur de retentissements affectifs toujours dynamiques[20]. »

L'HOMMAGE AU PASSÉ

Pour les mémorialistes du temps déchiré de la Révolution, ce n'est pas seulement la jeunesse qui s'en est allée, mais aussi l'ancien ordre ou celui dont on aurait rêvé : double deuil, qui s'ajoute aux deuils familiaux, et qui conditionne une mythification du passé. Les Mémoires rompent, à cette époque, avec le modèle de revendication aristocratique mis en évidence par Marc Fumaroli pour les Mémoires de l'Ancien Régime. À qui nos mémorialistes demanderaient-elles des comptes, puisque l'autorité a changé ? Aussi leurs ouvrages vont-ils s'infléchir dans le sens d'une écriture de l'hommage, où le bouleversement du *je* servira à magnifier ce qui a été perdu. Dans certains Mémoires, le passé est un refuge, plus sûr qu'un présent de l'écriture qu'on cherche à oublier, et l'hommage est porté au passé en tant que tel, comme moment heureux ; dans d'autres, héroïsés ou romancés, les disparus méritent qu'on les honore, ce à quoi la tournure du « je vois encore » offre une force particulière.

Dans la constitution de l'autoportrait, certaines scènes s'imposent comme des îlots de bonheur : un bonheur perdu, que le souvenir ressuscite de manière à auréoler le passé d'une sorte d'adoration. Nous sommes proches ici de Rousseau s'écriant à propos des moments agréables de sa jeunesse : « Ah ! leur seul souvenir rend encore à mon cœur une volupté pure dont j'ai besoin pour ranimer mon courage et soutenir les ennuis

19 C'est Mme Campan qui écrit qu'elle frémit encore, *op. cit.*, p. 291.

20 Zanone, Damien, *Écrire son temps. Les Mémoires en France de 1815 à 1848*, PU Lyon, 2006, p. 217.

du reste de mes ans[21] ». Mme Roland s'inspire de lui[22] et systématise d'ailleurs l'usage thérapeutique qu'elle fait des souvenirs quand elle se trouve malade[23]. L'écriture en prison ressortit à cette pratique, en allant plus loin puisque la vie par le souvenir s'y doit substituer à la vie actuelle, dans une œuvre qui est à la fois en prise sur le présent et en recherche d'évasion par le passé[24] : « Je me propose d'employer les loisirs de ma captivité à retracer ce qui m'est personnel depuis ma tendre enfance jusqu'à ce moment : c'est vivre une seconde fois que de revenir ainsi sur tous les pas de sa carrière, et qu'a-t-on de mieux à faire en prison que de transporter ailleurs son existence par une heureuse fiction ou par des souvenirs intéressants[25] ? » Tout aussi instruite et tout aussi sensible, cette autre « philosophe » qu'est Mme de Chastenay évoque de manière frappante un lever de soleil dont l'impression, si l'on en croit l'hyperbole, est à la fois initiale et indépassable :

> Je n'oublierai jamais ce voyage. D'abord à Brie-Comte-Robert, où nous passâmes au point du jour, en quittant Paris, je vis, je crois, pour la première fois le lever du soleil, et aucune impression n'a jamais effacé celle que je ressentis alors. Je vois encore ce spectacle enchanteur, je me reporte à cet instant unique où je crus assister la première à l'éveil de la création. Nous étions descendus de voiture ; le jour humide s'échauffait par degrés, l'aube bleuâtre se teignait de pourpre, l'atmosphère étincelait de moment en moment. Un jardin qui bordait la route était rempli de chèvrefeuille en fleur, dont le parfum me ravit encore ; les oiseaux gazouillaient, les maisonnettes s'ouvraient, tout commençait à vivre, et le ciel souriait à son ouvrage[26].

Les verbes renforcent l'image d'une création, d'un moment premier, et la cohésion des notations inchoatives fait échapper la description de cette scène champêtre à la banalité. La persistance des sensations visuelle et

21 Rousseau, Jean-Jacques, *op. cit.*, p. 183.

22 Voir Weerdt-Pilorge, Marie-Paule de, « Des *Confessions* à Madame Roland : réflexions sur Rousseau et ses rapports avec les mémorialistes », *Lectures de Jean-Jacques Rousseau. Sélections, mimétismes et controverses*, dir. A. Eche, Paris, Le Manuscrit Recherche-Université, « Réseau Lumières », 2013, p. 65-83.

23 « Du moment que je me mets au lit [...] je donne carrière à mon imagination ; j'appelle les impressions douées, les souvenirs agréables, les sentiments heureux : plus d'efforts, plus de calculs, plus de raison ; toute à la nature et, paisible comme elle, je souffre sans impatience ou me repose et m'égaye ». Roland, Jeanne Marie, *op. cit.* p. 73.

24 Voir la présentation qu'en donne Damien Zanone dans « Les Mémoires "philosophiques" de Mme Roland », *CAIEF*, n° 67, 2015, p. 301-310.

25 Roland, Jeanne Marie, *op. cit.* p. 306.

26 Chastenay, Victorine de, *op. cit.* p. 120.

olfactive va de pair avec une sorte d'immobilisation et de singularisation de l'instant (« je me reporte à cet instant unique »). Incomparable, le moment est aussi une expérience ultime, que l'écriture permet de rejouer, et l'on peut parler de sacralisation d'un souvenir. L'arrière-plan rousseauiste est indéniable.

Le plus souvent, la pieuse nostalgie qui s'exprime à travers l'expression du souvenir irréfragable constitue un hommage aux individus. Mme de Boigne et Mme Campan rédigent ainsi des souvenirs tout à fait comparables mettant en scène Marie-Antoinette :

> J'ai parfaitement présente une scène de cet été [1790]. Je n'avais pas vu la Reine depuis bien des mois. Elle vint à Bellevue sous l'escorte de la garde nationale ; j'avais été élevée dans l'horreur de cet habit. La Reine, je crois, était déjà à peu près prisonnière, car ce monde ne la quittait jamais. Toujours est-il que, lorsqu'elle m'envoya chercher, je la trouvai sur la terrasse entourée de gardes nationaux. Mon petit cœur se gonfla à cet aspect et je me mis à sangloter. La Reine s'agenouilla, appuya son visage contre le mien et les voila tous deux de mes longs cheveux blonds, en me sollicitant de cacher mes larmes. Je sentis couler les siennes. J'entends encore son « *paix*, *paix*, mon Adèle » ; elle resta longtemps dans cette attitude[27].

Nous donnant à voir une victime, puisque triste prisonnière, une femme que distingue non son rang, qu'elle semble dépouiller en s'agenouillant auprès de l'enfant, mais sa tendresse maternelle, Mme de Boigne alimente la galerie mémorialiste des portraits émouvants et idéalisés des souverains malheureux, où dominent la bonté, la simplicité, la sensibilité. Dans la meilleure tradition des Mémoires, les paroles peu nombreuses rapportées au discours direct au sein d'un récit qui les enclave prennent une gravité supplémentaire, ici attendrissante et noble à la fois. Leur mise en valeur par le « j'entends encore » permet d'isoler la scène comme une sorte de médaillon, un souvenir d'une essence supérieure aux autres.

Mme Campan évoque la reine sous les mêmes traits de simplicité, d'affection, de sensibilité, quand elle décrit Marie-Antoinette enfermée au Temple, à la fin des *Mémoires* :

> Je crois voir encore, je verrai toujours cette petite cellule des Feuillants, collée de papier vert, cette misérable couchette d'où cette souveraine détrônée nous tendit les bras en disant que nos malheurs, dont elle était la cause, aggravaient

27 Boigne, Adèle de, *op. cit.*, t. I, p. 96. Elle a huit ans en 1790.

> les siens propres. Là, pour la dernière fois, j'ai vu couler les pleurs, j'ai entendu couler les sanglots de celle que sa naissance, les dons de la nature et surtout la bonté de son cœur avaient destinée à faire l'ornement de tous les trônes et le bonheur de tous les peuples[28] !

L'hommage est appuyé, et il se charge parfois ainsi de l'expression d'un grief envers ceux qui ont commis l'irréparable, sans que cependant l'accusation ne prenne jamais le dessus sur la déploration. Si Mme Campan et Mme de Boigne se livrent à une élégie caractéristique de l'époque et du genre, où Henri Rossi comme Damien Zanone voient à juste titre une clef de lecture, d'autres mémorialistes insufflent à leurs hommages au passé d'autres inflexions. Chez Mme de La Rochejaquelein[29], l'anaphorique « je n'oublierai jamais » se lit, me semble-t-il, à la fois comme un douloureux enchaînement à un passé insupportable, et comme la fière affirmation d'un devoir mémoriel auquel elle s'engage, en une proposition qui souligne, adéquatement pour la femme de deux chefs vendéens, la fidélité. Le cas le plus original de l'hommage au passé est celui de Mme de Chastenay, qui fait de ses *Mémoires* un exercice de reconnaissance. Chaque souvenir est l'occasion de nommer ceux qui sont venus en aide à sa famille, dans une œuvre où ce sont les parents et le frère qui occupent la place centrale[30]. Les sentiments de douleur, de terreur, évoqués par les souvenirs irrépressibles, mettent en valeur par contrecoup le bonheur d'avoir survécu, et la gratitude envers les hommes et les femmes qui ont permis cette survie.

---

28 Campan, Jeanne Louise Henriette, *op. cit.* p. 430. Elle assortit son évocation de la conclusion suivante : « Il est impossible, quand on a vécu auprès de Louis XVI et de Marie-Antoinette, de n'être pas intimement convaincu, tout en rendant au roi la justice de ses vertus, que, si la reine eût été dès l'instant de son arrivée en France l'objet des soins et de la tendresse du prince imposant et sévère, elle n'eût fait qu'ajouter à l'éclat de son règne ».

29 Les *Mémoires* de Mme de La Rochejaquelein sont donnés comme le fruit d'une collaboration avec Barante, mais les critiques s'accordent aujourd'hui pour lui reconnaître un vrai statut auctorial. Sur cet ouvrage ainsi que les autres grands Mémoires de Vendéennes, voir la passionnante analyse de Cron, Adélaïde, « Les Mémoires des "Vendéennes" : un récit de guerre au féminin ? », *Itinéraires*, 2011-1, p. 45-63.

30 Par exemple et entre une multitude d'occurrences : « M. Michaud, directeur de la poste, recevra ici l'expression de ma gratitude la plus sincère. » (Chastenay, Victorine de, *op. cit.* p. 254).

PUISSANCE OU IMPUISSANCE DE L'ÉCRITURE ?

La mémorialiste voit, entend, sent encore la scène : est-ce à dire que le lecteur s'y croit transporté ? La formule du souvenir irrépressible est le lieu d'une feinte dans l'évocation du passé. Elle se donne pour modeste puisque le *je* ne prétend pas imposer son souvenir, mais le revendique au contraire pour exclusivement sien. Dire « je vois encore », c'est exclure le lecteur d'une remémoration intime et unique, et esquiver la description en faveur de l'expression du sentiment qui l'accompagne. L'effet en est hyperbolique. Avant Chateaubriand, qui résout le problème en le posant, les mémorialistes répondent ainsi à la question de la difficulté de l'écriture du souvenir telle qu'il la présente dans les *Mémoires d'Outre-Tombe* : « Si, d'après cette trop longue description, un peintre prenait son crayon, produirait-il une esquisse ressemblante au château ? Je ne le crois pas ; et cependant ma mémoire voit l'objet comme s'il était sous mes yeux ; telle est dans les choses matérielles l'impuissance de la parole et la puissance du souvenir[31] ! » Les auteurs de Mémoires sur la Révolution ont eu conscience de la distance entre les mots et les choses. Elles l'ont comblée en partie par l'hyperbole, souvent aussi par une immobilisation du passé en tableaux. En écrivant « encore » et en posant les sentiments au centre de remémoration, elles mettent à l'épreuve la puissance de l'écriture sensible du passé.

Nos mémorialistes se heurtent toutes à l'indicible. Le « je vois encore » est l'une des solutions stylistiques qu'elles y apportent, parmi d'autres procédés qui varient selon les œuvres. Mme de Tourzel s'adonne aux refrains hyperboliques : *horrible*, *affreux*, *cruel*, pour les épisodes montrant la souffrance des monarques, et *touchant*, ou *attendrissant* quand il s'agit de souligner leur vertu et leur bonté. Comme nombre d'autres, elle évoque des scènes qu'on ne reverra, dit-elle, jamais, en cherchant à susciter terreur ou pitié, et proteste souvent qu'« on ne peut se faire d'idée[32] » de ce qu'elle a vécu. On trouve des formulations semblables chez d'autres mémorialistes. Mme de

31 Chateaubriand, François René, vicomte de, *Mémoires d'Outre-Tombe*, éd. J.-C. Berchet, Paris, Garnier, « Classiques de Poche », 1989, t. I, p. 222.

32 Tourzel, Louise Élisabeth, duchesse de, *op. cit.*, p. 178. Voir aussi La Rochejaquelein, Marie-Louise-Victoire de, *op. cit.* p. 286.

La Tour du Pin s'écrie : « Qui pourrait décrire la poignante émotion d'un pareil moment ! je n'ai rien éprouvé de ma vie d'aussi doux[33] ». Mme de Lage, on s'en sera aperçu, place ses aventures sous le signe de la terreur ressentie. Dans ses souvenirs, les massacres des 2 et 3 septembre 1792, auxquels elle n'a pourtant pas assisté, étant à Bordeaux, mais qui virent périr entre autres Mme de Lamballe à laquelle elle était attachée, sont proprement impossibles à dire : « cet affreux événement, tout ce que j'éprouvais alors, est encore trop sensible et trop déchirant au fond de mon cœur[34]. »

Mme de Chastenay se distingue dans la fréquence et l'habileté avec laquelle elle orchestre la notion d'indicible, en la désignant. La difficulté à dire le passé est directement liée aux sentiments trop forts qu'il fait (encore) éprouver. C'est bien en termes de traumatisme qu'elle raisonne lorsqu'elle décrit les répercussions non en elle-même, mais chez son père, de son séjour en prison : « Ces souvenirs affreux, mille scènes déchirantes, mille incidents de détail, se retracèrent à mon père d'une manière si terrible qu'il eut de la peine pendant quelque temps à tirer sa raison de cette espèce de Tartare, où elle semblait s'enfoncer[35]. » La référence à l'indicible s'inscrit dans une conception de la puissance potentiellement dévastatrice du souvenir. Il est intéressant de voir que chez elle ce souvenir, à cause de sa force, est pourtant transmissible. Elle en fait l'expérience avec les récits de son père : « Il me l'a dit tant de fois, que je crois avoir entendu les guichetiers vociférant[36]. » Le fait même de formuler l'indicible souligne évidemment le caractère exceptionnel des sentiments éprouvés. À cet égard la formule qui me sert de point de départ n'est qu'une des manifestations possibles de la force des émotions qu'il s'agit de transmettre. Si Victorine de Chastenay s'exclame ainsi : « Je ne puis étendre ces détails, mon cœur frémit, et mes regards se détournent[37] », s'arrêtant littéralement à mi-chemin de la remémoration, ce qui solennise le souvenir ainsi esquissé, il lui arrive aussi de noter que les émotions ont été sur le moment même si puissantes qu'elles n'ont pu laisser qu'un souvenir confus[38], voire, dans une ultime variation, que

33 La Tour du Pin, Henriette de, *op. cit.*, p. 233.

34 Lage de Volude, Béatrix-Étiennette de, *op. cit.*, p. 58.

35 Chastenay, Victorine de, *op. cit.* p. 268.

36 *Ibid.*

37 *Ibid.*, p. 253.

38 « Je ne pourrais, je l'avoue, me rendre un compte précis de ce qu'avaient été mes impressions pendant ces deux jours, où j'avais mon pauvre père près de moi et sous mes regards.

le souvenir n'a pu conserver la force des impressions du moment : il est impossible alors de voir encore ou de sentir encore des mouvements intérieurs qui ont excédé les capacités humaines, épuisé « les facultés de l'âme[39] ». « Dans le cadre de l'heureuse vie dont il nous est donné de jouir aujourd'hui, [...] à l'ombre des bosquets plantés presque tous depuis ce temps, comment trouver des couleurs capables de peindre exactement ces circonstances terribles ? L'âme peut-elle rentrer dans la profondeur de ces impressions, dont le souvenir même n'a plus pour elle que l'effet d'une ombre effrayante[40] ? » Douceur extrême, terreur inconcevable, on voit que face à un passé qui défie les mots, l'énonciation des sentiments se substitue à la description ou au récit.

Ailleurs, elle les accompagne en les orientant. Il arrive, on l'a vu, que la mention des sentiments « encore » éprouvés rehausse des scènes décrites de manière vive, où s'efface la médiation du narrateur pour laisser place à une description complète et détaillée, qui tend vers l'hypotypose[41]. Mais bien souvent, comme dans l'évocation de la reine par Mme de Boigne, le lecteur est placé face à un tableau : un petit nombre de personnages, dont la reine ou un proche de la mémorialiste, très peu d'objets, une description sommaire des corps mettant en valeur des attitudes à travers les mains, les cheveux, et les inévitables pleurs, immobilisent l'inoubliable passé en une composition affectée, mais qui se défend d'être pour autant artificielle. On se souvient des pleurs mêlés de la souveraine, de l'enfant et d'une certaine manière de la mémorialiste puisqu'elle entend encore les paroles prononcées, quand la petite Adèle d'Osmond embrasse Marie-Antoinette. Nous sommes dans le « touchant » : le mot apparaît si souvent ! Il devient un critère du jugement historique.

Le modèle de ce type de tableau demeure la scène pathétique du Temple chez Mme Campan, déjà citée. Elle sert de clef de voûte à l'œuvre qu'elle oriente et suscite en quelque sorte. On en trouve un avatar sous la plume d'une quasi inconnue des lettres, la marquise de Lage, décrivant sa dernière entrevue avec la princesse de Lamballe : « Elle resta

Il est des épreuves trop fortes pour les facultés de l'esprit, l'imagination se paralyse. Sans la prière, mon âme eût été morte. Père tant chéri ! » (*ibid.*, p. 239).

39 *Ibid.*, p. 254.

40 *Ibid.* p. 250.

41 Voir chez Mme Campan le récit de la nuit du 10 août, *op. cit.* p. 422. On trouve assez souvent des évocations de personnages avec des portraits où apparaît ce type de notations.

avec moi fort avant dans la nuit, et c'est alors que je l'ai vue pour la dernière fois. Le temps ne peut effacer l'impression que j'ai éprouvée en lui disant : – Adieu[42] ! » Je m'arrêterai sur un autre tableau des *Mémoires* de Mme Campan. Ayant rapporté des paroles de Marie-Antoinette à ses femmes à propos de Louis XVI (« je vous félicite d'avoir à vivre sous le règne d'un souverain aussi vertueux ») Mme Campan continue :

> Nos larmes d'attendrissement se mêlèrent à celles de la reine ; elle voulut bien nous permettre de baiser ses charmantes mains. Cette scène si touchante ne s'est jamais effacée de mon souvenir, et c'est sous le règne de souverains aussi cléments, aussi sensibles, que nous avons eu à souffrir des fureurs que la cruelle tyrannie n'eût pas même excusées ; et ce sont des êtres augustes, si bien formés par la divine Providence pour le bonheur des peuples, que nous avons eu la douleur de voir eux-mêmes victimes de ces fureurs aussi insensées qu'elles ont été barbares[43] !

Comme dans la scène du Temple, l'évocation est sobre quant à la description ; tout le pathétique tient dans le *horresco referens*. Là aussi, le seul objet sont les mains ou les bras de Marie-Antoinette. La scène est évoquée au travers des larmes, des baisers sur les mains et d'une débauche de sentiments. L'argumentation qui prolonge la scène elle-même est tout à fait extraordinaire. Au nom de quoi les monarques français sont-ils regrettés en effet ? Pour leur sensibilité, promue au rang de pierre de touche morale, voire ici politique. C'est l'attendrissement de la reine qui fait la preuve de la bonté de Louis XVI ; c'est la sensibilité de Marie-Antoinette, avec une clémence qui semble en partie liée à son geste de tendresse envers ses femmes, qui aurait dû empêcher qu'on la détrônât ; ce sont ces qualités sensibles qui semblent prouver la capacité politique du roi. Sur le geste d'amitié et de tendresse de la reine repose l'idée que Louis XVI était fait pour le bonheur de son peuple. La sensibilité est devenue un critère, aussi bien pour se présenter soi-même que pour juger les monarques[44].

---

42 Lage de Volude, Béatrix-Étiennette de, *op. cit.*, p. 34. Mme de Lage a d'ailleurs l'impression de ne pouvoir écrire comme elle le voudrait : « Ceci ne marche pas », *ibid.*, p. 143 ; « je vois très bien tout ce que ceci a de mauvais », *ibid.*, p. 144.

43 Campan, Jeanne Louise Henriette, *op. cit.*, p. 212. On peut citer aussi une autre scène racontée par la même mémorialiste : la reine pleure devant un petit groupe de campagnards attachés à elle, venus la voir à Saint-Cloud ; Mme de Campan la fait rentrer par peur de compromission, et les visiteurs l'approuvent : « et tout cela avec des accents d'un sentiment si vrai et si douloureux qu'en me les rappelant au bout de vingt ans j'en suis encore attendrie » (*ibid.*, p. 325-326).

44 « Vérité et sensibilité sont d'ailleurs intimement liées dans les mémoires féminins. À partir du moment où la sensation produit une opinion, celle-ci paraît reconnue vraie et

Mme de La Rochejaquelein, dont les *Mémoires* sont placés sous le signe du récit d'action, semble apporter un bémol à la suprématie de la sensibilité touchante, lorsqu'elle décrit comme une scène ridicule le tableau vivant d'« extase passionnée » qu'offre sur commande Paméla, la protégée de Mme de Genlis[45]. De même, Mme de La Tour du Pin dit de Marie-Antoinette : « J'avais l'intuition que la reine allait jouer une scène d'attendrissement, et je savais qu'elle n'avait regretté ma mère qu'un seul jour[46]. » Quant à Mme de Chastenay, qui à l'instar de Mme Roland se centre sur une histoire plus personnelle, elle déplore que « la cour [ait] déjà adopté ce système, si funeste par résultat, d'essayer d'inspirer la pitié aux Français[47]. » Le tableau touchant n'est donc pas anodin dans ses choix politiques et esthétiques : ces trois jugements jettent une lumière nouvelle sur les scènes que nous venons d'analyser, non qu'ils remettent en cause leur authenticité, ou la sincérité de leurs narratrices, mais parce qu'ils insinuent que les scènes pathétiques participent d'un système dans lequel on peut choisir de ne pas entrer. Les trois mémorialistes qui formulent ces réflexions distanciées se distinguent par la manière dont elles ont pris en main leur propre vie. Si Mme de Chastenay a peu agi pendant la Révolution, elle fut néanmoins femme de lettres et servit souvent d'intermédiaire pour négocier des mises en liberté ; Mme de La Tour du Pin a vécu une véritable aventure, passant d'une cachette dangereuse à une émigration active et réussie en Amérique ; Mme de La Rochejaquelein suivit les armées vendéennes.

Il demeure que les tableaux touchants, si concis dans leurs lignes, si expressifs dans leurs caractères, visent à rendre saisissante la scène décrite, comme une hypotypose[48]. Mais à l'inverse de l'hypotypose, ils jouent non sur l'accumulation de détails et sur l'effacement total du narrateur,

même incontestable. À la vérité scientifique, historique s'oppose ici une vérité personnelle, autorisant la mémorialiste à affirmer ce qu'elle a ressenti, en le déclarant vrai parce qu'elle l'a éprouvé. Forme de pensée bien commode en définitive et qui procède des progrès de l'individualisme. Prend naissance ici une interprétation intuitive de l'histoire, fondée sur l'affectivité et l'adhésion de sentiment, tendance à laquelle Michelet, quelques années plus tard, donnera un développement considérable dans son *Histoire de France* », Rossi, Henri, *op. cit.*, p. 48.

45 La Rochejaquelein, Marie-Louise-Victoire de, *op. cit.*, p. 55-56.

46 La Tour du Pin, Henriette de, *op. cit.*, p. 71. Un peu avant elle a aussi ironisé sur la « grande scène de désespoir » de Mme Nagle, (*ibid.*, p. 45).

47 Chastenay, Victorine de, *op. cit.*, p. 163.

48 Voir Le Bozec, Yves, « L'hypotypose : un essai de définition formelle », *L'information grammaticale*, 92, 2002, p. 3-7.

mais sur le rôle indispensable de ce dernier en tant que témoin encore habité par le passé. Le souvenir irrépressible constitue en lui-même un lien entre le présent et ce qui a été perdu à jamais. Les témoins qu'il possède deviennent par là-même d'une certaine façon elles-mêmes des icônes, ou de manière moins anachronique, des monuments, de ce passé qui « ne sortira jamais » de leurs yeux, de leurs oreilles, qui les fera « frémir encore ». La mémorialiste se présente ainsi non comme le défenseur d'un ordre, ou l'historienne de sa propre vie, mais comme une interprète d'une réalité si intense qu'elle ne peut être écartée, tellement vécue qu'elle est encore vivante.

L'expression du souvenir manifeste en général au même moment la disparition de ce qui est évoqué, et la possibilité de le rappeler. Mais quand les mémorialistes, passant par un lieu du récit frappant tel que le fonde Virgile dans l'*Énéide*, écrivent qu'elles voient encore telle scène, qu'elles entendent encore telles paroles, qu'elles frémissent encore de telle émotion, elles se mettent en scène comme les gardiennes malgré elles, par décret de leur destin personnel ou de la Providence, d'un passé ainsi sacralisé. Le souvenir est leur seul héritage ; elles en sont des martyres au double sens du terme. Au sein du genre des Mémoires, on ne peut réellement parler de *topos* de la remémoration à propos de la formule « je vois encore ». Chez Saint-Simon par exemple, les occurrences en sont rarissimes[49]. Les mémorialistes de Port-Royal, et en particulier Fontaine, y ont parfois recours, dans une perspective hagiographique : il semble donc bien que la formule soit liée à l'expression de

49 À l'occasion d'un souvenir d'enfance, comme le rappelle Marc Hersant dans son *Saint-Simon* (Hersant, Marc, Paris, Gallimard, « Folio », 2016, p. 29), il écrit « je me souviens encore », « je le peindrais encore » (Saint-Simon, Louis de Rouvroy, duc de, *Mémoires*, éd. Y. Coirault, Paris, Gallimard, « Bibliothèque de la Pléiade », 1983-1989, t. II, p. 997). Pour décrire le camp de Compiègne où Louis XIV laisse voir l'esclavage où le tient Mme de Maintenon, il parle d'« un spectacle d'une autre sorte, et que je peindrais dans quarante ans comme aujourd'hui tant il me frappa », et ajoute plus loin : « Je le vois d'ici aussi distinctement qu'alors » (*ibid.*, t. I, p. 544). La fameuse scène dite « des carpes », qui dénonce cette fois l'égoïste dureté de Louis XIV, donne lieu à ce commentaire : « Quelque éloignée que soit maintenant cette scène, elle m'est toujours également présente » (*ibid.*, t. III, p. 113). À la fin des *Mémoires*, on rencontre aussi à propos de la comtesse de Chavigny : « je la peindrais encore grande, grasse, l'air sain et frais » (*ibid.*, t. VIII, p. 551). Proust écrit « je frémis encore » dans son pastiche de Saint-Simon (faut-il y voir une contamination par la lecture de Mme de Boigne ?) Notons qu'on rencontre des tournures comparables dans la *Vie de Marianne*, ce qui montre qu'il s'agit bien d'un lieu de l'écriture rétrospective.

l'hommage. Les *Mémoires* de Fontaine sont absolument saturés d'images et de métaphores visuelles, dans le cadre d'un combat permanent entre l'obscurité et les ténèbres : le passé « toujours présent » prend dans ce contexte une portée bien particulière[50]. Le passé est un enseignement divin, et le mémorialiste choisit de le revivre pour édifier ses lecteurs et pour se préparer à la mort. Les moments passés avec les Solitaires de Port-Royal et leurs personnes sont sacrées : le culte du souvenir est un culte rendu à Dieu et la matière même du livre. La perspective est donc assez différente de celle de nos mémorialistes de la Révolution, même si Fontaine aboutit à une véritable exaltation du passé et si beaucoup d'émotion filtre dans son texte. De manière discrète, pour mon corpus, la formule en *encore* offre à un *je* troublé la possibilité d'une unité dans la fidélité à l'émotion, compose l'éloge ou le blâme qui colore le passé, et recompose l'histoire en l'éternisant dans la palpitation du souvenir. Ainsi elle cristallise la force émotionnelle qui se trouve au fondement de certains récits de la Révolution, vécue et présentée comme une cassure et comme la disparition d'un monde.

La permanence du passé dans le présent, telle qu'elle s'exprime dans *je vois encore*, *j'entends encore* ou *je frémis encore*, est un phénomène malgré tout restreint, condition d'ailleurs de sa force de frappe : symptôme bien plus que leitmotiv, il s'inscrit dans ce que Damien Zanone a appelé une rhétorique du *pathos*[51], et plus largement dans le climat sensible au sein duquel se déploient ces œuvres, où à côté de la douleur, de la passion et de l'extase sont mentionnés la tendresse, l'enthousiasme, voire le délire[52]. En ce sens, il cache d'ailleurs peut-être dans certains de ces Mémoires

---

50 Je remercie vivement Jean Garapon de me l'avoir signalé. Voir Fontaine, Nicolas, *Mémoires*, éd. P. Thouvenin, Paris, Honoré Champion, 2001, p. 478 ; voir aussi p. 472-473, 613, 680 ; 681 et 683 ; 820-821. Pascale Thouvenin note cette tendance à « l'épanchement » du passé dans le présent, due à la « puissance affective de la mémoire », dans sa très belle présentation du texte (*ibid.*, p. 190-191)

51 Il écrit : « la participation affective que montre le mémorialiste, restée égale du moment où il a vécu l'événement jusqu'au moment où il l'écrit, est là pour attester de l'intensité de ce lien. Cette proximité du rapport à l'histoire rencontre idéalement une rhétorique du pathos, par la volonté de restituer une empathie entre soi-même et l'histoire contemporaine et d'y associer le lecteur », et analyse ensuite, comme manifestation principale de cette rencontre, les « phrases guirlandes » (Zanone, Damien, *op. cit.*, p. 237).

52 Mme de La Rochejaquelein parle de l'enthousiasme des foules, Mme Campan de l'enthousiasme populaire pour la reine ; Mme de Chastenay raconte avoir été dans le délire au moment des États-Généraux.

un paradoxe, puisque l'ordre ancien magnifié semble l'être au nom de principes très étrangers à cet ordre[53]. On peut même se demander si cette contradiction n'explique pas en partie leur relative marginalité[54].

Delphine Mouquin
Université de Nantes (AMO)

53 Je rejoins ici par un autre biais les raisons invoquées par Damien Zanone pour expliquer le caractère éphémère du succès des Mémoires de l'époque, puisqu'il l'assigne à une incapacité à assumer l'écriture personnelle, et l'installation de ce fait dans un tiraillement entre modèle historique et attraction d'un récit de soi auquel les Mémorialistes ne cèdent jamais vraiment (voir Zanone Damien « Les Mémoires au XIXe siècle : identification d'un genre », *Être et se connaître au XIXe siècle*, Genève, Metropolis, 2006, p. 119-141).

54 Anne Coudreuse estime, dans son article intitulé « Les Mémoires de la Révolution sont-ils lisibles ? » (Coudreuse, Anne, *Pour une nouvelle approche des Mémoires*, dir. M. Hersant, J.-L. Jeannelle et D. Zanone, Presses Universitaires de Rennes, « La Licorne » n° 104, 2013, p. 307-319), que cette écriture à la fois encombrée de références qui nous sont étrangères, et d'un pathos qui nous rebute, a perdu sa capacité à nous émouvoir. En tout cas ce pathos est-il un choix, et la réponse des mémorialistes à la « question en effet essentielle de savoir avec quel langage venu du passé on va pouvoir dire l'état du monde nouveau » (*ibid.*, p. 314).

ART DE LA MÉMOIRE ET SENS DU PASSÉ

D'un usage des jardins chez Rousseau et Chateaubriand

Les « arts de la mémoire » ont constitué, de l'Antiquité à la Renaissance, un exercice élaboré de la tradition rhétorique : l'orateur commence par choisir un édifice qu'il connaît bien et qui présente de nombreuses pièces ; il est familier de leur ordre de succession et de l'aspect qu'elles présentent, au point de pouvoir isoler pour chacune d'elles un élément visuel saillant auquel confier une idée et, partant, une étape de son argumentation. Ensuite, au moment de s'exprimer, il progresse dans son discours comme s'il avançait dans cette maison, avec discipline et précision : il déploie les étapes de son propos au fur et à mesure que le lui commande ce qu'il voit. Telle est la « mémoire artificielle » décrite par l'historienne Frances Yates dans son ouvrage de référence sur la question, *L'Art de la mémoire*[1]. La méthode a été dite méthode des lieux, tant elle associe étroitement espace et temps : le déplacement du corps dans des lieux y est métaphorique du déplacement de l'esprit dans les souvenirs.

Il est possible d'interroger l'expression littéraire à partir de ce modèle[2], et en particulier l'art du récit chez les mémorialistes et autobiographes : chaque récit de mémoire n'est-il pas la réinvention par son auteur d'un art de la mémoire à usage propre, et dépouillé de la contrainte rhétorique ? L'auteur de Mémoires ne cherche pas forcément à mettre au point le dispositif qui lui permettrait une écriture exhaustive de son passé,

---

1 Yates, Frances, *L'Art de la mémoire*, trad. D. Arasse, Paris, Gallimard, « Bibliothèque des histoires », 1975 [1966].

2 La démarche a déjà été proposée par Patrick H. Hutton (*History as an Art of Memory*, University Press of New England, 1993), qui observe qu'au XVIIIe siècle le modèle ancien est détourné vers d'autres usages que rhétoriques, et par Bernard Gendrel (*Les Voies de la mémoire. Chateaubriand, Balzac, Huysmans*, Paris, Hermann, « Savoir Lettres », 2015), qui explique à partir de ce modèle la composition de la *Vie de Rancé*, de *La Comédie humaine* et de *La Cathédrale*.

mais tente d'approcher le sens de celui-ci. Il peut reprendre les procédés spécifiques de l'art de la mémoire (la visualisation de lieux comme réveil de souvenirs mis en dépôt), mais les employer pour surprendre le passé, pour le parcourir selon des lignes inattendues plutôt que pour confirmer l'ordre établi des souvenirs. Un tel déplacement du rhétorique vers le poétique est énoncé, au début du XXe siècle, par le roman d'Henry James qui a pour titre *Le Sens du passé*, quand un personnage expose l'idée de la « "rétrovision" » dont il a rencontré l'exposé dans un « petit livre [...] merveilleux » : « Il y a des lieux spécifiques où certaines choses se sont produites, des lieux fermés et ordonnés et soumis pour la plupart à la continuité de la vie, qui semblent nous mettre en communication, et le sortilège s'avère parfois efficace après imposition des mains, si elle est assez patiente, sur un vieil objet ou sur une vieille surface[3] ». De telles scènes de révélation, qu'on dira magiques pour rester dans le même environnement lexical, s'observent dans les écrits de mémoire : lorsque l'auteur se montre dans le moment où il retrouve un lieu fréquenté jadis, ou même plusieurs fois à différentes époques de sa vie, et produit à cette occasion une image synthétique qui recompose fantastiquement le passé. Un art poétique de la mémoire se formule alors.

Cet art de recomposer le passé dans un récit et de l'y faire rendre sens s'exerce de façon exemplaire « côté jardin », si l'on peut dire, et non plus « côté cour » comme au temps de la rhétorique. Les deux côtés de la scène au théâtre peuvent illustrer ici de façon symbolique la différence entre les deux modèles : les arts de la mémoire de la tradition rhétorique invitent à se situer côté cour puisqu'ils recommandent à l'orateur d'élire, comme représentation mentale qui le guidera, un modèle très architecturé et rigidement construit : une grande maison dont les nombreuses pièces sont bien délimitées et reliées entre elles par un parcours obligé. L'art poétique de la mémoire, en revanche, s'exerce plutôt côté jardin, c'est-à-dire dans des espaces semi-ouverts : leur clôture peut se faire oublier et donner l'illusion de n'être pas, grâce à l'artifice de haies, d'alignements d'arbres ou encore de « ha-ha » (ces fossés dissimulés au regard et qui sont une manière de délimiter un terrain sans barrer la vue). Le jardin, dans la mesure où il organise la rencontre de principes contraires (l'ouverture et la clôture, le dedans et le dehors, l'ordre et le

3 James, Henry, *Le Sens du passé* [*The Sense of the Past*, 1917], trad. J. Lee, Paris, La Différence, « 10/18 », p. 59.

désordre, la ligne droite et la ligne courbe, la nature et la culture), est un objet propice à une reprise métaphorique. Il contient un principe d'irréalité : s'y côtoient ce qui est et ce qui n'est pas (que cela n'ait jamais été ou ne soit plus). La présence y tremble contre l'absence, le présent contre le passé et parfois, aussi, la réalité contre la fiction.

Cela explique que les scènes de jardin peuvent devenir topiques dans les récits de mémoire : l'auteur-narrateur, pour montrer et mettre en scène l'activité de la mémoire en lui, choisit volontiers de se représenter dans un parc ou dans un jardin (les deux termes étant signalés par scrupule mais la distinction entre les deux, parfois difficile à saisir, n'importe guère ici). La description de jardins est alors employée pour figurer le passage du temps ; la multiplication de ces scènes, dans certains cas, peut fournir un ordonnancement secret de l'ouvrage qui fait œuvre de mémoire.

Pour les lecteurs comme pour les auteurs, suivre les allées des jardins peut fournir une voie pour comprendre la façon dont l'écriture aura choisi de recomposer le passé. C'est le chemin que l'on peut suivre avec deux auteurs canoniques en matière autobiographique, Rousseau et Chateaubriand, qui ont en commun d'élaborer leur art de la mémoire à l'occasion de jardins : pour Rousseau, lorsqu'il ressaisit les Charmettes plus de vingt ans après les avoir quittés, au moment de s'installer à l'Hermitage[4], la maison retirée à l'écart dans le parc du château de Mme d'Épinay à Montmorency, dont celle-ci lui offre le séjour ; pour Chateaubriand, dans sa façon de retrouver Combourg en différents jardins et plus largement de relier tous les âges de sa vie dans la représentation qu'il donne du parc de Kensington à Londres.

ROUSSEAU, LES CHARMETTES ET L'HERMITAGE

Les Charmettes sont devenues un espace sacré de l'imaginaire autobiographique, par l'effet du livre VI des *Confessions*, tout comme l'île Saint-Pierre sur le lac de Bienne par l'effet de la Ve des *Rêveries du*

4 On s'en tient ici à la graphie du nom retenue par l'édition de B. Gagnebin et M. Raymond dans la « Bibliothèque de la Pléiade » (« l'Hermitage » plutôt que « l'Ermitage »).

promeneur solitaire. Les éditeurs des écrits autobiographiques de Rousseau dans la « Bibliothèque de la Pléiade » en 1959, Bernard Gagnebin et Marcel Raymond, ont signalé que l'auteur a construit un « mythe des Charmettes[5] » à son usage dans les années même où, vivant en Suisse à Môtiers, en 1763 et 1764, il voyait échouer ses différentes tentatives de retourner en pèlerinage sur les lieux où il avait vécu trente ans plus tôt, dans le voisinage de Chambéry chez Mme de Warens ; ce moment d'échec du retour aux Charmettes est aussi le moment où Rousseau conçoit le projet d'écrire les *Confessions*, qu'on peut tenir pour une autre manière de s'y rendre. Sur cet objet, les Charmettes, Rousseau a pratiqué la « remémoration heureuse » comme un « art de vivre », selon la formule de Jean-François Perrin qui y reconnaît un « héritage épicurien[6] » (le livre VI des *Confessions* s'ouvre d'ailleurs par une citation d'Horace). Dès le moment où elles sont racontées au livre VI des *Confessions*, les Charmettes se voient accorder un statut d'exception parmi les souvenirs :

> Les temps qui précèdent et qui suivent me reviennent par intervalles. Je me les rappelle inégalement et confusément ; mais je me rappelle celui-là tout entier comme s'il durait encore. Mon imagination, qui dans ma jeunesse allait toujours en avant et maintenant rétrograde, compense par ces doux souvenirs l'espoir que j'ai pour jamais perdu. Je ne vois plus rien dans l'avenir qui me tente ; les seuls retours du passé peuvent me flatter, et ces retours si vifs et si vrais dans l'époque dont je parle me font souvent vivre heureux malgré mes malheurs[7].

Les Charmettes n'auront donc jamais quitté Rousseau. Elles viennent même à lui de manière inattendue au moment où, en 1756, il s'apprête à quitter Paris pour s'établir à l'Hermitage : dans les jours qui précèdent (semble-t-il, mais on ne garantit cela que sur ce qu'en dit le texte), Rousseau reçoit la visite intempestive d'un témoin de sa jeunesse (le dénommé Venture), qu'il revoit sans plaisir mais qui le laisse, une fois reparti, dans une profonde rêverie où il se remémore « les petites anecdotes de cet heureux temps[8] ». Aussitôt après, Rousseau « quitt[e] la Ville pour n'y plus habiter[9] ». Les

---

5 Rousseau, Jean-Jacques, *Les Confessions*, dans *Œuvres complètes I*, éd. B. Gagnebin et M. Raymond, Paris, Gallimard, « Bibliothèque de la Pléiade », 1959, p. 1478 et p. XXII-XIII de l'introduction.

6 Rousseau, Jean-Jacques, *Lettres philosophiques*, éd. J.-F. Perrin, Paris, « Le Livre de Poche », 2003, p. 259.

7 Rousseau, Jean-Jacques, *Les Confessions*, *op. cit.*, p. 226.

8 *Ibid.*, p. 398.

9 *Ibid.*, p. 403.

Charmettes l'obsèdent pendant ce déménagement et ensuite pendant une large partie du séjour d'un an et demi qu'il fait à l'Hermitage : en tout cas, le livre IX des *Confessions*, occupé de la vie à l'Hermitage, est hanté par le souvenir du livre VI. L'arrivée dans le nouveau domicile est saluée en ces termes : « Depuis que je m'étais malgré moi jeté dans le monde je n'avais cessé de regretter mes chères Charmettes et la douce vie que j'y avais menée. Je me sentais fait pour la retraite et la campagne ; il m'était impossible de vivre heureux ailleurs[10] ». « Plus j'examinai cette charmante retraite, plus je la sentais faite pour moi[11] ». La périphrase de « charmante retraite » pour désigner l'Hermitage est une manière de faire entendre par euphonie les Charmettes. Pendant ses années parisiennes antérieures, Rousseau a pu voir d'autres lieux parés du nom de jardin, à l'occasion de petits voyages faits en groupe à la campagne, où il a fallu subir l'ennui des « jets d'eau », des « bosquets », des « parterres » et aussi des « montreurs de tout cela » qui accompagnaient les visites de « sots bon mots » et de « fades minauderies[12] » ; ces faux jardins sont les emblèmes de la fausseté des amitiés d'alors (de celles de Diderot et de Grimm au premier chef). Dans la solitude de l'Hermitage, en revanche, les Charmettes sont retrouvées ; elles sont comme l'autre nom du vrai jardin. À terme cependant, mais après de longs mois, l'Hermitage déçoit, à cause de la contrainte qu'exerce la politesse des rapports à entretenir avec Mme d'Épinay et à cause du voisinage trop proche de Paris qui permet à « des tas de désœuvrés » d'imposer leur visite. Le verdict finit par tomber sur cette expérience : « Bref, au milieu des biens que j'avais le plus convoités, ne trouvant point de pure jouissance, je revenais par élans aux jours sereins de ma jeunesse, et je m'écriais quelquefois en soupirant : Ah ce ne sont pas encore ici les Charmettes[13] ». Pendant le temps qu'aura duré l'illusion, cependant, le vertige de mémoire suscité par le jardin opère avec plein effet. La grande aventure intellectuelle que l'auteur connaît pendant son séjour à l'Hermitage, qui est l'engagement dans l'écriture de la fiction, est dû au prodige qu'opère la confusion des jardins : « Les souvenirs des divers temps de ma vie m'amenèrent à réfléchir sur le point où j'en étais parvenu, et je me vis déjà sur le déclin de l'âge, en proie à

10 *Ibid.*, p. 401.
11 *Ibid.*, p. 403.
12 *Ibid.*, p. 412.
13 *Ibid.*, p. 425.

des maux douloureux et croyant approcher du terme de ma carrière [...] ». Il exprime l'inquiétude d'atteindre la vieillesse sans avoir eu de véritable ami ni avoir connu l'amour passionné, puis continue : « Ces réflexions, tristes mais attendrissantes, me faisaient replier sur moi-même avec un regret qui n'était pas sans douceur. [...] Je faisais ces méditations dans la plus belle saison de l'année, au mois de juin, sous des boccages frais, au chant du rossignol, au gazouillement des ruisseaux. Tout concourut à me replonger dans cette mollesse trop séduisante pour laquelle j'étais né [...][14] ». Et bientôt, les souvenirs s'appelant les uns les autres, Jean-Jacques rassemble autour de lui, en imagination, toutes les figures féminines qui ont traversé son existence, dont il rappelle les noms et dont le lecteur a fait connaissance au fur et à mesure des *Confessions* : « Je me vis entouré d'un sérail d'Houris de mes anciennes connaissances[15] ».

Le témoignage des *Confessions* est en concurrence ici avec celui, plus explicite encore, de la troisième des *Lettres à Malesherbes* dont la rédaction, en 1762, contribue à déclencher l'écriture autobiographique de l'auteur. Dans cette lettre, Rousseau évoque l'époque de son installation à l'Hermitage en termes hyperboliques (« je n'ai commencé de vivre que le 9 avril 1756[16] ») et s'emploie à montrer comment on peut être solitaire sans être méchant, comme par réponse implicite au grief que lui avait fait Diderot. La vie dans le jardin, en ce qu'elle ouvre sur le souvenir autant que sur la fiction, est donnée comme un argument : « Mais de quoi jouissais-je enfin quand j'étais seul ? De moi, de l'univers entier, de tout ce qui est, de tout ce qui peut être, de tout ce qu'a de beau le monde sensible, et d'imaginable le monde intellectuel : [...]. [...] souvent je me distrais de mon état présent, en songeant aux divers événements de ma vie[17] ». Dans la forêt qui borde l'Hermitage, parée à ses yeux d'« une magnificence toujours nouvelle », une magie s'accomplit :

> Mon imagination ne laissait pas longtemps déserte la terre ainsi parée. Je la peuplais bientôt d'êtres selon mon cœur, et chassant loin l'opinion, les préjugés, toutes les passions factices, je transportais dans les asiles de la nature des hommes dignes de les habiter. Je m'en formais une société charmante dont je ne me sentais pas indigne. Je me faisais un siècle d'or à ma fantaisie et

14 *Ibid.*, p. 426.
15 *Ibid.*, p. 427.
16 Rousseau, Jean-Jacques, « Lettre à M. de Malesherbes » du 26 janvier 1762, dans *Œuvres complètes I*, *op. cit.*, p. 1138.
17 *Ibid.*, p. 1138-1139.

> remplissais ces beaux jours de toutes les scènes de ma vie qui m'avaient laissé de doux souvenirs, et de toutes celles que mon cœur pouvait désirer encore[18].

L'imagination est née du jardin, encouragée par lui, et brièvement elle permet le prodige de l'écart aboli entre ce qui est et ce qui n'est plus et ou n'est pas encore, entre ce qui est et ce qui est à désirer. L'expérience est souvent brève (« Le néant de mes chimères venait la [mon âme] contrister tout à coup[19] ») mais a la valeur d'une « étourdissante extase » car le jardin est un lieu qui captive autant qu'il se fait oublier, un lieu qui permet de se croire ailleurs (« j'aimais à me perdre en imagination dans l'espace[20] »), c'est-à-dire aussi dans d'autres temps.

Mémoire ou imagination sont souvent confondues du temps de Rousseau, la première étant volontiers tenue pour une modalité de la seconde. Condillac écrit par exemple, dans le *Traité des sensations* en 1754, que « [la mémoire] conserve le nom de mémoire, lorsqu'elle ne rappelle les choses que comme passées ; et elle prend le nom d'imagination, lorsqu'elle les représente avec tant de force qu'elles paraissent présentes. [...] Ces deux facultés ne diffèrent que du plus ou du moins. La mémoire est le commencement d'une imagination qui n'a encore que peu de force ; l'imagination est la mémoire même, parvenue à toute la vivacité dont elle est susceptible[21]. » L'aptitude des jardins à faire se déployer l'imagination est théorisée, au moment même où Rousseau en fait la démonstration littéraire, par Claude-Henri Watelet dans son *Essai sur les jardins* de 1774. Watelet établit une typologie des jardins selon les références culturelles que ceux-ci sollicitent chez le promeneur : les jardins peuvent être « pittoresques » (évoquant des tableaux ou des décors de scène), « poétiques » (convoquant

18 *Ibid.*, p. 1140.

19 *Ibid.*, p. 1140.

20 *Ibid.*, p. 1141.

21 Condillac, Étienne Bonnot de, *Traité des sensations* (1754), Paris, Fayard, 1984, 1re partie, chap. 2, p. 29-30 (cité par Jean-François Perrin dans Rousseau, Jean-Jacques, *Lettres philosophiques*, *op. cit.*, p. 460). On peut trouver des citations allant dans le même sens dans le livre d'Alexandre Wenger, *La Fibre littéraire. Le discours médical sur la lecture au* XVIIIe *siècle* (Genève, Librairie Droz, « Bibliothèque des Lumières », 2007, p. 100-101), provenant de la *Médecine de l'esprit* d'Antoine Le Camus (1753) et de la notice « Imagination », signée Sabatier de Castres, dans le *Dictionnaire de Littérature* en 1770 (vol. II, p. 359 : « Il y a deux sortes d'imagination : l'une qui consiste à retenir une simple impression des objets, l'autre qui arrange ces images reçues et les combine en mille manières. La première a été appelée Imagination *passive*, la seconde *active* : la passive ne va pas beaucoup au delà de la mémoire ; l'active rapproche plusieurs objets distants : elle sépare ceux qui se mêlent, les compose et les change ; elle semble créer, quand elle ne fait qu'arranger. »)

les mythologies anciennes qui sont autant de souvenirs en dépôt dans la mémoire de tous) ou « romanesques » (appelant des « idées [...] plus vagues, plus personnelles, [et qui] appartiennent, pour ainsi dire, à chacun en propre »). Un jardin romanesque « embrasse en effet tout ce qui a été imaginé et tout ce qu'on peut inventer encore », il se met au service du « dérèglement de l'imagination[22] ». Les Charmettes remplissent cet office pour Rousseau : ce jardin lui permet, à chaque fois que le souvenir en est réactivé, de faire se rencontrer, comme il est dit dans la lettre à Malesherbes, « tout ce qui est » et « tout ce qui peut être », « toutes les scènes de [sa] vie qui [lui] avaient laissé de doux souvenirs, et [...] toutes celles que [son] cœur pouvait désirer encore », ou encore, pour le dire dans les termes de Watelet, « tout ce qui a été imaginé et tout ce qu'on peut inventer encore ». Les affinités de la mémoire avec l'imagination sont précisément éprouvées ; la mémoire découvre dans le passé des voies de départ vers la fiction et c'est par là qu'elle est un art qui compose avec le passé comme avec son matériau premier.

Sous la plume de Chateaubriand dans les *Mémoires d'outre-tombe*, cet art poétique de la mémoire est véritablement systématisé. Le traitement réservé à l'évocation du jardin londonien de Kensington en offre l'illustration brillante.

CHATEAUBRIAND, COMBOURG ET KENSINGTON[23]

Dans ce parc, Chateaubriand conduit son lecteur par deux fois : dans les *Mémoires d'outre-tombe* mais également dans *La Vie de Rancé*, lorsque l'évocation du château de Chambord le conduit à évoquer celui qui eut

22 Watelet, Claude-Henri, *Essai sur les jardins*, Paris, Prault, Saillant & Nyon et Pissot, 1774, p. 86-87. Commentant l'essai de Watelet, Jean-Paul Sermain remarque : « la substitution progressive de *romanesque* par *romantique* à peu près à cette époque cherche à en écarter les valeurs négatives qui laissent encore leur trace chez Watelet, ne serait-ce qu'à cause de l'obscure médiation de *Don Quichotte* » (*Le Singe de don Quichotte : Marivaux, Cervantes et le roman postcritique*, Oxford, Voltaire Foundation, 1999, p. 181).

23 Des éléments du développement qui suit sont repris en partie de mon article : D. Zanone, « Continuité des parcs : l'art de la mémoire de Chateaubriand », *L'Écriture entre mémoire et oubli. Hommage à Krystyna Kasprzyk*, dir. W. Kroker et A. Sobczyk, Varsovie, Institut d'Études Romanes de l'université de Varsovie, 2016, p. 109-119.

pour premier titre « comte de Chambord », avant de devenir Henri V, prétendant au trône de France après la mort en exil de Charles X : « Cet orphelin vient de m'appeler à Londres ; j'ai obéi à la lettre close du malheur. Henri m'a donné l'hospitalité dans une terre qui fuit sous ses pas. J'ai revu cette ville témoin de mes rapides grandeurs et de mes misères interminables, ces places remplies de brouillards et de silence, d'où émergèrent les fantômes de ma jeunesse. Que de temps déjà écoulé depuis le jour où je rêvais René dans Kensington jusqu'à ces dernières heures[24] ! » Au livre VI des *Mémoires d'outre-tombe*, ce qui n'est ici qu'esquissé connaît un développement beaucoup plus important, mais uniquement concentré sur Kensington qui devient le seul vestige de la « ville témoin » aux dépens des « places » ou des bords de la Tamise (évoqués également dans le même passage de la *Vie de Rancé*). Ce « livre » s'ouvre sur un chapitre de prologue où le mémorialiste, avant d'entamer le récit du voyage qu'il fit en Amérique en 1791, décrit la situation qui est à la sienne au moment de l'écrire, en poète épique soucieux de poser sa voix. Il est ambassadeur de France en Angleterre et revoit, en 1822, les lieux où il a vécu, émigré désargenté, entre 1792 et 1800. C'est l'occasion de souligner le contraste entre deux époques de sa vie, de constater qu'il est passé de la presque misère aux fastes d'une ambassade, mais aussi des amitiés vives à la solitude éprouvée dans le vide de relations formelles. La vision du parc de Kensington unifie ces différentes époques, rassemble vivants et mort et établit entre les temps une continuité qui touche au vertige :

> En arrivant à Londres comme ambassadeur français, un de mes plus grands plaisirs était de laisser ma voiture au coin d'un square, et d'aller à pied parcourir les ruelles que j'avais jadis fréquentées, les faubourgs populaires et à bon marché [...]. Je n'échappais à la tristesse qui m'assiégeait sous mon toit, qu'en me saturant d'une tristesse moins pesante dans le parc de Kensington. Lui, ce parc, n'est point changé, comme j'ai pu m'en assurer en 1843 ; les arbres seulement ont grandi ; toujours solitaire, les oiseaux y font leur nid en paix. Ce n'est plus même la mode de se rassembler dans ce lieu, comme au temps que la plus belle des Françaises, madame Récamier, y passait suivie de la foule. Du bord des pelouses désertes de Kensington, j'aimais à voir courre, à travers Hyde-Park, les troupes de chevaux, les voitures des fashionables, parmi lesquelles figure en 1822 mon tilbury vide, tandis que,

24 Chateaubriand, François-René de, *La Vie de Rancé*, Paris, Union Générale d'Éditions, « 10/18 », 1965, p. 68.

> redevenu gentillâtre émigré, je remontais l'allée où le confesseur banni disait autrefois son bréviaire. C'est dans ce parc de Kensington que j'ai médité l'*Essai historique* ; que, relisant le journal de mes courses d'outre-mer, j'en ai tiré les amours d'*Atala* ; c'est aussi dans ce parc, après avoir erré au loin dans les campagnes sous un ciel baissé, blondissant et comme pénétré de la clarté polaire, que je traçai au crayon les premières ébauches des passions de *René*. [...] Ces lieux de mes premières inspirations me faisaient sentir leur puissance ; ils reflétaient sur le présent la douce lumière des souvenirs : – je me sens en train de reprendre la plume. [...] Il y a vingt-deux ans, je viens de le dire, que j'esquissais à Londres *les Natchez* et *Atala* ; j'en suis précisément dans mes *Mémoires* à l'époque de mes voyages en Amérique : cela se rejoint à merveille. Supprimons ces vingt-deux ans [...][25].

Les impressions dispersées de trois temps (les années 1790, temps du « gentillâtre émigré » ; 1822, temps de l'ambassadeur au « tilbury » ; 1843, temps du mémorialiste revenant une dernière fois sur les lieux et retouchant son texte encore) se surimposent pour donner, par une description simultanée, une vision unique. Cette page est sans doute le chef d'œuvre de la poétique de la mémoire de Chateaubriand : Mme Récamier et sa suite apparaissent et disparaissent ; le tilbury est là, mais pour transporter le vide et marquer d'un signe la fuite du temps en croisant la figure du jeune homme qui hantait les lieux une vingtaine d'années plus tôt. Pour qui aime ordonner et sortir de la confusion, on dira que l'ambassadeur est descendu de sa voiture en demandant qu'elle avance sans lui, pendant que lui-même retrouvait les pas du jeune homme qu'il fut. Le parc est devenu une lanterne magique sous l'œil du vieillard et, après lui, du nôtre : là furent écrits les textes qui font telle fête de mémoire. C'est là que les pages d'abord rédigées dans la forêt américaine furent relues et méditées par le jeune émigré pour devenir *Atala* et *René*, à l'origine de Chateaubriand « Enchanteur » ; c'est là que le mémorialiste reprend l'écriture qui lui permet d'annuler le temps (« Supprimons ces vingt-deux ans »). Le parc est riche de suffisamment de prestiges pour encourager une dérive magique : le narrateur, paré pour son voyage de mémoire, est conduit non seulement dans les différents temps du même parc, mais aussi de parc en parc, suivant de mêmes allées qui se prolongent indéfiniment et établissent la continuité entre eux.

---

25 Chateaubriand, François-René de, *Mémoires d'outre-tombe*, éd. J.-Cl. Berchet, Paris, Classiques Garnier, 1989-1998, 4 vol., vol. I, p. 340 et p. 343-344 (liv. VI, chap. 1).

La scène de mémoire à Kensington en rejoue une autre, bien plus fameuse depuis que Proust l'a signalée comme référence en matière de réminiscence involontaire : la scène dite de la « grive de Combourg », qui prend place dans le parc du château de Montboissier où Chateaubriand séjourne en 1817 chez une amie. Le passage était pensé d'abord pour venir dans le prologue du livre III des *Mémoires*, en tant que « prologue obligé[26] » de chacun des « livres », tout comme l'évocation de Kensington remplit le même office en ouverture du livre VI. Un changement dans la composition des *Mémoires*, décidé par Chateaubriand à la toute fin de sa vie et qui a eu pour effet de placer ce passage au chapitre 9 du livre II, a malheureusement altéré ce dispositif qui faisait de plusieurs des « prologues obligés » des scènes de jardins et soulignait les échos entre elles[27]. Citons le prologue à Montboissier :

> Disons d'abord ce qui me fait reprendre la plume : le cœur humain est le jouet de tout, et l'on ne saurait prévoir quelle circonstance frivole cause ses joies et ses douleurs. [...] Je suis maintenant à Montboissier, sur les confins de la Beauce et du Perche. Le château de cette terre, appartenant à madame la comtesse de Colbert-Montboissier, a été vendu et démoli pendant la révolution : il ne reste que deux pavillons, séparés par une grille et formant autrefois le logement du concierge. Le parc, maintenant à l'anglaise, conserve des traces de son ancienne régularité française : des allées droites, des taillis encadrés dans les charmilles, lui donnent un air sérieux ; il plaît comme une ruine. Hier au soir je me promenais seul ; le ciel ressemblait à un ciel d'automne ; un vent froid soufflait par intervalles. [...] Je fus tiré de mes réflexions par le gazouillement d'une grive perchée sur la plus haute branche d'un bouleau. À l'instant, ce son magique fit reparaître à mes yeux le domaine paternel ; j'oubliai les catastrophes dont je venais d'être le témoin, et, transporté subitement dans le passé, je revis ces campagnes où j'entendis si souvent siffler la grive[28].

Le chant de la grive permet de renouer le fil, interrompu depuis alors plus de trois ans, de l'écriture de la mémoire ; mais c'est aussi la vision du parc, à l'anglaise et à la française à la fois, c'est-à-dire d'avant et

26 *Ibid.*, vol. I, p. 117 (dans l'« Avant-propos ») : « Ces *Mémoires* ont été composés à différentes dates et en différents pays : de là, des prologues obligés qui peignent les lieux que j'avais sous les yeux, les sentiments qui m'occupaient au moment où se renoue le fil de ma narration. »

27 Il est à noter que certains éditeurs ont préféré maintenir la composition antérieure : ainsi dans l'édition de Maurice Levaillant (Gallimard, « Bibliothèque de la Pléiade », 1946-1948), le passage en question est au chapitre 1 du livre III. Voir à ce sujet la mise au point opérée par Jean-Claude Berchet dans la préface à son édition (*ibid.*, p. XXIX-XXXIV).

28 *Ibid.*, vol. I, p. 203 (liv. II, chap. 9).

d'après de la Révolution. Contemporain de la mode en faveur des jardins à l'anglaise, Chateaubriand se souvient de ceux d'avant la Révolution, à la française, qui persistent en dessous et dont il reconnaît les traces. Cette vision a de quoi saisir de vertige le « fou de mémoire » qu'est Chateaubriand, pour reprendre une formule de Roland Barthes dans un entretien de janvier 1980 :

> Chateaubriand est plus qu'un mémorialiste ; c'est un homme qui inscrit en lui la blessure d'une mémoire divisée, d'un temps disjoint, d'une histoire en deux parties : avant la Révolution, après. C'est cet *avant* et cet *après* qu'il redit sans cesse ; il ne veut rien abandonner de l'ancien temps ni du nouveau ; et en cela, probablement, il n'est pas "sage" : il est avide comme un enfant, il veut tout avoir, le charme de ce qui est passé et la vie de ce qui naît, le souvenir et l'action [...] : attitude folle, qu'il n'a pu tenir que parce qu'il était écrivain ; car l'écrivain est là, me semble-t-il, pour représenter d'une façon obstinée la contradiction du temps, ce qu'il y a en lui de vie et de mort[29].

C'est ce travail de l'écrivain, ou du mémorialiste *et* écrivain, puisque Chateaubriand empêche de douter qu'on puisse être les deux à la fois, que les scènes de jardin dans les *Mémoires d'outre-tombe* permettent d'observer avec précision.

Reprenons le fil constitué par les visions de jardins. Le parc de Montboissier reconduit à celui du « domaine paternel », donc à Combourg et à l'enfance. Jamais après une dernière visite en 1791, sur le chemin d'aller en Amérique, Chateaubriand n'a remis les pieds à Combourg ; en passant en Bretagne en 1806, il s'est abstenu de revoir le vieux château et ses terres : « je n'eus pas le courage d'entreprendre le pèlerinage des champs où la plus vive partie de mon existence fut attachée. C'est dans les bois de Combourg que je suis devenu ce que je suis[30] ». L'enfance est le point de fuite qui gît dans les visions de jardins ; à l'autre bout, au présent, est l'écriture. Entre les deux, les scènes de jardins sont autant de stations de mémoire, rangées sur une même ligne, où malgré tout le pèlerinage est accompli. En ces jardins qui ne forment qu'un même et vaste territoire, Chateaubriand recueille l'écho de « la plus vive partie » de son existence. On est invité à circuler de l'un à l'autre à sa suite.

29 Barthes, Roland, « Lectures de l'enfance », entretien du 31 janvier 1980 publié de façon posthume dans la revue *Histoire* le 5 juin 1980, *Œuvres complètes III. 1974-1980*, éd. É. Marty, Paris, Éditions du Seuil, 1995, p. 1247-1251, p. 1249.

30 Chateaubriand, François-René de, *Mémoires d'outre-tombe*, *op. cit.*, vol. I, p. 236 (liv. III, chap. 14).

Ainsi à la Vallée-aux-Loups, « maison de jardinier, cachée parmi des collines couvertes de bois », dont la description occupe le tout début des *Mémoires* :

> Cet étroit espace me parut propre à renfermer mes longues espérances ; *spatio brevi spem longam reseces*. Les arbres que j'y ai plantés prospèrent [...]. Je les ai choisis autant que je l'ai pu des divers climats où j'ai erré ; ils rappellent mes voyages et nourrissent au fond de mon cœur d'autres illusions. [...] Ce lieu me plaît ; il a remplacé pour moi les champs paternels ; je l'ai payé du produit de mes rêves et de mes veilles ; c'est au grand désert d'Atala que je dois le petit désert d'Aulnay [...]. Ici, j'ai écrit les *Martyrs*, les *Abencerages*, l'*Itinéraire* et *Moïse* ; que ferai-je maintenant dans les soirées de cet automne ? Ce 4 octobre 1811, anniversaire de ma fête et de mon entrée à Jérusalem, me tente à commencer l'histoire de ma vie[31].

Ce lieu où tant a été écrit et où les *Mémoires* sont entrepris, petit espace qui s'est révélé de trop courte durée dans la vie de l'auteur puisqu'il n'en fut propriétaire que pendant onze ans[32], prend rang comme jardin de référence, au même titre que les « campagnes » de Combourg. Ces jardins ou parcs (Combourg, La Vallée-aux-Loups, Montboissier, Kensington) sont les stations d'un parcours de mémoire que les *Mémoires d'outre-tombe* invitent à suivre ; ils sont rappelés pour donner profondeur et prestige personnel à d'autres parcs plus brièvement évoqués. Le jardin de la Vallée-aux-Loups est ainsi rappelé à l'occasion de celui des Invalides où l'auteur devenu vieux se promène : « La Vallée-aux-Loups, de toutes les choses qui me sont échappées, est la seule que je regrette ; il est écrit que rien ne me restera. [...] Je défie le sort de m'attacher à présent au moindre morceau de terre ; je n'aurai dorénavant, pour jardin que ces avenues honorées de si beaux noms autour des Invalides, et où je me promène avec mes confrères manchots et boiteux[33] ». Ce renvoi que chaque jardin opère en direction d'un autre conduit-il aussi

---

31 *Ibid.*, vol. I, p. 121-122 (liv. I, chap. 1).

32 De 1807 à 1818. On peut se demander si le contresens que Jean-Claude Berchet relève, en note à son édition, dans la citation d'Horace (*Odes*, I, XI) n'est pas révélateur, voire délibéré. Dans « *spatio brevi spem longam receses* », explique J.-Cl. Berchet, les deux premiers termes forment un ablatif absolu et *spatium* signifie « laps de temps » ; il faudrait donc traduire par « étant donné le peu de temps que nous avons à vivre, ne forme pas de projet à long terme », *resecare* signifiant « retrancher » (*ibid.*, vol. I, p. 653). Or Chateaubriand prend *spatium* au sens d'« espace »... Ce contresens rend compte de l'emprise des jardins et parcs comme lieux nécessaires, dans son imaginaire, pour convoquer la mémoire.

33 *Ibid.*, vol. II, p. 248 (liv. VIII, chap. 5).

à la page des *Rêveries du promeneur solitaire* où Rousseau âgé dit, dans la « Neuvième promenade », ne voir « jamais sans attendrissement et vénération ces groupes de bons vieillards[34] » qui hantent les Invalides ? On se plaît à penser que cette page aura elle-même pris place parmi les souvenirs de jardins que Chateaubriand conserve en si grand nombre. Le jardin du pavillon attenant à l'Infirmerie Marie-Thérèse (institution fondée par Mme de Chateaubriand dans les années 1820) hérite, quant à lui, à la fois de La Vallée-aux-Loups et de Kensington. Le mémorialiste y a planté des arbres : « Ces arbres, je ne les ai pas choisis comme à la *Vallée-aux-Loups* en mémoire des lieux que j'ai parcourus : qui se plaît au souvenir conserve des espérances. [...] Quelques-uns de mes curés octogénaires étaient exilés avec moi : après avoir mêlé ma misère à la leur sur les pelouses de Kensington, j'ai offert à leurs derniers pas les gazons de mon hospice ; ils y traînent leur vieillesse religieuse comme les plis du voile du sanctuaire[35]. » Les pages des *Mémoires d'outre-tombe* consacrées aux parcs et jardins se renvoient ainsi les unes aux autres et invitent à une lecture qui les superpose. L'unité d'un thème est déclarée, constituée par le retour des mêmes éléments : la position liminaire de ces passages, qui fournissent les « prologues obligés » des « livres » ; les notations sur la mesure du temps (croissance des arbres, modification dans le dessin des allées) ; la remémoration d'un autre jardin, déclenchée par celui du moment présent, d'où sort bientôt une confusion des temps (suppression momentanée du sentiment du passage du temps par l'effet d'une griserie nouée sur fond de mélancolie) ; l'appel de l'écriture, laquelle naît du défi de restituer cette expérience et surtout de la prolonger pour devenir, sinon le maître du temps, du moins son poète. Le sujet lyrique et remémorant travaille la continuité de soi entre les époques (saisie dans les trois âges rassemblés à Kensington) et entre les parcs (de mêmes voies tracées conduisent des uns aux autres). L'évocation des « châteaux que l'on rétablissait » en 1802 et 1803, années où un ordre ancien semble pouvoir renaître, permet de l'expliciter. Cela se fait dans le prologue du livre XIV :

> Ma vie se trouva toute dérangée aussitôt qu'elle cessa d'être à moi. J'avais une foule de connaissances en dehors de ma société habituelle. J'étais appelé dans

34 Rousseau, Jean-Jacques, *Rêveries du promeneur solitaire*, dans *Œuvres complètes I*, *op. cit.*, p. 1095.

35 Chateaubriand, François-René de, *Mémoires d'outre-tombe*, *op. cit.*, vol. IV, p. 198-199 (liv. XXXVI, chap. 1).

> les châteaux que l'on rétablissait. On se rendait comme on pouvait dans ces manoirs demi-démeublés demi-meublés, où un vieux fauteuil succédait à un fauteuil neuf. Cependant, quelques-uns de ces manoirs étaient restés intacts [...]. Au retour de l'émigration, il n'y avait si pauvre banni qui ne dessinât les tortillons d'un jardin anglais dans les dix pieds de terre ou de cour qu'il avait retrouvés : moi-même, n'ai-je pas planté jadis la Vallée-aux-Loups ? N'y ai-je pas commencé ces *Mémoires* ? Ne les ai-je pas continués dans le parc de Montboissier, dont on essayait alors de raviver l'aspect défiguré par l'abandon ? Ne les ai-je pas prolongés dans le parc de Maintenon [...][36] ?

Ce passage vaut comme un énoncé imagé de la poétique des *Mémoires d'outre-tombe* – et de la poétique de la mémoire. L'auteur prend soin de la mémoire que son lecteur construit de l'ouvrage qu'il tient entre les mains, lui en rappelle les jalons et lui indique les liens à opérer. Cet art d'écrire la mémoire se montre donc extrêmement délibéré. Ce n'est pas pour nous en convaincre qu'un détour par l'exemple d'un autre écrivain, du XXe siècle et non français, peut être utile, mais pour suggérer une continuation des jardins de Chateaubriand au delà de lui-même. Vladimir Nabokov, lui aussi exilé de la terre de son enfance et portant « inscrit en lui la blessure d'une mémoire divisée, d'un temps disjoint, d'une histoire en deux parties : avant la Révolution, après[37] » (comme le dit Barthes de Chateaubriand), lui aussi penseur aigu de l'écriture autobiographique, déclare que celle-ci ne vaut que si l'auteur s'emploie à repérer dans son passé des détails récurrents quoique épars, qui lui permettent d'approcher une unité : « Son but [de "l'autobiographie que le lecteur a entre les mains"] est de décrire le passé avec la plus grande précision possible et d'y mettre à jour des contours signifiants, ou plus exactement le développement et la répartition de thèmes cachés dans une destinée manifeste[38] ». Or c'est précisément par l'évocation de parcs que Nabokov donne dans son récit autobiographique, *Autres rivages*, la réalisation la plus belle de ce projet qui emporte avec lui une méditation sur la mémoire et sur l'écriture de celle-ci, dont les enjeux en sont tout à la fois esthétiques et moraux. Évoquant les jardins publics des villes où il vivait dans les années 1930 (Berlin, Prague et Paris) et où il a mené

36 *Ibid.*, vol. II, p. 59-60 (liv. XIV, chap. 1).

37 Barthes, Roland, *loc. cit.*, p. 1249.

38 Nabokov, Vladimir, *Autres rivages. Autobiographie* [*Speak, Memory, an Autobiography revisited*, 1966 et 1967], trad. Y. Davet, M. Akar et M. Couturier, Paris, Gallimard, « Folio », 1991 et 1999, « Préface à l'édition russe. 1954 » traduite du russe par L. Troubetzkoy, p. I.

son fils né en 1934 faire ses premiers pas et ses premiers jeux, il écrit : « J'aimerais me rappeler tous les petits parcs où nous sommes allés. [...] ces lieux divers [...] perdent toute souveraineté, mettent en commun leurs généraux pétrifiés et leurs feuilles mortes, cimentent l'amitié de leurs allées entrecroisées et s'unissent dans une fédération de lumière et d'ombre à travers laquelle de gracieux enfants, aux genoux nus, voguent sur de ronflants patins à roulettes[39] ». Nabokov a certainement lu Chateaubriand avec lequel il partage tant d'expériences, le souvenir obsédant de l'origine aristocratique et le rapport fasciné à sa propre mémoire en particulier. Les deux auteurs choisissent de travailler la même vision de parcs surimposés, étagés en palimpseste : l'objet fantastique ainsi créé, sorte monstre visuel, devient un emblème de la poétique autobiographique. Il s'agit d'un « objet polychronique[40] », comme le sont les images pour l'historien de l'art selon Georges Didi-Huberman qui consacre son essai *Devant le temps* à décrire le fonctionnement de la mémoire comme une « manipulation des temps » ou un « *montage* du temps[41] » et traite les images comme des traces du passé.

Les jardins qui se renvoient les uns aux autres portent les chiffres dont le mémorialiste a le secret, ou plutôt en lesquels il cherche le secret de son passé. Les scènes de jardins qui jalonnent les *Confessions* de Rousseau et les *Mémoires d'outre-tombe* de Chateaubriand (mais encore, car l'enquête pourrait se poursuivre, *Histoire de ma vie* de George Sand[42]) peuvent être lues comme autant de moments où l'écrivain de Mémoires se montre dans l'exercice de son art. Elles sont aussi des repères fournis au lecteur pour trouver son chemin dans l'œuvre longue : la mémoire du lecteur, en effet, est soumise à une tension entre la dispersion (effet

39 *Ibid.*, p. 385-386. Commentant son ouvrage à l'occasion d'un ultime chapitre donné en annexe (« Chap. XVI. À propos d'*Autres rivages* »), Nabokov explicite lui-même ce thème : « Le lecteur aura plaisir sans nul doute à retrouver par lui-même les circonvolutions, les tremplins, les divers déguisements drolatiques de telle ou telle ligne thématique qui court à travers le livre. [...] Le lecteur aura plaisir à suivre le thème des allées et des sentiers à travers des parcs privés et une forêt ancestrale [...] » (*ibid.*, p. 396).

40 Didi-Huberman, Georges, *Devant le temps. Histoire de l'art et anachronisme des images*, Paris, Éditions de Minuit, « Critique », 2000, p. 22.

41 *Ibid.*, p. 19 et p. 35.

42 Voir à ce sujet mon article : D. Zanone, « Scènes de jardin dans *Histoire de ma vie* : Nohant ou le jardin de l'âme », *Fleurs et jardins dans l'œuvre de George Sand*, dir. S. Bernard-Griffiths et M.-C. Levet, Clermont-Ferrand, Presses Universitaires Blaise Pascal, « Révolutions et Romantismes », 2006, p. 179-190.

de la multiplicité du narré dans une quantité formidable des pages) et l'unité (la quête du sens se poursuivant de façon continue depuis la narration jusqu'à la lecture). La mémoire du lecteur est ainsi travaillée par ces reprises qui constituent l'ouvrage en une vaste chambre d'échos. Dans ce palais de mémoire, autant fait pour se trouver que pour se perdre, le lecteur est invité.

Damien ZANONE
Université catholique de Louvain

BIBLIOGRAPHIE

ŒUVRES

ACADÉMIE FRANÇAISE, *Dictionnaire*, 6e édition, Paris, Firmin Didot, 1835, t. 1.

ALBRET, Jeanne d', *Mémoires et poésies de Jeanne d'Albret*, Alphonse de Ruble (éd.)., Paris, Huart et Guillemin, 1893, 241 p.

ARCONVILLE, Marie Geneviève Charlotte, Thiroux d', *De l'amitié*, Amsterdam et Paris, Desaint et Saillant, 1761.

ARCONVILLE, Marie Geneviève Charlotte, Thiroux d', *Essai pour servir à l'histoire de la putréfaction*, Paris, Didot le Jeune, 1766.

ARCONVILLE, Marie Geneviève Charlotte, Thiroux d', *Histoire de François II*, Paris, Belin, 1783.

ARCONVILLE, Marie Geneviève Charlotte, Thiroux d', *L'Amour éprouvé par la mort ou Lettres de deux amants de vieille roche*, Paris, Jean-Baptiste-Guillaume Musier, 1763.

ARCONVILLE, Marie Geneviève Charlotte, Thiroux d', *Mémoires de Mademoiselle de Valcourt*, Paris, Lacombe, 1767.

ARCONVILLE, Marie Geneviève Charlotte, Thiroux d', « Des caractères » (vol. 7, p. 36-79), « Des souvenirs » (vol. 7, p. 334-350), « Mes souvenirs » (vol. 9, p. 327-366), « Parallèle entre Charles Ier, roi d'Angleterre, et Louis XVI, roi de France » (vol. 12, p. 158-279), « Sur différents caractères » (vol. 9, p. 312-327), « Sur la mélancolie » (vol. 1, p. 97-109), « Sur la reconnaissance et l'ingratitude » (vol. 1, p. 79-83), « Sur le caractère » (vol. 4, p. 78-90), « Sur les caractères » (vol. 11, p. 260-283), « Sur l'histoire » (vol. 1, p. 224-236), « Sur ma mélancolie » (vol. 6, p. 3-18), *Pensées, réflexions et anecdotes*, Ottawa, Bibliothèque de l'université d'Ottawa, Archives et collections spéciales, collection Charles-Le Blanc, 1801-1805, 12 vol. manuscrits.

ARCONVILLE, Marie Geneviève Charlotte, Thiroux d', *Pensées et réflexions morales sur divers sujets*, Avignon, s. l., 1760.

ARCONVILLE, Marie Geneviève Charlotte, Thiroux d', *Vie de Marie de Médicis*, Paris, Ruault, 1774.

ARCONVILLE, Marie Geneviève Charlotte, Thiroux d', *Vie du cardinal d'Ossat*, Paris, Herissant le fils, 1771.

ARNAUD, Antoine, *Apologie pour les religieuses de Port-Royal*, dans *Œuvres*, Paris, Lausanne, Sigismond d'Arnay et Cie, 1779.

ARNAULD, Antoine, *De la Nécessité de la Foi en Jésus-Christ, où on examine si les Payens & les-Philosophes, qui ont eu la connoissance d'un Dieu, & qui ont moralement bien vécu, ont pu être sauvés, sans avoir la Foi en Jésus Christ*, dans *Œuvres complètes*, 42 vol, Paris et Lausanne, Sigismond d'Arnay, 1775-1783, t. X, 1777, p. 39-381.

ARNAULT, Antoine Vincent *et al.*, *Biographie nouvelle des contemporains, ou Dictionnaire historique et raisonné de tous les hommes qui, depuis la Révolution française, ont acquis de la célébrité par leurs actions, leurs écrits, leurs erreurs ou leurs crimes, soit en France, soit dans les pays étrangers*, Paris, Librairie historique, 1820, vol. 1.

AUBIGNÉ, Théodore Agrippa d', *Histoire universelle*, Paris-Genève, Droz, « Textes littéraires français », édité avec une introduction et des notes par André Thierry, 1981-2000 [1618-1620], 11 vol.

AUGUSTIN, *Réponse aux Questions de Janvier*, Lettre LV (année 400), § 5, dans *Œuvres complètes de Saint Augustin*, éd. M. Poujoulat et Abbé Raulx, Bar-le-Duc, 1864-1872, tome II.

AUGUSTIN, *Contra Faustum*, 19, 2, éd. J. Zycha, *CSEL* 25.1, 1897.

AUGUSTIN, *Cité de Dieu*, BA 23, éd. G. Bardy et G. Combès, *Paris, Desclée, 1959.*

AUGUSTIN, *Questions 83*, BA 10, dans *Œuvres*, éd. G. Bady, J.-A. Beckaert et J. Boutet, Paris, Desclée, 1952.

AUGUSTIN, *La grâce du Christ et le péché originel*, dans *La crise pélagienne*, BA 22, éd. H. Chirat *et. al.*, Paris, Desclée, 1973.

BAILLET, Adrien, *La Vie de Godefroy Hermant docteur de la Maison & Société de Sorbonne, chanoine de l'Église de Beauvais*, Amsterdam, Pierre Mortier, 1717.

BALZAC, Jean-Louis, Guez de, *Socrate chrestien*, « Discours X », J. Jehasse (éd.), Paris, Champion, 2008 (1662).

BANDOLE, Antoine de (pseudonyme de Jean BAUDOIN), *Parallèles de César et d'Henri IV*, Paris, Richer, 1600.

BARAKAT, Myriam, *Édition commentée des « Discours politiques et militaires » de François de la Noue (1531-1591)*, Thèse de doctorat sous la direction d'Evelyne Berriot-Salvadore, École doctorale 58, Langues, Littératures, Cultures, Civilisations, Montpellier, 2011, 790 p.

BAYLE, Pierre, « Projet d'un dictionnaire critique (1692) », *Dictionnaire historique et critique*, 5e éd., Amsterdam, Cie des Libraires, 1734, t. 5.

BEAUVAIS-NANGIS, Nicolas de Brichanteau de, *Mémoires du marquis de Beauvais-Nangis et Journal du procès du marquis de La Boulaye*, Paris, Renouard, 1862, 376 p.

Bibliothèque nationale de France, Fonds érudits et bibliophiles, Clairambault 397, Lettre d'Antoine Godeau au comte de Brienne (19 février 1645), f° 380-381.

BODIN, Jean, *Méthode pour faciliter la connaissance de l'histoire* [1566], dans *Œuvres philosophiques*, Paris, PUF, 1951, édition et traduction de Pierre Mesnard, p. 99-477.

BOIGNE, Adèle d'Osmont, comtesse de, *Mémoires*, Paris, Mercure de France, « Le Temps retrouvé », 1999.

BOSSUET, Jacques Bénigne, *Discours sur l'histoire universelle* [1681], dans *Œuvres*, textes établis et annotés par l'abbé Velat et Yvonne Champailler, Paris, Gallimard, « Bibliothèque de la Pléiade », 1961, p. 657-1027.

BOUCHE, Honoré, *La Chorographie ou Description de Provence et l'Histoire chronologique du mesme pays*, Aix, Charles David, 1664, t. 2.

BOULAINVILLIERS, Henri de, *Histoire de l'ancien gouvernement de la France*. Avec XIV. Lettres Historiques sur les Parlemens ou Etats-Generaux, La Haye et Amsterdam, Aux dépens de la Compagnie, 1727, 3 vol.

BRANTÔME, Pierre de Bourdeille, dit, *Vies des grands capitaines français, Œuvres complètes*, éd. L. Lalanne, Paris, Vve J. Renouard, 1864-1882, 11 vol.

BUFFIER, Claude, *Cours de sciences sur des principes nouveaux et simples, pour former le langage, l'esprit et le cœur dans l'usage ordinaire de la vie*, Paris, Guillaume Cavelier et Pierre-François Giffart, 1732.

CALMET, Augustin, *Dissertation sur les apparitions des anges, et sur les revenants et vampires de Hongrie*, Paris, De Bure, 1746.

CALVIN, *Confessions et Catéchisme de la foi réformée*, éd. Olivier Fato, Genève, Labor et Fides, 1986.

CAMPAN, Henriette, *Mémoires de Madame Campan, Première femme de chambre de Marie-Antoinette*, éd. J. Chalon et C. de Angulo, Paris, Mercure de France « Le Temps retrouvé », 1988.

CASANOVA, Jacques, *Histoire de ma vie*, Paris, Gallimard, 2013, vol. I.

CATROU, François et ROUILLÉ, Pierre-Julien, *Histoire romaine, depuis la fondation de Rome*, Paris, Jacques Rollin, Jean-Baptiste Delespine et Jean-Baptiste Coignard, t. I, 1725.

CAVALIER, Jean, *Mémoires sur la guerre des Camisards*, éd. F. PUAUX, Dijon-Quetigny, 2007 [1re éd. en anglais 1726 ; 1re trad. en français 1918].

CAVALIER, Jean, *Mémoires du colonel Cavalier sur la guerre des camisards*. Édition du manuscrit original de La Haye, éd. P. Rolland, Paris, Les Éditions de Paris Max Chaleil, 2011.

CÉSAR, *Commentaires sur la guerre civile*, trad. P. Fabre, Paris, Les Belles Lettres, 1972.

CHASTENAY, Victorine de, *« Deux révolutions pour une seule vie », Mémoires*, 1771-1855, Paris, Tallandier, « La bibliothèque d'Évelyne Lever », 2009.

CHATEAUBRIAND, François-René de, *Essai historique, politique et moral sur les révolutions anciennes et modernes considérées dans leurs rapports avec la Révolution française, dédié à tous les partis*, Paris, Gallimard, 1978.

CHATEAUBRIAND, François René, vicomte de, *Mémoires d'Outre-Tombe*, éd. J.-C. Berchet, Paris, Garnier, « Classiques de Poche », 1989.

CHATEAUBRIAND, François-René, *Mémoires d'outre-tombe*, éd. Jean-Claude Berchet, Paris, Classiques Garnier, 1989-1998, 4 vol.

CHATEAUBRIAND, François-René, *La Vie de Rancé*, Paris, Union Générale d'Éditions, « 10/18 ».

CHOISNIN, Jean, *Mémoires de Jean Choisnin ou discours au vray de tout ce qui s'est faict et passé pour l'entière négociation de l'élection du roy de Polongne*, Petitot (éd.)., Paris, Foucault, coll. « Collection des Mémoires relatifs à l'Histoire de France », n° 38, 1823, 180 p.

CHOISY, François Timoléon, abbé de, « Avertissement », *Histoire de l'Église*, t. 1 : *Contenant les trois premiers siècles*, Paris, Jean-Baptiste Coignard, 1703, non paginé.

CHOISY, Abbé de, *Histoire de la vie de David* (1686), Amsterdam, David Mortier, 1715.

COMTE, Auguste, *Cours de philosophie positive*, Paris, Hermann, 1975.

CONDILLAC, Étienne de, *Traité des sensations*, Paris, Fayard, 1984.

CONDORCET, Nicolas de, *Tableau historique des progrès de l'esprit humain*, Paris, INED, 2004.

DANIEL, Gabriel, s.j., *Histoire de France, depuis l'établissement de la monarchie françoise dans les Gaules, dédiée au Roy*, nouvelle édition, revue, corrigée & augmentée par l'auteur, & enrichie de plusieurs médailles authentiques, Paris, Denys Mariette, Jean-Baptiste Delespine et Jean-Baptiste Coignard, 7 vol., 1722 [1696 pour le premier volume ; 1713].

DIDEROT, Denis, articles « Grecs » et « Encyclopédie », in *Œuvres complètes*, Paris, Hermann, t. VII, 1976.

DIDEROT, Denis, *Mémoires pour Catherine II*, Paris, Garnier, 1966.

DON JUAN DE PERSIA, *Relaciones*, Valladolid, J. de Bostillo, 1604.

DUGOUR, Antoine Jeudy, *Collections des meilleurs ouvrages qui ont été publiés pour la défense de Louis XVI, roi des Français*, Paris, F. Dufart, 1793, t. 2.

DURAND, Jean, abbé, *Les Caracteres des saints pour tous les jours*, Rouen, Eustache Viret, 1678.

ÉRASME, *Apophthegma*, Bâles, J. Froben, 1532.

FERGUSON, Adam, *Essai sur l'histoire de la société civile*, trad. P. Vieu, Lyon, ENS Éditions, 2013.

FLEURY, Claude, *Histoire ecclesiastique*, Paris, Pierre Aubouyn, Pierre Emery et Charles Clousier, 1691.

FLEURY, Claude, *Les Mœurs des Israélites*, Paris, chez la veuve Gervais Clouzier, 1681, 1682.

FLEURY Claude, *Traité du choix et de la méthode des Études*, Paris, Pierre Auboin, Pierre Emery, Charles Clousier, 1686.

FONTAINE, Nicolas, *Mémoires ou histoire des Solitaires de Port-Royal*, édition critique par Pascale Thouvenin, Paris, Honoré Champion, « Sources classiques », 2001 [1736].

GAY, John, *Opéra des gueux*, trad. Marie Geneviève Charlotte Thiroux d'Arconville, Londres, John Nourse, 1767.

GODEAU, Antoine, *Histoire de l'Eglise*, t. 1. Paris, Augustin Courbé, 1653.

GODEAU, Antoine, *Histoire de l'Eglise*, t. 2. Paris, Augustin Courbé, 1653.

GODEAU, Antoine, *Histoire de l'Eglise*, t. 2. Paris, Thomas Jolly, 1672.

GODEAU, Antoine, *Histoire de l'Eglise*, t. 3. Paris, Louis Billaine, 1663.

GODEAU, Antoine, *Histoire de l'Eglise*, t. 5. Paris, François Muguet, 1678.

HATON, Claude, *Mémoires*, t. II, éd. L. Bourquin, Paris, Comité des travaux historiques et scientifiques, 2003.

HEGEL, Georg Wilhelm Friedrich, *La philosophie de l'histoire*, trad. M. Bienenstock, Paris, Librairie générale française, 2009.

HERMANT, Godefroy, *La Vie de saint Jean Chrysostome patriarche de Constantinople, et docteur de l'Eglise*, Paris, Charles Savreux, 1664.

HERMANT, Godefroy, *La Vie de S. Athanase patriarche d'Alexandrie*, Paris, Jean Du Puis, 1671.

HERMANT, Godefroy, *La Vie de saint Basile le Grand archevêque de Césarée en Cappadoce, et celle de saint Grégoire de Naziance archevêque de Constantinople*, Paris, Jean Du Puis, 1674, 2 vol.

HERMANT, Godefroy, *La Vie de S. Ambroise archevesque de Milan, docteur de l'Eglise et confesseur*, Paris, chez la veuve Jean Du Puis, 1678.

HERMANT, Jean, *Histoires des conciles*, Rouen, Jean-Baptiste Besongne, 1695.

HUME, David, *Histoire de la maison de Stuart sur le trône d'Angleterre*, Londres, s. l., 1760, t. 1.

JAMES, Henry, *Le Sens du passé* [*The Sense of the Past*, 1917], trad. de l'anglais par John Lee, Paris, La Différence, « 10/18 ».

KANT, Emmanuel, *Idée d'une histoire universelle d'un point de vue cosmopolitique*, in *Opuscules sur l'histoire*, trad. S. Piobetta, Paris, Garnier-Flammarion, 1990.

LAGE DE VOLUDE, Béatrix-Étiennette Renart de Fuchsamberg d'Amblimont, marquise de, *Souvenirs d'émigration*, éd. L. de la Morinerie, Évreux, Auguste Hérissey, 1869.

LA MOTHE LE VAYER, *De la Vertu des payens*, 2e éd., Paris, Augustin Courbé, 1647.

LA POPELINIÈRE, Lancelot Voisin de, *La Vraye et Entiere Histoire de ces derniers troubles ; advenus, tant en France, qu'en Flandres, & pays circonvoisins*, Cologne, Arnould Birckman, 1571.

La Popelinière, Lancelot du Voisin de, *La Vraye et Entiere Histoire des troubles et choses mémorables avenues tant en France qu'en Flandres, et pays circonvoisins depuis l'an 1562*, Bâle [Caen], pour P. Davantès [Pierre Le Chandelier], 1572.

La Popelinière, Lancelot du Voisin de, *L'Histoire de France*, édition critique sous la direction de Denise Turrel, Genève, Droz, 2 vol., 2011-2016.

La Popelinière, Lancelot du Voisin de, *L'Histoire de France*, t. I, s. l. [La Rochelle], Abraham H. [Pierre Haultin], 1581.

La Popelinière, Lancelot du Voisin de, *L'Idée de l'histoire accomplie* dans *L'Histoire des histoires, avec L'Idée de l'histoire accomplie*, t. II, éd. P. Desan, Paris, Fayard, 1989.

La Rochejaquelein, Marie-Louise-Victoire Donissan marquise de, *Mémoires*, éd. A. Sarazin, Paris, Mercure de France, « Le Temps retrouvé », 1984.

Las Cases, Emmanuel de, *Mémorial de Sainte-Hélène*, Paris, Gallimard, « Bibliothèque de la Pléiade », 1956, deux tomes.

Las Cases, Emmanuel de, *Le Mémorial de Sainte-Hélène* Paris, Seuil, 2008 [1968].

Las Cases, Emmanuel de, *Le Mémorial de Sainte-Hélène, le manuscrit retrouvé*, Paris, Perrin, 2017.

La Tour d'Auvergne, Henri de, duc de Bouillon, *Mémoires*, éd. Michaud et Poujoulat, t. XI, Paris, 1838.

La Tour du Pin, Henriette Lucy Dillon, marquise de, *Mémoires*, éd. C. de Liedekerke Beaufort, Paris, Mercure de France, « Le temps retrouvé », 1979.

Le Nain de Tillemont, Sébastien, *Mémoires pour servir à l'histoire ecclésiastique des six premiers siècles*, t. IX, Paris, Charles Robustel, 1703.

Lenglet Dufresnoy, Nicolas, *De l'usage des romans, où l'on fait voir leur utilité et leurs différents caractères, avec une Bibliothèque des romans, accompagnée de remarques critiques, sur leurs choix et leurs éditions*, Amsterdam, Chez la Veuve de Poitras, 1734.

Lenglet Dufresnoy, Nicolas, *Recueil de dissertations, anciennes et nouvelles, sur les apparitions, les visions et les songes*, Avignon, Jean Noël Leloup, 4 vol., 1751.

Lettres de Madame duchesse d'Orléans, née princesse palatine, éd. Olivier Amiel, préface de Pierre Gascar, Paris, Mercure de France, « Le Temps retrouvé », 1981.

Les grandes scènes historiques du XVIe siècle : reproduction en fac-similé du recueil de J. Tortorel et J. Perrissin, dir. M. Alfred Franklin, Paris, Fischbacher, 1886.

Lyttelton, George, *Lettres d'un Persan en Angleterre, à son ami à Ispahan, ou Nouvelles lettres persanes*, trad. Marie Geneviève Charlotte Thiroux d'Arconville, Londres, Costard, 1770.

Mably, Gabriel Bonnot de, *Collection complète des œuvres de l'abbé de Mably*, À Paris, De l'imprimerie de Charles Desbrière, L'An III de la République, (1794 à 1795) [15 tomes in-8].

Mably, Gabriel Bonnot de, *Observations sur l'histoire de France* [1765], t. I, p. 320-319.

MABLY, Gabriel Bonnot de, *Remarques et preuves des Observations sur l'histoire de France* [1765], t. 1, p. 320-492.

MABLY, Gabriel Bonnot de, *De la législation ou principes des lois* [1776], t. IX, p. 92-239.

MABLY, Gabriel Bonnot de, *Entretiens de Phocion sur le rapport de la morale avec la politique* [1763], t. X, p. 25-234.

MABLY, Gabriel Bonnot de, *Doutes proposés aux philosophes économistes sur l'ordre naturel et essentiel des sociétés politiques* [1768], t. XI, p. 1-256.

MABLY, Gabriel Bonnot de, *Des droits et des devoirs du citoyen* [1789], t. XI, p. 257-518.

MABLY, Gabriel Bonnot de, *De l'étude de l'histoire à Monseigneur le Prince de Parme* [1775], t. XII, p. 1-364.

MABLY, Gabriel Bonnot de, *De la manière d'écrire l'histoire* [1783], t. XII, p. 365-571.

MABLY, Gabriel Bonnot de, *De l'étude de la politique* [1794-1795], t. XIII, p. 122-179.

MABLY, Gabriel Bonnot de, *Du commerce des grains* [1775], t. XIII, p. 242-298.

MARION, Élie, *Mémoires ou relation abrégée de la guerre des Cévennes, continuée par Élie Marion jusques à la fin* dans MAZEL, Abraham, MARION, Élie, BONBONNOUX, Jacques, *Mémoires sur la guerre des camisards*, éd. Ph. Joutard, Montpellier, Les Presses du Languedoc, 2006, p. 41-234.

MAZEL, Abraham, *Mémoires de la guerre des Cévennes, dès son commencement, c'est-à-dire ce qui s'est passé de plus remarquable sous la conduite, ou par le ministère de Abr^m Mazel…* dans MAZEL, Abraham, MARION Élie, BONBONNOUX Jacques, *Mémoires sur la guerre des camisards*, éd. Ph. Joutard, Montpellier, Les Presses du Languedoc, 2006, p. 3-40.

MÉZERAY, François Eudes de, *Histoire de France, depuis Faramond jusqu'à maintenant*, Paris, Mathieu Guillemot, 1643-1651, 3 vol.

MILLAR, John, *The Origin of the Distinction of Ranks*, Bâle, Tourneisen, 1793.

MOIVRE, Abraham de, *The doctrine of chances : or, a method for calculating the probabilities of events in play*, London, W. Pearson, 1718.

MONTAIGNE, Michel de, *Les Essais*, éd. J. Balsamo, M. Magnien et C. Magnien-Simonin, Paris, Gallimard, 2007.

MONTESQUIEU, Charles-Louis de Secondat, baron de, *Considérations sur les causes de la grandeur des Romains et de leur décadence* [1734], dans *Œuvres complètes*, édition de Roger Caillois, Paris, Gallimard, « Bibliothèque de la Pléiade », t. II, 1951, p. 69-209.

MONTESQUIEU, Charles-Louis de, *Considérations sur les causes de la grandeur des Romains et de leur décadence*, in *Œuvres complètes*, Oxford, Voltaire Foundation, t. II, 2000.

MONTESQUIEU, Charles-Louis de, *De l'esprit des lois*, Paris, Garnier, édition de Robert Derathé, 1973 [1748], 2 vol.

MONTESQUIEU, Charles-Louis de, *Pensées. Le Spicilège*, édition de Louis Desgraves, Paris, Robert Laffont, « Bouquins », 1991.

MORÉRI, Louis, *Le grand dictionnaire historique ou le melange curieux de l'histoire sacrée et profane* [...], t. 1, Lyon, J. Gyrin et B. Rivière, 1683.

NABOKOV, Vladimir, *Autres rivages. Autobiographie* [*Speak, Memory, an Autobiography revisited*, 1966 et 1967], trad. de l'anglais par Y. Davet, M. Akar et M. Couturier, Paris, Gallimard, « Folio », 1991 et 1999.

Nouvelle protestation faite par les Princes, Seigneurs, Gentilshommes, Capitaines et soldats de l'armée des fideles : avec deux lettres de Messieurs d'Anjou, et Prince de Navarre, et un petit poesme fait sur icelles, imprimé nouvellement, s. l., 1569, Lb33 267, B_I.

PASCAL, Blaise, *Pensées*, édition de Philippe Sellier, Paris, Bordas, « Classiques Garnier », 1991.

PASQUIER, Étienne, *Les Recherches de la France*, édition critique établie sous la direction de Marie-Madeleine Fragonard et François Roudaut, Paris, Honoré Champion, « Textes de la Renaissance », 1996 [1560], 3 vol.

PÉTITOT, M., *Collection des Mémoires relatifs à l'histoire de France*, Paris, Foucault, 1821, t. 8.

POSTEL, Guillaume, *Histoire mémorable des expéditions depuis le déluge faites par les Gaulois ou Français [...]*, Paris, Sebastian Nivelle, 1552.

PROUST, Marcel, *Sodome et Gomorrhe*, Paris, Gallimard, « Folio classique ».

ROCCA, Bernardino, *Imprese, stratagemi et errori militari*, Venise, G. Giolito de Ferrari, 1566.

ROCCA, Bernardino, *Des entreprises et ruses de guerre : et des fautes qui parfois surviennent és progrez et execution d'icelles ou Le vray pourtrait d'un parfait general d'armee*, trad. La Popelinière, Paris, Nicolas Chesneau, 1571.

ROLAND, Jeanne Marie, *Mémoires*, Paris, Mercure de France, « Le Temps retrouvé », 1966.

ROLLIN, Charles, *De la manière d'enseigner et d'étudier les belles lettres, Par rapport à l'esprit & au cœur*, troisième édition, revue & corrigée, Paris, Jacques Estienne, 1730-1731 [1726-1728], 4 vol.

ROLLIN, Charles, *Histoire romaine depuis la fondation de Rome jusqu'à la bataille d'Actium : C'est-à-dire jusqu'à la fin de la République*, commencée par M. Rollin, & continuée par M. Crevier, Paris, chez la veuve Estienne & Fils, et Desaint & Saillant, 1752, 8 vol. [1738].

ROUSSEAU, Jean-Jacques, *Les Confessions*, éd. B. Gagnebin et M. Raymond, Paris, Gallimard, « Folio Classiques », 1997.

ROUSSEAU, Jean-Jacques, *Discours sur les sciences et les arts*, in *Œuvres complètes*, t. III, Paris, Gallimard, 1964.

ROUSSEAU, Jean-Jacques, *Discours sur l'origine et les fondements de l'inégalité parmi les hommes*, in *Œuvres complètes*, t. III, Paris, Gallimard, 1964.

ROUSSEAU, Jean-Jacques, *Du contrat social*, in *Œuvres complètes*, t. III, Paris, Gallimard, 1964.

ROUSSEAU, Jean-Jacques, *Émile, ou De l'éducation*, éd. André Charrak, Paris, Éditions Flammarion, 2009.

ROUSSEAU, Jean-Jacques, *Lettres philosophiques*, éd. Jean-François Perrin, Paris, « Le Livre de Poche », 2003.

ROUSSEAU, Jean-Jacques, *Œuvres complètes I*, éd. B. Gagnebin et M. Raymond, Paris, Gallimard, « Bibliothèque de la Pléiade », 1959.

SAINT-PIERRE, Charles-Irénée Castel de, *Histoire d'une apparition (8 janvier 1708)*, s.l., n. d.

SAINT-SIMON, Louis de Rouvroy, duc de, *Mémoires*, éd. Y. Coirault, Paris, Gallimard, « Bibliothèque de la Pléiade », 1983-1989.

SAINT-SIMON, Louis de Rouvroy, duc de, *Traités politiques et autres écrits*, éd. Y. Coirault, Paris, Gallimard, « La Pléiade », 1996.

SAINT-SIMON, Louis de Rouvroy, duc de, *Les Siècles et les Jours, Lettres (1693-1754) et Note « Saint-Simon » des Duchés-Pairies, etc.*, éd. Y. Coirault, Paris, Honoré Champion, « Sources classiques », 2000.

STEWART, Dugald, « L'histoire naturelle de l'humanité », trad. B. Binoche, *Philosophie*, n° 50, juin 1996, p. 3-11.

SULLY, Maximilien de Béthune, duc de, *Parallèles de César et de Henry le Grand*, Paris, Toussaint Du Bray, 1615.

TAMIZEY DE LARROQUE, Philippe (éd.), *Lettres de Jean Chapelain de l'Académie française*, t. 2. Paris, Imprimerie Nationale, 1880.

Testament d'Antoine Godeau, Archives départementales des Alpes-Maritimes, Évêché de Vence, G 1375, non paginé.

TOURZEL, Louise Élisabeth, duchesse de, *Mémoires de Madame la duchesse de Tourzel, gouvernante des enfants de France de 1789 à 1795*, éd. J. Chalon, et C. de Angulo, Paris, Mercure de France, « Le Temps retrouvé », 1969.

Traité sur la finance. Ouvrage utile aux Anglais, Français, Autrichiens, Hollandais, aux Politiques, Négociants et à tous autres Citoyens, Londres, 1784, sans nom d'auteur.

Traités sur l'Histoire (1638-1677), édition critique du *Discours de l'Histoire* et du traité *Du peu de certitude qu'il y a dans l'Histoire* de François de La Mothe le Vayer (Frédéric Charbonneau et Hélène Michon), des *Instructions pour l'histoire* de René Rapin (Béatrice Guion), du traité *De l'histoire* de Pierre Le Moyne (Anne Mantéro et Marie-Aude de Langenhagen) et de *L'usage de l'histoire* de César de Saint-Réal (Christian Meurillon), sous la direction de Gérard Ferreyrolles, Paris, Honoré Champion, « Sources classiques » n° 118, 2013, 767 p.

VERTOT, René Aubert de, *Histoire des révolutions arrivées dans le gouvernement de la République romaine*, Paris, la veuve Didot et alii, 1752 [1719], 3 vol.

VILLARS, Louis-Hector de, *Mémoires du Duc de Villars, Pair de France, Maréchal-Général des Armées de Sa Majesté Très-chrétienne, &c.*, La Haye, Pierre Gosse, 1737, t. II.

VILLARS, Louis-Hector de, *Mémoires du maréchal de Villars*, publiés d'après le manuscrit original pour la Société de l'Histoire de France et accompagnés de correspondances inédites par M. le Marquis de Vogüe, Paris, Renouard, 1887, t. II.

VOLNEY, *Leçons d'histoire prononcées à l'École Normale*, dans *Œuvres*, Paris, Fayard, « Corpus des œuvres de philosophie en langue française », 1989, 2 vol., t. I, p. 501-622.

VOLTAIRE, *L'affaire Paméla, Lettres de Monsieur de Voltaire à Madame Denis, de Berlin*, éd. A. Magnan, Paris Méditerranée, 2004.

VOLTAIRE, *Commentaire historique*, Basle, Chez les héritiers de Paul Duker, 1776.

VOLTAIRE, *Écrits autobiographiques*, éd. J. Goldzink, Paris, GF Flammarion, 2006.

VOLTAIRE, *Essai sur les mœurs et l'esprit des nations* [1756], édition de René Pomeau, Paris, Garnier, 1963, 2 vol.

VOLTAIRE, *Œuvres historiques*, édition de René Pomeau, Paris, Gallimard, « Bibliothèque de la Pléiade », 1957.

VOLTAIRE, « Histoire », *Encyclopédie, ou Dictionnaire raisonné des arts, des sciences et des métiers*, éd. D'Alembert et Diderot, Neuchâtel, Samuel Faulche et compagnie, 1765, t. 8, p. 220-225.

VOLTAIRE, *Mémoires*, éd. Jonathan Mallinson, Œuvres complètes de Voltaire 45c, Oxford, Voltaire Foundation, 2010.

VOLTAIRE, *Mémoires*, éd. Jacqueline Hellgouarc'h Paris, Honoré Champion, 2011.

VOLTAIRE, *Réflexions sur l'histoire*, dans *Œuvres complètes*, Paris, Baudoin Frères, t. XXXVI, 1827.

VOLTAIRE, *Fragments sur l'histoire*, dans *Œuvres complètes*, Paris, Baudoin Frères, t. XXXVII, 1827.

VOLTAIRE, *Remarques sur l'histoire*, in *Œuvres historiques*, Paris, Gallimard, 1957.

VOLTAIRE, art. « Vampire », dans *Œuvres complètes de Voltaire : Dictionnaire philosophique*, Paris, Garnier, 1877, tome XX, p. 547-551.

WATELET, Claude-Henri, *Essai sur les jardins*, Paris, Pruault, Saillant & Nyon et Pissot, 1774.

OUVRAGES CRITIQUES

ABÉLARD, Jacques, « Les Illustrations de Gaule de Jean Lemaire de Belges », Cahiers de l'association internationale des études françaises, vol. 33, 1981, p. 111-128.

ABIVEN, Karine, *L'anecdote ou la fabrique du petit fait vrai, Un genre de récit miniature, de Tallemant des Réaux à Voltaire (1650-1756)*, Paris, Classiques Garnier, 2015.

ABIVEN, Karine, « L'*exemplum* : un modèle opératoire dans la lettre familière ? », *Exercices de rhétorique* [en ligne], n° 6, 2016 [URL : http://journals.openedition.org/rhetorique/431].

ANDRIEU, Claire, LAVABRE, Marie-Claire et TARTAKOWSKY, Danielle (dir.), *Politiques du passé. Usages politiques du passé dans la France contemporaine*, Aix-en-Provence, Publications de l'université de Provence, 2006.

ARIÈS, Philippe, *Le Temps de l'histoire*, Paris, Éditions du Seuil, 1986 [1954].

ARIFFIN, Yohann, *Généalogie de l'idée de progrès. Histoire d'une philosophie cruelle sous un nom consolant*, Paris, Éditions du Félin, 2012.

BARDEZ, Élisabeth, « Madame d'Arconville a-t-elle sa place dans la chimie du XVIIIe siècle ? », *Madame d'Arconville, moraliste et chimiste au siècle des Lumières. Édition critique*, éd. Marc André Bernier et Marie-Laure Girou Swiderski, Oxford, Voltaire Foundation, « Oxford University Studies in the Enlightenment », 2016, p. 161-182.

BARTHES, Roland, « Lectures de l'enfance », *Œuvres complètes III. 1974-1980*, éd. É. Marty, Paris, Éditions du Seuil, 1995, p. 1247-1251.

BELISSA, Marc, « Mably et l'ordre international à la fin du XVIIIe siècle », introduction de son édition critique de l'ouvrage de Mably : *Principes des négociations pour servir au droit public de l'Europe*, Paris, Kimé, 2001.

BENHARRECH, Sarah, *Marivaux et la science du caractère*, Oxford, Voltaire Foundation, coll. « Studies on Voltaire and the Eighteenth Century », 2013.

BENVENISTE, Émile, *Problèmes de linguistique générale*, Paris, Gallimard, 1966.

BERNAT, Chrystel, « La guerre des Cévennes : un conflit trilatéral ? », *Bulletin de la Société de l'Histoire du Protestantisme Français*, 148, juillet-août-septembre 2002, p. 461-507.

BERNAT, Chrystel, « Une guerre sans épithète : les troubles des Cévennes au prisme catholique. Déchirures civiles et violence de religion (vers 1685-vers 1710), Position de thèse », *Revue de l'Histoire des religions*, 2009/4, p. 639-650.

BERNIER, Marc André et Marie-Laure, GIROU SWIDERSKI (éd.), *Madame d'Arconville, moraliste et chimiste au siècle des Lumières. Édition critique*, Oxford, Voltaire Foundation, « Oxford University Studies in the Enlightenment », 2016.

BERNIER, Marc André, « Buffier, Claude », *Dictionnaire des anti-Lumières et des antiphilosophes (France, 1715-1815)*, éd. Didier Masseau, Paris, Éditions Champion, 2017, p. 265-270.

BERNIER, Marc André, « De l'expression des passions à celle d'une "impression de sentiment" : la rhétorique du siècle des Lumières à l'école de la philosophie sensualiste », *Penser les passions à l'âge classique*, éd. Lucie Desjardins et Daniel Dumouchel, Paris, Éditions Hermann, 2012, p. 213-231.

BERNIER, Marc André, « Les deux discours sur la reconnaissance, ou les ambiguïtés de Charlotte juge de Jean-Jacques », *Hommage à Raymond Trousson et Roland Mortier*, éd. Jacques De Decker, Daniel Droixhe et Jacques Lemaire, Paris, Éditions Hermann, 2016, p. 93-104.

BERNSTEIN, Hilary, « Réseaux savants et choix documentaires de l'histoire locale française. Écrire l'histoire de Bourges dans la seconde moitié du XVIIe siècle ». *Histoire urbaine*, 2010, vol. 2, n° 28, p. 65-84.

BINOCHE, Bertrand, « Histoire universelle, histoire générale, histoire mondiale », in CASSIN, Barbara (dir.), *Vocabulaire européen des philosophies*, Paris, Seuil / Le Robert, 2004, p. 566-568.

BINOCHE, Bertrand, « Montesquieu et la crise de la rationalité historique », *Revue germanique internationale*, Paris, PUF, 1/1995, p. 31-53.

BINOCHE, Bertrand, *Nommer l'histoire. Parcours philosophiques*, Paris, Éditions EHESS, 2018.

BOLOT, Annabelle, « "Ainsi, de tous les côtés, je ne suis pas janséniste." Saint-Simon et les paradoxes du courtisan : quelques réflexions sur Port-Royal à partir des *Mémoires* », *Chroniques de Port-Royal*, n° 66, 2016, p. 201-212.

BOLTANSKI, Ariane, « "Dans cette bataille, tomba et fut écrasée la tête du serpent". Les usages idéologiques de la mort du prince de Condé dans le camp catholique », *La bataille. Du fait d'armes au combat idéologique, XIe-XIXe siècle*, dir. A. Boltanski, Y. Lagadec et F. Mercier, Rennes, PUR, 2015, p. 123-142.

BONNIOL, Jean-Luc et CRIVELLO, Maryline (dir.), *Façonner le passé. Représentations et cultures de l'histoire (XVIe-XXIe siècles)*, Aix-en-Provence, Publications de l'université de Provence, 2004.

BOUDON, Jacques-Olivier, *Napoléon à Sainte-Hélène : de l'exil à la légende*, Anjou (Québec), Fides, 2000.

BRENOT, Anne-Marie, « Le corps pour Royaume. Un langage politique de la fin du XVIe siècle et début du XVIIe », *Histoire, économie et société*, 1991, vol. 10, n° 4, p. 441-466.

BRUNETIÈRE, Ferdinand, *Études critiques sur l'histoire de la littérature française*, Paris, Hachette, 1893.

CASSIRER, Ernst, *La philosophie des Lumières*, trad. P. Quillet, Brionne, Gérard Montfort, 1982.

CERTEAU, Michel de, *L'écriture de l'histoire.* Paris, Gallimard, 2002 (1975).

CHABROL, Jean-Paul, *Élie Marion le vagabond de Dieu (1678-1713). Prophétisme et millénarisme protestants en Europe à l'aube des Lumières*, Aix-en-Provence, Édisud, 1999.

CHARBONNEAU, Frédéric, « Introduction », François de La Mothe le Vayer, *Discours de l'histoire* (1638/1684), *Traités sur l'histoire* (1638-1677, éd. G. Ferreyrolles, Paris, Honoré Champion.

CHARBONNEAU, Frédéric, « La construction du passé dans le *Journal* de Hardy », dans le dossier « Autour du journal (1753-1789) de Siméon-Prosper Hardy », dir. P. Bastien et F. Charbonneau (à paraître dans *Histoire, Économie, Société*).

CHARBONNEAU, Frédéric, « En l'absence de témoin. Le débat sur les premiers siècles de Rome à l'Académie des Inscriptions et Belles-Lettres, 1722-1724 », dans le dossier *Frontières du témoignage dans la littérature d'Ancien Régime*, dir. F. Charbonneau, *Études françaises*, Montréal, novembre 2018, p. 45-59.

CHARBONNEAU, Frédéric, « Les sciences auxiliaires et le statut de l'histoire dans la critique de Quinte-Curce à l'Académie des Inscriptions et Belles-Lettres », *Postérités européennes de Quinte-Curce, de l'humanisme aux Lumières (XIVe-XVIIIe siècle)*, dir. C. Bougassas, Turnhout, Brepols, « Alexander redivivus », 2018, p. 479-489.

CHARBONNEAU, Frédéric, « L'irréel du portrait dans les *Mémoires* de Saint-Simon », *Enjeux, formes et motifs du portrait dans les récits de fiction et dans les récits historiques de l'époque classique (XVIIe-XVIIIe siècles)*, dir. Marc Hersant et Catherine Ramond, Leiden, Brill/Rodopi, « Faux titre », 2019, p. 276-284.

CHÉDOZEAU, Bernard, « L'Éviction des âges de la vie et des âges du monde dans les conceptions de l'Histoire au XVIIe siècle. D'une histoire de sens à une histoire de savoir », *L'Imaginaire des Âges de la vie*, éd. D. Chauvin, Grenoble, Ellug, 1996.

CHÉDOZEAU, Bernard, « Port-Royal et l'Histoire universelle », *Chroniques de Port-Royal*, nº 46, *Port-Royal et l'histoire*, 1997.

CHEVALLIER, Pierre, *Henri III, roi shakespearien*, Paris, Fayard, 1985.

COCULA, Anne-Marie, « Dreux, Jarnac, Coutras : le rebondissement de la vendetta des Grands », *Quatrième centenaire de la bataille de Coutras*, Pau, J. et D. Ed., 1988, p. 17-37.

COIRAULT, Yves, « Saint-Simon et les huguenots : convergence et variations », *Dix-huitième siècle*, 1985, nº 17, p. 151-158.

CONTAMINE, Philippe, « Un contrôle étatique croissant. Les usages de la guerre du XIVe au XVIIe siècle : rançons et butins », *Guerre et concurrence entre les États européens du XIVe au XVIIe siècle*, dir. P. Contamine, Paris, PUF, 1998, p. 199-236.

COUDREUSE, Anne, « Les Mémoires de la Révolution sont-ils lisibles ? », *Pour une nouvelle approche des Mémoires*, dir. M. Hersant, J.-L. Jeannelle et D. Zanone, Presses Universitaires de Rennes, « La Licorne » nº 104, 2013, p. 307-319.

COULOMB, Clarisse, « L'historien de la ville et l'espace public ». *Histoire urbaine*, 2010, vol. 2, n° 28, p. 123-145.

CRAWFORD, Katherine, *Perilous performances. Gender and regency in early modern France*, Cambridge, 2004, 297 p.

CRIVELLO, Maryline, GARCIA, Patrick et OFFENSTADT, Nicolas (dir.), *Concurrences des passés. Usages politiques du passé dans la France contemporaine*, Aix-en-Provence, Publications de l'université de Provence, 2006.

CRON, Adélaïde, « Les Mémoires des "Vendéennes" : un récit de guerre au féminin ? », *Itinéraires*, 2011-1, p. 45-63.

CROUZET, Denis, « Désir de mort et puissance absolue de Charles VIII à Henri IV », *Revue de synthèse*, n° 3-4, 1991, p. 423-441.

CROUZET, Denis, *Dieu en ses royaumes. Une histoire des guerres de religion*, Seyssel, Champ Vallon, 2015 [2008].

CROUZET, Denis, *Les guerriers de Dieu : la violence au temps des troubles de religion, vers 1525 – vers 1610*, Seyssel, Champ Vallon, 1990, vol. 2/1, 792 p.

CROUZET, Denis, *La Nuit de la Saint-Barthélemy, un rêve perdu de la Renaissance*, Paris, Fayard, 1994.

CUCHE, François Xavier, *Une pensée sociale catholique. Fleury, La Bruyère et Fénelon*, préface de Jacques Truchet, Paris, Les Éditions du Cerf, « Histoire », 1991.

DELVAILLE, Jean, *Essai sur l'histoire de l'idée de progrès jusqu'à la fin du XVIIIe siècle*, Paris, Alcan, 1910.

DERUELLE, Benjamin, *De papier, de fer et de sang. Chevaliers et chevalerie à l'épreuve du XVIe siècle* (ca *1460* – ca *1620)*, Paris, Publications de la Sorbonne, 2015.

DERUELLE, Benjamin, « "Faire bonne guerre". Idéal chevaleresque, comportements guerriers et régulation sociale dans la bataille de Dreux (1562) », *La bataille. Du fait d'armes au combat idéologique, XIe-XIXe siècle*, dir. A. Boltanski, Y. Lagadec et F. Mercier, Rennes, PUR, 2015, p. 109-122.

DESAN, Philippe, « Nationalism and History in France During the Renaissance », *Rinascimento*, Firenze, Olschki, vol. XXIV, 1984, p. 261-288.

DESAN, Philippe, *Penser l'histoire à la Renaissance*, Caen, Paradigme, 1993.

DEVILLE, Louis-Joseph, « Thomas de Foix Lescun, évêque de Tarbes, et son successeur Manaud. Épitaphe de ce dernier », *Revue d'Aquitaine*, 7e année, t. VII, 1863, p. 561-569 et 8e année, t. VIII, p. 31-41.

Dictionnaire Napoléon, sous la direction de Jean Tulard, Paris, Fayard, 1999.

DIDI-HUBERMAN, Georges, *Devant le temps. Histoire de l'art et anachronisme des images*, Paris, Éditions de Minuit, « Critique », 2000.

DIJON DE MONTETON, Charles Philippe, « Der lange Schatten des Abbé Bonnot de Mably. Divergenzen und Analogien seines Denkens in der Politischen Theorie des Grafen Sieyès », dans *Volkssouveränität und Freiheitsrechte. Emmanuel Joseph Sieyès' Staatsverständnis* (dir. Ulrich Thiele), Nomos, Baden-Baden, 2009, p. 43-110.

DOMPNIER, Bernard (dir.), *La superstition à l'âge des Lumières*, Paris, Champion, 1998.

DUBOIS, Claude-Gilbert, *Celtes et Gaulois au XVIe siècle. Le développement littéraire d'un mythe nationaliste*, Paris, Vrin, 1972.

DUCASSE, Loïc, « Faire profession d'historien au XVIIe siècle : étude de la carrière de Pierre Louvet, 1617-1684 », t. 1. Thèse pour le diplôme d'archiviste paléographe. Paris, École nationale des Chartes, 2011.

EL HAGE, Fadi, *Le Maréchal de Villars. L'infatigable bonheur*, Paris, Belin, Portraits historiques, 2012.

FRAGONARD, Marie-Madeleine, « La mémoire et l'écriture : problème généraux », *in* Jacques BERCHTOLD et Marie-Madeleine FRAGONARD (dirs.), *La mémoire des guerres de religion : la concurrence des genres historiques, XVIe-XVIIIe siècles. Actes du colloque international de Paris (15-16 novembre 2002)*, Genève, Droz, 2007, p. 7-28.

FRANCÈS, Cyril, *Casanova. La mémoire du désir*, Paris, Garnier, 2014.

FRIEDEMANN, Peter, *Die Politische Philosophie des Gabriel Bonnot de Mably (1709-1785). Eine Studie zur Geschichte des republikanischen und des sozialen Freiheitsbegriffs*, Münster, LIT Verlag, coll. « Politische Theorie und Kultur », 2014.

GALLEGOS GABILONDO, Simon, *Les mondes du voyageur. Une épistémologie de l'exploration (XVIe-XVIIIe siècles)*, Paris, Éditions de la Sorbonne, 2018.

GANOCZY, Alexandre, *Calvin théologien de l'Église et du ministère*, Paris, Le Cerf, coll. « *Unam Sanctam* », 1964.

GAY, Jean-Pascal, « Les Théologies Françoises au XVIIe siècle. Remarques sur l'histoire d'un échec », Jean-Pascal Gay et Charles-Olivier Stiker-Métral (dir.), *Les métamorphoses de la théologie. Théologie, littérature, discours religieux au XVIIe siècle*, Paris, Honoré Champion, 2012, p. 197-236.

GAZZANIGA, Jean Louis, « La Chronologie de Lérins de Vincent Barralis », *Nice historique*, n° 421 (2006), p. 283-292.

GENDREL, Bernard, *Les Voies de la mémoire. Chateaubriand, Balzac, Huysmans*, Paris, Hermann, « Savoir Lettres », 2015.

GERMA-ROMANN, Hélène, *Du « bel mourir » au « bien mourir »*, Genève, Droz, 2001.

GIACCHETTI, Claudine, *Poétique des lieux. Enquête sur les mémoires féminins de l'aristocratie française*, Paris, Honoré Champion, « Romantisme et modernité » 118, 2009.

GILSON, Étienne, *Introduction à l'étude de saint Augustin*, Paris, Vrin, 2e éd. 1943.

GOUJON, Patrick, « La grâce pour penser l'épistolaire : la correspondance de Jean-Joseph Surin », *Littératures classiques*, vol. 1, n° 71 (2010), p. 285-301.

GOUJON, Patrick, *Prendre part à l'intransmissible. La communication spirituelle à travers la correspondance de Jean-Joseph Surin*, Grenoble, éditions Jérôme Million, 2008.

GOULEMOT, Jean-Marie, « Démons, merveilles et philosophie à l'âge classique », *Annales, Histoire, Sciences sociales*, 1980, n° 6, p. 1223-1250.

GOULEMOT, Jean-Marie, « Imaginaire du livre chez Lenglet Dufresnoy », dans *Lenglet Dufresnoy entre ombre et lumières*, Paris, Champion, 2011, p. 57-69.

GRENTE, George, « ARCONVILLE, Marie Geneviève Charlotte d'Arlus, Thiroux d' », *Dictionnaire des lettres françaises. Le XVIIIe siècle*, éd. François Moureau, Paris, Fayard et Librairie générale française, 1995.

GROETHUYSEN, Bernard, *Philosophie de la Révolution française, précédé de Montesquieu*, Paris, Gallimard, 1956.

GUION, Béatrice, *Du bon usage de l'histoire. Histoire, morale et politique à l'âge classique*, Paris, Champion, 2008.

HACHE, Sophie, « Balzac en théologie : les douze Discours du Socrate chrestien (1652) », GAY, Jean-Pascal et STIKER-MÉTRAL, Charles-Olivier (dir.), *Les métamorphoses de la théologie. Théologie, littérature, discours religieux au XVIIe siècle*, Paris, Honoré Champion, 2012, p. 23-44.

HAQUET, Isabelle, *L'énigme Henri III, ce que nous révèlent les images*, Nanterre, Presses universitaires de Paris Ouest, 2012, 390 p.

HAROCHE-BOUZINAC, Geneviève, « Mémoire et temps dans les récits autobiographiques de Madame Campan », *Le Temps des femmes. Textes mémoriels des Lumières*, dir. A. Coudreuse et C. Seth, Paris, Classiques Garnier, « Rencontres » 7, 2014.

HARTOG, François, *Régimes d'historicité. Présentisme et expérience du temps*, Paris, Seuil, 2003.

HERSANT, Marc, « Le Commentaire historique sur les œuvres de l'auteur de la *Henriade* : Voltaire historien de lui-même », *Cahiers Voltaire*, n° 7, 2007, p. 73-89.

HERSANT, Marc, *Le discours de vérité dans les « Mémoires » du duc de Saint-Simon*, Paris, Honoré Champion, coll. Les dix-huitièmes siècles, 2009.

HERSANT, Marc, *Saint-Simon*, Paris, Gallimard, « Folio », 2016.

HERSANT, Marc, « Trouées du présent dans les *Mémoires* de Saint-Simon », actes de la journée d'étude du 15 mai 2009 « Saint-Simon, écrivain du XVIIIe siècle », organisée à Arras par François Raviez, Marie-Paule de Weerdt-Pilorge et Marc Hersant, *Histoire, histoires*, Presses de l'université d'Artois, 2011, p. 117-129.

HERSANT, Marc, *Voltaire : Écriture et vérité*, Leuven, Peeters, 2015.

HIMELFARB, Hélène, « Saint-Simon et le jansénisme des Lumières », *Studies on Voltaire and the eighteenth century*, n° 96, 1972, p. 749-768.

HIMELFARB, Hélène, « Saint-Simon face aux protestants : contradictions et arrière-pensées d'un "bon Français" », *Historiographie de la Réforme*, Paris-Neuchâtel-Montreal, Delachaux et Niestle, 1977, p. 127-147.

HOURCADE, Philippe, « Les choix historiographiques de Fontenelle vers 1682 et 1683 », *Fontenelle*, dir. Alain Niderst, préface de Jean Mesnard, Paris, Presses universitaires de France, 1989, p. 645-656.

HOURCADE, Philippe, « Jet de plume ou projet : *Sur l'Histoire* de Fontenelle », *Les philosophies de Fontenelle*, dir. Alain Niderst, *Corpus, revue de philosophie*, 44, 2003, p. 17-33.

HUTTON, Patrick H., *History as an Art of Memory*, University Press of New England, 1993.

JASSERAND, Mickaël, *Raconter les camisards : essai d'historiographie (1702-2014)*, mémoire de master 2, Lyon, ENSSIB – Université Lumière Lyon 2, juin 2014.

JOUANNA, Arlette, « Histoire et polémique en France dans la deuxième moitié du XVIe siècle », *Storia della Storiografia*, 2, 1982, p. 57-76.

JOUANNA, Arlette, *La Saint-Barthélemy : les mystères d'un crime d'État, 24 août 1572*, Paris, Gallimard, coll. « Les journées qui ont fait la France », 2007, 407 p.

JOUTARD, Philippe, *La Légende des Camisards. Une sensibilité au passé*, Paris, Gallimard, Bibliothèque des Histoires, 1977.

KAVANAGH, Thomas M., « Casanova's Autobiography of Chance », *Chance, Culture and the Literary Text*, éd. Th. Kavanagh, Ann Arbor, Michigan Romance Studies, 1994.

KELLEY, Donald R., *Foundations of Modern Historical Scholarship. Language, Law, and History in the French Renaissance*, New-York and London, Columbia University Press, 1970.

KETTERING, Sharon, « Patronage and Kinship in Early Modern France », *French Historical Studies*, vol. 16, n° 2 (automne 1989), p. 408-435.

KOCISZEWSKA, Ewa, « La Pologne, un don maternel de Catherine de Médicis ? La cérémonie de la remise du *Decretum electionis* à Henri de Valois », *Le Moyen Age*, 2011, CXVII, n° 3, p. 561-575.

KOSELLECK, Reinhart, « Fortschritt », in KOSELLECK, Reinhart *et alii* (hrgs.) *Geschichtliche Grundbegriffe*, Stuttgart, E. Klett, 1975, t. II, p. 351-423.

KOSELLECK, Reinhart, « "Historia magistra vitæ". De la dissolution du "topos" dans l'histoire moderne en mouvement », trad. J. et M.-C. Hook, in *Le futur passé. Contribution à la sémantique des temps historiques*, Paris, EHESS, 2016, p. 59-88.

LAVOCAT, François, *Fait et fiction. Pour une frontière*, Paris Seuil, 2016.

LAVOLLÉE, René, *La morale dans l'histoire. Étude sur les principaux systèmes de philosophie de l'histoire depuis l'Antiquité jusqu'à nos jours*, Paris, Plon, 1891.

LAZARD, Madeleine, *Pierre de Bourdeille, seigneur de Brantôme*, Paris, Fayard, 1995.

LE BOHEC, Yann, « L'expédition de Curion en Afrique : étude d'histoire militaire », *L'Africa romana. Ai confini dell'Impero : contatti, scambi conflitti.*

Atti del XV convegno di studio. Tozeur, 11-15 dicembre 2002, dir. M. Khanoussi, P. Ruggeri, C. Vismara, Roma, Carocci editore, 2004, III, p. 1603-1615.

LE BOZEC, Yves, « L'hypotypose : un essai de définition formelle », *L'information grammaticale*, 92, 2002, p. 3-7.

LEJEUNE, Philippe, *Le pacte autobiographique*, Paris, Le Seuil, 1975.

LE ROUX, Nicolas, *La faveur du roi. Mignons et courtisans au temps des derniers Valois*, Seyssel, Éditions Champ Vallon, 2001, 812 p.

LE ROUX, Nicolas, *Le crépuscule de la chevalerie. Noblesse et guerre au siècle de la Renaissance*, Ceyzérieu, Champ Vallon, 2015.

LE ROUX, Nicolas *Les guerres de Religion (1559-1629)*, Paris, Belin, 2009.

L'ESTOILE, Benoît de, « Le goût du passé. Érudition locale et appropriation du territoire ». *Terrain*, n° 37 (septembre 2001), p. 123-138.

LUCAS-DUBRETON, Jean, *Le culte de Napoléon, 1815-1848*, Paris, Albin-Michel, 1960.

LUNEAU, Auguste, *Histoire du salut chez les Pères de l'Église*, Paris, Beauchesne, 1964.

MAGNAN, André, *Dossier Voltaire en Prusse*, Oxford, SVEC, 1986.

MARCIL-LACOSTE, Louise, « La logique du paradoxe du père Claude Buffier », *Dix-Huitième siècle*, vol. 8, n° 1, 1976, p. 121-140.

MARIN, Louis, « Le récit du roi ou comment écrire l'histoire », *Le portrait du roi*, Paris, Éditions de Minuit, coll. « Le sens commun », 1980, p. 49-107.

MARTIN, Henri-Jean, *Livre, pouvoirs et société à Paris au XVIIe siècle (1598-1701)*, t. 1, Genève, Droz, 1999 (1969).

MARTIN-ULRICH, Claudie, *La persona de la princesse au XVIe siècle, personnage littéraire et personnage politique*, Paris, Honoré Champion, coll. « Études et essais sur la Renaissance », 2004, 620 p.

MELLOT, Jean-Dominique, « Éditer l'histoire au XVIIe siècle », *Les cahiers du CRHQ*, 2012, n° 3, p. 3-27.

MÉRICAM-BOURDET, Myrtille, *Voltaire et l'écriture de l'histoire : un enjeu politique*, Oxford, Voltaire Foundation, 2012.

MERVAUD, Christiane, « Voltaire en majesté : les "Lettres véritables de Monsieur de Voltaire" à la suite du *Commentaire historique.* », *Revue Voltaire*, n° 11, 2011, p. 61-107.

MINERBI BELGRADO, Anna, *L'avènement du passé. La Réforme et l'histoire*, Paris, Champion, 2004.

MONGAZON, Baptiste, *Jean Rampon. Mémoires d'un camisard*, sous la direction de D. Boisson, soutenu à l'université d'Angers en juin 2016.

MORIARTY, Michael, *Disguised Vices, Theories of Vitrue in Earty Modern French Tought*, Oxford University Press, 2011.

MOUYSSET, Sylvie, BARDET, Jean-Pierre et RUGGIU, François-Joseph, *« Car c'est moy que je peins ». Écritures de soi, individu et liens sociaux (Europe, XVe-XXe siècle)*, Toulouse, CNRS-Université de Toulouse-Le Mirail, « Méridiennes », 2010.

NEVEU, Bruno, *Un historien à l'école de Port-Royal : Sébastien Le Nain de Tillemont (1637-1698)*, La Haye, Nijhoff, 1966.

NEVEU, Bruno, *Érudition et religion aux* XVII*e et* XVIII*e siècles*, Paris, Albin Michel, 1994.

PACHET, Pierre, *Les Baromètres de l'âme, Naissance du Journal intime*, Paris, Hatier, 1990.

PAGÉ, Sylvain, *Le Mythe napoléonien, de Las Cases à Victor Hugo*, Paris, CNRS Éditions, 2013.

PAISSA, Paola, « Introduction : l'exemple historique dans le discours – enjeux actuels d'un procédé classique », *Argumentation et Analyse du Discours* [en ligne], nº 16, 2016 [URL : URL : http://journals.openedition.org/aad/2204].

PELLEGRIN, Nicole, « "Ce génie observateur". Remarques sur trois ouvrages historiques de Madame Thiroux d'Arconville », *Madame d'Arconville. Une femme de lettres et de sciences au siècle des Lumières*, éd. Patrice Bret et Brigitte Van Tiggelen, Paris, 2011, p. 135-146.

PELLISTRANDI, Stan-Michel (éd.), *Le Nain de Tillemont et l'historiographie de l'Antiquité romaine*, textes réunis avec le concours de Gesche Landais et Christine Pellistrandi, Paris, Honoré Champion, « Colloques, congrès et conférences sur le Classicisme », 2002.

PIQUÉ, Nicolas, *De la tradition à l'histoire. Éléments pour une généalogie du concept d'histoire à partir des controverses religieuses en France (1669-1704)*, Paris, Honoré Champion, 2009.

POLMAN, Pontien, *L'Élément historique dans la controverse religieuse du* XVI*e siècle*, Gembloux, J. Duculot, 1932.

POMIAN, Krzysztof, *Sur l'histoire*, Paris, Gallimard, 1999.

POMMIER, Édouard, *Théories du portrait, de la Renaissance aux Lumières*, Paris, Gallimard, 1998, 508 p.

POULET, Georges, *Études sur le temps humain*, IV, Paris, Plon, 1949.

POULOIN, Claudine, *Le Temps des origines. L'Eden, le Déluge et « les temps reculés » de Pascal à* L'Encyclopédie, Paris, Honoré Champion, 1998.

POULOIN, Claudine, et MASSEAU, Didier, *Lenglet Dufresnoy entre ombre et lumières*, Paris, Champion, 2011.

QUANTIN, Jean-Louis, « Bossuet et l'érudition de son temps », *Bossuet. Le Verbe et l'Histoire (1704-2004)*, dir. G. Ferreyrolles, Paris, Honoré Champion, 2006, p. 65-103.

QUANTIN, Jean-Louis, *Le Catholicisme classique et les Pères de l'Église. Un retour aux sources (1669-1713)*, Paris, Institut d'Études augustiniennes, 1999.

QUANTIN, Jean-Louis, « Port-Royal et l'histoire », *Littératures classiques*, nº 30, 1997, p. 21-32.

RICŒUR, Paul, *Temps et Récit 3, Le temps raconté*, Paris, Le Seuil, 1955.

ROSSI, Henri, *Mémoires aristocratiques féminins, 1789-1848*, Paris, Honoré Champion, « Les Dix-huitièmes siècles », 1998.

SAINT VICTOR, Jacques de, *Les racines de la liberté : le débat français oublié, 1689-1789*, Paris, Perrin, 2007.

SAUZET, Robert et BOUCHER, Jacqueline (dirs.), *Henri III et son temps*. Actes du colloque international du Centre de la Renaissance de Tours, octobre 1989, Paris, J. Vrin, 1992, 340 p.

SAYHI-PÉRIGOT, Béatrice, « À l'arrière-plan des *Recherches* I et II : le *Pourparler du prince* », *Étienne Pasquier et ses* Recherches de la France, *Cahiers V. L. Saulnier*, Paris, Presses de l'École Normale Supérieure, n° 8, 1991, p. 61-77.

SCHAPIRA, Nicolas, « Approbation des censeurs et politique dévote par le livre (XVIIe siècle) », *Censure et critique*, dir. L. Macé, C. Poulouin et Y. Leclerc, Paris, Classiques Garnier, 2016, p. 61-80.

SCHLOBACH, Jochen, *Zyklentheorie und Epochenmetaphorik. Studien zur bildlichen Sprache der Geschichtsreflexion in Frankreich von der Renaissance bis zur Frühaufklärung*, Munich, Wilhelm Fink Verlag, 1980.

SERMAIN, Jean-Paul, *Le Singe de don Quichotte : Marivaux, Cervantes et le roman postcritique*, Oxford, Voltaire Foundation, 1999.

SHERIDAN, Geraldine, *Nicolas Lenglet Dufresnoy and the literary underworld of the Ancient Regime*, Oxford, Studies on Voltaire and the Eighteenth Century, 1989.

TAGUIEFF, Pierre-André, *Le Sens du Progrès. Une approche historique et philosophique*, Paris, Flammarion, 2004.

THOMAS, Chantal, *Casanova. Un voyage libertin*, Paris, Denoël, 1984.

TULARD, Jean et Guy, FERRANDIS, *Napoléon et les mystères de Sainte-Hélène*, Paris, Archipel, 2003.

VACHEROT, Émile, *La science et la conscience*, Paris, Germer Baillière, 1870.

VAN DELFT, Louis, *Littérature et anthropologie. Nature humaine et caractère à l'âge classique*, Paris, PUF, 1993.

VIALA, Alain, *Naissance de l'écrivain*. Paris, éditions de Minuit, 1985.

WANG TCH'ANG TCHE, J. S. J., *Saint Augustin et les vertus des païens*, Paris, Beauchesne, 1938.

WEERDT-PILORGE, Marie-Paule de, « Des *Confessions* à Madame Roland : réflexions sur Rousseau et ses rapports avec les mémorialistes », *Lectures de Jean-Jacques Rousseau. Sélections, mimétismes et controverses*, dir. A. Eche, Paris, Le Manuscrit Recherche-Université, « Réseau Lumières », 2013.

WEERDT-PILORGE, Marie-Paule de, « Saint-Simon et l'esprit de tolérance dans les affaires protestantes », *Histoire, histoires*, Presses de l'université d'Artois, 2011, p. 107-116.

WENGER, Alexandre, *La Fibre littéraire. Le discours médical sur la lecture au XVIIIe siècle*, Genève, Librairie Droz, « Bibliothèque des Lumières », 2007.

WRIGHT, Johnson Kent, *A classical republican in Eighteentheen-Century France : The Political Thought of Mably*, Stanford, Stanford University Press, 1997.

YATES, Frances, *L'Art de la mémoire* [*The Art of Memory*, 1966], trad. de l'anglais par Daniel Arasse, Paris, Gallimard, « Bibliothèque des histoires », 1975.

ZANONE, Damien, « Continuité des parcs : l'art de la mémoire de Chateaubriand », *L'Écriture entre mémoire et oubli. Hommage à Krystyna Kasprzyk*, dir. Wiesław Kroker et Agata Sobczyk, Varsovie, Institut d'Études Romanes de l'université de Varsovie, 2016, p. 109-119.

ZANONE, Damien, *Écrire son temps. Les Mémoires en France de 1815 à 1848*, PU Lyon, 2006, p. 217.

ZANONE, Damien, « Les Mémoires "philosophiques" de Mme Roland », *CAIEF*, n° 67, 2015, p. 300-310.

ZANONE, Damien « Les Mémoires au XIXe siècle : identification d'un genre », *Être et se connaître au XIXe siècle*, Genève, Metropolis, 2006.

ZANONE, Damien, « Scènes de jardin dans *Histoire de ma vie* : Nohant ou le jardin de l'âme », *Fleurs et jardins dans l'œuvre de George Sand*, dir. S. Bernard-Griffiths et M.-C. Levet, Clermont-Ferrand, Presses Universitaires Blaise Pascal, « Révolutions et Romantismes », 2006, p. 179-190.

ZWEIG, Stefan, *Trois poètes de leur vie : Stendhal, Casanova, Tolstoï*, Paris, Belfont, 1983.

INDEX RERUM

RÉSUMÉS

Frédéric CHARBONNEAU et Marie-Paule DE WEERDT-PILORGE, « Introduction »

D'une écriture de l'histoire qui fasse autorité à l'élaboration d'une méthode critique en passant par les inflexions de la mémoire personnelle, ce sont les différentes modalités de la composition ou de la recomposition du passé, proche ou lointain, revécu ou refondé par l'écriture, qui sont explorées, engageant un dialogue entre les différentes formes de narrations mémorielles et factuelles dans une période de profondes mutations historiographiques.

Bertrand BINOCHE, « Les historicités des Lumières »

Il faut en finir avec l'idée que les Lumières auraient construit de l'histoire *un* concept homogène : aucun « régime d'historicité » ne leur est imputable en propre. En fait, sous le nom vague d'« histoire philosophique » ou « raisonnée », elles ont essayé de recomposer le passé contre la superstition : cela s'est joué sur plusieurs terrains – histoires hypothétiques, universelles, régionales – et c'est pourquoi, des historicités mises en œuvre par les Lumières, on ne peut parler qu'au pluriel.

Béatrice GUION, « Le sens du passé à l'âge classique »

Une enquête sur le sens du passé dans les Histoires et les Mémoires d'Ancien Régime (XVIe-XVIIIe siècles) engage deux questions, difficilement dissociables : celle de la valeur qui lui est conférée et celle du sentiment de la temporalité. Le passé, investi de fonctions diverses – de norme (morale, religieuse, politique), de légitimation, de critique –, apparaît rarement appréhendé pour lui-même, et souvent sollicité dans des combats qui sont ceux du présent de l'écrivain.

Philippe HOURCADE, « *Les Mœurs des Israélites.* Une lecture ethnographique de l'Ancien Testament par Claude Fleury en 1681 »

Il est question ici d'examiner le propos et la démarche de Claude Fleury dans ses *Mœurs des Israélites* à partir de l'Ancien Testament. Faisant fi du récit, il expose la courbe évolutive de l'histoire des juifs anciens, le détail de leurs us et coutumes, les compare avec d'autres civilisations. Sa démarche est ethnologique avant la lettre, voisine de celle de la littérature de voyage, et peu religieuse.

Alicia VIAUD, « La mort du prince de Condé dans *La Vraye et entiere histoire des troubles* de La Popelinière. Composer les passés pour penser la guerre »

Le récit de la mort du prince de Condé, abattu au terme de la bataille de Jarnac (1569), permet d'appréhender la conception de l'histoire de La Popelinière. Celui-ci identifie le meurtrier, sans entrer dans la polémique. Le destin de Condé est ensuite intégré à la chaîne paradigmatique de ses précédents historiques. La complexité de l'analyse suggère deux régimes complémentaires d'écriture, au service des particularités de l'épisode et de la vocation didactique d'une histoire exemplaire.

Pierre BONNET, « De l'écriture et de l'étude de l'histoire comme préalables à la philosophie politique de Mably (1709-1785) »

À travers *De la manière d'écrire de l'histoire*, l'on montre que le travail de l'historien, dans sa manière, sa matière, ses modalités et ses finalités, relève déjà pour Mably d'une intention philosophique. Puis, on voit comment cette histoire philosophique lui inspire, dans *De l'étude de l'histoire*, les principes de gouvernement qu'il inculque au jeune duc de Parme, mais surtout informe toute son anthropologie politique et morale. Par là, Mably échappe en partie à l'imputation d'utopisme.

Marc André BERNIER, « De l'anecdote historique à l'écriture biographique chez Madame d'Arconville »

Le recours à l'anecdote historique exprime un souci du vrai, dans la mesure où la valeur que revendique ce bref récit tient d'abord à sa véridicité. Les rapports qu'entretient l'anecdote avec la recherche de la vérité historique sont toutefois complexes, comme le montre l'un des grands textes que Madame d'Arconville a consacrés à la Révolution française et dont le titre annonce le programme : « Parallèle entre Charles Ier, roi d'Angleterre, et Louis XVI, roi de France ».

Lucie DESJARDINS, « De la croyance à la littérature. La réappropriation du passé chez Nicolas Lenglet Dufresnoy »

À partir du *Recueil de dissertations, anciennes et nouvelles* (1751) de Nicolas Lenglet Dufresnoy, il s'agit d'examiner le rôle du passé au sein du processus de marginalisation des croyances superstitieuses. En effet, cette compilation de textes publiés à l'origine entre 1526 et 1748 présente bon nombre d'histoires répétées à l'envi au fil du temps. Il s'agit donc d'interroger le statut de ces reprises et d'examiner le rôle d'anecdotes qui appartiennent résolument au passé que celui-ci soit ancien ou récent.

Bruno MORGANT TOLAÏNI, « Recomposer le passé ? La question de la Saint-Barthélemy dans les *Mémoires* de Jean Choisnin »

Jean Choisnin est un émissaire envoyé en Pologne pour préparer les esprits à la candidature de Henri d'Anjou comme roi. Lorsque la nouvelle de la Saint-Barthélemy est annoncée, elle fragilise le travail entrepris jusque-là. Après d'âpres tractations, la couronne est obtenue le 9 mai 1573. Les *Mémoires* de Choisnin font état de cette négociation. Ils soulignent les grandes qualités des ambassadeurs, capables de parvenir à leurs fins et soucieux d'être justement récompensés.

Isabelle TRIVISANI-MOREAU, « Mémoires partisans. Regards contrastés sur les troubles des Cévennes »

Les *Mémoires* de trois acteurs de la guerre des camisards, le maréchal de Villars et deux chefs camisards, Cavalier et Marion offrent des divergences qui tiennent aux intérêts que chacun a à défendre. Mais ces intérêts se combinent avec un regard singulier sur le passé, accéléré pour l'un, étiré pour l'autre, inversé par l'enjeu prophétique pour le dernier. L'extension du corpus de trois à cinq textes des mêmes auteurs montre en outre l'importance des contextes de rédaction et de diffusion.

Hélène MICHON, « Le statut de l'histoire dans la controverse des vertus des païens »

L'objet de cette contribution est une querelle de nature théologico-philosophique qui oppose l'académicien François de la Mothe le Vayer au théologien de Port-Royal, Antoine Arnauld, dans les années 1640. Si le conflit porte sur la nature des vertus des païens, il met en cause également deux perceptions de l'histoire – substitution d'une *histoire de sens* à une *histoire savante*, pour reprendre les mots de Bernard Chédozeau – se réclamant toutes deux de saint Augustin, dont nous voudrions mesurer ici les enjeux.

Marc HERSANT, « Des *Mémoires pour servir à la vie de M. de Voltaire* au *Commentaire historique sur les œuvres de l'auteur de la Henriade*. Déconstruction et reconstruction du passé »

L'opposition nietzschéenne entre histoire-monument et histoire critique éclaire les deux « autobiographies » de Voltaire : le *Commentaire* tente de transformer sa vie en monument, les *Mémoires* règlent des comptes avec Frédéric II et affrontent d'autres versions possibles des relations entre les deux hommes. La biographie sculpte dans le marbre une version apaisée d'événements que les *Mémoires* traduisent avec une violence traumatique. D'une œuvre à l'autre, le passé est ainsi composé et recomposé.

François RAVIEZ, « Recomposer le passé dans le *Mémorial de Sainte-Hélène* »

Dans le *Mémorial de Sainte-Hélène*, Napoléon lègue un héritage de parole à son fils unique, hypothétique Napoléon II. En évoquant son règne au gré des conversations, en expliquant ses desseins en de longs monologues, l'Empereur dicte un testament composite, fait de récits de batailles, d'analyses géopolitiques et de rêveries prédictives. Le *Mémorial*, journal du comte de Las Cases, est à la fois la recomposition de son règne et l'appel dramatique d'un père au fils désormais inaccessible.

Annabelle BOLOT, « Écriture du passé et silences du présent. La pensée religieuse face aux leçons de l'histoire dans les *Mémoires* de Saint-Simon »

Cet article s'interroge sur les contradictions qui séparent les convictions religieuses du Saint-Simon des *Mémoires* de celui du passé, pour y voir le signe de la rencontre de plusieurs temporalités. Le rejet de la persécution protestante ne serait-il alors que le fruit d'une lecture rétrospective de l'histoire, lié au devenir de la question janséniste ? Les *Mémoires* viennent ainsi interroger l'unité du sujet dans le temps et toute possible restitution du passé dans le témoignage historique.

Anne-Sophie FOURNIER-PLAMONDON, « Trois passés en un. L'*Histoire de l'Église* d'Antoine Godeau »

Écrire le passé constitue un geste politique, ancré dans des enjeux présents. Que se produit-il quand le présent de l'écriture rattrape l'histoire ancienne ? Cette question est appréhendée à partir d'un ouvrage d'Antoine Godeau (1605-1672), où se trouvent trois temporalités distinctes : un passé ancien et sacré ; le passé récent de l'auteur ; le temps de l'écriture. Cet entrelacs de temporalités conduit à s'interroger sur les articulations de ces différents passés et leurs usages sociopolitiques.

Malina STEFANOVSKA, « Le passé composé dans l'*Histoire de ma vie* de Casanova »

Cet article étudie la recomposition du passé dans l'*Histoire de ma vie* de Jacques Casanova, connu pour son « présentisme » voulu, à rattacher à son statut d'aventurier créant lui-même son destin, ainsi qu'à sa volonté, typique des mémorialistes, de mettre son lecteur au milieu des événements racontés. La contribution montre comment dans son célèbre récit d'évasion de prison Casanova parvient à créer le sentiment d'immédiateté, utilisant divers segments du passé, antérieur ou postérieur à celui de l'événement.

Delphine MOUQUIN, « "Je vois encore". Un passé toujours présent chez plusieurs femmes mémorialistes de la Révolution, de Mme Campan à Mme de Chastenay »

Dans certains mémoires féminins relatant la Révolution française, on rencontre une formule frappante pour évoquer un souvenir particulièrement vicace : « Je vois [j'entends, je frémis, je sens] *encore* ». Elle participe de la mise en scène du *je* de la mémorialiste dans une continuité historique et narrative troublée. Elle s'inscrit dans une démarche d'hommage aux souverains, au passé ou à la famille. Elle cristallise enfin la dimension pathétique de ces œuvres placées sous l'emprise du passé.

Damien ZANONE, « Art de la mémoire et sens du passé. D'un usage des jardins chez Rousseau et Chateaubriand »

Le legs rhétorique des « arts de la mémoire » (se laisser guider par la représentation d'un lieu pour avancer dans son discours) est-il devenu, dans les *Confessions* de Rousseau et les *Mémoires d'outre-tombe* de Chateaubriand, un procédé spécifique de la poétique de l'écriture autobiographique ? L'article explore cette hypothèse en envisageant les descriptions de jardins proposées dans ces deux ouvrages comme autant d'occasions de surprendre le passé et de lui faire rendre sens.

TABLE DES MATIÈRES

DEUXIÈME PARTIE

LES MANIFESTATIONS DE LA TEMPORALITÉ

Achevé d'imprimer par Corlet Numéric,
Z.A. Charles Tellier, Condé-en-Normandie (Calvados), en janvier 2020
N° d'impression : 163329 - dépôt légal : janvier 2020
Imprimé en France